解讀中國經濟系列

中國近現代政府舉債的信用激勵、約束機制

繆明楊 著

中華經濟研究院　院長　吳中書
東海大學經濟系　教授　蕭志同
強力推薦

日幣用貶值大發公債，
美國用量化寬鬆政策，
台灣每人負債二十三萬台幣，
都是為了灑鈔票討好選民。

各國政府沒有約束的發債，人民都是輸家。

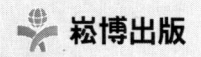

崧博出版

推薦序

　　2008年9月爆發美國兩房金融吃緊，雷曼兄弟倒閉，以及AIG財務危機等重大金融事件後，各國為了挽救岌岌可危的經濟，除了大幅調降利率外，亦巨額的擴張財政支出。其中歐盟地區推出七千五佰億歐元的鉅額救市計畫，日本26.9兆日圓的振興方案，中國4兆人民幣的基礎建設與租稅補助，美國1680億美元的減稅措施，2年8000億美元增加信貸市場流動性方案，以及7870億美元的經濟振興計畫…等。固然2010年以來各國經濟已逐漸恢復元氣，但大多數國家對於財政支出仍採取較為寬鬆的態度，並不多國家提及恢復財政紀律的議題。根據OECD經濟前瞻2010年6月所作的估測，2011年時加拿大、法國、德國、日本、英國以及美國等國之國家債務餘額占國內生產毛額的比率皆達80%以上，其中日本更高達2倍左右。此外，儘管金融危機最為險峻的期間已過，但那些債務餘額高的國家如冰島、葡萄牙、義大利、愛爾蘭、希臘與西班牙等國陸續出現財政無法負荷的情形，更為國際經濟的復甦埋下隱憂。由此可見，未來財政收支的議題必然是我們不得不重視的議題，繆明楊教授所著的「中國近現代政府舉債的信用激勵、約束機制研究」正是及時雨，提供了政府舉債相關議題之重要參考依據。

　　在這本書裏，繆教授結合財政理論與中國近現代歷史發展經驗，對於政府舉債的信用激勵、約束機制等主題作了精闢的分析。閱讀此書，不僅可以瞭解政府舉債信用機制之思想沿革，政府舉債的產生與發展，其所可能產生的影響，中國近現代舉債信用機制，中國舉借外債與內債之守信用激勵與反信用約束之過程與相關議題，對於中國舉債的沿革與財政理論之關聯性亦可獲得充分的資訊。歷史的發展經驗是最好的借鏡，個人很榮幸有這個機會拜讀大作，並為本鉅作寫序。

台灣中央研究院 經濟所

吳中書

2010年12月5日

推薦序

  本人很榮幸為繆明楊博士所著的【中國近代政府舉債的信用激勵、約束機制研究】寫序。此書對於中國近代政府舉債的歷史，作了一個宏觀的回顧與解釋、分析，是學術上與實務面的浩大工程。因為要從1840～1949年歷史的龐雜資料中，提出有系統、有見地的觀點，實在不易，此舉反映出作者紮實的學養與雄心。本書的出版更可讓研究此議題的專家學者，乃至於實際制定政策的政府官員，有所參考的依據。

  環顧當今美、日等國的公債高築，乃至於台灣每年政府預算赤字的有增無減，實在是足以危及未來子孫的經濟水準與永續發展。因此，欣見繆博士將多年教學與研究心得分享世人。希望能藉此讓中國乃至於其他國家的財政更加健全，並且造福全人類。

東海大學 經濟系
蕭志同
2010年12月10日

序 二

《中國近現代政府舉債的信用激勵、約束機制研究》是西南財經大學繆明楊老師的精心之作。他長期致力於金融史和金融學說史的研究，並從事貨幣銀行學的教學，在科研和教學中不僅堅持廣為中用而且堅持古為今用。在當代年輕人較多地追求"時尚"的今天，應當說繆老師是獨樹一幟的。這本書便是他多年教學和研究的成果。它已經接受了課堂的檢驗，現在正式出版以接受社會的檢驗。現在，約40萬字的書稿正擺在我的面前，粗略拜讀後給我的感受是：資料翔實，覆蓋面廣；旁徵博引，氣勢恢弘；層層遞進，有序展開；言之有據，論之有理；述而並作，見解獨到。它可以說是一本研究金融史和金融學說史的人不可不讀的參考資料，更是借古鑒今、以史為鏡的難得的教材，實在是可喜可賀！

書稿作者要我為它的正式出版寫一篇序，但由於自己缺乏研究，沒有更多的發言權，在這裡僅提出幾點淺見。

第一，在經濟金融問題的研究中，現實與歷史是一脈相承的。這看似一個學術界耳熟能詳、老生常談的問題，其實，在我們的實際研究工作中，卻常常會因為我們的不自覺而厚待現實、薄待歷史，甚至把現實與歷史割裂開來。這主要表現在：我們在研究選題上，一般很少有興趣去關注經濟金融歷史命題，也較少運用歷史的事例去求證當代的現實。儘管也有人選擇了一些歷史問題來研究，但所涉及的歷史深度不夠，在進行邏輯嚴謹的縱深剖析上還有欠缺。這樣，前一種情形，會使我們的理論研究視野常常有可能因此而變得十分狹窄，會使我們的理論研究成果常常有可能因此而變得缺乏很強的解釋力；後一種情形，會使我們的理論研究常常有可能因此而只是停留在膚淺的層面上，會使我們的理論研究成果常常有可能因此而變得缺乏十足的厚重度。

歷史是重要的，論從史出，古為今用。對於每一個時代的經濟金融研究者來說，在歷史、現實、未來三點一線的時間座標中，他們圍繞歷史主題不斷重複、推進研究思考的每一個是什麼、為什麼、怎麼樣的命題，都會逐漸逼近人類社會經濟金融活動的真知，為每一代人的經濟金融活動不斷提供具有解釋力、厚重度的生存智慧。正像作者在本書導論中所說的那樣：因為人性總是人性。人生活在歷史中，人創造歷史、詮釋歷史。實踐是豐富的，認識是前進的，思想是積累的，人類在實踐中不斷認識昨天、今天和明天。

第二，在經濟金融問題的研究中不能割捨歷史，這裡所涉及的歷史不是目的本身，這裡所涉及的歷史只是一種視角，只是一種方法，只是一種能夠幫助每一個時代的人們進而人類社會提高洞察現實、預測未來的能力，從而提高人類社會經濟金融活動生存智慧的視角和方法。把這樣一種視角與方法運用到對經濟金融問題的理論研究中，我們對這一學術領域中的任何歷史命題的剖析，翔實的史料必不可少，但這絕不是僅僅做些鋪陳事實、堆積史料的工作，滿足於述而不作；論從史出的客觀尺度必須緊握，但我們要注意在立足於史實的理論研究中防止出現牽強附會、望文生義甚至隨意妄想的偏執。

　　第三，政府舉債的信用激勵、約束機制問題無疑是一個經濟金融理論命題，而中國近現代政府舉債的信用激勵、約束機制問題則無疑是一個具體而微的經濟金融學層面的歷史命題。本書作者選擇這樣一個歷史命題來著述，足見其對經濟金融歷史命題的理論研究高度重視，並且，作者選擇這樣一個歷史命題來著述，這本身就意味著作者自己必須為這一命題的剖析付出艱辛的智力勞動。應當說，本書作者的選擇，在許多人的眼光開始變得越來越飄浮、游離的學術研究現實中，不能不說是一種十分難能可貴的選擇。本書作者在對他所選擇的這樣一個歷史命題的理論剖析中，較好地運用了邏輯與歷史相統一的方法，在借鑒新制度經濟學研究模式的基礎上，力求構造一個理論分析框架，立足於翔實的史實，述而並作，論從史出，對中國近現代政府內外債舉借中的守信用的激勵與反信用的約束機制命題做了深入解析。本書作者對這樣一個歷史命題所做出的判斷，是否具有以及具有怎樣的解釋的力度與啟示的厚度，不言而喻，是值得每一個讀者自己去慢慢用心體會、玩味的。

　　作為本書作者的導師，我很高興為作者這本根據他的博士論文修改補充後作為專著正式出版的書稿作序，並熱切希望本書作者能夠對自己的研究方向持之以恒，能夠不斷克服困難，終生學習思考，為經濟金融歷史命題的理論研究貢獻更多的智力。

曾康霖
2007年國慶

序 二

《中國近現代政府舉債的信用激勵、約束機制研究》，是繆明楊博士對中國近現代政府舉債問題進行多年研究以後貢獻給讀者的力作。本書對1840－1949年這百餘年時間裏，晚清政府、南京臨時政府、北洋政府和國民政府內外債的舉借、償還，從制度角度進行了全面研究，考察了中國近現代政府的信用關係和信用程度，讓人耳目一新。作者運用新制度經濟學、金融學、財政學、法學等理論，整理了政府舉債信用機制的思想機理，對中國近現代政府舉債的經濟基礎、制度基礎、法理基礎等進行了考察，並用翔實的史料給予證明，藉以回答這樣一個問題，即"政府舉債作為一種政府信用、一種特殊的金融資源，它是否同樣面臨一般性的信用激勵、約束問題？如果判斷為是，那麼，這種一般性信用激勵、約束，事實上是什麼？為什麼會是那樣且對信用功能的釋放將會產生怎樣的影響呢？中國近現代政府舉債，作為特定國家特定歷史時期特定層面的金融資源配置，是否仍然面臨一般性信用激勵、約束甚至特殊性信用激勵、約束問題呢？如果判斷為是，那麼，這種一般尤其是特殊的信用激勵、約束又是什麼？

為什麼會是那樣且對信用功能的釋放事實上業已產生了怎樣的影響呢？"作者的這一思考與論述，無疑將對中國近現代政府舉債問題的研究引向了深入，使這種研究有了新的意境。讀完此書，我思考良多。

國債是基於國家信用而發生的債務，是一種以國家為主體的信用。因其以國家為主體，所以說它只不過是一種具體的信用形式而已。但在晚清政府時期，有一種特殊情況，是我們在考察該時期國債問題時不得不注意的，那就是由於賠款而轉化產生的借款問題。

外債是國債的一種。晚清政府的外債大體可分為三類。第一類是晚清政府因政府財政經濟、軍事海防所需而向外國借債。但這部分外債在清末的外債總額中所占的比例並不大。第二類是為了償付賠款而向外國借款，這以為償還甲午戰敗後的賠款和贖遼費而向英、德、俄、法等國的借款為主。這種借款也是晚清政府在特定歷史條件下主動向列強借的款項，同樣也是一種信用關係。但它跟第一類不同的是，它雖有銀兩的借入，可晚清政府是一手收進，一手又馬上支出，並沒有用於國內。這是被賠款所逼而產生的對外借款。第三類就是賠款，其大宗者就是庚子賠款。這類賠款因晚清政府無力償付而轉化為借款。它雖轉化為借款了，然其本質卻是來源於賠款，是由賠款而轉化產生的借款。上述第二、三類外債的總和，占去了晚清政府外債總額的一大半。

一般而論，正常信用關係的建立，必須是債權人和債務人雙方在地位平等的情況下約定雙方都能接受的條件。如果一方不能接受對方的條件，正常信用關係便無法建立，雙方將各自另尋物件。在這裡，雙方都有完全的自主權。可是清末由賠款而轉化產生的借款卻不是這樣的。這些鉅額的賠款是列強通過侵略戰爭強加給中國的，晚清政府既沒有主動向它們借款，在談判桌上也沒有任何自主權，完全處於一种被绑架、胁迫的地位。这肯定不是一种正常的信用关系。仅仅因为列强劫夺的数额太大,晚清政府一时无力偿还,才不得不将赔款转为借款,从而使这种抢劫行为披上了信用关系的漂亮外衣。这种为偿付赔款而向外国借款、由赔款所转生的借款,是晚清政府在列强军事与政治要挟下,不得不与列强建立的一种扭曲的信用关系,它显然具有极强的超经济的非正常信用色彩。

对关于正常的借款与由赔款所转生的非正常借款的区别的研究是有益的。正常的借款是有款项收入的。这些款项可以满足晚清政府的一时之需,诸如创办工厂、开采矿山、建造船舶、修筑铁路以及加强海防等军事所需。而由赔款所转生的非正常借款则不仅没有丝毫银子的收进,反而还要巨额地支出,徒增晚清政府的财政负担,而这种负担最终又必然会被晚清政府转嫁给中国人民,成为增加中国人民苦难的飞来横债。我们常说这些巨额赔款是侵略者套在晚清政府头上的绞索,应该就是这个意思吧。诚如作者在本书中所说,对于中国近代晚清政府与列强签订、履行债约来说,由于中国近代经济所处的在不平等条约下被动开放转型的制度条件,由于晚清政府的政治、经济、军事等均受制于列强,作为债务主体的晚清政府,其举债选择(因何举债、向谁举债、举债多少、以什么条件举债等)的自主自愿已经在债权主体的恃武压制、压缩下几近丢失。而债权主体却能够在独占或垄断地操作强制的信用供给中,自主自愿地要求债务主体对自己做出给定的(条件苛刻的、扭曲的)信用选择。

本书作者最后带给我们这样的判断:在中国近代经济被动地启动开放的条件下,中国近现代政府在外债举借中,常常遭遇到列强超经济的要挟,即常常遭遇到列强在特定经济制度条件下所施与的极强的信用激励、约束;但是,在这同一种经济制度条件下,同样是作为债務主體，中國近現代政府對內舉債中卻並未面臨過國內公眾所施與的極強的信用激勵、約束。中國近現代政府舉債中的信用激勵、約束為什麼會出現這樣的狀況呢？這無疑是一個很值得我們去認真思考的問題。

袁遠福
2007年10月

目　錄

導　論 1
　一、選題緣起 2
　二、方法基礎 3
　三、思路提要 15
　四、概念界定 16

第一章　政府舉債信用機制的思想機理述評 19
　引　言 20
　第一節　古希臘、古羅馬經典作家對信用激勵機制問題的相
　　　　　關思考述評 21
　第二節　歐洲近現代經典作家對信用機制問題的相關思考述
　　　　　評 24
　第三節　中國近現代思想家對信用機制問題的相關思考述評 30
　本章小結 39
　本章所引文獻資料補述 40

第二章　政府舉債信用機制的經濟基礎 69
引　言 70
第一節　關於政府的職能定位 70
第二節　關於政府舉債的必要性 71
第三節　政府舉債的可能性 76
第四節　政府舉債的產生與發展 83
本章小結 85
本章所引文獻資料補述 87

第三章　政府舉債信用機制的制度基礎 93
引　言 94
第一節　政府舉債目的重述 94
第二節　政府舉債信用機制的經濟制度基礎 96
第三節　舉債政府所處經濟制度基礎對其舉債所可能產生的影響 99
本章小結 101

第四章　政府舉債信用機制的法理基礎 105
引　言 106
第一節　政府舉債信用機制法理基礎的功能定位 106
第二節　政府舉債信用機制的法理基礎構成及其對政府舉債信用機制功能釋放的影響 110
本章小結 122
本章所引文獻資料補述 126

第五章　政府舉債的信用機制 131
引　言 132

第一節　信用產生、維繫的利益基礎 132
　　第二節　守信用的激勵與反信用的約束 136
　　第三節　無限政府與有限政府舉債的信用機制 145
　本章小結 159
　本章所引文獻資料補述 162

第六章　中國近現代政府舉債信用機制的經濟制度與法理基礎 165

　引　言 166
　　第一節　中國近現代政府舉債信用機制的經濟制度基礎 166
　　第二節　中國近代在不平等條約壓力下的被動開放 170
　　第三節　中國近現代政府舉債信用機制的法理基礎 172
　　第四節　中國近現代政府舉債信用機制的法理基礎構成 185
　本章小結 205
　本章所引文獻資料補述 210

第七章　中國近現代政府舉借外債：守信用的激勵、反信用的約束 219

　引　言 220
　　第一節　晚清政府外債舉借中的信用激勵、約束 220
　　第二節　南京臨時政府外債舉借中的信用激勵、約束 228
　　第三節　北洋政府外債舉借中的信用激勵、約束 233
　　第四節　國民政府外債舉借中的信用激勵、約束 248
　本章小結 255
　本章所引文獻資料補述 262

第八章　中國近現代政府舉借內債：守信用的激勵、反信用的約束 289

引　言 290

第一節　晚清政府內債舉借中的信用激勵、約束 290

第二節　南京臨時政府內債舉借中的信用激勵、約束 301

第三節　北洋政府內債舉借中的信用激勵、約束 306

第四節　國民政府內債舉借中的信用激勵、約束 317

本章小結 349

本章所引文獻資料補述 356

結　局 399

附錄　中國近現代政府舉債史實 411

一、中國古代政府信用史實 412

二、中國近現代政府舉債史實 420

參考文獻 455

後　記 463

導　論

一、選題緣起

對於中國近現代政府舉債問題，百餘年來，中國及中國之外的歷史學家、經濟學家（含財政史學家、金融史學家）不斷有相關歷史事實專題描述性研究著作面世，這些著作多以其翔實的史料爲人們瞭解及進一步研究中國近現代政府舉債具體事實奠定了基礎、設定了視角。

然而，對中國近現代政府舉債事實的描述性研究，無疑並未終結人們對於該問題的專門研究。相反，有關中國近現代政府舉債問題的既有研究著述在爲人們奠定事實基礎、設定視角的同時，更爲那些有志於後續研究的人們提供了分析根據、預留了思考空間。承續中國近現代政府舉債問題的既有研究，在給定的歷史事實條件下，筆者對於該專門問題所涉及的信用的激勵、約束是什麼、爲什麼、怎麼樣這一可於經濟學框架中詳加分析的問題具有極強的偏好。而這一偏好的形成，乃是基於這樣的思考判斷：經濟學視角資源（真實資源與最終服務並決定於真實資源的金融資源）的稀缺屬性、產權屬性決定了資源配置（交易）的有償屬性——信用屬性（基於償付本息而做出承諾與兌現承諾的特性），而資源配置（交易）信用屬性的凸顯本身又是一個信用功能（金融功能）的釋放過程；資源配置（交易）中信用功能的釋放乃以對相關行爲主體的信用激勵、約束這一信用功能的啓動、續動作爲前提條件。政府舉債即政府信用，作爲特定層面的金融資源配置，是否同樣面臨一般性的信用激勵、約束問題？如果判斷爲是，那麼，這種一般性信用激勵、約束，事實上是什麼？爲什麼會是那樣且對信用功能的釋放將會產生怎樣的影響呢？

中國近現代政府舉債，作爲特定國家特定歷史時期特定層面的金融資源配置，是否仍然面臨一般性信用激勵、約束甚至特殊性信用激勵、約束問題呢？如果判斷爲是，那麼，這種一般尤其是特殊的信用激勵、約束又是什麼？爲什麼會是那樣且對信用功能的釋放事實上業已產生了怎樣的影響呢？當我們承續既有描述性研究而將中國近現代政府舉債問題置於經濟學框架中，設定信用激勵與約束視角以進行專門觀察和研究時，我們對於由已然逝去、不可逆反的現實沈澱、累積、固化所形成的這一專門歷史的詮釋，無疑只能算是一種不乏疏漏的課業嘗試。我們服膺讀史可以啓智的聖訓或教誨，但我們的確不敢奢望並的確困惑於從相對於動態的現實而言的那似屬靜態的歷史中，人們是否真的能夠輕易窺見那看似頗爲不確定的未來。

二、方法基礎

　　邏輯與歷史相統一的分析方法構成本書的方法基礎。中國漢代的許慎將"史"詮釋爲"記事者"[1]，也就是史官。但這史官一般是如何記事的呢？許慎並未道及。不過，中國春秋時代的孔子（西元前551－西元前479年）早以其"述而不作，信而好古"[2]的方法偏好，在頗大程度上感召並影響了他之後的眾多中國治史者，在治史方法上重視描述史事傳述，無意於分析性創制解釋，而對"作"什麼、怎樣"作"的思考自然因此而幾近闕如。迄今，由孔子所創設的這一"述而不作"的曾經幾乎成爲中國歷史主流研究方法的選擇，業已在學術交錯滲透的壓力、引力作用下趨向多樣的選擇中，不斷以述而有作、有述有作、益重有作的實證而得以拓展提升，而在這一拓展提升歷史研究述作績效的方法選擇中，學人們多認同邏輯與歷史相統一的分析

---

[1] 許慎：《說文解字》，北京，中華書局，1979。
[2] 《論語·述而》。

方法，並將其視爲怎樣駕馭述作的方法基礎。

古希臘歷史學家修昔底德（約西元前455－約西元前396年）以爲，"如果我們考慮到我們是研究古代歷史的話，我們可以要求只用最明顯的證據，得到合乎情理的正確結論"；事件敍述中可確定一個原則，即事件敍述者必須對事件本身予以仔細考核後才能敍述事件，不能偶然聽到一事就寫下來，也不能僅以事件敍述者自己對一事的一般印象作爲判斷根據；按照這一原則敍述事件的著作，也許會有益於"那些想要清楚地瞭解過去所發生的事件和將來也會發生的類似的事件（因爲人性總是人性）的人"[1]。儘管我們的確不宜據此即褒揚修昔底德早已了然後世所謂邏輯與歷史相統一的方法，但他立足於客觀、關鍵事實的方法定位，無疑在歷史研究的方法選擇中不乏整合邏輯與歷史的智慧取向（即熊彼特所謂"心智努力"）[2]。以歸納和演繹、分析與綜合、抽象與具體等方法爲基礎的邏輯與歷史相統一的分析方法，作爲辯證邏輯思維方法集合中的一種關鍵方法[3]，首先是一種"按照歷史"、"必須處處跟隨著它"[4]的歷史的方法，而這一"比較明確"、"比較通俗"的研究方法由於歷史跳躍、曲折推進的繁複特性，乃必須輔以立足於歷史事實、進行科學抽象概括的研究方法，即"按照邏輯"[5]的研究方法——一種邏輯的方法。該方法究其要旨，恰如製作一幅省略了繁雜細節而僅標示關鍵資訊的地圖[6]。以歷史長河中

---

[1] 修昔底德著，謝德風譯：《伯羅奔尼撒戰爭史》，17～18頁，北京，商務印書館，1978。
[2] 約瑟夫·熊彼特著，朱泱等譯：《經濟分析史》，第1卷，15頁，北京，商務印書館，1996。
[3] 陶文樓：《辯證邏輯的思維方法論》，117頁，北京，中國社會科學出版社，1981。
[4] 《馬克思恩格斯選集》，第2卷，120頁，北京，人民出版社，1978。
[5] 《馬克思恩格斯選集》，第2卷，120頁，北京，人民出版社，1978。
[6] 柯武剛、史漫飛著，韓朝華譯：《制度經濟學》，51頁，北京，商務印書

的一個獨特的過程構造其實質內容的經濟學[1]，其研究方法自然具有歷史、邏輯的原生烙印。誠如恩格斯所言，對經濟學的批判，即使按照已經得到的方法，也可以採取兩種方式：按照歷史和按照邏輯；歷史常常是跳躍式地和曲折地前進的，如果必須處處跟隨著它，那就勢必不僅會注意許多無關緊要的材料，而且也會常常打斷思想進程；因此，邏輯的研究方式是唯一適用的方式。但是，實際上這種方式無非是歷史的研究方式，不過擺脫了歷史的形式以及起擾亂作用的偶然性而已。歷史從哪里開始，思想進程也應當從哪里開始，而思想進程的進一步發展不過是歷史過程在抽象的、理論上前後一貫的形式上的反映；這種反映是經過修正的，然而是按照現實的歷史過程本身的規律修正的，這時，每一個要素都可以在它完全成熟而具有典範形式的發展點上加以考察；我們看到，採用這個方法時，邏輯的發展完全不必限於純抽象的領域。相反，它需要歷史的例證，需要不斷接觸現實。[2]換言之，邏輯與歷史相統一的分析方法——辯證邏輯的思維方法、科學研究的方法，其對事實的歷史過程作思維的或者邏輯的反映，旨在由立足於事實的歷史考察而引致認知事實的本質[3]（"格物致知"的另類表述）。

　　本書對於"信用的激勵、約束與中國近現代政府舉債"這一擇定主題的實證性（是什麼、爲什麼、怎麼樣）的分析與解釋，其所賴以支撐的基礎方法即是上述所界定的邏輯與歷史相統一的分析方法。

　　在邏輯與歷史相統一的分析方法基礎上，本書從諸多極有裨益於本書主題開掘的已有理論供給中獲得了重要資訊及啓示，並因此而使

　　館，2000。
[1] 約瑟夫・熊彼特著，朱泱等譯：《經濟分析史》，第1卷，29頁，北京，商務印書館，1996。
[2] 《馬克思恩格斯選集》，第2卷，122、124頁，北京，人民出版社，1978。
[3] 陳建遠編：《社會科學方法辭典》，17頁，瀋陽，遼寧人民出版社，1990。

圍繞本書主題所作的分析解釋在方法甚至判斷上，於具體而微的研究思考中得以不斷充實。在這些理論供給中，尤以取向於拓展標準微觀經濟理論適用範圍、在存有交易成本摩擦的真實經濟中，運用資訊理論與博弈論等工具，詳盡剖析產權、契約等命題，並且，其研究視角與研究成果日益被主流經濟學所關注、吸收的新制度經濟學為主。對制度問題的重視，古今一理。《春秋左傳》記載晏子所言，"為之制度，使無遷也"[1]。《周易·節》要言，"節以制度，不傷財，不害民"[2]。《商子》記述商鞅的觀點，"凡將立國，制度不可不察也，治法不可不慎也"，"制度時，則國俗可化而民從制；治法明，則官無邪。"[3]這裡，我們首要略舉中國古代典籍所道及的制度，或為微觀層面關乎一事的具體尺度、行為準繩，或為宏觀層面運作政事的一般規則、導向常例。我們自然不會去揣想，為今日所看重的新制度經濟學可能由此而吸取了何種及多少經驗。但是，我們的確會由此而思考，制度問題之於人類社會，何以會綿延數千年，貫古通今，卻依然很難被人們所割捨。而當我們瀏覽作為一個整體存在的人類知識時，我們不能不追問，那個由托斯坦·凡勃倫、維斯雷·米契爾、約翰·R.康芒斯等所構造的而為後來的若干研究者給予"不太正統"定位的舊（老）制度經濟學（Old Institutional Economics, OIE），其於"比較正統"[4]的新制度經濟學（NewInstitutionalEconomics, NIE）[5]制度研究

---

[1] 《春秋左傳·襄公二十八年》。
[2] 《周易正義·卷六》。
[3] 《商子·一言第八》。
[4] 馬爾科姆·盧瑟福著，陳建波等譯：《經濟學中的制度》，2頁，注①，北京，中國社會科學出版社，1999。
[5] 特雷恩·埃格特森認為，NIE是古老的美國制度主義的復興，而Neoinstitutional Economics術語是對現代經濟學基本方法的運用。參見皮特·紐曼主編，許明月等譯：《新帕爾格雷夫法經濟學大辭典》，卷2，750頁，北京，法律出版社，2003。

效率的提升，是否真的連一個可以作爲參照的心智努力標尺也從未曾建構過？約瑟夫·熊彼特在其遺作中倡導掌握歷史事實進而"制度方面的"事實[1]，W. 阿瑟·劉易斯對經濟制度概略而切要的研究及其"制度對增長的促進取決於制度把努力與報酬聯繫起來的程度，取決於制度爲專業化和貿易所提供的範圍，以及制度允許尋求並抓住經濟機會的自由"、"任何一個國家的制度都一直在或快或慢地變化。制度可能是沿著有利於增長的方向變化，但也有可能是沿著限制增長的方向變化"、"從經濟增長的角度來看，制度最重要的特徵也許是它所允許的行動自由的程度"[2]的判斷，這似乎又使得我們在主流經濟學家的研究視域中發現了切實的制度關注。古人不見今時月，今月曾經照古人。[3]思想是積累的，而且思想和實踐一直都在演進[4]。

　　人類社會對制度問題的重視至今沒有停歇。更爲重要的事實是，目前雖然尚未明確趨向成就一個嚴密、統一理論的新制度經濟學的出現[5]，但這本身就表明，經濟學家們在智力資源的配置上，重新並在不斷掘深的層次上益加強化了學術研究的制度執著。而也許正是由於現代主流經濟學，它對分析經濟體制的結構及其長期改革的變化這一補充研究領域的需要，才使經濟學由此而形成對新制度經濟學的迫切需要[6]。依此而論，對新制度經濟學這一進行制度研究的經濟分析的現代

---

[1] 約瑟夫·熊彼特著，朱泱等譯：《經濟分析史》，第1卷，29頁，北京，商務印書館，1996。
[2] W. 阿瑟·劉易斯著，梁小民譯：《經濟增長理論》，65、176、177頁，上海，上海人民出版社，1996。
[3] 《增廣賢文》。
[4] 埃德蒙·惠特克著，徐宗士譯：《經濟思想流派》，1頁，上海，上海人民出版社，1974。
[5] 埃瑞克·G.菲呂博頓等編，孫經緯譯：《新制度經濟學》，29頁，上海，上海財經大學出版社，2002。
[6] 皮特·紐曼主編：《新帕爾格雷夫法經濟學大辭典》，卷2，751頁，北京，法律出版社，2003。

方法的若干文獻觀點略予討論，當屬題中應有之意。

　　20世紀70年代，作爲一門經驗科學而著力於經濟現象解釋的經濟學，由解釋經濟運動而獲得極強動力，而新制度經濟學無疑是經濟學在這一重要發展取向中所不可或缺的一個部分[1]。由Oliver Williamson最早提出的"新制度經濟學"一詞，其目的是爲了使自身能區別於老制度經濟學，並在改進主流經濟學（主要指微觀經濟學）分析方法中，將經濟學的分析工具用於研究經濟制度，且得出制度決定著經濟績效這一新制度經濟學的重要結論[2]。如溯及既往，新制度經濟學的誕生及明確地將"交易成本"概念引入經濟分析的研究取向，事實上早在1937年羅納德・H. 科斯發表《企業的性質》這篇論文時即已經確立[3]。但在此後數十年，伴隨著經濟學家對現實世界興趣的不斷強化[4]，經濟學家們才日益重視制度在經濟體系中所發揮的重要作用[5]。

　　新制度經濟學作爲一個新的且有洞察力的理論體系，在它研究產權結構、交易成本對經濟行爲主體的激勵與經濟行爲產生影響的諸多文獻中，都把組織問題定位爲自己的研究物件[6]。這些文獻均表明，以人們所接受的、由物的存在引起的、並與物的使用有關的人們相互間的關係——產權，其安排即規定了人們在相互交往中必須遵守哪些與

---

[1] 張五常著，易憲容等譯：《經濟解釋》，433頁，北京，商務印書館，2002。

[2] 科斯、諾思等著，劉剛等譯：《制度、契約與組織》，10、11、12頁，北京，經濟科學出版社，2003。

[3] 科斯、諾思等著，劉剛等譯：《制度、契約與組織》，10、11、12頁，北京，經濟科學出版社，2003。

[4] 張五常著，易憲容等譯：《經濟學解釋》，434頁，北京，商務印書館，2002。

[5] 埃瑞克・G. 菲呂博頓等編，孫經緯譯：《新制度經濟學》，1頁，上海，上海財經大學出版社，2002。

[6] 埃瑞克・G. 菲呂博頓等編，孫經緯譯：《新制度經濟學》，1、2頁，上海，上海財經大學出版社，2002。

物有關的系列行爲規範，而產權的決定與保障又必須依賴於一種爲社會所認可的治理結構或秩序[1]。作爲產權保障所不可或缺的秩序（符合可識別模式的重複事件或行爲）[2]，它的形成與維繫有賴於制度安排。制度（有效能的制度），即隱含懲罰性的協調人類相互交往的規則[3]、與具體行爲性有關的規範體系，在North看來，是由非正式的約束、正式規則及其實施特徵所組成的[4]。非正式的約束，即未得到正式機制所支援的各種習慣、內化規則、習俗、禮貌的內在制度（也內含有由某些社會成員以有組織的方式實施懲罰即第三方強制執行的正式內在制度）——內在行爲規則；正式規則，即由統治共同體的政治權力機構自上而下地設計出來，然後強加於社會並付諸實施的而以專門指令、程式性規則構成的外在制度——外在行爲規則[5]。North對於制度構成的表述，旨在強調實施懲罰的方式（是自發地發生即非正式的，還是有組織地發生即正式的）；而制度構成的內在性及外在性，則旨在強調制度的起源（是自發地演化產生即內在的，還是有組織地設計產生即外在的）[6]。儘管在制度產生問題上，有制度自發產生於決策者自利（決策者自己組織自己）基礎與制度完全產生於一個中央機構的組織設計（即Williamson所說的司法中心主義）的不同判斷，但在對制度

---

[1] 埃瑞克‧G. 菲呂博頓等編，孫經緯譯：《新制度經濟學》，1、2頁，上海，上海財經大學出版社，2002。
[2] 柯武剛、史漫飛著，韓朝華譯：《制度經濟學》，182頁，北京，商務印書館，2000。
[3] 柯武剛、史漫飛著，韓朝華譯：《制度經濟學》，127頁，北京，商務印書館，2000。
[4] 埃瑞克‧G. 菲呂博頓等編，孫經緯譯：《新制度經濟學》，1、2頁，上海，上海財經大學出版社，2002。
[5] 柯武剛、史漫飛著，韓朝華譯：《制度經濟學》，131頁，北京，商務印書館，2000。
[6] 柯武剛、史漫飛著，韓朝華譯：《制度經濟學》，127頁，北京，商務印書館，2000。

進行經濟學分析的學者看來，制度產生的激勵，根源於人類社會對在某種意義上能夠優化（通過成本與收益的比較）人類社會行為的組織結構的尋找活動。新制度經濟學所研究的制度，主要涉及建立在由法律、習俗所確立的約束力基礎之上的產權（秩序）保障層面（強制實施層面）[1]，即產權保障問題。由於產權制度的構造、實施，不可能在新古典經濟理論所構造的"無摩擦"世界中操作，新制度經濟學因此而在自己切實的制度分析中，引入並考察了建立、使用與保障每一制度均需耗費實際資源這一真實世界的交易成本範疇[2]（或稱交易成本範式，且在寬泛地界定交易成本時將其等價於制度成本）[3]。雖然Dahlman運用不完全資訊所導致的資源損失這一簡化判斷把交易成本等同于資訊成本的取向為不少經濟學家所質疑，但他在對交易成本進行具體分類時，立足於經濟行為主體使用市場的成本分解（合同準備、達成、監督與實施的序貫成本），不獨具有經驗支援的解釋力，並且已然將資訊成本之於市場運行的重要影響予以揭示[4]。新制度經濟學所使用的交易成本範疇，雖然它迄今仍然面臨著測度問題，但在新制度經濟學中，這一由內含於制度框架具體形式的自利性原則所聯繫起來的產權與交易成本範疇，無疑已經為人們正確地理解經濟行為主體的行為、經濟運行的制度安排開啓了效率之門[5]。

當新制度經濟學家憑藉一個植根於現存經濟理論和學說的特定共

---

[1] 埃瑞克・G. 菲呂博頓等編，孫經緯譯：《新制度經濟學》，3頁，上海，上海財經大學出版社，2002。

[2] 埃瑞克・G. 菲呂博頓等編，孫經緯譯：《新制度經濟學》，3頁，上海，上海財經大學出版社，2002。

[3] 張五常著，易憲容等譯：《經濟解釋》，515頁，北京，商務印書館，2002。

[4] 埃瑞克・G. 菲呂博頓等編，孫經緯譯：《新制度經濟學》，10頁，上海，上海財經大學出版社，2002。

[5] 埃瑞克・G. 菲呂博頓等編，孫經緯譯：《新制度經濟學》，12頁，上海，上海財經大學出版社，2002。

識集合[1]，致力於拓展標準微觀理論適用範圍，而將先前常常被研究者所忽視的經濟體系的制度特徵作爲重點來予以強調的時候，毋庸諱言，其中的確不乏承襲並尊重主流經濟學但在他們所擇定、研究的主題分析中，逐漸把若干經過修正、適合於他們的分析的假設（約束條件）整合於正統的生產、交換理論中的學者[2]。而在那些被新制度經濟學家所修正的若干假設中，除了方法論上的個人主義、效用最大化外，尤其突出地表現在他們在相關研究中，對有限理性（真實世界的人們只有限的獲取和處理資訊的能力）、機會主義[3]（投機，Williamson將其界定爲損人利己）[4]假說的引入。

關於有限理性、投機（機會主義）假說，Williamson在他對作爲新制度經濟學的一個組成部分的交易成本經濟學的研究中[5]，認爲這是兩個已然把握住了人類本質特徵的概念。有限理性講的是領悟能力（Cognitive Competence），投機則用機敏（Subtle）取代了對自身利益赤裸裸的追求[6]。分析理性問題，如果考慮到對經濟組織的研究必須集中分析其追求何種目標而並不涉及非理性（Nonrationality）、無理性（Irrationality）問題，那麼，我們可將理性構成分成強理性（預期收益最大化）、弱理性（有組織的理性，程式理性或有機理性）、中

---

[1] 約翰・N. 德勒巴克等編，張宇燕等譯：《新制度經濟學前沿》，1頁，北京，經濟科學出版社，2003。

[2] 埃瑞克・G. 菲呂博頓等編，孫經緯譯：《新制度經濟學》，4頁，上海，上海財經大學出版社，2002。

[3] 埃瑞克・G. 菲呂博頓等編，孫經緯譯：《新制度經濟學》，4頁，上海，上海財經大學出版社，2002。

[4] 奧利弗・E. 威廉姆森著，段毅才等譯：《資本主義經濟制度》，71頁，北京，商務印書館，2002。

[5] 奧利弗・E. 威廉姆森著，段毅才等譯：《資本主義經濟制度》，3頁，北京，商務印書館，2002。

[6] 奧利弗・E. 威廉姆森著，段毅才等譯：《資本主義經濟制度》，67頁，北京，商務印書館，2002。

等理性（有限理性）三個層次予以剖析[1]。由於有限理性或理性有限不僅是交易成本經濟學賴以成立的一個重要假定，更是一個真實世界的人們所無法迴避的現實，這便使我們在交易成本經濟學框架中，研究具有"理性有限卻刻意爲之"的心態的各種經濟角色的行爲，以及他們必然爲此而付出各種成本的問題時，必須承認合同不完全這一事實，必須因地制宜地設計、擇用那些在解決不同交易問題中能夠有效節約成本的治理結構[2]。Furubotn則認爲，Simon用"有限理性"術語所界定的是這樣一個事實，即雖然可以假設決策者在主觀上會追求完全理性，但其實他並不具有超理性的事實，而這即意味著經濟行爲主體採用合同與市場組織進行經濟交易的時候，他們都會受到理性缺損的約束；這恰如Kreps的表述，一個具有有限理性的人試圖最大化（其效用），但是他發現做到這一點（所需）成本極高。並且，他發現他無法預測到所有的偶然事件。認識到自己的能力有限，他就會在事前爲可能發生意外事件（這幾乎是不可避免的）的事後做準備。概略而言，有限理性（交易成本不爲零）的局限條件，使經濟行爲主體在經濟活動中，期望完全憑藉合同簽訂來解決各種複雜問題的構想並不具有可行性[3]。

論及投機，Williamson以追求私利程度的深淺作爲界定尺度，把經濟行爲主體追求私利的行爲分類爲順從（不去投機，程度最弱）、自私自利（程度中等）、投機（程度最強烈）。損人利己的投機，作

---

[1] 奧利弗・E. 威廉姆森著，段毅才等譯：《資本主義經濟制度》，68耀71頁，北京，商務印書館，2002。
[2] 奧利弗・E. 威廉姆森著，段毅才等譯：《資本主義經濟制度》，68耀71頁，北京，商務印書館，2002。奧利弗・E.威廉姆森著，段毅才等譯：《資本主義經濟制度》，69耀70頁，北京，商務印書館，2002。
[3] 埃瑞克・G. 菲呂博頓等編，孫經緯譯：《新制度經濟學》，4頁，上海，上海財經大學出版社，2002。

為一種包括在主動、不得已、事前與事後情形下所實施的機敏欺騙，它的更為一般的意義乃是指不充分揭示有關資訊或歪曲資訊（尤其是各種精心策劃的混淆視聽的行為）。而具有這一定位的投機，無疑會使經濟活動中的各行為主體在給定的經濟組織中，難以回避由不對稱資訊所引致的各種問題，例如，甄別有關當事人、獲取相關收益的經濟活動因為資訊不對稱，必然遭遇到情形複雜、操作棘手的現實，並由此而迫使那些渴望識別並預防經濟交易中有關當事人根源於投機的"行為"——各行為主體的不確定的行為，必須花費額外的資源——交易成本[1]。對於交易成本經濟學來說，對那些僅僅具有中等強度領悟能力（有限理性）的經濟行為主體，卻需要為他們給出一個強烈的動機（投機）假定，並且，這一條件尤其重要[2]。正是由於經濟行為主體的有限理性與識別投機者成本高昂條件的約束，那種期望在經濟活動中簽訂完全合同的設想，即會因為完全缺乏現實性而不可能付諸實施。然而，那些不得已而求其次的不完全合同，又只有在經濟行為主體相互間能夠真正建立信任的條件下才可以依賴[3]。因為，在經濟活動中，那些在原則上都必須為經濟行為主體所遵循的法律和社會規則，它們在具體實施中難免不發生不同程度的偏離甚至背逆情形，這便會把不完全合同的簽訂、履行置於一個十分困難、不確定的經濟環境中[4]。當經濟行為主體具有減低有限理性約束作用與保護交易使其免受投機風險影響的激勵時，他們即會去尋找一種有助於該種激勵實現的

---

[1] 奧利弗·E. 威廉姆森著，段毅才等譯：《資本主義經濟制度》，71耀74頁，北京，商務印書館，2002。

[2] 奧利弗·E. 威廉姆森著，段毅才等譯：《資本主義經濟制度》，76頁，北京，商務印書館，2002。

[3] 埃瑞克·G. 菲呂博頓等編，孫經緯譯：《新制度經濟學》，5頁，上海，上海財經大學出版社，2002。

[4] 埃瑞克·G. 菲呂博頓等編，孫經緯譯：《新制度經濟學》，25頁，上海，上海財經大學出版社，2002。

非市場形式的組織安排[1]。

經過對新制度經濟學若干文獻觀點的梳理，我們發現在這一研究框架下，除了基於制度主題的各種或綜合或具體的專題研究（論文、專著）外，目前已有若干趨於整合新制度經濟學既有研究成果、相對完善的新制度經濟學教科書類的著述供給學術界，而檢索這類著述，學人可以在他們有關制度的基本原理論述及將制度理論運用於分析特定、典型經濟制度的表述中，共鳴其作為一種方法尤其是一種思想所具有的對真實世界的解釋力。高山仰止，其啟示在於：給定資源稀缺這一為主流經濟學所設定的前提條件，當我們將資源的稀缺屬性與資源的產權屬性予以整合的時候，資源使用的有償性——信用屬性的存在，無疑就成為了介入資源配置（交易）的經濟行為主體在啟動、續動相關經濟活動時所必須認同、恪守的事實；構造制度並依賴於制度而得以運行的人類社會，當它的行為主體基於稀缺屬性的資源配置具有產權屬性進而信用屬性這些隱含屬性顯化兌現的保證時，一種由產權進而信用生成的制度基礎，即會為各行為主體在經濟活動中提供可減低有限理性影響、過濾投機行為風險的秩序，而各行為主體對秩序的解讀，又將使他們依據那些源自於利益的判斷而選擇介入經濟活動，並且，這種介入，又將在資訊節約、不確定性減少的條件下，被持續、穩定地轉換為一種強化的進入激勵。"明晰的產權界定和足夠低的交易成本是市場交易的前提條件"[2]——也許，這正是我們所確知的科斯定理的制度詮釋——種極有價值的思想資源[3]。

---

[1] 埃瑞克·G. 菲呂博頓等編，孫經緯譯：《新制度經濟學》，5頁，上海，上海財經大學出版社，2002。

[2] 張五常著，易憲容等譯：《經濟解釋》，442頁，北京，商務印書館，2002。

[3] 張五常著，易憲容等譯：《經濟解釋》，387頁，北京，商務印書館，2002。

三、思路提要

　　本書對"中國近現代政府舉債的信用激勵、約束機制"主題的探討，其章節安排擬分為以下諸章，即：

　　第一章探討政府舉債信用機制的思想機理，擬對國內外經典作家對信用機制問題的相關思考，擇要予以闡述和分析，並據以提煉啓示，期望以此而為以後諸章圍繞本書主題的遞進分析提供一個兼具學說文獻背景、理論脈絡基礎定位的參考。

　　第二章剖析政府舉債信用機制的經濟基礎，所涉及的問題主要有政府職能與政府舉債的必要性、可能性及政府舉債的產生和發展。

　　第三章論述政府舉債信用機制的制度基礎，擬對政府舉債的目的、政府舉債信用機制藉以建立的制度基礎、一定制度基礎對政府舉債信用機制功能釋放所產生的影響諸問題予以探討。

　　第四章剖析政府舉債信用機制的法理基礎，旨在從政府舉債的法理基礎構成及其對政府舉債的影響角度，論述憲法與政府舉債、憲政與政府舉債的關係問題。

　　第五章論述政府舉債的信用機制，即政府舉債守信用的激勵、反信用的約束機制問題。該章擬以前面諸章的分析作為基礎，從信用及其激勵、約束機制的一般分析切入，論述政府舉債的信用激勵、約束機制問題。

　　第六章分析中國近現代政府舉債信用機制的經濟制度與法理基礎。

　　第七章分析中國近現代政府在外債舉借中的信用激勵、約束，即其守信用的激勵、反信用的約束。

　　第八章分析中國近現代政府在內債舉借中的信用激勵、約束，即其守信用的激勵、反信用的約束。

四、概念界定

　　為便於對本書所擇定的"中國近現代政府舉債的信用激勵、約束機制"主題的探析，茲將本書主題所涉及的若干關鍵概念預先作如下界定：信用：除非特別說明，本書所涉及的信用悉數指稱經濟學意義上的信用，即經濟行為主體基於還本付息承諾及兌現這一承諾條件的債權債務關系；承諾及兌現承諾是信用基於社會行為規範的一般屬性；守信用（兌現承諾）、反信用（違背承諾）構成經濟學意義上的信用的一體兩面。

　　信用機制：經濟活動中的信用機制，究其實乃是信用的激勵、約束機制，其功能乃在於激發鼓勵經濟行為主體守信用（兌現承諾）行為，控管限制經濟行為主體反信用（違背承諾）行為。激勵：採用《辭海》激發振作，激發乃激之使奮起、勵即勸勉或鼓勵的詞意詮釋[1]，用"激勵"一詞指稱對經濟行為主體的激發鼓勵。

　　約束：兼取《辭海》對"約"（以語言或文字互訂共守的條件；控制；管束；對物體位置及其運動條件所加的限制）、"束"（約制、管束、拘束）[2]的釋義，用"約束"一詞指稱對經濟行為主體行為的控管限制。

　　信用的激勵：即守信用（兌現承諾）的激勵，專指對經濟行為主體守信用（兌現承諾）行為的激發鼓勵。

　　信用的約束：即反信用（違背承諾）的約束，專指對經濟行為主體反信用（違背承諾）行為的控管限制。

　　中國近現代：截取1840年鴉片戰爭爆發以後止於1949年中華人民共和國成立之前時段。

---

[1]　《辭海》，993頁，上海，上海辭書出版社，1982。
[2]　《辭海》，469、1151頁，上海，上海辭書出版社，1982。

政府舉債：指中央政府作爲債務人以借款協定、債券憑證籌措所需資金的財政行爲。

中國近現代政府舉債：指晚清政府、南京臨時政府與北洋政府、國民政府作爲債務人以借款協定、債券憑證對外對內籌措所需資金的財政行爲。

第一章

政府舉債信用機制的思想機理述評

引　言

　　經濟學視角的信用即經濟行爲主體基於還本付息承諾及兌現這一承諾條件的債權債務關係，守信用（兌現承諾）、反信用（違背承諾）構成其一體兩面。因此，經濟活動中的信用機制，究其實乃是信用的激勵、約束機制，其功能乃在於激發、鼓勵經濟行爲主體守信用（兌現承諾）行爲，控管限制經濟行爲主體反信用（違背承諾）行爲。從這一意義上說，整理政府舉債信用機制的思想機理，當以信用機制（信用激勵、約束機制）思想機理的論述和分析作爲主線。基於此種判斷，本章擬對國外經典作家與國內近現代思想家對信用機制問題的相關思考，擇要予以闡述和分析，並據以提煉其啓示，期望以此而爲以後諸章圍繞本書主題的遞進分析提供一個兼具學說文獻背景、理論脈絡基礎定位的參考。

　　值得一提的是，這裡述及的國外經典作家與國內近現代思想家，其於信用機制問題的思考，尤其是對政府舉債信用機制問題的思考，的確不乏直接論及者，但毋庸諱言，更多的時候卻僅是間接論及。這給予我們的啓示乃是：既有學人對於此類問題並未給出完整的現成答案，我們只能在既有學人的相關思考中蒸餾提煉涉及我們所擇主題的相關思想經驗。因此，我們於此擇用"相關"一詞，用以界定國外經典作家與國內近現代思想家對信用機制及政府舉債信用機制問題的思考。

第一節　古希臘、古羅馬經典作家對信用激勵機制問題的相關思考述評

這裡所涉及的古希臘、古羅馬經典作家，主要是蘇格拉底、柏拉圖、亞里斯多德、西塞羅。他們對信用激勵、約束機制問題的相關思考，儘管時常滲透著道德倫理意味，甚至可能在根本上就隸屬於道德倫理範疇，但當我們將其視為一種基於社會行為規範的承諾及其表現（兌現或違背承諾）時，其間所蘊含的資訊，對於我們認知經濟學層面的信用機制問題，很難說其中不存在極有裨益的啓示。基於此種判斷，我們不憚瑣細，嘗試為之。

蘇格拉底[1]對信用激勵、約束機制問題的相關思考，突出地表現在他事實上提出並回答了這樣一些問題：對經濟行為主體產權的保障是信用啓動維繫的前提條件、謹慎的債務主體會根據自己的償債能力定奪舉債、凡是建立起有效擔保機制的信用的債權主體的利益可因此而得到保證、由法律構造的外在制度與各行為主體能夠嚴格依據這一制度行為乃是各行為主體藉以建立信用關係的基礎、恪守信用的守法行

---

[1] 蘇格拉底（約西元前470－西元前399），與他的學生柏拉圖、柏拉圖的學生亞里斯多德被後人譽稱為古希臘三大哲人。由於其無著述傳世，欲瞭解他的思想，後人只能從柏拉圖、色諾芬（蘇格拉底的學生）留下的文字中去複製。參見《簡明不列顛百科全書》，第7冊，520頁，北京，中國大百科全書出版社，1985。但在柏拉圖《對話錄》道及蘇格拉底的諸多文字中，學人多認同柏拉圖的早期作品（如《遊敘弗倫》、《蘇格拉底的申辯》、《克力同》）在傳達蘇格拉底思想精神的真實性上具可信性。參見柏拉圖著，嚴群譯：《遊敘弗倫·蘇格拉底的申辯·克力同》，譯者序、譯後話，北京，商務印書館，1983；《簡明不列顛百科全書》，第2冊，29頁，北京，中國大百科全書出版社，1985。而色諾芬回憶蘇格拉底的文字亦不乏非常令人信服者。參見羅素著，何兆武等譯：《西方哲學史》（上卷），118頁，北京，商務印書館，1976。這裡即僅據上述文字給予的資訊，對蘇格拉底針對信用及其激勵、約束問題的相關思考作一簡略敍述。

為會使各行為主體獲得利益而違背信用的違法行為會使各行為主體損失利益、在給定競爭條件下一國的制度狀況將會影響其資源所有者主體的去留選擇。可以肯定，蘇格拉底對信用機制問題的相關思考，從債務主體守信用的激勵、反信用的約束視角剖析，已然觸及債務主體得自債權主體的授信既是債權主體引致債務主體守信用的激勵，也是債權主體警示債務主體反信用的約束這一關鍵，而該信用激勵、約束機制功能的有效釋放，乃在於債權主體對法律制度規制債務主體從而使其產權得以保障的充分信任。

　　柏拉圖[1]對信用激勵、約束機制問題的相關思考，特別強調經濟活動中行為主體的信用為其信譽構築基礎，行為主體基於相互信任的經歷而營運的信用具有可重複性，而對產權的保障乃是一國給予債權主體以信用信心進而穩定社會的關鍵。旨在約束行為主體行為並保障其利益的法律契約（憲法）的簽訂固然重要，但更重要的是其能夠有效實施，而這受制於一國政治秩序狀況的正常與否。在柏拉圖看來，凡屬政治有序的國家，其行為主體在具有懲罰性可強制實施的法律約束導向下，其守法踐約的行為及由此而導致相互間傳遞真實的信用資訊，無疑可以因為有效約束行為、保障利益的法律實施而使其經濟生活中的交易費用降低。值得注意的是，從柏拉圖的判斷中，可以讀出這樣的資訊：一國政府可能於其不良的政治秩序狀況下隨意侵害行為主體的產權（如沒收財產、廢除債務），而這必將導致信用機制隨之

---

[1] 給予整個西方文化以深遠影響的柏拉圖（約西元前428－西元前348/347），其以對話形式著述所留下的作品構築起自己的哲學體系，並通過這一體系不僅揭示蘇格拉底的思想，更傳播自己的思想，甚至托言其師以揚己說。參見《簡明不列顛百科全書》，第2冊，30頁，北京，中國大百科全書出版社，1985；DavidM.Walker著，李雙元等譯：《牛津法律大辭典》，827頁，北京，法律出版社，2003。這裡對柏拉圖於信用及其激勵、約束問題相關思考的梳理，所據資訊多採自王曉朝譯：《柏拉圖全集》，北京，人民出版社，2003。

受損並觸發社會動蕩。

亞里斯多德[1]對信用激勵、約束機制問題的相關思考，為我們清晰地勾勒出這樣一條信用激勵、約束機制傳導的路徑：在一債權債務關係中，債權主體的債權能否保全，在一定的經濟條件下，不僅取決於債權主體對可能的債務主體的資信應預為判別，亦取決於債務主體對其與債權主體業已簽訂的契約在利益基礎上予以遵守，更取決於法律對經濟行為主體的有效約束；當由法律維繫的社會秩序可給予經濟行為主體（如債權主體）介入經濟活動以穩定預期的時候，基於互惠的交換（信用）才可能開啟、持續。無疑，在亞里斯多德有關信用機制傳導路徑的勾勒中，凸顯了法律作為信用機制功能釋放的制度保證，其威信取決於民——端賴其制定與實施的穩定性、對執法者權力的明確界定並約束各級執法者的行為這一法治理念，而這一法治理念已具有將政府運作行政置於法制框架中的取向。

西塞羅對信用激勵、約束機制問題的相關思考，界定了誠信的內涵，並且簡析了在社會經濟生活中將給恪守誠信者帶來的收益、給違背誠信者形成的約束。西塞羅警示具有反信用行為的執政者"不能打著國家旗號侵犯平民百姓的財產權"[2]，因為其機會主義行為必將導致

---

[1] 作為百科全書式的思想家、其思想對西方文化的根本傾向與內容均產生重大影響（參見《簡明不列顛百科全書》，第8冊，782頁，北京，中國大百科全書出版社，1985）的亞里斯多德（西元前384－西元前322），在其傳諸後學、包容宏富的思想庫中，我們不難發現其於倫理學、政治學著述中針對信用及其激勵、約束問題相關思考的精深智慧。這裡主要依據苗力田主編：《亞里斯多德全集》，卷8，《尼各馬科倫理學》，北京，中國人民大學出版社，1992；以及亞里斯多德著，吳壽彭譯：《政治學》，北京，商務印書館，1983，對其就信用及其激勵、約束問題的相關思考予以概略介紹。

[2] 因傳播古希臘的思想並將一套哲學術語給予歐洲而為西方哲學史所重視的西塞羅（西元前106－西元前43）（參見《簡明不列顛百科全書》，第8冊，431頁，北京，中國大百科全書出版社，1985），在其從政生涯中的諸多著述，不乏關於信用及其激勵、約束問題的文字。這裡主要依據西塞羅著，徐奕春

國家賴以存在、運行的誠信基礎被破壞，這似乎可以視為西塞羅在國家層面對信用激勵、約束機制問題的關注。至於民間層面的信用激勵、約束機制問題，由於債權人的權益可以得到政府依法約束債務人使其償債的保證，債權人權益因此而具有可靠保障。西塞羅還給後人提出了這樣一個問題，即債務人對執政者隨意勾銷債務的態度如何（贊成、不贊成）不能一概而論。在西塞羅看來，這種由政府操作的反信用行為，對於一個希望以誠信信譽與債權主體重複建立信用關係的債務主體而言，很可能使其失去債權主體的重複信任而在信用授受上因小失大。

第二節　歐洲近現代[1]經典作家對信用機制問題的相關思考述評

17世紀以後的歐洲，伴隨著經濟、政治、文化等多方面交相錯雜的變遷，造就出了眾多的對增進人類知識貢獻頗多的思想家、學問家。這裡的述評，僅僅圍繞本書所設論題略予首舉，以見大概，所涉及的經典作家主要有孟德斯鳩、亞當·斯密、大衛·李嘉圖、卡爾·馬克思、阿爾弗雷德·馬歇爾、約翰·梅納德·凱因斯。

孟德斯鳩[2]對信用激勵、約束機制問題的相關思考，已然將該問題

譯：《論老年·論友誼·論責任》（北京，商務印書館，2003）一書中對信用及其激勵、約束問題的相關思考予以概略介紹。

[1] 北京大學歷史系：《簡明世界史》（近代部分），1頁，北京，人民出版社，1979。

[2] 作為一位政治學說強於經濟學說但為經濟學說史家所關注的孟德斯鳩（1689－1755）（參見埃德蒙·惠特克著，徐宗士譯：《經濟思想流派》，96頁，上海，上海人民出版社，1974），在其名播於世的《論法的精神》這部著作中，曾基於公債而對信用及其激勵、約束問題有過相關思考。

置於政府舉債框架中，他所給出的主要判斷乃是：國家抑或政府向其國民舉債，這是國民的債權、國家的債務，作為債務人的國家應權衡自身的償債能力，建立償債準備基金，確保國家信用對其國民的承諾得以實現。無疑，孟德斯鳩只是涉及了舉債政府應該恪守信用及如何示信於債權人的問題，而並未論及舉債政府如果有反信用行為，它的債權人是否可對其施加約束、如何對其施加約束的問題。

被經濟學人尊為經濟學鼻祖的亞當·斯密[1]，則對政府舉債的信用激勵、約束機制問題做了十分縝密、深入的相關思考。解析他的思考，我們可以清晰地發現，他至少強調了一國政府充作債務主體時所面臨的信用激勵、約束涉及這樣幾個方面的問題，即：①一國國民的資財蓄積是該國政府舉債的可能債源，而該國國民資財的產權保障構成該國政府舉債的現實基礎，詳言之，即一國分工趨向細密進而生產率得以巨大提升皆有賴於該國國民蓄積資財的行為，而唯有在該國社會政治安定給予該國國民產權保障以穩定的現實與預期時，才可能激勵該國國民為了自身的利益而從事資財的蓄積，也只有在一個社會經濟政治安定因而給予其國民以產權保障穩定的現實與預期的國家，當該國國民具有可用以貸借的蓄積時，他們才會自願選擇認購公債，把自己消費之後的剩餘出借給他們所信任的政府；②減債基金構成一國舉債政府藉以向該國國民展示政府償債誠信與能力的窗口，但舉債政府如果隨意挪用所設減債基金，這只能觸發作為該國債權主體的國民

---

[1] 被經濟學人共尊為經濟學鼻祖、以其著作而對經濟思想與經濟政策產生巨大影響的卓越思想家亞當·斯密（1723－1790）（參見埃德蒙·惠特克著，徐宗士譯：《經濟思想流派》，158頁，上海，上海人民出版社，1974；《簡明不列顛百科全書》，第7冊，442頁，北京，中國大百科全書出版社，1985），在其《道德情操論》尤其是《國民財富的性質和原因的研究》（以下有些地方簡稱《國富論》）等著述中，對信用及其激勵、約束問題作了頗多精闢、深刻的相關思考。

質疑該國政府的償債誠信與償債能力；③一國在債務清償上，如果舉債政府時常玩弄愚弄該國國民的貨幣遊戲——採取機會主義行為，那麼，該國政府債務的些微減少所引致的只能是該國國民對該國政府不信任的巨大增長，該國政府信用對償債承諾的虛假兌現操作必將使各債權主體的利益與國民的產權受到廣泛、嚴重的破壞。不言而喻，亞當·斯密已注意到對舉債政府信用度（舉債規模與償債誠信、償債能力的相關性）的估測問題，但他只是概說一國政府舉債時，其公債規模的增大如果超過了某種程度，則該國政府在其償債操作中很少會公道地完全償還其所借之債。值得提及的是，亞當·斯密對政府舉債信用機制問題的相關思考推進至此，他同樣未對舉債政府的反信用約束問題給出正面回答。

在大衛·李嘉圖[1]對政府舉債信用激勵、約束機制問題的相關思考中，他給予我們的關鍵資訊乃是：①國家信用應當依據公平誠信原則兌現其對債權人的償債承諾，國家不得以各種藉口犧牲其債權人的正當權益；②政府舉債及由此而引致的課稅如果超過一定限度，則將導致該國資本外逃、國內生產投資萎縮；③一國政府執政者如挪用償債基金則將因此而失去公眾對其授予信用的信任，而如果因為這樣的挪

---

[1] 被後人譽為最早使經濟學系統化的思想家（參見《簡明不列顛百科全書》，第5冊，205頁，北京，中國大百科全書出版社，1985）、古典經濟學完成者（大衛·李嘉圖著，郭大力、王亞南譯：《政治經濟學及賦稅原理》，中譯本序言第6頁及重版說明，北京，商務印書館，1972）的大衛·李嘉圖（1772－1823），儘管其介入經濟學研究為時較短（參見《簡明不列顛百科全書》，第5冊，206頁，北京，中國大百科全書出版社，1985），但他憑藉自己得自經濟實踐的豐富經驗及對既有經濟理論的研究，完成了對古典經濟學理論體系的構造（大衛·李嘉圖著，郭大力、王亞南譯：《政治經濟學及賦稅原理》，中譯本序言第6頁及重版說明，北京，商務印書館，1972）。展讀李嘉圖的代表作《政治經濟學及賦稅原理》及其他著述（如《李嘉圖著作和通信集》中的其他著述），我們不難從他留下的數百萬文字中尋得其有關信用及其激勵、約束問題的相關思考。

用行為使該政府執政者無力償還既有債務,則很可能誘發該政府的執政危機;④一國人民對自身產權的維護,既是其對一國政府職能供給的需求,亦是其對一國政府職能供給的監督、約束。李嘉圖正面論及了舉債政府如果涉足反信用所必將面臨的強力約束問題,而在李嘉圖看來,這一可對舉債政府反信用行為實施可靠的強力約束的力量來自於人民。從這個意義上說,政府舉債信用機制的功能釋放似乎已不再僅僅是一個經濟學命題了。限於約定,本書對此不作分析。

馬克思[1]在對政府舉債信用激勵、約束機制問題的相關思考中,將信任作為信用最簡單而實則亦是最關鍵的表現,給定信用主體的彼此信任,為融資提供保證、注入活力的信用才能得以啟動、重複。從政府舉債視角具體而論,在公共信用構成資本的信條(債權主體均視破壞國債信用為不可饒恕的罪惡)的約束下,給定負債政府恪守國債信用的條件,那些專食公債利息為生的有閑者才可能並敢於長期食利而有閑,而偏好公債買賣價差的投機選擇才可能在無國家風險之虞的交易空間中重複演繹。

馬歇爾[2]對政府舉債信用激勵、約束機制問題的相關思考,除了強

---

[1] 畢生研究英國的經濟史與經濟狀況而構架起其全部理論(馬克思著:《資本論》,第1卷,英文版序言,北京,人民出版社,1976)的大思想家(馬克思著:《資本論》,第1卷,第三版序言,北京,人民出版社,1976)卡爾·馬克思(1818—1883),在其積40年研究所著成的《資本論》這一工人階級的"聖經"(馬克思著:《資本論》,第1卷,英文版序言,北京,人民出版社,1976)中,以其獨特視角及將其看法總和貫徹於每一個細節(約瑟夫·熊彼特著,朱泱等譯:《經濟分析史》,卷2,9頁,北京,商務印書館,1996)的嚴謹邏輯剖析資本主義生產方式及與其相適應的生產關係、交換關係(馬克思著:《資本論》,第1卷,第一版序言,北京,人民出版社,1976),其間不乏對信用及其激勵、約束問題的相關思考。

[2] 創立了一個真正的學派並引導其成員依據明確的科學推理方式思考問題(約瑟夫·熊彼特著,朱泱等譯:《經濟分析史》,卷3,124頁,北京,商務印書館,1996)的英國經濟學家阿爾弗雷德·馬歇爾(1842—1924),在其主要著作《經濟學原理》(1890年)、《貨幣、信用與商業》(1929年)中,

調①信用是人們經濟活動不可或缺的根本要件，它以信譽爲道德內核，以擔保爲物質條件，以信任爲行爲導向，它配置資本，它本身即是資本；②一國由法律提供的產權保障狀況影響該國國民儲蓄、投資選擇，而經濟活動中明確規定並能明確履行的契約爲市場運行秩序提供可靠、可置信的制度基礎外，他對政府舉債信用激勵、約束制衡機制有一個頗具解釋力的具體說明，這便是：在一給定的政府舉債安排中，涉及實際債權人、名義債務人（相對於實際債務人他又屬於名義債權人，如銀行家）、實際債務人（如君主、朝臣）三方，當債務清償出現問題時，那些捍衛自身債權的實際債權人對舉債政府反信用行爲可以（也只能）實施間接約束，即通過民事訴訟控告名義債務人（銀行家）——因爲實際債權人不能在執政者設立的法庭上直接控告作爲執政者的實際債務人（君主等），當實際債權人對名義債務人的控告可望轉化爲名義債務人（名義債權人）對實際債務人不再借債的可置信威脅並由此而迫使實際債務人被激勵爲其舉債提供可靠的擔保品時，實際債權人的債權才可望在這一曲折迂迴的約束傳導中得到保全。馬歇爾的上述思想可以簡化爲：

實際債權人——名義債務人（名義債權人）——實際債務人

這一思想的深刻之處在於：當作爲實際債權人的一國公眾直接向一國政府提供信用時，如果實際債務人政府具有反信用的行爲，一國公眾難以對其實施不再給予信用的可置信威脅的直接約束——迫使舉債政府不折不扣地兌現償債承諾。從李嘉圖正面泛論舉債政府如果反信用則必將面臨人民的強力約束，到馬歇爾細究舉債政府如果反信用，怎樣才能對其實施有效約束，這無疑是政府舉債信用機制理念的長足推進，且這一理念迄今仍爲新制度經濟學家用於探討歷史上政府

對信用及其激勵、約束問題不乏啓人見識的相關思考。

舉債的信用激勵、約束機制問題（此容後述）。此外，馬歇爾對政府舉債信用機制問題的相關思考，視野所及，業已將一國政府對內對外舉債的事實予以整合，而對一國政府舉債信用激勵、約束的實施主體也因此而由封閉轉至開放。馬歇爾的這一思考視角，並非僅僅揭示一國政府對內對外舉債時必將面臨來自於國內國外的雙重信用激勵、約束事實，而更加強調該國政府將面臨較之其在國內承受的信用激勵、約束更為有力的國外的信用激勵、約束。馬歇爾認為，"在一個極端上，存在著這樣的世界市場，在這個世界市場裡，競爭直接地從地球的每一部分展開；而在另一個極端上，存在著這樣的封閉市場，在這個封閉性的市場裡，所有來自於遠方的直接競爭都被排斥在外，然而即使在這樣的市場中，人們仍然可以感覺到間接競爭與傳導性的競爭之存在"[1]。以此而論，即便是一國政府在封閉條件下對內舉債，它事實上亦將因為自身的信用行為而承受來自於開放經濟的間接或傳導性的信用激勵、約束。

凱因斯[2]對政府舉債信用激勵、約束機制問題的相關思考，重在強調①作為債務主體的政府在舉債的時候它們之中存在著信用自律者，也就是說，舉凡掛慮此時舉債彼時負擔問題的執政者，他們都會對政府舉債謹慎行事；②凡屬急於安排以新的債務清償舊的債務的一國政

---

[1] 轉引自弗里德曼著，高榕等譯：《弗里德曼文萃》，222頁，北京，北京經濟學院出版社，1999。

[2] 對現代宏觀經濟學產生了巨大的學術影響（約瑟夫·熊彼特著，朱泱等譯：《經濟分析史》，卷3，599頁，北京，商務印書館，1996）、為學注重經濟現實（凱因斯著，何瑞英譯：《貨幣論》，上卷，中譯本序言，北京，商務印書館，1986）的約翰·梅納德·凱因斯（1883－1946），學人多將其《貨幣改革論》（1923年）、《貨幣論》（1930年）、《就業、利息和貨幣通論》（1936年）視為他的主要經濟學著作。今謹依《貨幣論》、《就業、利息和貨幣通論》，將凱因斯對信用及其激勵、約束問題的相關思考略加勾勒。

府，它最有可能在尋求新債來源時被他國債權主體置於被動接受其開出的借款條件的地位。關於第一點，作爲赤字財政政策倡行者的凱因斯雖謂這些謹慎理財家似的執政者會因爲自己謹慎於舉債的行爲而"失去規避失業的簡便方法"，但它畢竟表示的確存在這樣的政府信用自律者，且其自律源自於關注政府債務的承受力。至於第二點，凱因斯事實上促使我們面對這樣一個問題，即：在一種信用關係可以建立的條件下，那些急於舉債的債務主體在與一個給定的債權主體簽訂借款合同時，很可能被該債權主體以苛嚴的借款條件"敲竹槓"[1]。

第三節　中國近現代思想家對信用機制問題的相關思考述評

前曾述及，古希臘、古羅馬經典作家，他們對信用激勵、約束機制問題的相關思考，儘管時常滲透著道德倫理意味，甚至有可能在根本上就隸屬於道德倫理範疇，但當我們將其視爲一種基於社會行爲規範的承諾及其表現（兌現或違背承諾）時，其間所蘊含的資訊，對於我們認知經濟學層面的信用機制問題，很難說其中不存在極有裨益的啓示。述評中國近現代思想家對信用激勵、約束機制問題的相關思考時，提及作爲中國數千年傳統文化積澱源頭的中國古代思想家對信用激勵、約束機制問題的相關思考，我們的確很難回避。毋庸諱言，中國古代思想家對信用激勵、約束機制問題的相關思考，多屬於涉及每個人應當如何做人（包括如何做君主）、每個人是否按照一定的（約

---

[1] 本傑明・克萊因認爲，"敲竹槓"的風險來自於這樣一種可能性，即交易者通過從交易合夥人所進行的專用性投資中尋求准租（參見科斯等著、拉斯・沃因等編，李風聖主譯：《契約經濟學》，185頁，北京，經濟科學出版社，1999）。

定的）行為規則做人做事，他將會因此而遭遇到怎樣的結局的泛論，且這樣的泛論多建立在道德倫理判斷的基礎上。儘管如此，這之中的確不乏貫古通今的有關信用激勵、約束機制問題的真知灼見，而以今日主流經濟學的經濟分析均以個人行為作為分析起點的視角，重新審視中國古代思想家基於個人行為規範對信用激勵、約束機制問題所作的相關思考，我們甚至因此而能夠從中觸及其對政府舉債信用機制問題的隱含資訊。基於此種判斷，我們因此而擬對中國古代思想家就信用激勵、約束機制問題的相關思考略予述評。

其一，中國古代思想家對信用機制問題的相關思考。中國古代歷史綿延數千年，此處僅對古代思想家就信用機制問題的相關思考撮要述評，時限止於西元121年[1]，所涉典籍字書僅有十餘種，似不足言古代。但我們認為，即便如此，這裡的述評，可謂已鎖定源頭、把握主流，其後流變衍化，概可本於源頭、主流。

就中國古代思想家對於信用及其激勵、約束機制具有源頭、主流定位的相關思考而言[2]，信用多被視為一國執政者運作行政以獲得民眾信任的工具，它表現為執政者對民眾作出承諾並能兌現承諾的行為。換言之，那些對民眾作出承諾並能兌現其承諾的執政者，即可獲得民眾的信任，即可立國、守國、王天下，反之即會敗國、危國、失天下，這便是執政者們基於運作行政得失（利益）的守信用的激勵與反信用的約束。至於更為微觀層面的信用——人與人相互交往中作出承諾並兌現承諾的行為，其具有的激勵、約束內涵，無疑在"忠信者，

---

[1] 許慎：《說文解字》，前言，1頁，北京，中華書局，1979。
[2] 參見《春秋左傳》、《論語》、《孟子》、《莊子》、《荀子》、《韓非子》、《墨子》、《呂氏春秋》、《商子》、《管子》、《說文解字》（詳見本章所引文獻資料補述）。

交之度也"[1]、"信以繼信"[2]、"信則人任"[3]、"多信者顯"[4]、"至貞生至信"[5]等詞略意豐的表述中已得到準確傳達,而這正是人類社會具有普適性的不可或缺的行爲規範所熔鑄的信用內核。"合符節,別契券"而"爲信"[6],"言行之合猶合符節"[7],"貸粟米有別券"[8],或者"書契章程以爲式"而"立信於公"[9],已然清晰顯示:從民間到政府,人們在經濟、政治等活動中,其信用關係的建立、維系已由彈性的言約(口頭契約)轉爲剛性的證約(書面契約,僅就有證可據而言),信用的支撐在內在制度外已有外在制度來予以強化,或者說對反信用者的反信用行爲已有可由執政者強制實施的准法律的懲罰。這一外在制度以其"一而固"、"賞信罰必"[10]屬性,即可在給予民眾以穩定的利益預期的條件下,促使民眾規範自己的行爲,由此而使一國經濟運行構築起可持續憑藉的由恒法－恒產－恒心[11]所實現的"良信傳導"的微觀基礎。尤應明示的是,中國古代思想家在立足於法對國民的行爲實施激勵、約束的相關思考中,並未回避如何以法激勵、約束執政者行爲的問題,而其對這一問題給出的判斷乃是:法法則有常,法法則法有信。法有信即意味著法首先必須能夠約束執政者行爲,然後才能夠爲民眾所奉行。[12]這一判斷無疑已將由誰以及

---

1 參見《管子·戒》。
2 參見《管子·君臣上》。
3 《論語·陽貨》。
4 《莊子·雜篇·盜蹠》。
5 《管子·侈靡》。
6 《荀子·君道》。
7 《墨子·兼愛下》。
8 《管子·問》。
9 吳則虞:《晏子春秋集釋》(下),569頁,北京,中華書局,1982。
10 《韓非子·奸劫弒臣》。
11 《孟子·梁惠王上》。
12 《管子·法法》。

怎樣才能依法有效約束執政者的行為問題作為信用激勵、約束機制功能釋放的一個難題留贈給後來者求解。

其二，中國近現代思想家對信用機制問題的相關思考。如果說之前就中國古代思想家對信用及其激勵、約束機制問題相關思考的重要述評已然鎖定源頭、把握主流，但由於所涉及信用主要凸顯其本於社會行為規範的承諾即兌現承諾屬性而尚未陳述具體而微的債權債務關係的根本所以尚嫌不足的話，那麼，為切於本書論題，此處對近現代思想家（馬建忠、薛福成、鄭觀應、張謇、梁啓超、孫中山、馬寅初）就信用激勵、約束機制問題的相關思考的重要述評，則將主要集中述評其圍繞舉債（債信）信用機制問題所作的相關思考。

作為中國近代19世紀後半期容閎而外唯一聽過資產階級經濟學課程的學者，馬建忠[1]對舉債信用機制問題的相關思考，強調經濟窘迫的國家如想開發公共設施、發展商務，只要能以獲利保證、償還無憂即信用取信於國外債權人，即可舉借外債以謀發展。從其思考中可見其對在明確舉債目的、舉債原則條件下向誰舉債、如何操作舉債問題均極為關注，而其對這諸多問題思考的視角乃是債務主體如何示信於債權主體以確保自身能順利獲得授信。換言之，馬建忠能在本土金融資源匱乏條件下積極謀劃拓展融資空間，將示信守信視為本土能否成功操作跨國融資的不可或缺的外債啓動前提，並據此提出以利益激勵債權主體敢於且願意操作授信。[2]在馬建忠明白表述的債務主體守信用的激勵資訊中，無疑同樣明白地內含著債務主體如若反信用則其必將遭遇約束的資訊。值得一提的是，①對於舉借外債以償付賠款，由於所

---

[1] 胡寄窗著：《中國近代經濟思想史大綱》，99頁，北京，中國社會科學出版社，1984。

[2] 馬建忠（1845－1900）：《適可齋記言》，卷一，《鐵道論》；《適可齋記言記行》，卷一，《借外債以開鐵道說》；《適可齋記言》，卷一，《富民說》。

借之債不能引致利潤且徒增國家負擔，馬建忠反對舉借這樣的外債——非經濟目的的外債，②馬建忠重視有效擔保在每一信用關係的建立中所具有的信用支撐作用。

　　作爲19世紀後半期一位具有較多西方資本主義經濟感性認識的思想家，薛福成[1]在舉債築路以利國家上與其同時代人皆有共識。但薛福成所憂慮的不是在給定信用激勵、約束機制條件下，作爲債務人的一國政府如何才能取信於外國債權人以獲得外債舉借，而是權衡不同舉債目的、舉債用途可能給一國政府運作行政所帶來的利弊，即對債務人利益的影響，即便是對於本息償還有經營盈利作爲保證的鐵路借款，也要考慮如何才能達到不因借債而損及國家主權（路權、稅權）、"借債以興大利"的目的。薛福成的憂慮，其實是在捍衛一國主權的定位下，試圖對一種信用關係中債權主體的債權邊界予以劃定——同時也是對債務主體的償債約束邊界的界定。從這一意義上說，薛福成似乎已經慮及超經濟的信用激勵、約束問題。

　　作爲中國早期的民族資本家，一生亦商亦學的鄭觀應[2]曾爲文專論借款、國債，而他對政府舉債信用激勵、約束機制問題的相關思考，主要強調：①一國政府舉債應在可能時先借內債，其操作條件是政府對本國商民還本付息承諾誠信無欺，以獲利保證激勵商民踴躍購債；②內債不敷，即可以低利舉借外債，因爲既有信用的良好聲譽可使借債成本降低；③權衡利益得失，渴望可以長久把握的利益，這是滲透

---

[1] 作爲19世紀後半期一位具有較多西方資本主義經濟感性認識的思想家（參見胡寄窗著：《中國近代經濟思想史大綱》，119頁，北京，中國社會科學出版社，1984），薛福成（1838－1894）：《庸盦文續編》，卷上，《籌洋芻議·利器》、《代李伯相議請試辦鐵路疏》。

[2] 作爲中國早期的民族資本家（胡寄窗著：《中國近代經濟思想史大綱》，308頁，北京，中國社會科學出版社，1984），一生亦商亦學的鄭觀應（1842－1922）曾爲文專論借款、國債。參見夏東元主編：《鄭觀應集》，上冊，上海，上海人民出版社，1982。

於中外債權人選擇購債時同時也是債務人操作售債時所必須憑藉的利益激勵。從鄭觀應對信用機制問題的相關思考中，我們可以看出，他既注重在一種信用關係中對債務主體的信用激勵、約束，又正視對該信用關係中的債權主體的信用激勵、約束，雙管齊下，以使擬議中的信用成為實施中的信用。值得注意的是，鄭觀應之慮異於薛福成之慮，他將中國近代晚清政府"息借洋款以海關作抵"的安排視為向外國債權主體作出的"天下萬國所無"的示誠示信之操作，換言之，政府以海關稅收作為舉借外債還本付息的擔保，這對外國債權主體來說是最可置信的信用約束。此外，鄭觀應還從一種信用關係中債權主體甄別風險債務主體的視角，指出一個信用良好的債務主體在授信競爭中當以較低的利息給付（較之信用差於己者）角逐授信，因為欲以高利息角逐、激勵債權主體對其授信，反而有可能導致債權主體對其償債能力產生疑慮而放棄授信選擇。這也許可視為中國近現代思想家對於信用激勵、約束機制問題相關思考中較為清晰地觸及信貸配給問題的先行者。而他述及西方各國舉借內外債的制度程式乃是由議院公議，且凡經過這一正常程式獲准的政府舉債均不會因為執政者的更替而使債權主體的履權約束失效。由此可以斷言，鄭觀應在此的確提出了政府舉債信用激勵、約束機制構造制度化並由此而使債權主體對舉債政府實施有效信用激勵、約束的問題。迄今，新制度經濟學家仍在探討與之類似的問題。

為學得狀元、實業望救國的張謇[1]，在其對政府舉債信用機制問題的相關思考中，強調一國在有用債能力且經由規範程式借債、將債款用於經濟目的的條件下，內外債皆可舉借，但舉債者能否借得債款則取決於債務主體須以法律維繫的信用示信取信於債權主體。張謇將信

---

[1] 參見張謇研究中心、南通市圖書館編：《張謇全集》，卷1、卷2，南京，江蘇古籍出版社，1994。

用機制的功能釋放置於法律給定的制度空間中,直言法律能以其"積極"、"消極"雙重作用對一種信用關係中的債務主體實施守信用的激勵、反信用的約束,由此而使債權主體的權益得到保障。從這一層面分析,張謇重提昭信股票、息借商款案例對債權主體的損害即不僅僅是政府信用不堅的問題,而是隱含著他對政府舉債反信用行爲缺乏制度化可置信有效約束機制問題的肯定判斷。所以,他才會由一般而論富於債信的公債發行引出"政府不還,錢無處討"這一債權主體的隱憂。

辛亥革命前真正接觸到西方經濟理論、最先運用西方經濟理論分析中國古代經濟文獻和經濟政策的梁啓超[1],在對政府舉債信用機制問題的相關思考中向我們傳達了這樣的關鍵資訊:①對於一個遭受侵略而又資本匱乏的國家來說,要防止吏治腐敗的執政者濫借濫用外債而使國家主權受累;②一個具有責任心的政府在量力借債、不受挾於人、以所借之債用於自信必能盈利的生產的條件下,即可通過舉借外債籌措資金開發國中天然富源;③一國政府對內舉債,只要政府財政健全,內債在活潑一國金融中能夠給予購債商民以獲利的信心,內債的發行流通即可因此而實現良性循環。梁啓超關注政府舉債信用機制在一定條件下可能觸發超經濟的主權約束問題,他由此而強調對擬作爲債務主體的政府進行舉債資格判別,但他未對究竟由誰來有效地判別舉債政府資格問題給出解釋。給定一國政府可舉債資格,梁啓超將

---

[1] 辛亥革命前真正接觸到西方經濟理論、最先運用西方經濟理論分析中國古代經濟文獻和經濟政策的梁啓超(1873—1929)(胡寄窗著:《中國近代經濟思想史大綱》,310頁,北京,中國社會科學出版社,1984),其對政府舉債信用機制問題的相關思考參見其所著《飲冰室合集·文集》之《利用外資與消費外資之辯》;《飲冰室合集·文集》之《外資輸入問題》;《飲冰室合集·文集》(22)之《外債平議》;《飲冰室叢著》第10種之《政聞時言·論直隸安徽湖北之地方公債》;《飲冰室文集》卷7之《國民籌還公債問題》。

該政府的舉債目的界定爲財政目的（如借外債以整理舊債）、經濟目的（如借外債以建設交通、鋪設金融機構），其舉債途徑可以是對外舉債與對內舉債。値得注意的是，梁啓超對公債發行流通在給予公眾債權主體信任條件下一國政府即可以從容償債（公眾並不急於要求其償債）的判斷，已對政府的內債舉借中誰是反信用約束的眞正實施主體問題作了說明。

  作爲中國近代向西方尋求救國、救民眞理代表人物的孫中山[1]，在對信用激勵、約束機制問題的相關思考中，十分強調①凡須不斷重複進行的交易及由此而可不斷穩定預期的交易利益，會使交易主體相互間（尤其是債務主體）恪守哪怕是口頭約定的信用；②在非常情形下，當一國民眾對其政府所給予的產權保障存有疑慮或信任減損（即便偏執地認爲）時，他們即會在可能的條件下將產權保障由本土轉而託付予他們自認爲更有利、更安全的他國；③在不平等條約條件下，與強國從事交易的弱國，無望強國對自己恪守信用，卻必須對強國恪守哪怕是由強國強加的信用；④外債的償還，以不損一國政治、經濟主權爲條件，凡由人民不認可的政府所舉借的外債，該國人民無須償還。口頭信用自然不是規範的可尋求法律予以有效保護的信用約定形式，但在一定時空條件下，它的確是信用參與主體彼此實施信用激勵、約束且交易費用較低的信用約定的選擇。不管由於何種原因，一國只要進行經濟開放，其國民在多樣競爭替代選擇條件下操作的托庇產權調整均將對一國政府形成強大的信用激勵、約束，而這一信用激

---

[1] 作爲中國近代向西方尋求救國、救民眞理代表人物的孫中山（1866－1925）（胡寄窗著：《中國近代經濟思想史大綱》，319頁，北京，中國社會科學出版社，1984），其對政府舉債信用的相關思考參見《孫中山選集》，下卷，北京，人民出版社，1956；《孫中山選集》，上卷，《在南京同盟會會員餞別會上的演說》，北京，中華書局，1982；《孫中山全集》，卷1，《在歐洲的演說》，北京，中華書局，1981。

勵、約束的實施主體即是該國國民。至於一國在非常條件下獲得他國授信，"乘人之危"的債權主體很可能使自己對債務主體的履權邊界單邊拓展。孫中山有關信用激勵、約束機制問題的相關思考，無疑已將這諸多問題引出。

以"新人口論"警世的經濟學家馬寅初[1]，對信用激勵、約束機制問題的相關思考，旨在強調：①在一國經濟發展中，其政府宜構建穩定、可預期的制度基礎，有效地激勵國民選擇儲蓄，發展多元融資主體，藉以有效地增加及有效地運用其國內資本；②當一國以其政治、經濟秩序及由此所充實的利益基礎而使國內資本所有者（可能的債權主體）願意並敢於進行諸種投資活動時，一國經濟發展中不可或缺的外資利用即可在國外利益主體（可能的債權主體）對自身債權安全無慮的判斷中選擇該國授信而得以成為事實；③一國損及主權並由此而抑內縱外的被動開放，會使該國已然不足的金融資源被享有超國民待遇的外資金融機構所利用；④在國勢動蕩不安、財政持續失衡、金融嚴重扭曲條件下，一國金融市場人氣的積聚進而金融商品價格的走高所釋放的資訊，實足以充分表明該國公眾的投資信心由於其對受信主體約束乏力的判斷而已為投機賭性所替代。馬寅初提出的因信用授受主體彼此疑慮所產生的信用關係建立障礙問題，直接突出了信用激勵、約束機制的雙向制衡特性，即一信用關係中的債權債務主體，在平等、自願的信用授受中，相互間存在彼此均可對另一方實施的信用激勵、約束，而當這一互動對稱的信用激勵、約束由於各種原因而變易為不對稱的信用激勵、約束時，業已建立的信用關係將難以重複，

---

[1] 以"新人口論"警世的經濟學家馬寅初（1882－1982）對信用機制問題的思考，參見葉世昌、施政康著：《中國近代市場經濟思想》（上海，復旦大學出版社，1998）中的相關論述；馬寅初：《中國之新金融政策》，上海，商務印書館，1937。

擬建的信用關係將因此而被放棄。

本章小結

　　1.古希臘、古羅馬經典作家對信用激勵、約束機制問題的相關思考，均強調對信用主體中的債務主體實施守信用的激勵、反信用的約束以保障債權主體的產權，而信用機制功能的有效釋放必須以一國有效制定和實施的法律作爲外設制度保證。儘管這些經典作家並未直接論述政府舉債信用機制問題，但他們對自己所持有的反對執政者隨意沒收財產、廢除債務觀點的表述，倡導以立法界定約束執政者權力的主張的提出，其中無疑隱含著對政府舉債守信用的激勵、反信用的約束的豐富資訊，這便是：社會經濟活動的演繹，端賴執政者珍視信用、力行信用；執政者任何背信的機會主義行爲都將破壞其運作行政所不可或缺的公眾信任維繫；而法律對欺詐背信者的有效懲治，將有助於激勵守信、約束背信。但更爲重要的是，這些經典作家提出了一個人們至今仍在不斷思索、求解的問題：如果說民間層面的信用激勵、約束機制由於可以憑藉一國政府強制實施相關法律而使該機制的功能釋放獲得有效保障的話，那麼，政府層面的信用激勵、約束機制，它的功能釋放又當由誰提供、怎樣提供有效保障呢？換言之，後者很難僅由政府自身對自己的信用行爲提供有效保障。

　　2.歐洲近現代經典作家對政府舉債信用機制問題的相關思考，已不再僅僅是泛論信用的激勵、約束，而是將一國政府作爲債務主體置於信用激勵、約束機制中，具體剖析其所面臨的守信用的激勵、反信用的約束。尤具啓示意義的是，歐洲近現代經典作家們思考所及，在承襲古希臘、古羅馬經典作家強調國家對其公民給予產權保障的傳統下，已嘗試對舉債政府信用度的估測問題、舉債政府如何向其債權主體示信守信問題、舉債政府如有反信用行為時怎樣才能對其實施有效約束等問題進行更為深入的剖析。

3.中國近現代思想家已於其所處特定歷史條件下慮及信用機制問題，且在他們對信用激勵、約束機制問題的相關思考中，高度關注在外債舉借中因不平等條約條件而可能引致外國債權主體對舉債政府實施超經濟的信用約束——主權約束問題，十分強調舉債政府應給予債權主體（國內、國外債權主體）以可置信債權保障——反信用約束的示信，極為重視在舉債目的經濟化、舉債程式制度化、舉債途徑多樣化條件下信用機制對重複信用的維繫作用。而正是在這樣的相關思考中，他們雖未系統闡釋，但的確已經從信用激勵、約束視角觸及政府信用度評價、政府信用怎樣承諾兌現、政府信用立法怎樣有效實施的問題：經濟目的的舉債所形成的還本付息能力是測度一國政府信用度的關鍵指標，依據相關原則審慎舉債與債權主體在競爭替代條件下的自願選擇是約束政府信用承諾兌現的雙重保證，整飭社會、政治、經濟秩序，並由此而引導信用主體相互形成穩定預期，是一國政府信用立法藉以有效實施的微觀基礎。

本章所引文獻資料補述

第一節：

（第17頁註解①）蘇格拉底認為：在一個動蕩不寧、財產被人霸佔的城市，任何地方都不可能借到錢，因為債權人借出的錢像被人搶走一樣難以指望償還；而一個把所借的錢用於生活消費的人，如果擔心所借之錢花完後無力償還，他就可能不喜歡借錢；當為了從事一項生意而需要湊足資金購買原材料時，資金不足的生意人就可以借錢了[1]。一個因承受罰款而對人欠下債務的人，他的債款支付可由擔保人提供的相應擔保而得到保證[2]。儘管社會生活中經常有虛偽、欺騙這類非正義的事發生[3]，但人們在選擇自己的錢財或子女的託付者時，他們仍會信任那些按法律行事的人並認為這樣的人值得他們信任[4]。

人們在生活中要遵守契約，做守法公民，不能背信負諾、背誓成習。凡事要依法判斷，不背理枉法。不守契約的行為是犯罪[5]。無論承擔了什麼任務，都應盡心竭力而為，這樣的人才不會受別人指責，生活中遇到困難時才容易得到別人的幫助[6]。

由公民們一致制定的協定——城邦律法，對公民們應該做什麼、不應該做什麼作了明確規定；凡能按照城邦律法為人行事者即屬守法，反之即是違法；要求人民立誓同心協力的律法的制定與實施，乃是為了使人民能遵守律法，城邦將得到有效治理而變得最強大、最幸福；對每個人來說，其行事為人只有遵守律法，才能使自己少受城邦懲罰、多得國人尊敬，在法庭上少遭失敗、多獲勝利[7]。

---

[1] 參見色諾芬著，吳詠泉譯：《回憶蘇格拉底》，75、77頁，北京，商務印書館，1986。色諾芬在此論述的是蘇格拉底對阿克斯托哈斯忠告一事。重述雖本於被忠告者之口，但這無疑亦可視為對忠告者思想予以轉述的一種形式。

[2] 參見柏拉圖著，嚴群譯：《蘇格拉底的申辯》，76頁，北京，商務印書館，1983。

[3] 參見色諾芬著，吳詠泉譯：《回憶蘇格拉底》，145頁，北京，商務印書館，1986。

[4] 參見色諾芬著，吳詠泉譯：《回憶蘇格拉底》，166頁，北京，商務印書館，1986。

[5] 參見柏拉圖著，嚴群譯：《蘇格拉底的申辯》，73、75、76、96、105、107、109、110頁，北京，商務印書館，1983。

[6] 參見色諾芬著，吳詠泉譯：《回憶蘇格拉底》，79頁，北京，商務印書館，1986。

[7] 參見色諾芬著，吳詠泉譯：《回憶蘇格拉底》，164、165、166頁，北京，商

當一國公民對國家如何行政、立法有了清晰認識且有不滿（不合公民的意）時，對那些想攜帶自己的財物去所想去的地方（如移居國外）的公民，國家法律不會對此攔阻和禁止[1]。

（第17頁註解②）柏拉圖認為：在經濟活動中，那些擁有良好信用情況的人，其信譽受人尊重；對於那些在經濟活動中由別人墊支款項或從別人獲得預支款項以解決資金困難的人來說，他與提供墊款、預支款者彼此之間首先必須是相互信任、不說假話的；當一個人在經濟活動中遇到緊急追加開支的需要，但由於缺乏及時支付能力而不得不將支付推遲時，這樣的事不僅會給這個人的經濟活動帶來不便，而且對這個人來說是不光彩的；一個債權人如有按一個債務人的信譽給予墊款但很難在此後收回墊出之款的經歷，出於謹慎考慮，這個債權人一般即不會再對這個債務人給予墊款，縱有墊款，也只可能是象徵性的很小一筆錢[2]。等價交換是以錢購貨、售貨換錢這種錢貨交易——貿易的根據，那些以賒欠的方式從賣方購貨的買方，如果所買商品存在數量或質量問題且其程度超過了法律的相關規定，賣方的行為即屬違法，買方因賒欠而產生的對賣方的債務即可依法取消[3]。那些生活不能自製而又崇拜金錢的浪蕩子，他們常靠向孜孜求利的高利貸發放者用財產抵押獲得借貸的方式維生，當他們負債累累、抵押無物而告貸無門時，他們就會窺測可以實施騙取或搶劫行為的對象[4]。那些不會鯨吞或盜用人們委託他保管的金

務印書館，1986。

[1] 參見柏拉圖著，嚴群譯：《蘇格拉底的申辯》，109頁，北京，商務印書館，1983。

[2] 王曉朝譯：《柏拉圖全集》，卷4，《書信》，118、119頁，北京，人民出版社，2003。

[3] 王曉朝譯：《柏拉圖全集》，卷3，《法篇》，610、611頁，北京，人民出版社，2003。

[4] 柏拉圖著，張斌和等譯：《理想國》，329、330、356頁，北京，商務印書

銀財寶的人，那些在交易往來、簽訂契約方面擁有誠實名聲的人，這樣的人在經濟活動中可以相信其會信守誓言、協約[1]。社會生活中的每個公民，在其生活中應首先努力向別人證明自己是貨真價實的真正的人、是品行端正的守法公民，不是騙子，這將有助於減少其可能遭遇到的生活阻力[2]。由於財產所有權的信念，任何隨意沒收財產、廢除債務的做法，都會使財產、債權所有者絕望，都會破壞社會的穩定[3]。

　　人們訂立法律契約的目的同時也是正義的本質與起源，乃是希望通過其所訂立的法律契約來約束人們的行為、保障人們的利益，守法踐約就是合法、就是正義；為人們所普遍接受、贊成的正義，其本質是對生活中幹壞事而不受罰、受損害而無法報復情形的折衷[4]。正義就是利益[5]。正義既是法庭的規則，又是人類行為的一般準則，正義是國家的一種和諧狀態[6]。人們譴責不正義，是因為擔心吃不正義的虧[7]。不正義用損害別人利益的方式來實現對不正義實施者的利益[8]。任何政府的執政者，其言行都應從老百姓的利益出發，不能只顧自己的利益[9]。為使人們生活的社會幸福美好，執政者可以

館，1995。
[1] 柏拉圖著，張斌和等譯：《理想國》，171、327頁，北京，商務印書館，1995。
[2] 王曉朝譯：《柏拉圖全集》，卷3，《法篇》，497頁，北京，人民出版社，2003；柏拉圖著，張斌和等譯：《理想國》，140頁，北京，商務印書館，1995。
[3] 王曉朝譯：《柏拉圖全集》，卷3，《法篇》，439、495頁，北京，人民出版社，2003。
[4] 柏拉圖著，張斌和等譯：《理想國》，46頁，北京，商務印書館，1995。
[5] 柏拉圖著，張斌和等譯：《理想國》，19頁，北京，商務印書館，1995。
[6] 柏拉圖著，張斌和等譯：《理想國》，19頁，北京，商務印書館，1995。
[7] 柏拉圖著，張斌和等譯：《理想國》，26頁，北京，商務印書館，1995。
[8] 柏拉圖著，張斌和等譯：《理想國》，27頁，北京，商務印書館，1995。
[9] 柏拉圖著，張斌和等譯：《理想國》，25頁，北京，商務印書館，1995。

依靠說服方式或對不聽勸告者實施強制性法律的方式來認真貫徹那些約束人們行為的法律[1]。塑造完美的人、協助維護一個有秩序的社會即是法律的目的[2]。但是，一個國家的法律甚至憲法的績效受該國政治秩序狀況影響，那些政治秩序不良的國家即便訂立有法律與憲法，其在約束人們行為、保障人們利益方面也是無濟於事的[3]。

（第18頁註解①）亞里斯多德認為：欠債還錢，或者說欠債一般應該歸還，但債務的償還有這樣幾種情形：第一種，債務人的債務可由債權人予以免除而結清，第二種債務人因債務不可能還清而成為永遠的負債者，第三種債權人借款給一個好人即有希望收回債務，借款給一個壞人則債務的歸還無望[4]。由交易關係構成的互惠啟動並續動人們的交換行為，人們亦賴交換而有共同來往[5]；人們對交換的需要引致比較度量交換的貨評幣——法幣發明，而貨幣作為對人們預期交換的保證[6]，一種虛擬物品，其流行則有賴於習俗的信用[7]。經濟活動中以等價交換協定作為基礎的現錢交易或將來付款，由於其權益清楚，契約中的負債方最後會遵守協定，所以不會出現法律程式問題[8]。人們在物品交換中訂立彼此保護、互不損害的規

---

[1] 王曉朝譯：《柏拉圖全集》，卷3，《法篇》，477頁，北京，人民出版社，2003。

[2] DavidM.Walker著，李雙元等譯：《牛津法律大辭典》，872頁，北京，法律出版社，2003。

[3] 柏拉圖著，張斌和等譯：《理想國》，143頁，北京，商務印書館，1995。

[4] 苗力田主編：《亞里斯多德全集》，卷8，《尼各馬科倫理學》，188、193頁，北京，中國人民大學出版社，1992。

[5] 苗力田主編：《亞里斯多德全集》，卷8，《尼各馬科倫理學》，104頁，北京，中國人民大學出版社，1992。

[6] 苗力田主編：《亞里斯多德全集》，卷8，《尼各馬科倫理學》，105頁，北京，中國人民大學出版社，1992。

[7] 亞里斯多德著，吳壽彭譯：《政治學》，27頁，北京，商務印書館，1983。

[8] 苗力田主編：《亞里斯多德全集》，卷8，《尼各馬科倫理學》，186頁，北京，中國人民大學出版社，1992。

約，作為他們進行交換時共同遵守的典章；錢商則靠由販賣發展起來的極端的致富方式"錢貸"——放債，從作為交易仲介的貨幣貸放中獲得利息[1]。

人們一般只關心自己的所有而忽視公共的事物，或在關心公共事物時至多留心於其中對他個人多少有些相關的事物[2]。隨意沒收人們的財產、損害人們的財產，這樣的法令不可能合乎正義，這樣的行為會使財產所有者憤怒、會因內訌而破壞國家穩定[3]。人類如果不講禮法、違背正義，即沒有道義和法律加以約束，就有可能成為最兇惡的動物；從正義產生的禮法幫助人們對生活中的是非曲直進行判斷，而正義本身正是樹立社會秩序的基礎[4]。法律（和禮俗）即是某種秩序，普遍良好的秩序基於普遍遵守法律（和禮俗）的習慣[5]。法律作為規章，它界定執法者的權力，它可用於監察處理違法失律者[6]；任何政體為政中所須遵循的一個重要規律，乃是確立法制並安排其經濟體系，約束各級執政者的行為，使其不能假借公職，謀求私利[7]；正式制定的法律，其威信倚重於法律的穩定性，穩定的法律可通過對民眾遵守法律習性的長期培養而收到激勵守法、懲治違法

---

[1] 亞里斯多德著，吳壽彭譯：《政治學》，31、32、139頁，北京，商務印書館，1983。

[2] 羅斯編：《亞里斯多德著作集》，第10卷，倫敦，牛津大學出版社，1921。轉引自埃德蒙・惠特克著，徐宗士譯：《經濟思想流派》，4頁，上海，上海人民出版社，1974。

[3] 亞里斯多德著，吳壽彭譯：《政治學》，141、270、299、324頁，北京，商務印書館，1983。

[4] 亞里斯多德著，吳壽彭譯：《政治學》，9、502頁，北京，商務印書館，1983。

[5] 亞里斯多德著，吳壽彭譯：《政治學》，353、354頁，北京，商務印書館，1983。

[6] 亞里斯多德著，吳壽彭譯：《政治學》，178頁，北京，商務印書館，1983。

[7] 亞里斯多德著，吳壽彭譯：《政治學》，269頁，北京，商務印書館，1983。

的成效[1]。法律是人們互不侵害對方權利的保證[2]。

（第19頁註解①）西塞羅認為：借了錢尚未還錢者仍欠著債，而已還錢者即不再欠債；因拮据而借錢者，還錢時如有可能即應連同利息一併償還[3]。其主要功能在於約束一個人，使其不做傷害他人的事情，其基礎即在誠信（GoodFaith）——對承諾和協定信守不渝[4]。以背信和詭計方式博得名聲者不會獲得真正的榮譽，最高最真的榮譽有賴於信任等行為，公正誠實更容易贏得人們的信任[5]。人們為得到更多的利益而與人合作；所有行業都需要與人合作，公正的名聲是與人合作所必不可少的條件。人們在償付債務時不能把假幣當成真幣用於償付[6]。

每個人都應有屬於自己的東西，一國執政者不能打著國家旗號侵犯平民百姓的財產權；執政者隨意勾銷債務，會因為奪人錢財、不尊重財產權而破壞和諧、廢除公平——毀害國家的基礎；隨意勾銷債務，債務人因害怕被人認為還不起債而不露喜色，債權人卻會因此而記恨在心甚至公開表示不滿；拒絕執行廢除債務政策，那些由於欠債不還、欺詐債權人的債務人，其行為將受到政府以法律手段強制其償債的約束，債務清償因此而有可能迅速而徹底[7]。公平地

---

[1] 亞里斯多德著，吳壽彭譯：《政治學》，81頁，北京，商務印書館，1983。
[2] 亞里斯多德著，吳壽彭譯：《政治學》，138頁，北京，商務印書館，1983。
[3] 西塞羅著，徐奕春譯：《論老年·論友誼·論責任》，200頁，北京，商務印書館，2003。
[4] 西塞羅著，徐奕春譯：《論老年·論友誼·論責任》，99、112頁，北京，商務印書館，2003。
[5] 西塞羅著，徐奕春譯：《論老年·論友誼·論責任》，119、180、181頁，北京，商務印書館，2003。
[6] 西塞羅著，徐奕春譯：《論老年·論友誼·論責任》，183、256頁，北京，商務印書館，2003。
[7] 西塞羅著，徐奕春譯：《論老年·論友誼·論責任》，99、112、119、180、181、200、202、204、205、208頁，北京，商務印書館，2003。

追求自己的利益及謀取自身所需的一切，無權掠奪別人的東西，或者說任何人不得為了自己的利益而損害旁人，這是每個人所應遵守的人生規則[1]。在社會生活中，為獲得某種個人利益的每個人如果都想以對他人實施欺騙或傷害方式達到自己的目的，這就會摧毀社會公約，摧毀維繫人類社會相互信任的基礎[2]。法律的制定及其實施，以其強力威嚇和制止那些為了自己的利益而損害他人利益的不擇手段的行為，由此而維護了人們相互授受、相互交換的正常經濟活動[3]。

第二節：

（第19頁註解③）孟德斯鳩認為：雖然有人以為因為一國財富可借國家信用而流通、增加，即判斷一國政府向自己的國民借債有好處，但這其實是片面之見，因為，國家借債所發的公債券不同於銀行券、公司股票，它除了可給予公債購買者（債權人）以國家信用的憑證保證好處外，還給國債發行者（債務人）帶來利息、稅收、物價、分配的諸多負面影響；一張代表國家債務的公債券並不是財富的標誌[4]；權衡債權債務，一國政府只能在一定限度內充作債務人，如果超過一定限度，即會損害國家的信用[5]；籌備一筆用於逐年清還債務的準備基金，這對於一個國家的信用並非毫無問題的國

---

[1] 西塞羅著，徐奕春譯：《論老年・論友誼・論責任》，219頁，北京，商務印書館，2003。

[2] 西塞羅著，徐奕春譯：《論老年・論友誼・論責任》，113、229頁，北京，商務印書館，2003。

[3] 西塞羅著，徐奕春譯：《論老年・論友誼・論責任》，113、172、242頁，北京，商務印書館，2003。

[4] 孟德斯鳩著，張雁深譯：《論法的精神》，下冊，417頁，北京，商務印書館，1978。

[5] 孟德斯鳩著，張雁深譯：《論法的精神》，下冊，97頁，北京，商務印書館，1978。

家來說十分重要，因為這樣的國家可通過準備基金的建立而立即使其信用得以建立[1]；當國家將建立清償公債準備基金的責任分攤給全體國民時，如果讓土地所有者、經營商業者、農民與技工之外的食利者（收利坐食者）分擔過多，即可能破壞國家在一般場合、其他三個階級在個別場合所極端需要的公共信用，又因為食利者通常最容易受到政府執政者算計且通常就在政府執政者近旁，所以，國家應給予食利者利益以特殊保護，並使債務人絕對不得享有比債權人多一丁點的優越地位[2]；把錢借給別人要收取利息，國家向國民借錢時也要付利息，儘管此時規定利率的是私人，但國家債權人利息的收取，由於國家債權人分擔了清償公債基金的款額，這即只是自己付款給自己的行為[3]。

（第20頁註解①）亞當·斯密認為：一個經營生意的人能否得到別人給予的信用，這取決於別人對這個人財產、正直和智慮的判斷如何[4]；那些專賴利息為生的私人貸借者，一般願意把錢借給能提供抵押品、有信用的投資營業者[5]；那些擁有良好信用的人不僅容易獲得借款，而且其為借款支付予債權人的利息也因僅略高於政府借款利息率的較低利息率而較少[6]；那些缺乏確實擔保品、缺乏借貸信

---

[1] 孟德斯鳩著，張雁深譯：《論法的精神》，下冊，98、99頁，北京，商務印書館，1978。

[2] 孟德斯鳩著，張雁深譯：《論法的精神》，下冊，98、99頁，北京，商務印書館，1978。

[3] 孟德斯鳩著，張雁深譯：《論法的精神》，下冊，100頁，北京，商務印書館，1978。

[4] 亞當·斯密著，郭大力、王亞南譯：《國民財富的性質和原因的研究》，上卷，97頁，北京，商務印書館，1996。

[5] 亞當·斯密著，郭大力、王亞南譯：《國民財富的性質和原因的研究》，上卷，282、283頁，北京，商務印書館，1996。

[6] 亞當·斯密著，郭大力、王亞南譯：《國民財富的性質和原因的研究》，上卷，82頁，北京，商務印書館，1996。

用的人很難獲得借款,因為債權人常常由於擔心債款難以收回而不願向這樣的人出借[1];在民間借貸中,由於業務範圍較小,債權人熟知其所面對的債務人行為是否謹慎、誠實的資訊,所以能對債務人予以選擇是否授信[2];同質契約的代用貨幣,如果一國人民對其作為發行者的銀行的信用(資產雄厚、行為誠實、處事謹慎)予以信賴——相信該銀行具有隨時兌換貴金屬貨幣的能力和想法,相信該銀行是信用確實的發行者,則這種代用貨幣將為人們像金銀鑄幣一樣使用[3];銀行充作債權人,由於其業務量大面廣,著眼於謹慎,在有關債務人的信息獲取上除銀行帳簿所提供的資料外,還應當及時掌握其經常性報道,而對債務人的債務保證要求其能足夠保全債權人利益[4]。

在國民生活較為安定即生命財產相當安全的國家,其國民除了願意將自己擁有的資財用於目前消費外,也願意將自己擁有的資財用於謀求未來利潤的投資活動;而在國家專制、君主暴虐即國民生命財產很不安全的國家,擔心自己擁有的財產可能隨時遭受侵害危險的國民,即會選擇藏匿方式隱蔽自己的大部分資財,並隨時準備將該資財轉往他們認為安全的地方[5]。一個按照自然自由制度運作經濟的國家,其執政者對該國國民所應盡的義務乃是保護社會、盡可

---

[1] 亞當·斯密著,郭大力、王亞南譯:《國民財富的性質和原因的研究》,上卷,283頁,北京,商務印書館,1996。

[2] 亞當·斯密著,郭大力、王亞南譯:《國民財富的性質和原因的研究》,上卷,291頁,北京,商務印書館,1996。

[3] 亞當·斯密著,郭大力、王亞南譯:《國民財富的性質和原因的研究》,上卷,268頁,北京,商務印書館,1996。

[4] 亞當·斯密著,郭大力、王亞南譯:《國民財富的性質和原因的研究》,上卷,281頁,北京,商務印書館,1996。

[5] 亞當·斯密著,郭大力、王亞南譯:《國民財富的性質和原因的研究》,上卷,260頁;下卷第469頁有相似表述;北京,商務印書館,1996。

能保護社會上的每個人、提供公共設施；而履行這些義務的費用支付除了來自政府財政的課稅收入外，即在政府執政者將其課稅收入的一部分用作抵押而向國民舉債[1]；那些缺乏大商業資本、大製造業資本與其國民不信任政府而將其節約的貨幣藏蓄隱匿以防被掠奪的國家，該國國民能出借予政府的款額不僅很少，而且該國國民一般不願借款予政府；在商人與工廠主眾多的商業國，該國國民不僅具有出借貸款的能力，亦具有出借貸款的意願即樂意出借貸款，因為，在這樣的國家，建立有正規的司法行政制度，國民對自己的財產所有權具有安全感，國民信任法律約束下人們的行為會遵守契約、債務人會償還債務，總之，國民普遍信任該國政府的公正[2]；一個國民普遍信任其公正的政府，它向該國國民舉債時給付予原債權者的保證物（公債券）可以在市場交易中輾轉易手，且其市場買賣價格可能高於其發行價格，這便為那些把錢借給政府的國民提供了賺錢機會；大多數的公債持有者與公債購買者絕不願意持有、購買那些價值不斷減少的公債[3]；一國政府剛開始向國民舉債時，其情形與個人相同，通常全憑個人信用而未指定特別資源或抵押特別資源以為債務償還的保證，唯在這種信用失效後，想繼續獲得借款，即須有特別資源充作借款抵押[4]；近代各國政府平時的經常支出一般等於或約等於其經常收入，當一國出現像戰爭這類突發事件時，一國政府多選擇舉債辦法籌措款項，而該國政府在戰時的課稅常充作戰

---

[1] 亞當·斯密著，郭大力、王亞南譯：《國民財富的性質和原因的研究》，下卷，252、253頁，北京，商務印書館，1996。

[2] 亞當·斯密著，郭大力、王亞南譯：《國民財富的性質和原因的研究》，下卷，473、474頁，北京，商務印書館，1996。

[3] 亞當·斯密著，郭大力、王亞南譯：《國民財富的性質和原因的研究》，下卷，473、474頁，北京，商務印書館，1996。

[4] 亞當·斯密著，郭大力、王亞南譯：《國民財富的性質和原因的研究》，下卷，473、474頁，北京，商務印書館，1996。

債利息擔保；當一國政府課稅用於戰債利息與政府經常支出支付後尚有剩餘時，這剩餘部分即可能用於設立政府旨在清償既有債務的減債基金，但該減債基金不僅因數量較小而難以有效償付全部戰債，且在具體使用上常被政府挪作他用[1]；一國公債規模增大到某種程度時，作為債務人的政府很少有公道地將所借之債完全償還者[2]；在鑄幣制度條件下，那些貪婪不公的執政者，常採用次第削減鑄幣最初所含金屬真實分量的辦法對自己所欠債務進行虛假償還，並因此而使債權人的部分權利被剝奪[3]；一國減低鑄幣標準成色的做法屬於直接提高貨幣名義價值的做法，而提高貨幣名義價值乃是一國執政者在公債清償中假償還之名行倒帳之實的慣用伎倆，這種貌似償還的辦法將損害國家債權人、私人債權人的利益，將廣泛、嚴重地破壞私人的財產[4]。

（第21頁註解①）大衛·李嘉圖認為：在經濟活動中，那些相互缺乏信任的商人不會願意憑藉信用來從事交易，或者彼此都不願意接受對方開出的支票、期票或匯票[5]；債權人對那些信用不良而願支付更高利息的借款人，如果給予貸款，那將要冒極大的風險[6]；凡能提供穩妥保證並願支付市場利息率的借款人都能從銀行獲得貸

---

[1] 亞當·斯密著，郭大力、王亞南譯：《國民財富的性質和原因的研究》，上卷，22、23、24頁；下卷，479、483、484頁，北京，商務印書館，1996。
[2] 亞當·斯密著，郭大力、王亞南譯：《國民財富的性質和原因的研究》，上卷，22、23、24頁；下卷，493頁，北京，商務印書館，1996。
[3] 亞當·斯密著，郭大力、王亞南譯：《國民財富的性質和原因的研究》，上卷，22、23、24頁；下卷，496頁，北京，商務印書館，1996。
[4] 亞當·斯密著，郭大力、王亞南譯：《國民財富的性質和原因的研究》，上卷，22、23、24頁；下卷，494頁，北京，商務印書館，1996。
[5] 斯拉法主編，經文正譯：《李嘉圖著作和通信集》，卷4，55頁，北京，商務印書館，1980。
[6] 李嘉圖著，郭大力、王亞南譯：《政治經濟學及賦稅原理》，255頁，北京，商務印書館，1962。

款，而借款人為獲得貸款而提出借款申請，其借款的多少乃取決於其運用這筆借款所能得到的利潤率和銀行貸款時所索取的利息率之間的比較；如果銀行發放貸款時所索取的利息率高於市場利息率，則只會有那些奢靡浪費的紈絝子弟會願意按這樣的價格向銀行借錢[1]。

　　一國發行公債以籌戰費，公債利息支付與否均不會使該國變窮變富，但對一個要求人們忠實履行契約的國家來說，它認為公平和誠信權力是更大的功利，它禁止民間拖欠私人債務行為並經由法庭強制拖欠私人債務者履行償債契約。遵照這一精神，以國家作為保證的債務也應當按公平誠信要求支付公債利息，且不得以權宜為藉口要求公債持有者放棄其收取公債利息的正當權益：國家為政治功利而犧牲政治正義沒有什麼可取之處[2]；一國於戰時不斷發行公債，其供給的增加會壓低公債市價，而對一國政治走勢的預測亦將影響公債的市價，那些公債投資者唯有在公債可以穩妥、極正常地為其按期帶來債息時，才會在基於習慣的選擇上長期投資於公債並使公債價格升高[3]；公債持有人的利益即是國家的利益，它有助於增強國家的實際財富和力量[4]；政府於和平時期應不斷努力清償戰時所舉債務，這有賴於建立起取自公共收入超過公共支出部分的能有效清償債務的償債基金；政府及時清償債務之所以必要，乃因國家如再遇戰事又得舉債，債務累積以至額巨，政府就會再增稅課，而人們負

---

[1] 斯拉法主編，經文正譯：《李嘉圖著作和通信集》，卷4，311頁，北京，商務印書館，1980。

[2] 李嘉圖著，郭大力、王亞南譯：《政治經濟學及賦稅原理》，208、209、210頁，北京，商務印書館，1962。

[3] 李嘉圖著，郭大力、王亞南譯：《政治經濟學及賦稅原理》，254頁，北京，商務印書館，1962。

[4] 李嘉圖著，郭大力、王亞南譯：《政治經濟學及賦稅原理》，365頁，北京，商務印書館，1962。

擔賦稅支出代價的承受力是有一定限度的，如超過一定限度，攜資外遷者日眾，該國生產投資乏力，恐不及戰爭結束一國經濟即會陷於破產境地[1]；其設立旨在減少內債或防止內債迅速增長的償債基金，其使用目的如是為新債提供利息，這即會損壞償債基金清償債務的有效性；政府執政者挪用償債基金的行為表明其不能把償債基金忠實地用於償還債務，挪用償債基金是一種對公債持有者的背信行為，是一種違背莊嚴契約的短視近利行為，這將使挪用者對公眾喪失信用；而政府執政者如果失去償還債負的手段，那就是在火山口上睡大覺[2]。當代用貨幣出現貶值情形時，其財產全部由這種貨幣構成的公債持有人與其他人，他們的財產將被迫承受這種貨幣帶來的損害[3]。世界上任何國家的執政者，不管它如何專橫，它都將面臨多少有些強硬的制約力量，而人民的力量即是一種相當可靠的制約力量，人民需要一個能穩定保障其產權的良好政府[4]。

（第21頁註解②）卡爾‧馬克思認為：信用的最簡單的表現即信任，它使一定資本在約期償還、立有文據條件下實現貸借[5]；各國運作於產業活動範圍的信用交易，其不斷錯綜交叉的借貸增進構成信用的發展，並使信用具有威力[6]；信用是實現資本集中最強有力的

---

[1] 李嘉圖著，郭大力、王亞南譯：《政治經濟學及賦稅原理》，212頁，北京，商務印書館，1962。
[2] 斯拉法主編，經文正譯：《李嘉圖著作和通信集》，卷4，147、154、178、181、39頁，北京，商務印書館，1980。
[3] 斯拉法主編，經文正譯：《李嘉圖著作和通信集》，卷4，60、334頁，北京，商務印書館，1980。
[4] 斯拉法主編，經文正譯：《李嘉圖著作和通信集》，卷5，159、225、465、466、467、470頁，北京，商務印書館，1980。
[5] 馬克思：《資本論》，第3卷，452頁，北京，人民出版社，1975。此為馬克思引用圖克《對貨幣流通規律的研究》的觀點。
[6] 馬克思：《資本論》，第3卷，452頁，北京，人民出版社，1975。此為馬克思引用沙‧科凱蘭《工業信貸和工業銀行》的觀點。

槓桿之一，它將分散於社會的大小不等的貨幣資金吸引至單個或聯合的資本家手中並造就實現資本集中的龐大社會機構[1]；信用為單個資本家提供了在一定界線內絕對支配他人資本、財產進而勞動的權利，一人實際擁有的資本成為信用這個上層建築的基礎[2]；信用制度下，擁有可供支配資本者渴望利用該資本取得利潤和收入的企圖，會使他們購買有價證券，或者貸出收息[3]；在商品交易中，商品讓渡與商品價格的實現在時間上的分離常使賣者成為債權人，買者成為債務人，當債務人即欠債的買者對債權人不履行支付時，債務人的財產即會被強制拍賣[4]；以信用作為再生產過程全部聯繫基礎的生產制度，當支付債務的鎖鏈被破壞，信用突然停止時，即會發生表現為信用危機、貨幣危機而其產生基礎在於虛假信用的經濟危機[5]；以國家信用作為後盾的銀行券發行銀行，它所經營的是信用本身，它所發行的銀行券的流通實為信用符號的流通[6]。恰如圖克所言，信用是通貨速度的大調節器[7]；人們在恐慌時期均不願將自己的貨幣借貸出去[8]，而一旦信用發生動搖，一切現實的財富即都將要求現實、突然地轉化為貨幣，轉化為金和銀[9]。產生於中世紀熱那亞、威尼斯而於工場手工業時期流行於歐洲的公共信用制度——國債制度，促其產生的溫室乃是殖民制度及其海外貿易、商業戰爭；一國國民財富

---

[1] 馬克思：《資本論》，第1卷，687頁，北京，人民出版社，1975。
[2] 馬克思：《資本論》，第3卷，496頁，北京，人民出版社，1975。
[3] 馬克思：《資本論》，第2卷，556、562、357頁，北京，人民出版社，1975。
[4] 馬克思：《資本論》，第1卷，155、157頁，北京，人民出版社，1975。
[5] 馬克思：《資本論》，第3卷，283、555、563頁，北京，人民出版社，1975。
[6] 馬克思：《資本論》，第3卷，454頁，北京，人民出版社，1975。
[7] 馬克思：《資本論》，第3卷，590頁，北京，人民出版社，1975。
[8] 馬克思：《資本論》，第3卷，603頁，北京，人民出版社，1975。
[9] 馬克思：《資本論》，第3卷，649頁，北京，人民出版社，1975。

中真正為人民所共有者即為人民持有的國債，國債即國家的讓渡；當公共信用成為資本的信條時，國債產生，由此而使破壞國債信用的行為成為不可饒恕的罪惡；作為原始積累最強有力的手段之一的公債，它將不生產的貨幣轉化為資本，且無投資於工業、高利貸時所不可避免的勞苦和風險；國家債權人貸出貨幣而獲得容易轉讓的公債券，有閒的食利階層由此而產生，充當政府與國民間仲介人的金融家由此而大發橫財，交易所投機與現代銀行統治由此而興盛[1]；隱藏著一國原始積累源泉之一的國際信用制度與國債同時產生；現代稅收制度因國債依靠國家收入支付年利而成為國債制度的必要補充，政府藉以抵補額外開支的借債最終會導致稅收提高，而由債務不斷增加所引起的增稅又會促使政府一遇新的額外開支即會舉借新債[2]。

（第22頁註解①）阿爾弗雷德·馬歇爾認為：經濟生活中的諸問題一般直接取決於信用，信任他人的習慣與抵抗欺詐行為引誘的力量是近代貿易方法所具有的屬性[3]；一般信任與信用構成現代商業的基礎[4]；一個能幹商人所有的資本是他獲得借款的物質保證，他業務經營的盈虧影響他的借款能力，債權人一般極願把資本借給那些雖歷經災難而聲譽未損的債務人[5]；好聲譽可以產生並維持好聲譽[6]；在整個信用狀況正常的時候，債權人一般不急於收回其所有放

---

[1] 馬克思：《資本論》，第1卷，822、823頁，北京，人民出版社，1975。
[2] 馬克思：《資本論》，第1卷，825頁，北京，人民出版社，1975。
[3] 馬歇爾著，朱志泰等譯：《經濟學原理》，上、下卷，28、371頁，北京，商務印書館，1964。
[4] 馬歇爾著，葉元龍等譯：《貨幣、信用與商業》，75頁，北京，商務印書館，1986。
[5] 馬歇爾著，朱志泰等譯：《經濟學原理》，上卷，321、322頁，北京，商務印書館，1964。
[6] 馬歇爾著，葉元龍等譯：《貨幣、信用與商業》，303頁，北京，商務印書

款，且對債務人還債的方式並不挑剔，而在信用波動尤在信用激烈動搖時則反是[1]；一國國內信用與國際信用聯繫緊密，各債權國多對他國信用混亂情形十分敏感[2]。常為戰爭而大量借款並多將所借之款揮霍的君主、朝臣，一般通過銀行家等出面借款，由於借款償還問題，債權人可向法院控告銀行家等名義上的借款人，後者則可向實際借款人如君主以不再借錢給他作為威脅施壓，迫使君主對其所借之款提供可靠的物質擔保品[3]。個人、國家的財富所有權以國內、國際法律或具有法律效力的風俗為依據，財產缺少安全保障即社會秩序保護的國家制約了人們的積蓄、投資行為[4]；任何有組織的市場必須對參與主體在該市場訂立契約的條件、履行契約的方法做出明確規定[5]。

（第23頁註解②）約翰·梅納德·凱因斯認為：債務是延期支付的契約[6]；借者、貸者的風險對投資數量產生影響，借者的風險源自於其對是否能獲得預期收益的疑慮，貸者的風險源自於借者違背道義如借者故意不履行債務或者擔保品發生變化而不足[7]；貸款機關

館，1986。

[1] 馬歇爾著，葉元龍等譯：《貨幣、信用與商業》，15、16頁，北京，商務印書館，1986。
[2] 馬歇爾著，葉元龍等譯：《貨幣、信用與商業》，100、238頁，北京，商務印書館，1986。
[3] 馬歇爾著，葉元龍等譯：《貨幣、信用與商業》，73、303頁，北京，商務印書館，1986。
[4] 馬歇爾著，朱志泰等譯：《經濟學原理》，上卷，81、242頁，北京，商務印書館，1964；馬歇爾著，葉元龍等譯：《貨幣、信用與商業》，269頁，北京，商務印書館，1986。
[5] 馬歇爾著，葉元龍等譯：《貨幣、信用與商業》，93頁，北京，商務印書館，1986。
[6] 凱因斯著，何瑞英譯：《貨幣論》，上卷，5頁，北京，商務印書館，1994。
[7] 凱因斯著，高鴻業譯：《就業、利息和貨幣通論》，123頁，北京，商務印書館，1999。

對借款者信用狀態的判斷即是否具有信任心將影響其貸出與否的選擇[1]；政府舉債支出或為維持其經常支出、或為興辦投資事業，那些謹慎理財家似的執政者在為後世建造房屋時，即會對加於後世的財政負擔予以審慎考慮，由此而失去規避失業的簡便方法[2]；一國擁有借款信譽並因此而使債權國預計貸款風險降低，則債權國總儲蓄投往該國的部分即會增大[3]；其借款旨在償還自身迫在眉睫的債款、滿足債權人及履行條約規定義務的各國政府，作為"困難"的借款人，其為獲得借款所付出的條件取決於借款人[4]。

第三節：

（第24頁註解②）《春秋左傳》載言："信以守物"，"失信不立"，"信，國之寶也，民之所庇也"，"不信，民不從也"[5]。《論語》有言："人而無信，不知其可矣"，"民無信不立"，"信則人任焉"，"君子信而後勞其民"[6]。《孟子》明言："誠者，天之道也；思誠者，人之道也。至誠而不動者，未之有也；不誠，未有能動者"，"君子之不亮（信），惡乎執（操守）"，"若民，則無恒產，因無恒心。苟無恒心，放辟邪侈，無不為已。……明君制民之產，必使仰足以事父母，俯足以畜妻子，樂歲

---

[1] 凱因斯著，高鴻業譯：《就業、利息和貨幣通論》，175頁，北京，商務印書館，1999。
[2] 凱因斯著，高鴻業譯：《就業、利息和貨幣通論》，111、134頁，北京，商務印書館，1999。
[3] 凱因斯著，何瑞英譯：《貨幣論》，上卷，292頁，北京，商務印書館，1994。
[4] 凱因斯著，何瑞英譯：《貨幣論》，下卷，329頁，北京，商務印書館，1994。
[5] 參見楊伯峻編著：《春秋左傳注》，北京，中華書局，1981。
[6] 參見《論語》"學而"、"為政"、"顏淵"、"子路"、"陽貨"、"子張"篇。

終身飽，凶年免於死亡；然後驅而之善，故民之從也輕"[1]。《莊子》曾言："多信者顯"，"覷之名，計之利，而信真是也"[2]。《荀子》論及："信矣，而欲人之信己也"，"合符節，別契券者，所以為信也"，"政令信者強，政令不信者弱"[3]。《韓非子》曾謂："賞莫如厚而信，使民利之；罰莫如重而必，使民畏之；法莫如一而固，使民知之"，"奉法者強則國強，奉法者弱則國弱"，"法不信則君行危矣"[4]。《墨子》論說："信，言合於意也"，"言必信，行必果，使言行之合猶合符節也"[5]。《呂氏春秋》述及："古之君民者，愛利以安之，忠信以導之"[6]。《商子》明言："國之所以治者三：一曰法，二曰信，三曰權"，"明主愛權重信，而不以私害法"，"凡將立國，制度不可不察也"，"制度時，則國俗可化而民從制"[7]。《管子》有論："忠信者，交之度也"，"信以繼信，善以傳善"，"至貞生至信"，"先王貴誠信。誠信者，天下之結也"，"政者，正也"，"法之侵也，生於不正"，"禁勝於身則令行於民矣"[8]。《說文解字》釋"信"："誠也，從人從言"[9]。

---

[1] 參見《孟子》"藤文公章句上"、"離婁章句上"、"告子章句下"、"盡心章句下"篇。

[2] 參見《莊子》"外篇·繕性"、"雜篇·徐無鬼"、"雜篇·盜跖"篇。

[3] 參見《荀子》"不苟"、"榮辱"、"非十二子"、"王霸"、"君道"、"議兵"、"成相"篇。

[4] 參見《韓非子》"奸劫弒臣"、"初見秦"、"安危"、"內儲說上七術"、"外儲說左上"、"難一"、"五蠹"、"有度"篇。

[5] 參見《墨子》"經上"、"兼愛下"、"節用中"、"尚賢中"篇。

[6] 參見《呂氏春秋》"審分覽·知度"、"離俗覽七·用民"、"為欲"、"士容論六·處方"篇。

[7] 參見《商子》"修權"、"墾令"、"錯法"、"畫策"、"一言"篇。

[8] 參見《管子》"戒"、"君臣上"、"侈靡"、"幼官圖"、"立政"、"樞言"、"八觀"、"問"、"小匡"、"法法"篇。

[9] 參見許慎：《說文解字》，52頁，北京，中華書局，1979。

（第26頁註解①）馬建忠（1845－1900）鑒於興辦鐵路款巨籌極，而其時"中國財殫力竭，凋敝日深"，即國幣與民間均"千瘡百孔"、籌資困難的事實，主張舉借外債：鐵路是國家富強之基礎，國庫雖空卻可由"賒貸而化無為有"、民間乏資卻可由"糾股而積少成多"，解當務之急在借洋債，"債者，所以濟盈虛、通有無，與市易之道並重"[1]，借貸不傷國體，西方列強借巨債而無損其稱雄；借債修鐵路不同於"借債以行軍"[2]、"借債以償賠款而貽償息之累"[3]，而是"為國開財之源"[4]、"用洋人之本，謀華民之生，取日增之利，償歲減之息"[5]，借債之舉"不可行之於軍務，必不可不行於商務"[6]，只要"不借浮息之債，時償當予之息，又何畏牽制哉？"[7]對外借債（在國際資本市場上推銷債券），"銀行利

---

[1] 馬建忠：《適可齋記言》，卷一，《鐵道論》。參見胡寄窗著：《中國近代經濟思想史大綱》，107～109頁（北京，中國社會科學出版社，1984）的相關論述。

[2] 馬建忠：《適可齋記言記行》，卷一，《借外債以開鐵道說》。參見胡寄窗著：《中國近代經濟思想史大綱》，107～109頁（北京，中國社會科學出版社，1984）的相關論述。

[3] 馬建忠：《適可齋記言》，卷一，《鐵道論》。參見胡寄窗著：《中國近代經濟思想史大綱》，107～109頁（北京，中國社會科學出版社，1984）的相關論述。

[4] 馬建忠：《適可齋記言記行》，卷一，《借外債以開鐵道說》。參見胡寄窗著：《中國近代經濟思想史大綱》，107～109頁（北京，中國社會科學出版社，1984）的相關論述。

[5] 馬建忠：《適可齋記言》，卷一，《鐵道論》。參見胡寄窗著：《中國近代經濟思想史大綱》，107～109頁（北京，中國社會科學出版社，1984）的相關論述。

[6] 馬建忠：《適可齋記言》，卷一，《富民說》。參見胡寄窗著：《中國近代經濟思想史大綱》，107～109頁（北京，中國社會科學出版社，1984）的相關論述。

[7] 馬建忠：《適可齋記言》，卷一，《鐵道論》。參見胡寄窗著：《中國近代經濟思想史大綱》，107～109頁（北京，中國社會科學出版社，1984）的相關論述。

重，民間利輕"，但"銀行可按期而取足，民間難悉數以取盈"，操作中宜"多方相度，委屈相通，使各國民間皆知此事為中國興利之事，信之深而趨之眾，庶可集腋成裘，不為豪富所把持"；"借債之經"在於做到"取信之有本"、"告貸之有方"、"償負之有期"[1]；在華商向洋商直接借債時，由於"彼此相視皆輕，故借款不得不憑官以取信。誠能得信義交孚之大臣當官一諾，仍類定章程，國家為之擔保，則外洋富商無不樂從，可立借數千萬之鉅款。"[2]

（第26頁註解③）作為19世紀後半期一位具有較多西方資本主義經濟感性認識的思想家，薛福成[3]（1838－1894）反對政府借外債以堵塞財政虧空，贊同借外債以造鐵路：為補財政之需而借外債會耗竭稅源、息累難償，"利不勝害"[4]；為築造鐵路舉借外債，鐵路建成可使"本息有所取償"，國家可由此而獲得長久利益[5]。但為築造鐵路而舉借外債，必須與債權人約定：債權人不得干預鐵路施工、經營管理事宜；所建鐵路可充作借債本息"質信"，但不得"抵交洋人"；議明鐵路借款本息償還與各海關稅收沒有關係，避

---

[1] 馬建忠：《適可齋記言記行》，卷一，《借外債以開鐵道說》。參見胡寄窗著：《中國近代經濟思想史大綱》，107～109頁（北京，中國社會科學出版社，1984）的相關論述。

[2] 馬建忠：《適可齋記言》，卷一，《富民說》。參見胡寄窗著：《中國近代經濟思想史大綱》，107～109頁（北京，中國社會科學出版社，1984）的相關論述。

[3] 胡寄窗著：《中國近代經濟思想史大綱》，119頁，北京，中國社會科學出版社，1984。

[4] 薛福成：《庸盦文續編》，卷上，《籌洋芻議·利器》、《代李伯相議請試辦鐵路疏》。參見胡寄窗著：《中國近代經濟思想史大綱》，118～135頁（北京，中國社會科學出版社，1984）的相關論述。

[5] 薛福成：《庸盦文續編》，卷上，《籌洋芻議·利器》、《代李伯相議請試辦鐵路疏》。參見胡寄窗著：《中國近代經濟思想史大綱》，118～135頁（北京，中國社會科學出版社，1984）的相關論述。

免牽制其他財用[1]。即便是本息償還有經營盈利作為保證的鐵路借款，亦唯有在不因借債而損及國家主權（路權、稅權）時才談得上"借債以興大利"[2]。

（第27頁註解①）作為中國早期民族資本家，一生亦商亦學的鄭觀應[3]（1842－1922）曾為文專論借款、國債[4]：西方各國"興建大役，軍務重情，國用不敷"即告借民間，唯在"本國無債可借"時才舉借外債[5]，"實不欲授利權於別國"[6]，且舉借內外債"凡由議院公議准借者"，即便執政者交替亦"仍須照還"[7]；法國國債本息甚巨，"民間尚肯貸之者，則以政府尚信，足以取信於民，而民亦以按年可以得息，較之他處為穩"[8]；中國執政者如"能示以大公，持以大信，試借民債以給度支，成一時濟變之良規，即以保萬世無疆之盛業"，操作中只要政府對所發債券"定期歸還，按年行

---

[1] 薛福成：《庸盦文續編》，卷上，《籌洋芻議·利器》、《代李伯相議請試辦鐵路疏》。參見胡寄窗著：《中國近代經濟思想史大綱》，118～135頁（北京，中國社會科學出版社，1984）的相關論述。

[2] 薛福成：《庸盦文續編》，卷上，《籌洋芻議·利器》、《代李伯相議請試辦鐵路疏》。參見胡寄窗著：《中國近代經濟思想史大綱》，118～135頁（北京，中國社會科學出版社，1984）的相關論述。

[3] 胡寄窗著：《中國近代經濟思想史大綱》，308頁，北京，中國社會科學出版社，1984。

[4] 參見夏東元主編：《鄭觀應集》，上冊，160、198頁，上海，上海人民出版社，1982；《易言》三十篇本、二十篇本；鄭觀應著：《盛世危言》，581頁，上海，上海人民出版社，1982。

[5] 參見夏東元主編：《鄭觀應集》，上冊，160頁，上海，上海人民出版社，1982。

[6] 參見夏東元主編：《鄭觀應集》，上冊，160頁，上海，上海人民出版社，1982。

[7] 參見夏東元主編：《鄭觀應集》，上冊，581頁，上海，上海人民出版社，1982。

[8] 參見夏東元主編：《鄭觀應集》，上冊，582頁，上海，上海人民出版社，1982。

息，收放出入誠信無欺"即能取信於商民[1]；中國執政者只有在"貸之己民而缺仍有不足"時，才宜以微息舉借外債[2]；中國執政者如借外債，由於中國幅員廣、礦產富，借債還本付息有保證，即"無須重息可貸多金"，"倘重給子金，非特耗財，反令洋人疑中國難以清償，轉多棘手"[3]，且"中國屢借鉅資，素守信義"，"息借洋款以海關作抵，其誠其信為天下萬國所無"，所以借債還本償清期限可較長，國外商民即可以出借之資作為投資，因為，"貪利之心中西無異。利可圖矣，慮其不可恃以致失利；利可恃矣，又慮忽借忽還不能久享其利，亦中外具有同情也"[4]；舉借外債既多，中外即"幾有休戚相關之勢"[5]。

（第28頁註解①）為學得狀元、實業望救國的張謇（1853－1926）以為："借債興利，為各國常有之事"[6]；借債是否亡國"視用債與還債之屬於生利抑消耗，而不在借不借"[7]；"借債之公例，必政府與國民均有用債之能力，而後可利用之以為救時之藥"，"立憲各國慎舉國債，必經國會之議決"[8]；用債券借債，"債券發

---

[1] 參見夏東元主編：《鄭觀應集》，上冊，583頁，上海，上海人民出版社，1982。

[2] 參見夏東元主編：《鄭觀應集》，上冊，162頁，上海，上海人民出版社，1982。

[3] 參見夏東元主編：《鄭觀應集》，上冊，583頁，上海，上海人民出版社，1982。

[4] 參見夏東元主編：《鄭觀應集》，上冊，583頁，上海，上海人民出版社，1982。

[5] 參見夏東元主編：《鄭觀應集》，上冊，584頁，上海，上海人民出版社，1982。

[6] 參見張謇研究中心、南通市圖書館編：《張謇全集》，卷2，166頁，南京，江蘇古籍出版社，1994。

[7] 參見張謇研究中心、南通市圖書館編：《張謇全集》，卷2，620頁，南京，江蘇古籍出版社，1994。

[8] 參見張謇研究中心、南通市圖書館編：《張謇全集》，卷1，166、291頁，南

行,全賴信用"[1];信用的鞏固依靠"有維持之法,表示之道"[2];"國家無法律,雖欲於世界共經濟,而世界不吾與"[3];法律的作用,"以積極言,則有誘抑指導之功;以消極言,則有糾正制裁之功",法律的缺失會損傷"人民之企業心、合群心,耗散最可寶貴的資本",所以,"無公司法,則無以集厚資,而巨業為之不舉。無破產法,則無以維信用,而私權於以重喪"[4]。由於執政者對債務人過於寬縱,這使外國人認為其在中國的"債權太不鞏固",這一法律狀況對經濟的影響即導致"中外通財之事極少而極難"[5];昭信股票、息借商款事實已使商民受到刺激,"政府社會上下信用""未底於孚"[6],執政者"欲得商民之信用,當先養國家之信望"[7];"公債信用富、收藏便、轉動活",所以歐美商民"多以公債為財產",公債是"人為我生利",是"合眾人之力,營極有利之業","不但有利,且有厚利"。"地方募公債,非政府募公債。政府不還,錢無處討;地方不還,錢有處討"[8]。

京,江蘇古籍出版社,1994。
[1] 參見張謇研究中心、南通市圖書館編:《張謇全集》,卷2,160、292頁,南京,江蘇古籍出版社,1994。
[2] 參見張謇研究中心、南通市圖書館編:《張謇全集》,卷1,153、154頁,南京,江蘇古籍出版社,1994。
[3] 參見張謇研究中心、南通市圖書館編:《張謇全集》,卷1,291頁,南京,江蘇古籍出版社,1994。
[4] 參見張謇研究中心、南通市圖書館編:《張謇全集》,卷1,153頁,南京,江蘇古籍出版社,1994。
[5] 參見張謇研究中心、南通市圖書館編:《張謇全集》,卷1,292頁,南京,江蘇古籍出版社,1994。
[6] 參見張謇研究中心、南通市圖書館編:《張謇全集》,卷1,153頁,南京,江蘇古籍出版社,1994。
[7] 參見張謇研究中心、南通市圖書館編:《張謇全集》,卷2,59頁,南京,江蘇古籍出版社,1994。
[8] 參見張謇研究中心、南通市圖書館編:《張謇全集》,卷2,646頁,南京,江蘇古籍出版社,1994。

（第28頁註解②）辛亥革命前真正接觸到西方經濟理論、最先運用西方經濟理論分析中國古代經濟文獻和經濟政策的梁啟超[1]（1873－1929）看到：中國土地、勞力占優，"唯苦乏資本"，其原因在於消費者多於生產者，使"貯（通'儲'字）蓄'所得'"的來源缺乏，中國新企業的資本常被經營管理人員舞弊消蝕，"租稅制度拙劣"、"官業侵吞資本"、民間資本被政府吸收用以"豢養官吏"[2]，"無資本"則中國難為建設[3]；列強"資本過度"，為求厚利，它們尋找適宜的資本投向，這正是"列強侵略中國的總根源"[4]。中國舉借外債，其弊主要在於：①由於債務國自身政治腐敗會使其不斷濫借濫用外債，"以致償還無著，致受干涉"[5]。②其利主要在於："借重外資"開發中國的無限富源，"苟有堅明責任之政府，樹統籌全局之政策，則於財政方面借外債以整理舊債，且以供改革行政之費，於國民生計方面，借外債以建設交通機關，確立金融機關，皆今日極當有事，而其利可以傳諸無窮"[6]。外債舉借使

---

[1] 胡寄窗著：《中國近代經濟思想史大綱》，310頁，北京，中國社會科學出版社，1984。
[2] 梁啟超：《飲冰室合集·文集》，《利用外資與消費外資之辯》。
[3] 梁啟超：《飲冰室合集·文集》，《外資輸入問題》。參見胡寄窗著：《中國近代經濟思想史大綱》，304～308頁（北京，中國社會科學出版社，1984）的相關論述；參見葉世昌、施正康著：《中國近代市場經濟思想》，134～138頁（上海，復旦大學出版社，1998）的相關論述。
[4] 梁啟超：《飲冰室合集·文集》，《外資輸入問題》。參見胡寄窗著：《中國近代經濟思想史大綱》，304～308頁（北京，中國社會科學出版社，1984）的相關論述；參見葉世昌、施正康著：《中國近代市場經濟思想》，134～138頁（上海，復旦大學出版社，1998）的相關論述。
[5] 梁啟超：《飲冰室合集·文集》，《外資輸入問題》。參見胡寄窗著：《中國近代經濟思想史大綱》，304～308頁（北京，中國社會科學出版社，1984）的相關論述；參見葉世昌、施正康著：《中國近代市場經濟思想》，134～138頁（上海，復旦大學出版社，1998）的相關論述。
[6] 梁啟超：《飲冰室合集·文集》，《外資輸入問題》。參見胡寄窗著：《中國近代經濟思想史大綱》，304～308頁（北京，中國社會科學出版社，

用中應注意：①借債之時首須考慮"償還本息之有著"，所借之債"用諸國民生計者"確能盈利則其債可借[1]，外債政策的標準取決於"以最小之勞費得最大之效果"原則[2]；②一國政府舉借外債須使其"政治機關嚴整而健全，毋使外人挾資者侵及有司"[3]；③外債舉借須"量國力"而"全盤布畫，分期償還"[4]。內債舉借亦不可缺，公債券是活潑一國金融的重要投資標的[5]，"公債之用，匪獨在財政也，抑國民生計之滋長，實有待之"[6]，商民購買公債的"目的非待政府之還本也，始收薄息而利用此物以為商業上種種便利計算。若不需之時，則適市而售之，不患無人承受，而現銀可以立得，彼國之所以薄息而能募多數之債者皆此之由"[7]，所以"富有國家，公債累累，而預算有盈餘也不以提前償還"[8]。

（第29頁註解①）作為中國近代向西方尋求救國、救民真理代表人物的孫中山[9]（1866－1925）認為：中國古時人們對鄰國、朋友

1984）的相關論述；參見葉世昌、施正康著：《中國近代市場經濟思想》，134～138頁（上海，復旦大學出版社，1998）的相關論述。
1 梁啓超：《飲冰室合集・文集》（22），《外債平議》。
2 梁啓超：《飲冰室合集・文集》（22），《外債平議》。
3 梁啓超：《飲冰室合集・文集》，《外資輸入問題》。參見胡寄窗著：《中國近代經濟思想史大綱》，304～308頁（北京，中國社會科學出版社，1984）的相關論述；參見葉世昌、施正康著：《中國近代市場經濟思想》，134～138頁（上海，復旦大學出版社，1998）的相關論述。
4 梁啓超：《飲冰室合集・文集》，《外資輸入問題》，參見胡寄窗著：《中國近代經濟思想史大綱》，304～308頁（北京，中國社會科學出版社，1984）的相關論述；參見葉世昌、施正康著：《中國近代市場經濟思想》，134～138頁（上海，復旦大學出版社，1998）的相關論述。
5 梁啓超：《飲冰室合集・文集》（22），《外債平議》。
6 梁啓超：《飲冰室合集・文集》（22），《外債平議》。
7 梁啓超：《飲冰室叢著》，第10種，《政聞時言・論直隸安徽湖北之地方公債》。
8 梁啓超：《飲冰室文集》，卷7，《國民籌還公債問題》。
9 胡寄窗著：《中國近代經濟思想史大綱》，319頁，北京，中國社會科學出版

均甚守信,表現在商業交易上,即便沒有訂立契約而只有口頭約定,這口頭約定也"有很大的信用"[1];弱國難以要求強國對自己講信義[2];近代外國銀行對中國的經濟壓迫,使中國人"對於本國銀行都不信用,對於外國銀行便非常信用",到銀行存錢,"不問中國銀行的資本是大是小,每年利息是多少,只要知道是中國人辦的,便怕不安全,便不敢去存款。不問外國銀行是有信用沒有信用,他們所給的利息是多是少,只要聽說是外國人辦的,有了洋招牌,便吃了定心丸,覺得極安全,有錢便送進去"甚至倒貼"租錢"也願意[3];開發中國實業,"凡夫事物之可以委諸個人,或其較國家經營為適宜者,應任個人為之,由國家獎勵,而以法律保護之"[4];發展實業而"苦無資本"的國家須借外債[5],所借外債"以營不生產之事則有害,借外債以營生產之事則有利"[6],中國"俟信用大著後,則投資更為穩固,外資更當大集於中國"[7];中國政府"所借外債,當在使中國政治上、實業上不受損失之範圍內,保證並償還之",但對中國境內不負責任政府(如賄選、僭取的北京北洋政府)為維持軍閥地位,不為增進人民幸福所借外債,中國人民則不承擔償還責任[8]。

社,1984。

[1] 《孫中山選集》,下卷,651、652頁,北京,人民出版社,1956。
[2] 《孫中山選集》,下卷,610頁,北京,人民出版社,1956。
[3] 《孫中山選集》,下卷,611頁,北京,人民出版社,1956。
[4] 《孫中山選集》,上卷,87、191頁,北京,人民出版社,1956。
[5] 《孫中山全集》,卷2,《在南京同盟會會員餞別會上的演說》,北京,中華書局,1982。
[6] 《孫中山選集》,上卷,87、191頁,北京,人民出版社,1956。
[7] 《孫中山全集》,卷1,《在歐洲的演說》,北京,中華書局,1981。
[8] 《孫中山選集》,下卷,529頁,北京,人民出版社,1956。

（第29頁註解②）以"新人口論"警世的經濟學家馬寅初（1882－1982）認為：中國資本缺乏的主要原因在於"有錢者皆奢侈不堪"而少儲蓄，通過大企業公司、保險公司與信託公司的"節蓄""尚屬幼稚"[1]；在財政金融狀況不健全條件下，政府所發公債價格的上漲及銀行的公債投機："非因政府信用之提高，乃因銀行遊資無法投放，不得不用以購買公債"，而這便"使從窮鄉僻壤吸收之資金，悉銷納於厚利之公債，而人人反歎息痛恨於建設生產資金之缺乏"[2]，且資金"壅塞不通"於上海，"內地則資金枯竭"[3]；中國開採地下資源可借外債，開採成事，即"財源自富，還昔日之債務尚綽綽有餘，而國內之資本因而增加矣"[4]；中國要"利用外資，必先利用內資"，"未有內資猶不敢前往投放，而可企望外資之供我利用也"，"欲利用內資，非使內地安全不行；欲使內地安全，必須統一軍政，則政治經濟諸端，不難隨而統一"[5]；中國利用外債的障礙在於"中國怕外人操縱，而外人亦怕中國人不守法，雙方各有顧慮"[6]；在不平等條約條件下，"外商在華之種種措施，不

---

[1] 馬寅初：《經濟學概論》，279～280頁，上海，商務印書館，1948。

[2] 馬寅初：《中國經濟改造》，421頁，上海，商務印書館，1935。參見葉世昌、施正康著：《中國近代市場經濟思想》，157～159、176頁（上海，復旦大學出版社，1998）的相關論述。

[3] 馬寅初：《中國經濟改造》，418頁，上海，商務印書館，1935。參見葉世昌、施正康著：《中國近代市場經濟思想》，157～159、176頁（上海，復旦大學出版社，1998）的相關論述。

[4] 馬寅初：《經濟學概論》，279～280頁，上海，商務印書館，1948。

[5] 馬寅初：《中國經濟改造》，359頁，上海，商務印書館，1935。參見葉世昌、施正康著：《中國近代市場經濟思想》，157～159、176頁（上海，復旦大學出版社，1998）的相關論述。

[6] 馬寅初：《中國經濟改造》，359頁，上海，商務印書館，1935。參見葉世昌、施正康著：《中國近代市場經濟思想》，157～159、176頁（上海，復旦大學出版社，1998）的相關論述。

但不能使中國人利用外資，且一變而為外國人利用內資"[1]，"故與其謂為利用外資，反不若謂為中國被外資所利用"[2]。

---

[1] 馬寅初：《中國經濟改造》，444頁，上海，商務印書館，1935。參見葉世昌、施正康著：《中國近代市場經濟思想》，157～159、176頁（上海，復旦大學出版社，1998）的相關論述。

[2] 馬寅初：《中國之新金融政策》，476、477頁，上海，商務印書館，1937。

第二章

政府舉債信用機制的經濟基礎

引　言

　　不言而喻，欲對政府舉債信用機制的制度基礎問題予以剖析，我們必須先對政府舉債信用機制的經濟基礎問題予以把握，也就是說，我們必須由此而對政府的職能定位、政府舉債的必要性與可能性、政府舉債的產生與發展諸問題予以簡略說明。基於這一判斷，本章擬對上述問題作一個框架性整理論述。

第一節　關於政府的職能定位

　　一般而論，政府的職能定位問題即政府做什麼或履行什麼職責的問題。追述經典作家對此問題的切要思考，我們無疑可以啓用亞當・斯密在《國民財富的性質和原因研究》一書中所給出的經典詮釋來予以回答，即一個按照自然自由制度運作經濟的國家執政者，對其國民所應盡的義務乃是保護社會、盡可能保護社會上的每一個人、提供公共設施[1]。無疑，亞當・斯密以一定的經濟制度基礎——市場經濟作為定位政府職能的經濟背景，而他給出的政府職能定位所著力強調的乃是一國政府應當爲其公眾提供勞務化與物質化的公共產品——資源配置的保障，唯其如此，該國政府的履職能力才能獲得該國公眾的認同，其履職的地位即作爲執政者的地位才能由此而得以確立並得以鞏固。可以肯定的是，亞當・斯密在定位政府職能的同時，也對政府履行職責的邊界作了明確劃定。

　　當代學人們在資源配置的市場條件下思考政府的經濟職能時，提

---

[1] 亞當・斯密著，郭大力、王亞南譯：《國民財富的性質和原因的研究》，下卷，252頁，北京，商務印書館，1996。

出在市場經濟條件下，政府的經濟活動範圍乃是提供公共產品、矯正外部效應、規範競爭行為、調節收入分配、穩定發展經濟，由此而決定政府的經濟職能乃是：①操作資源配置，即由政府收支活動與相應政策的制定、調整、實施而引致對社會現有人力、物力、財力等社會資源的結構與流向的調整選擇，由調節資源在地區、產業、政府部門間的配置而引致資源結構合理化；②調節收入分配，即由政府調節參與收入分配的各行為主體的利益關係而引致收入公平、合理分配目標的實現；③調控經濟運行，即由政府運用諸種宏觀經濟措施調控經濟運行而引致經濟穩定增長、發展。[1]無疑，這一從"市場失靈"切入而作出的政府經濟活動範圍與其經濟職能的界定，究其實仍在於突出政府為保障公眾的經濟利益而對公眾提供各種勞務化與物質化的公共產品。

毋庸置疑，給定政府職能的上述定位及政府履行其職能的其他條件，我們首先必須予以關注的問題乃是，一個履行其職能的政府的經濟基礎即資金支撐問題。

第二節　關於政府舉債的必要性

一國政府履行其職能的經濟基礎即資金支撐，所要解決的問題乃是該國政府履行其職能的資金來源問題。換言之，一國政府職能履行中如果出現了資金缺口，它又應當從什麼地方籌得其所需要的資金以縮小或補足其缺口呢？換言之，一國政府履行其職能可從什麼地方或

---

[1] 參見高培勇等編著：《公共部門經濟學》，13～19頁，北京，中國人民大學出版社，2001；韓麗華等主編：《政府經濟學》，12～14頁，北京，中國人民大學出版社，2003。

選擇什麼方式操作融資呢？

　　政府爲履行其職能而融資的方式選擇問題，乃是一個爲學界所長期關注的問題。美國經濟學家邁克海爾・哈里索斯與詹姆斯・托賓在討論政府融資的宏觀經濟學問題時指出，在貨幣是不可兌換的紙制法定貨幣與公債通常採取政府承諾在將來某一日期償還一定數量政府貨幣的方式這一重要假定條件下，一個有主權的中央政府，它的支出可以通過稅收、印發貨幣或借款來融入資金。但哈里索斯與托賓更傾向於認爲政府在爲其當前支出融資的時候，除去稅收方式外，尚可選擇貨幣化的形式或非貨幣化的形式[1]。在此，托賓等再次確認了一國政府爲履行其職能而融資（籌資）的途徑有稅收、貨幣發行、政府舉債這一共識性判斷。給定稅收、貨幣發行的政府籌資途徑，切於本書論題，我們在此所關注的僅爲政府舉債途徑選擇問題。由此，我們可以判斷，政府舉債的必要性乃在於政府由此而可以籌措到它履行職能所需要的資金。

　　曾康霖先生在其主編的《金融學教程》中指出，現代各國政府在經濟領域所具有的職能可以區分爲政府經濟管理職能（行政職能）、政府投資職能（資本職能），而一國政府在履行這兩種職能時所需的資金來源，前者來源於稅收，後者主要來源於債務融資，且政府資本職能是專指政府以國家信用爲基礎與採用信用方式籌集資金、進行資本性支出而形成經營性社會資產的職能[2]。以此判斷爲基礎，曾康霖先生指出，政府資本職能與政府行政職能的分離是政府金融發展的基石。極具啓示意義的是，曾康霖先生在既有財政信用或國家信用概念

---

[1] 參見本傑明・M.弗里德曼等主編，陳雨露等譯：《貨幣經濟學手冊》，卷2，888、889頁，北京，經濟科學出版社，2002。

[2] 參見曾康霖主編：《金融學教程》，第8章《政府金融》，北京，中國金融出版社，2006。

中對涉及政府舉債形成的收入用於政府投融資與用於彌補預算赤字的兩種選擇間，明示政府金融概念雖從財政信用概念發展而來且與"財政投融資"內涵相近，但這一能夠涵蓋財政信用職能作用的政府金融概念卻尤為強調政府金融活動的金融屬性（資金來源主要不在財政預算、資金運用具有極強的有償性）[1]。簡言之，政府金融概念的提出，既是對政府信用發展事實的理論概括，同時又為我們由粗疏趨向精細認知一國政府信用發展層次提供了一個頗為重要的座標。在本書中，限於論題觸及的具體層面所處的歷史階段，政府舉債因此便仍然僅用政府信用（國家信用）或財政信用概念，且主要涉及政府在履行其行政管理職能中為彌補預算赤字而舉債籌資。

論及政府舉債的必要性，我們認為，對這一問題的求解，可從經濟學說史上曾經有過爭論但最終以肯定作結的學人們對政府舉債作用的判斷中獲得。

擇要而言，在西方經濟學說史上對政府舉債作用給予明確判斷的經濟學家，主要有自由資本主義時期的持否定說者與自由資本主義轉向壟斷資本主義歷史時期的持肯定說者。

(1)自由資本主義歷史時期對政府舉債作用持否定說者，其代表人物首推亞當‧斯密與大衛‧李嘉圖。亞當‧斯密對政府舉債持否定態度，乃是因他認為：政府執政者因為奢侈、不知節儉而舉債，這會使政府財政容易在遭遇戰爭衝擊時常常依靠舉債籌款以應對急需，舉債助長了戰爭，同時又鼓勵了奢侈，且政府舉債日多卻常常無意於公道地完全償還；政府舉債具有非生產性，政府舉債會使一國本來可以用於維持生產性勞動的資本被轉用於非生產性的國家財政支出，由此而

---

[1] 參見曾康霖主編：《金融學教程》，第8章《政府金融》，北京，中國金融出版社，2006。

影響一國的經濟發展[1]。大衛·李嘉圖否定政府舉債選擇，其觀點是：政府舉債的負擔表現為原有資本因國債本金被抽走後所遭受的損害而並非利息的轉移，政府舉債的弊端除了在於把生產資本用於非生產性支出外，還容易使人民對其負擔失去敏感從而對政府常常進行舉債缺少約束[2]。綜觀亞當·斯密與大衛·李嘉圖對政府舉債所持的否定觀點，他們所著力強調的是政府舉債以彌補其財政赤字的非生產性資金運用，會擠佔存量一定的生產性資金運用。如果僅此而言，這樣的判斷原屬中肯，但如果依據這一判斷而完全否定政府舉債的作用，則屬過於絕對。

(2)在自由資本主義轉向壟斷資本主義歷史時期，對政府舉債作用予以肯定的經濟學家以約翰·梅納德·凱因斯為代表。但在凱因斯之前，德國歷史學派的卡爾·迪策爾（1829－1894）已主張，用於投資支出的政府舉債，由於它所涉及的公共交通設施、公路、運河、鐵路等建設具有生產性，這就不宜將其稱為非生產性的消費行為，而用於發展教育與宗教的政府舉債，由於它有助於增進從業者的能力與國民素養，所以仍然對一國經濟增長有利；德國社會政策學派的瓦格納（1835－1917）提出，以有利於一國經濟發展的視角安排政府舉債，凡是為滿足政府財政臨時支出的需要而舉債，這類舉債應當以國內閒置貨幣資本、外國資本作為籌資來源，避免擠佔國內其他部門的生產經營資本，而國家的活動具有由耗費有形財富而產生出無形財富的生產性[3]。在20世紀20年代末30年代初世界經濟危機背景下形成的凱因斯

---

[1] 參見亞當·斯密著，郭大力、王亞南譯：《國民財富的性質和原因的研究》，上卷，22～24頁；下卷，479～494頁，北京，商務印書館，1996。

[2] 參見大衛·李嘉圖著，斯拉法編，經文正譯：《李嘉圖著作通信集》，卷4，147～181頁，北京，商務印書館，1980。

[3] 參見鄧子基等著：《公債經濟學》，245～248頁，北京，中國財政經濟出版社，1990。

學派，明確主張政府啓用財政工具直接干預宏觀經濟運行，而政府舉債自然屬於財政工具的具體操作。在凱因斯學派看來，政府舉債屬於不僅無害反而有益於社會的措施，由政府舉債擴大政府支出可以擴大就業而造福社會；政府舉債不同於私人舉債，政府舉債可以以新換舊；政府舉債可以隨著一國經濟發展而不斷增長，一國國民生產總值的增長會弱化政府舉債還本付息的壓力；政府舉債所涉及的一國資產與負債可以相互抵消，當其資產超過負債時，舉債政府不僅已經沒有負債反而是處於淨資產狀況[1]。

與否定政府舉債作用的經濟觀相異，上述肯定政府舉債作用的經濟觀十分強調政府舉債所具有的生產性、公共福利性。客觀而論，對政府舉債作用的這一判斷，不僅是對政府舉債作爲一種日益經常、普遍存在的事實的概括，也在很大程度上有助於公眾對政府舉債的認同、政府自身對舉債操作的自信的不斷增強。迄今，充分肯定政府舉債的積極作用，已成爲學界的共識，而以政府舉債具有籌集資金（籌集戰爭經費、建設資金與償債資金、彌補財政赤字）、調節經濟（調節經濟總量平衡、經濟協調發展）的作用肯定政府舉債的判斷[2]，這無疑可以視爲學人們對政府舉債必要性問題的當代詮釋。

綜上所言，一國政府爲了履行其職能而必須有資金來源作爲它履行職能的財政支撐。給定一國政府經由稅收、貨幣發行途徑籌集資金條件，一國政府舉債籌資即成爲它不可或缺的籌資途徑選擇。

---

[1] 參見鄧子基等著：《公債經濟學》，235～254頁，北京，中國財政經濟出版社，1990。

[2] 參見韓麗華等主編：《政府經濟學》，309～312頁，北京，中國人民大學出版社，2003。

第三節　政府舉債的可能性

　　如上所論，政府舉債是政府為履行其職能所不可或缺的籌資途徑選擇。然而，當一國政府為了履行其職能而謀劃舉債籌資的時候，它是否能夠由此而籌措到它所需要的資金呢？無疑，這直接涉及政府舉債的可能性問題。而政府舉債的可能性問題，其實就是政府須在一定條件下才能夠有效操作，或者說，政府舉債須滿足一定條件的問題。概略而論，謀求舉債籌資的一國政府，它所必須滿足的條件主要有：恪守信用、尊重民願、操作適度。以下試分別論述。

　　其一，恪守信用。恪守信用作為一國政府舉債首先必須滿足的條件之一，旨在強調一國政府舉債必須兌現其對債權人所作出的還本付息承諾（廣義而論，政府舉債恪守信用還涉及舉債政府恪守舉債用途承諾，茲暫且不論）。尤其是在舉債政府渴望能夠重複舉債操作時，對於該國現實的債權人與可能或潛在的債權人來說，該國政府對既有舉債是否已經按照它先前對債權人做出的還本付息承諾予以兌現，這在很大程度上將直接影響該國債權人通過驗證並預判該國政府的聲譽是否可以置信，從而對政府舉債做出認同或者拒絕的選擇。

　　對政府舉債必須恪守信用的判斷，主要基於對學人這一思考的認同，即對於一國政府舉債來說，國債作為政府所負的法律義務與私人舉債在本質上相同，一國政府向個人、公司、社會事業單位及他國政府舉債而產生國債的過程是一種雙邊交換過程，那些在這一過程中把自己的資金出借給一國政府的債權人，會從舉債政府那裡獲得代表自己對該政府擁有約期債權的憑證——證券，而該舉債政府則必須按照約期對法定債權主體還本付息[1]。這意味著，如果舉債政府不能恪守信

---

[1] James M. Buchanan著，參見彼得・紐曼等編：《新帕爾格雷夫貨幣金融大辭典》，卷3，229頁，北京，經濟科學出版社，2000。

用，那麼，該政府將會因為它的違約行為而被該國既有的與潛在的債權人給予誠信——信用否定。儘管在舉債政府違約行為發生後，存在法律條款經常使合同強制力變得十分含混從而不利於債權人維權的情形，但債權主體或投資者由此而對該舉債政府不再有信心所生成的政府聲譽效應，無疑將會對該政府違約選擇形成一種約束[1]。

不言而喻，我們在判斷一國政府在舉債操作中是否做到了恪守信用時，的確不能僅僅關注該政府對它的債權主體履行還本付息時所償付的約定貨幣本金利息的名義額。因為，一國政府在舉債的時候，它與債權主體通常是以固定契約的形式約定自己未來對債權主體償付本息的貨幣額。而在約期到來的時候，如果該國已然出現了嚴重的通貨膨脹，尤其是該舉債政府為了償付已經到期的債務而大量增發貨幣並因此而觸發嚴重的通貨膨脹的時候，即使該國政府已經按照固定契約對它的債權主體支付了本息，但由於貨幣購買力銳減，債權主體的利益受到了巨大損害，該國政府在這種情形下雖然不爽債約，如約償債，貌似履行債約，但這時、這樣的償債操作究其實仍然屬於違背債約。換言之，這時、這樣的償債操作因此而仍然只能被視為一種反信用的行為。就對這類問題進行剖析的經典作家來說，我們認為，亞當·斯密的認知不僅深刻而且頗具代表性、啟示性。在亞當·斯密看來，他所處的時代，常常出現舉債政府採用提高貨幣名義價值等伎倆來實現虛償債而實賴債，損害債權人利益的情形[2]。誠然，亞當·斯密所指的償債標的僅是貴金屬鑄幣，但客觀而論，他針對舉債政府在償債時是否恪守信用所提出的這一判斷尺度，顯然不僅適用於賤金屬貨

---

[1] Harold L. Cole，參見彼得·紐曼等編：《新帕爾格雷夫貨幣金融大辭典》，卷3，493、494頁，北京，經濟科學出版社，2000。

[2] 參見亞當·斯密著，郭大力、王亞南譯：《國民財富的性質和原因的研究》，下卷，493～496頁，北京，商務印書館，1996。

幣、代用貨幣，同樣也適用於當代信用貨幣。

其二，尊重民願。尊重民願作爲在市場經濟條件下政府舉債所必須滿足的一個重要條件，旨在強調舉債政府在操作舉債（內債）的時候，一般必須對國內公眾（潛在的債權人）購債與否的自主意願予以尊重。這意味著在具有市場特徵的政府舉債中，那些可能成爲舉債政府債權主體的國內公眾，他們所擁有的購債與否的選擇權益一般有能夠約束債務主體舉債行爲的規制給予保障。換言之，在市場經濟條件下的一國政府舉債，一般說來，那些可能（潛在的）成爲該國政府債權主體的國內公眾，他們對是否購債、何時購債、購債多少均擁有自主判斷、選擇的權利。也就是說，唯有在他們自主判斷、選擇即願意購債的時候，該國政府才能夠向他們舉債，舉債的時候才可能籌足預想的債額。從這一意義上說，政府舉債的古典原則雖然認可一國政府可以在非周期性或非經常性條件下——公共開支屬於暫時性的條件下（例如，戰爭的緊急開支）操作舉債，並且，這種舉債大多屬於由政府強制而不是基於自願契約行爲所達成的交易[1]，但是，不言而喻，這種不考慮該國民願並很可能因此而損害該國民願的政府應急強制舉債，即便可能付諸實施，最終也常常會由於該國公眾的巧與應對而很難舉債足額。尤爲重要的是，即便是由古典原則所認可的政府應急強制舉債，它本身也要求舉債政府必須按照財政審慎原則，在緊急狀態（時期）過去之後切實履行債務償付。就此而言，這一判斷無疑可以被視爲強調尊重民願，約束舉債政府信用行爲，使舉債政府不至於濫用強制手段舉債的一種學理思考。

對於謀求舉債的一國政府來說，只有當它真正能夠尊重它所在的

---

[1] James M. Buchanan，參見彼得・紐曼等編：《新帕爾格雷夫貨幣金融大辭典》，卷3，230頁，北京，經濟科學出版社，2000；薛天棟：《現代西方財政學》，174頁，上海，上海人民出版社，1983。

國家公眾所擁有的自主購債的判斷、選擇即意願的時候，它才有可能真正啓動該國公眾的購債意願。而在一個可以重複的信用運行模式中，唯有在業已舉債的政府能夠恪守信用，從而使它的既有的債權主體的權益能夠獲得不折不扣兌現的條件下，該國政府才可能進一步啓動既有的債權主體的購債意願，甚至還很可能因此而啓動那些潛在的債權主體，使他們最終成爲現實的債權主體。

不言而喻，一國謀求舉債的政府如果想要啓動本國公眾的購債意願，從根本上說，該政府必須給予本國公眾一個能夠被他們驗證的利益激勵。自謂深受瑞典經濟學家（現代公共選擇理論學者所追隨的榜樣）納特·魏克塞爾影響的詹姆斯·布坎南認爲，個人在進行選擇的時候，它所選擇的明確的經濟利益都是賦予正值的"物品"；人們進入市場這一交換場所都是爲了用一種物品換取另一種物品，而不是追求某些超交換或者超個人目的的利益[1]。布坎南在此用他自己的表述方式，強調了他認爲見諸魏克塞爾《財政理論研究》論文（1896年）並且形成公共選擇理論基礎結構要素之一的經濟人假設[2]。按照這一判斷，我們似乎可以這樣認爲，謀求舉債的一國政府，要求它必須進行啓動該國公眾的購債意願的操作，其實就是要求它必須訴諸該國微觀利益主體的可以證實的利益激勵，並由此而激活該國公眾對政府舉債進行公共選擇。極具啓示意義的是，布坎南對個人何以必須服從集體行動的內在強制條件問題所給出的答案是：只有在最終的法定"交換"能夠增加個人的利益時，個人才會默許國家的強制力[3]。

---

[1] 羅漢譯：《諾貝爾獎獲獎者演說文集（經濟學獎）》，下冊，698～703頁，上海，上海人民出版社，1999。

[2] 羅漢譯：《諾貝爾獎獲獎者演說文集（經濟學獎）》，下冊，698、699頁，上海，上海人民出版社，1999。

[3] 羅漢譯：《諾貝爾獎獲獎者演說文集（經濟學獎）》，下冊，703頁，上海，上海人民出版社，1999。

這很自然會啓發我們由此而思考，一國政府即便是爲了應急而對它所在國家的公眾強制舉債，該國政府也仍將面臨該國公眾對它實施強制在意願上的選擇約束。換言之，一國政府採用強制方式舉債，並且因此而借得一定債額，這之中的確不能排除存在著該國公眾在利益激勵下而對舉債政府的強制購債操作予以默許的情形。這也就是說，即便是在政府強制舉債的大背景下，一國公眾也可能會因爲存在利益激勵（哪怕較小甚至很可能不確定）而自願選擇購債（例如，投機、賭博似的購債）。

其三，操作適度。操作適度作爲一國政府舉債所必須滿足的一個重要條件，旨在強調一國政府舉債的規模常常有一條由特定經濟因素劃定的限制邊界。這也就是說，當一國政府舉債想要突破這一客觀存在的限制邊界即想要失度舉債時，它就會或者因爲舉債的規模大過公眾的購債能力而難以募債足額（即便採行強制手段），或者因爲舉債規模大過自己的償債能力而即便一時能夠募得若干債款，它也很難在缺乏公眾置信條件下順利重複操作舉債。

曾康霖先生在其著作《信用論》中指出，考察一國政府對內舉債，從定性、實證角度分析其公債數量界線問題，它所涉及的因素有公債發行目的、公債應債主體的應債能力、公債發行主體的償債能力與公債的期限構成等，在這之中，公債應債主體的應債能力可以用公債負擔率替代反映，公債發行主體的償債能力可以用國債依存度、財政收入增長率與債務增長率的對比替代反映；一國政府對外舉債，決定它的舉債規模也就是數量界線的主要因素，乃是該國經濟增長速度、出口創匯情況、國際儲備等。總之，由這諸多因素積聚的該國政府的償債能力，最終決定了該國政府對外舉債的規模[1]。對於我們剖析

---

[1] 參見曾康霖：《曾康霖著作集》，卷6，355～365頁，北京，中國經濟出版社，2004。

一國政府舉債可能性所涉及的操作適度條件問題，無疑，援引這樣的判斷，十分有助於給出具體而微、極具解釋力的說明。在此，筆者僅僅想就一國政府舉債所涉及的債權主體的購債能力（即公債應債主體的應債能力）、債務主體的償債能力（即公債發行主體的償債能力），圍繞所謂政府舉債操作適度問題，略予闡釋。

如前所述，一國政府舉債，我們如果把它視為一種擬設的信用關係，這首先就涉及作為該國政府可能的（潛在的）債權主體的該國公眾是否願意選擇給予政府以信用即購債的問題。給定該國公眾願意選擇給予該國政府以信用這一條件，政府舉債作為一種擬設的信用關係問題，即因此而可以轉換為公眾能夠給予該政府多大規模的信用的問題。一般而論，這裡涉及政府的信用需求與公眾對政府的信用供給的三種情形：供求相等、供過於求、供不應求。以政府舉債的操作適度而論，舉債政府追求信用供求相等無疑只能是一個具有價值判斷偏好的理論目標，而舉債政府募債操作中常有的經驗事實卻是公眾給予它的信用在規模上常常表現為供不應求，即政府的信用需求常常大於公眾的信用供給。有鑒於此，我們在這裡所關注的問題集中於政府需求的信用超過公眾對政府供給的信用即政府舉債由此而破壞操作適度條件的問題。不言而喻，我們如果用公債負擔率（應債主體每年承擔的公債數量占其同期收入的比例）[1]替代反映可能的（潛在的）債權主體的購債能力，當一國政府舉債規模不斷增大並且因此而使該國公眾可能承購的政府債務數量，超過該國公眾收入增長的速度而不斷增加的時候，給定其他條件，我們就可以因此而判斷該國政府舉債已經是操作失度。頗具深意的是，政府舉債操作失度的這種情形，如果是發生在一個憑借法治運作行政（有限政府）的市場經濟國度，殊不足慮；

---

[1] 參見曾康霖：《曾康霖著作集》，卷6，355～365頁，北京，中國經濟出版社，2004。

而如果是發生在一個依靠人治運作行政（無限政府）的非市場經濟國度，則極有可能緣自一國政府的強制性派募[1]，並且，由此而出現的舉債政府的這一舉債操作失度，其本身即是該國政府不尊重本國公衆購債意願的強制性選擇。

此外，可以用來作爲衡量一國公債相對規模的指標，我們的確還可以選擇公債發行額與國民收入的比率（指當年公債發行數額相當於當年國民收入即相當於當年新創造價值的比率）、公債累積發行額與國民收入的比率（指到當年爲止公債歷年發行後尚未償還的累計數額相當於當年國民收入的比率）這些量化指標[2]。可以肯定，借用這些指標以思考衡量一國政府舉債操作適度與否的問題，具有極大的啓示意義。茲不贅述。

至於一國政府作爲債務主體時的償債能力問題，其對一國政府舉債操作適度與否的影響，給定其他條件，我們的確可以啓用公債依存度指標給予說明。研究者認爲，作爲衡量公債規模合理性與政府債務主體償債能力的公債依存度指標，它所指的是一國政府年公債發行量占年財政預算收入的比重[3]。一般而言，對於一國政府來說，它在一個財政年度中形成的財政預算收入，一般由政府稅收與政府公債籌資這兩部分構成。給定一國政府在一個財政年度的財政預算收入總量，當一國政府據以形成其預算收入的公債發行在它的總預算收入中的占比大大超過其稅收占比時，該國政府過大或者巨大的公債依存度，對於該國政府的債權主體來說，即不僅僅是一個表明該國政府財政已經步入負債財政的指標，事實上更可能被該國政府的債權主體看成是一個

---

[1] 參見本書第三章第三節的相關分析。
[2] 鄧子基等著：《公債經濟學》，388頁，北京，中國財政經濟出版社，1990。
[3] 參見曾康霖：《曾康霖著作集》，卷6，358頁，北京，中國經濟出版社，2004。

警示該國政府償債能力堪慮的信號。儘管有學者認為，一國政府作為債務人，它具有不同於家庭、企業的舉債能力，即一國政府通常具有不受限制的舉債能力[1]。但我們認為，在把一國稅收作為該國政府公債本息償付資金來源唯一途徑的約定下，一國政府如果因為它的預算收入中的稅收項嚴重不足而唯有依賴舉債以為補充，並且，這一財政狀況很難及時改善（該國政府即可能因此而經常甚至採取強制手段募債），那麼，該國政府財政營運中所出現的過大甚至巨大的公債依存度，最終肯定會觸發該國公眾對該國政府償債能力的質疑。

此外，由於一國政府的財政收入最終將形成該國政府的財政支出，所以，由公債依存度指標所開啟的認識舉債政府償債能力的視角，還可以用一國政府公債發行額與其財政支出的比率（指當年公債發行額相當於當年財政預算支出額的比例，旨在明示當年財政支出中有多大份額依靠公債發行來補充）、公債累積額與財政支出的比率（指到當年為止的公債歷年發行後尚未償還的累計數相當於當年的財政支出的比例，這直接涉及政府財政的還本付息能力）、公債費與財政支出的比率（指當年財政為償付公債本息所付出的費用數額相當於當年財政總支出的比例，這直接反映了當年公債所引起的財政負擔問題）等若干具體指標予以解讀[2]。茲不贅論。

第四節　政府舉債的產生與發展

不言而喻，如果說政府舉債的必要性及其可能性問題更多地是從

---

[1] William J. Baumol, Alan S. Blinder: Economics: Principles and Policy, HBJ, 1991, p.307.
[2] 鄧子基等著：《公債經濟學》，387～389頁，北京，中國財政經濟出版社，1990。

規範層面對政府為什麼要舉債及怎樣才能實現舉債問題的理論分析的話，那麼，政府舉債的產生與發展問題則主要是從歷史事實層面對政府舉債的出現與變遷問題的實證說明。儘管如此，我們在此並不準備對政府舉債的歷史事實從古到今一一羅列，而僅僅是把握關鍵，概略說明。

經典作家認為，產生於文明時代的政府舉債是因為政府捐稅的不敷使用[1]。以時間而論，由於這一原因而向公眾舉債的政府早在古代社會就已經出現[2]。但是，此時的政府舉債現象尚屬偶然[3]。其後，在中古社會，較之於古代社會，政府由於財政收不抵支而向公眾舉債的情形雖然有所增加，卻並未有根本性的變化[4]。不過，中世紀以後，伴隨著經濟的發展和金融資源供給需求的不斷拓展，政府舉債已經不再僅僅是一國政府解決財政困難的有效途徑，而是逐漸成為一國政府擴展其履職範圍的資金依賴[5]。尤其是，在這一時期，政府舉債在短期信用

---

[1] 恩格斯認為，隨著文明時代的向前進展，甚至捐稅也不夠用了，國家就發行期票借債，即發行公債（參見《馬克思恩格斯全集》，第21卷，195頁，北京，人民出版社，1975）。本節對政府舉債產生與發展問題的闡述，參照M.羅斯托夫采夫所著《羅馬帝國社會經濟史》、湯普遜所著《中世紀經濟社會史》、卡洛·M.奇波拉主編的《歐洲經濟史》、M. M.波斯坦等主編的《劍橋歐洲經濟史》、P.金德爾伯格所著《西歐金融史》、鄧子基等所著《公債經濟學》等書所提供的相關資訊，且僅限於中國之外的國家。

[2] 參見鄧子基等著：《公債經濟學》，4頁，北京，中國財政經濟出版社，1990；M.羅斯托夫采夫著，馬雍、厲以寧譯：《羅馬帝國社會經濟史》，上冊，35、216頁，北京，商務印書館，1986；湯普遜著，耿淡如譯：《中世紀經濟社會史》，上冊，229頁，北京，商務印書館，1997。

[3] 參見鄧子基等著：《公債經濟學》，4頁，北京，中國財政經濟出版社，1990。

[4] 參見M. M.波斯坦著，郎立華等譯：《康橋歐洲經濟史》，卷3，369～374頁，北京，經濟科學出版社，2002。

[5] 參見卡洛·M.奇波拉著，徐璿譯：《歐洲經濟史》，卷1，271、272頁，北京，商務印書館，1988。

之外，已經開始逐漸從債權人那裡獲得長期信用[1]。但是，政府舉債作為一種現代意義上的制度安排，其最終得以確立及獲得長足發展卻是在17世紀以後迄於20世紀40年代左右的時候[2]。

闡述政府舉債的產生與發展，概略而論，作為一種現代意義上的制度安排的政府舉債，即政府舉債制度化的最終確立與長足發展，不僅表明政府在其職能履行中已經把向公眾舉債作為籌措其所需運作行政資金的經常化途徑，更表明政府的這一籌資方式已經獲得了公眾債權人的穩定甚至持續的認同。換言之，具有特定職能定位的政府為履行其職能，必然會向公眾舉債，而這一政府的舉債安排之所以能夠得到現實及潛在債權人的認同，乃是因為在市場經濟制度條件下，作為債務人的有限政府，其對政府舉債可能性條件（恪守信用、尊重民願、操作適度）的滿足已經具有可予置信的法治保障[3]。

本章小結

1.政府的職能定位問題，即政府做什麼或履行什麼職責的問題。

---

[1] 參見金德爾伯格著，徐子健譯：《西歐金融史》，221、222頁，北京，中國金融出版社，1991；M. M.波斯坦著，郎立華等譯：《康橋歐洲經濟史》，卷3，353、354頁、360頁，北京，經濟科學出版社，2002；鄧子基等著：《公債經濟學》，6、7頁，北京，中國財政經濟出版社，1990。

[2] 參見M. M.波斯坦著，郎立華等譯：《康橋歐洲經濟史》，卷3，360頁，北京，經濟科學出版社，2002；鄧子基等著：《公債經濟學》，15～18頁，北京，中國財政經濟出版社，1990；金德爾伯格著，徐子健譯：《西歐金融史》，222頁，北京，中國金融出版社，1991。

[3] 參見M. M.波斯坦著，郎立華等譯：《康橋歐洲經濟史》，卷3，353、358、360、373、374、394、400、403頁，北京，經濟科學出版社，2002；金德爾伯格著，徐子健譯：《西歐金融史》，221、222、227、229頁，北京，中國金融出版社，1991。

亞當·斯密以一定的經濟制度基礎——市場經濟作為定位政府職能的經濟背景，而他給出的政府職能定位所著力強調的乃是一國政府應當為其公眾提供資源配置的保障，唯其如此，該國政府的履職能力才能獲得該國公眾的認同，其履職的地位即作為執政者的地位才能由此而得以確立並得以鞏固。亞當·斯密在定位政府職能的同時，也對政府履行職責的邊界作了明確劃定。

當代學人們在資源配置的市場條件下思考政府的經濟職能時，提出政府的經濟職能乃是操作資源配置、調節收入分配、調控經濟運行。這一從"市場失靈"切入而作出的政府經濟活動範圍與其經濟職能的界定，究其實仍在於突出政府為保障公眾的經濟利益而對公眾提供各種勞務化與物質化的公共產品。

2.一國政府履行其職能的經濟基礎即資金支撐，所要解決的問題乃是該政府履行其職能的資金來源問題。政府為履行其職能而融資的方式選擇問題，乃是一個為學界所長期關注的問題。給定一國政府經由稅收、貨幣發行途徑籌集資金條件，一國政府舉債籌資即成為它不可或缺的籌資途徑選擇。

論及政府舉債的必要性，對這一問題的求解，可從經濟學說史上曾經有過爭論但最終以肯定作結的學人們對政府舉債作用的判斷中獲得。迄今，充分肯定政府舉債的積極作用，已成為學界的共識，而以政府舉債具有籌集資金、調節經濟的作用肯定政府舉債的判斷，是學人們對政府舉債必要性問題的當代詮釋。

3.政府舉債是政府為履行其職能所不可或缺的籌資途徑選擇。當一國政府為了履行其職能而謀劃舉債籌資的時候，它是否能夠由此而籌措到它所需要的資金，這直接涉及政府舉債的可能性問題。謀求舉債籌資的一國政府，它所必須滿足的條件主要有：恪守信用、尊重民願、操作適度。

4.政府舉債的產生與發展，作為一種現代意義上的制度安排的政府舉債，即政府舉債制度化的最終確立與長足發展，不僅表明政府在其職能履行中已經把向公眾舉債作為籌措其所需運作行政資金的經常化途徑，更表明政府的這一籌資方式已經獲得了公眾債權人的穩定甚至持續的認同。

本章所引文獻資料補述

第四節：

（第65頁註解②）西元前4世紀，古希臘和古羅馬即出現政府向商人、高利貸者與寺院借債情形[1]。羅斯托夫采夫談到，羅馬帝國時代，在羅馬等地存在一個人數眾多且勢力強大的商人階級，他們常常充當放債者，把錢借給羅馬的盟友和藩屬（國王或城市）；那些遇到困難的城市常常向其市民募債，必要時，城市還採用派差法即強迫富裕市民攤款以解決公共事業用款問題[2]。湯普遜談到，由東羅馬帝國（西元395－802年）時的有些立法中可以看出一些類似公債的東西，例如，一個小有資本的人可以購買一種"終生年金券"，另外再加一種虛名的官銜，而幾百年後的西歐政府才從拜占庭獲得暗示，採用出售官職狀作為政府債券的辦法[3]。

（第65頁註解④）M. M.波斯坦等指出，中世紀大部分統治者的

---

[1] 普洛特尼科夫著，劉丕坤譯：《國家公債》，北京，人民出版社，1954。參見鄧子基等著：《公債經濟學》，4頁，北京，中國財政經濟出版社，1990。
[2] 參見M.羅斯托夫采夫著，馬雍、厲以寧譯：《羅馬帝國社會經濟史》，上冊，35、216頁，北京，商務印書館，1986。
[3] 參見湯普遜著，耿淡如譯：《中世紀經濟社會史》，上冊，229頁，北京，商務印書館，1997。

正常收入很少能夠滿足其日常需求，而戰爭又給中世紀大多數國家的財政增加了沈重的負擔，這就使得經常性的政府借貸成為中世紀生活中的一個常見特徵。但是，中世紀的統治者通常只是在相當短的時間內得到一連串數額不大的貸款[1]。在波斯坦等所傳達的資訊中，突出了其時統治者只能從公眾債權人那裡獲得金額小、借期短的貸款這一事實。而鄧子基等認為，此時的歐洲，其政府舉債仍然具有規模小、不經常的特點[2]。

（第65頁註解⑤）義大利商人銀行家的興起以及他們為取得利息收入與商業特權而對政府發放的貸款，擴大了政府活動的範圍，增加了政府活動的靈活性，而這種資金來源的重要性到後來甚至大大超過了政府的既有收入來源（如稅收來源）[3]。

（第65頁註解⑥）金德爾伯格談到，自近代早期（17世紀）開始，荷蘭政府在財政運營中，其在償還債務與向公眾廣泛借債方面均領先於英國，例如，荷蘭當時已經有了年金債券（終身的、為期30年或32年）、抽籤債券等[4]。1693年，英國議會發行100萬英鎊唐提式養老金貸款的議案付諸實施，這一議案創立了永久性即長期年金，此種年金的持有者不能要求返還其資本金，而政府可以在它有償債能力的任何時候償還貸款[5]。這其實就是在歐洲一些國家已經開

---

[1] 參見M. M.波斯坦著，郎立華等譯：《康橋歐洲經濟史》，卷3，369～374頁，北京，經濟科學出版社，2002。

[2] 參見鄧子基等著：《公債經濟學》，4頁，北京，中國財政經濟出版社，1990。

[3] 參見卡洛·M.奇波拉著，徐璋譯：《歐洲經濟史》，卷1，271、272頁，北京，商務印書館，1988。

[4] 參見金德爾伯格著，徐子健譯：《西歐金融史》，221頁，北京，中國金融出版社，1991。

[5] 參見M. M.波斯坦著，郎立華等譯：《康橋歐洲經濟史》，353、354頁，北京，經濟科學出版社，2002。

始出現的年金形式的長期公債[1]。M. M.波斯坦等認為,國家破產從本質上講是利息和短期債務的延期償付,通常的解決辦法是將這些短期公債轉換為國家年金。因此,偶爾發生的國家破產成為固定長期公債體系發展過程中重大的第一步[2]。無疑,這種由作為債務人的一國政府倒逼債權人使後者接收將既有短期債務調換為長期債務的強制操作,絕非一國政府能夠從公眾債權人那裡獲得長期信用的可持續途徑選擇。而在荷蘭的情形,研究者提到,其政府之所以能夠從公眾那裡獲得長期信用,乃是因為信任,尤其是對財務管理部門的信任很少動搖,且即使動搖,也總會立即恢復[3]。可以判斷,一國政府是否能夠從其公眾那裡獲得持續的長期信用,最終決定於其公眾對該國政府的信任,而這種信任無疑源於公眾對自己權益保障的置信。也許,這正是荷蘭政府的長期信用曾經能夠領先於英國的原因之所在。

(第66頁註解①)M. M.波斯坦等認為,隨著18世紀阿姆斯特丹公債發行的突破性進展,全歐洲的公共財政都經歷了徹底復興,短期國債愈來愈被建立在長期債券基礎上的長期國債所代替,且其經費來自於國際性的儲蓄[4]。但在金德爾伯格看來,並未經過任何革命的荷蘭財政,其債務管理早在17世紀即已經朝著現代體制演變了[5]。

---

[1] 參見鄧子基等著:《公債經濟學》,6、7頁,北京,中國財政經濟出版社,1990。

[2] 參見M. M波斯坦著,郎立華等譯:《康橋歐洲經濟史》,360頁,北京,經濟科學出版社,2002。

[3] 參見金德爾伯格著,徐子健譯:《西歐金融史》,222頁,北京,中國金融出版社,1991。

[4] 參見M. M.波斯坦著,郎立華等譯:《康橋歐洲經濟史》,360頁,北京,經濟科學出版社,2002。也參見鄧子基等著:《公債經濟學》,15~81頁,北京,中國財政經濟出版社,1990。

[5] 參見金德爾伯格著,徐子健譯:《西歐金融史》,222頁,北京,中國金融出版社,1991。

（第66頁註解②）M. M.波斯坦等指出，中世紀，與統治者做金融生意的商行一般很難選擇自由退出，當其債務人的情況惡化時，債權人只能對其給予比以往更多的幫助，而作為債務人的王侯有的最終竟會掠奪債權人的財富並完全毀掉債權人，藉以擺脫其所欠債務。所以，其時，在不能求助於統治者自己國內的法律以有效約束債務人償債，使債權人的權益享有百分之百的安全保障的條件下，那些借錢給王侯的人，其最大的煩惱就是如何確保後者全部償還借款[1]。金德爾伯格談到，1272－1310年間，意大利的裏恰爾迪銀行曾經貸款給英國王室40萬英鎊，後因不能收回其貸款而倒閉；巴爾迪銀行與佩魯齊銀行也因為借給英國王室的款項到期不能歸還而倒閉[2]。M. M.波斯坦等認為，英國王室的這一行為實屬隱性破產，它不僅損害了借錢給國王的主要的銀行家的利益，而且損害了許多地位低下的人們的利益，尤為重要的是，這成了英國王室財政的周期性特徵[3]。在整個14、15世紀，英國王室的債務常常超過其可用來還債的收入，即使是非常有影響力的人也很難按時收回英國王室所欠的債務。中世紀的所有統治者在與放貸人打交道時都表現得無恥且言而無信[4]。在14世紀晚期與15世紀，國王藉以補充國內商人與大亨所提供的為數不多的貸款的唯一辦法，乃是採用向整個英國的自治市與富裕的個人普遍強索貸款這一業已正式化的財政手段[5]。

---

[1] 參見M. M.波斯坦著，郎立華等譯：《康橋歐洲經濟史》，卷3，373、374頁，北京，經濟科學出版社，2002。
[2] 參見金德爾伯格著，徐子健譯：《西歐金融史》，62頁，北京，中國金融出版社，1991。
[3] 參見M. M.波斯坦著，郎立華等譯：《康橋歐洲經濟史》，卷3，394頁，北京，經濟科學出版社，2002。
[4] 參見M. M.波斯坦著，郎立華等譯：《康橋歐洲經濟史》，卷3，400頁，北京，經濟科學出版社，2002。
[5] 參見M. M.波斯坦著，郎立華等譯：《康橋歐洲經濟史》，卷3，403頁，北

在1688年的"光榮革命"後成立的國王－議會聯合政府（荷蘭奧林奇的威廉被立為國王），由於它處於與阿姆斯特丹金融市場有著良好關係的荷蘭君主統治之下而為它提供了更堅實的信任基礎，英國的公共財政由此而逐漸發展成為國債；而1693年實施的英國議會提出的養老金貸款議案，其利息支付規定由立法通過的對啤酒等酒類所徵收的消費稅負擔，即在議會保證下創造了一項可靠的信貸資金來源[1]。英國"光榮革命"後的政府舉債，由於債權人對債務人政府的信用激勵、約束機制的建立及該機制功能的有效釋放，不僅使得英國政府舉債變得經常化，更使得英國政府的舉債規模不斷擴大。對此，巴里·R.溫格斯特曾經做過十分深入的研究，對其核心思想的表述可以參見本書第五章的相關論述。M. M.波斯坦等認為，英國議會政體為負責任地控制公債擴張提供了最好的保障，這使得英國政府的償債能力在各國中最強。荷蘭銀行界對英國國債的興趣在18世紀特別強烈，而這主要是受到英國政府不斷增長的清償能力的鼓勵[2]。但在金德爾伯格看來，17世紀英國的光榮革命等事件，的確大大削弱了國王使用稅收與貸款方式籌集款項的權力，並使支配權轉移到了議會的手中，但在管理王室收入及債務償付方面，這些事件均未導致重大的直接變化[3]。筆者將這一見解羅列於此，以備參考。不過，金德爾伯格在其著作中，引述P.G.M.迪克森《英格蘭的金融革命：1688－1756年政府金融發展研究》，談到英國金融革命

京，經濟科學出版社，2002。
[1] 參見M.M波斯坦著，郎立華等譯：《康橋歐洲經濟史》，353頁，北京，經濟科學出版社，2002；金德爾伯格著，徐子健譯：《西歐金融史》，222頁，北京，中國金融出版社，1991。
[2] 參見M. M.波斯坦著，郎立華等譯：《康橋歐洲經濟史》，358、360頁，北京，經濟科學出版社，2002。
[3] 參見金德爾伯格著，徐子健譯：《西歐金融史》，222頁，北京，中國金融出版社，1991。

的實質在於國債的償付[1];認同R.戴維斯的判斷,即此次革命不僅在於引致政府稅收與支出的集權進而極大地加強了政府徵收國民積蓄的能力,且在於資本市場的擴大使政府債務因此而具有流動性從而使投資者更願意對政府債務進行投資[2];談到政府長期債務付息基金的建立與增息國庫券的出現,使政府債務市場得以擴大、深化[3]。無疑,英國政府債務支付的這些變化,對於引致公眾債權人信任政府舉債中自己的權益能夠得到保障具有極大的激勵。

---

[1] 參見金德爾伯格著,徐子健譯:《西歐金融史》,221、227頁,北京,中國金融出版社,1991。

[2] 參見金德爾伯格著,徐子健譯:《西歐金融史》,227頁,北京,中國金融出版社,1991。

[3] 參見金德爾伯格著,徐子健譯:《西歐金融史》,229頁,北京,中國金融出版社,1991。

第三章

政府舉債信用機制的制度基礎

引　言

　　一國政府因一定目的而欲向公眾舉債，又因一定的政府舉債信用機制左右其能否向公眾舉債、能舉債之時能向公眾舉債多少，而一定的政府舉債信用機制的構建及其功能釋放又爲一定的制度基礎所影響。承續第一、二章的分析，本章擬對政府舉債目的、政府舉債信用機制藉以建立的制度基礎、一定制度基礎對政府舉債信用機制功能釋放所產生的影響諸問題予以探討。

第一節　政府舉債目的重述

　　作爲廣義的公債活動（舉債、用債、償債）重要構成部分之一的中央政府舉債（國債）[1]，乃是指一國政府作爲債務人根據信用原則[2]以借款協定、債券憑證籌措所需資金的財政行爲[3]。對政府舉債原因的歷史考察，研究者多以爲在於解決財政收不抵支矛盾[4]（如應對由戰爭所引發的財政危機）[5]、在於公共工程融資[6]、在於調控經濟運行[7]。無

---

[1]　李俊生主編：《公債管理》，1頁、9～11頁，北京，中國財政經濟出版社，1994。

[2]　戴相龍、黃達主編：《中華金融辭典》，902頁，北京，中國金融出版社，1998。

[3]　參見本書導論。

[4]　李俊生主編：《公債管理》，1頁、9～11頁，北京，中國財政經濟出版社，1994。

[5]　彼得·紐曼等編：《新帕爾格雷夫貨幣金融大辭典》，第3卷，4頁，北京，經濟科學出版社，2000。

[6]　彼得·紐曼等編：《新帕爾格雷夫貨幣金融大辭典》，第3卷，4頁，北京，經濟科學出版社，2000。

[7]　李俊生主編：《公債管理》，1頁、9～11頁，北京，中國財政經濟出版社，

疑，這諸多有關政府舉債原因或概括或具體的明示已內含一國政府舉債目的為何的關鍵信息。然而，我們仍有必要徑直追問，一國政府的舉債目的是什麼，或者一國政府為什麼要選擇充作債務人而向公眾舉借債款呢？

經濟學教科書常謂，一國政府財政收不抵支而欲籌措彌補赤字財政的資金時，其備選途徑一般有增稅、發鈔、舉債三條。對這三條備選途徑的權衡，一國政府在可能選擇的空間中，多判斷（憑藉智謀之士的判斷）增稅籌資易生衝突，發鈔籌資可能破壞通貨穩定，舉債籌資則可消弭衝突且穩定通貨故而選擇舉債籌資（姑不論舉債之後因償債而對另兩條途徑所可能有的依賴）。但是，這對一國政府彌補赤字缺口途徑選擇的判斷仍未觸及政府舉債目的的根本。那麼，政府舉債的目的究竟是什麼呢？

細究政府舉債目的，我們似可於經濟學視角尋得一個頗具解釋力的一般答案：給定財政赤字，一國政府為有效運作政治（行政）而選擇舉債籌資；有效運作政治（行政）既是一國政府舉債籌資的直接目的，亦是一國政府舉債籌資的利益激勵。何謂政治？政治即國事[1]，即治理國家所施行的一切措施[2]，即管理公眾之事[3]。政治內含政府職能，其關鍵者即在保護社會與個人、提供公共設施[4]。

從政府產生、存在的公共選擇基礎分析，一國政府產生、存在及持續存在的基礎條件乃是在於公眾對政府職能供給具有不可或缺的需求，而政府職能的供給當以政府的收支營運作為經濟保證。換言之，

1994。

[1] 參見《辭海》，1465頁，上海，上海辭書出版社，1984。
[2] 參見《辭源》，724頁，上海，上海辭書出版社，1984。
[3] 參見《孫中山選集》，下卷，754頁，北京，人民出版社，1956。
[4] 借用亞當·斯密的界說。參見亞當·斯密著，郭大力、王亞南譯：《國民財富的性質和原因的研究》，下卷，253頁，北京，商務印書館，1996。

一個缺乏經濟保證進而經濟基礎軟化的政府財政營運，必然阻滯政府職能供給並因此而危及政府的存在及持續存在。因此，每一個爲收不抵支的財政虧空所困擾的政府，當它擇定舉債籌資以濟不敷時，它的目的即利益激勵表像於確保政府職能供給正常應對公眾的政府職能需求，根源於政府維持自身政治的存在及持續存在。無疑，一般而論，當一國政府因自己的選擇而願意舉債籌資時，唯有那些計之於持續存在、因獲得公眾信任而能夠持續存在的政府才有望舉債籌資畢功。而這一國政府舉債籌資欲獲得非偶然際遇、屬穩定預期的公眾信任，則唯有依賴於公眾信任得以立足的適宜的制度基礎。

第二節　政府舉債信用機制的經濟制度基礎

在政府舉債信用機制據以構建並使自身功能釋放受其影響的制度集中，經濟制度無疑是頗爲重要的基礎性制度。此處即擬對政府舉債信用機制的經濟制度基礎——舉債政府獲得公眾信任的經濟制度基礎予以論述。

一、關於經濟制度的界定

何謂經濟制度？在中華人民共和國成立之初的中國經濟學教學研究中，承繼當時蘇聯政治經濟學教科書傳統，長期將經濟制度界定爲"社會經濟制度"、歷史發展一定階段上的生產關係的總和（以生產資料所有制形式爲主）、它決定並服務於上層建築（政治、文化等）中的各種制度、它是社會制度的基礎[1]。而這一界定的理論內核，無疑來自於馬克思的經濟思想。在中國經濟學教學研究中，經濟學學習

---

[1]　《辭海·經濟分冊》，1、2頁，上海，上海辭書出版社，1984。

者、教研者由於各種原因已甚少注目這一傳統的"經濟制度"語義界定，但筆者以為，當我們能以大視角審視作為整體存在而以紛呈流派構成的經濟學時，上述那一經濟制度的傳統界說事實上迄今仍能以其顯化或隱含的資訊給予我們思考經濟制度問題以有益啓示：經濟制度的歷史階段性即經濟制度會變遷，其變遷具有漸進、持續、承啓特徵；以生產資料所有制為要件的生產關係總和，即以產權為要件的人與人之間於社會經濟活動中維繫的經濟關係的整合。這樣，我們又似可將經濟制度作如下界定，即：經濟制度是有關經濟行為主體參與經濟運行並影響經濟運行中經濟主體行為、兼具激勵約束功能的規則系統；經濟制度是具有漸進、持續、承啓變遷特徵的，以產權界定為基礎、整合經濟行為主體經濟關係的規則。對經濟制度的這一界定，無疑為我們理解經濟制度的具體存在形式提供了一個理論座標。

二、關於非市場經濟制度與市場經濟制度

在此，筆者擬將經濟制度的具體存在形式區分為非市場經濟制度與市場經濟制度。一般而言，非市場經濟制度的經濟運行多屬於封閉運行——封閉經濟，市場經濟制度的經濟運行多為開放運行——開放經濟。因此，除非特別明示，文中的封閉經濟、開放經濟分別等價於非市場經濟制度、市場經濟制度。

1.關於非市場經濟制度

非市場經濟，即經濟運行中的資源配置突出地表現為政府命令、計劃行為的經濟形式。非市場經濟制度，即有關以政府命令、計劃行為強制實施資源配置的經濟運行中的行為主體的規則。一般而論，非市場經濟制度忽視產權界定或產權界定不全。完整意義上的產權界定乃是：產權界定清晰，產權實施有序，產權維繫穩定。完整意義上的產權界定對經濟運行中行為主體的行為具有正的利益激勵與利益約束

功能。忽視產權界定或產權界定不全的非市場經濟制度，由於在這一經濟制度基礎上營運政治的政府多憑藉人治而非法治，或者多偏好人治而輕視法治，故其產權界定模糊、產權實施無序、產權維繫多變，這樣的產權因此而只能對經濟運行中行為主體的行為具有負的利益激勵與利益約束功能。

　　非市場經濟制度的維度在忽視產權界定或產權界定不全外，尚有經濟封閉運行屬性這一端。經濟封閉運行屬性即封閉經濟，該種經濟缺乏與他國的貿易往來（全方位、多品種、經常性），並因此而使封閉體內經濟行為主體的供給能夠在缺乏外來供給競爭壓力條件下以本土行規維持既得獨占利益，而其經濟行為主體的需求亦因為缺乏外來競爭供給即多樣替代選擇而可能最終導致利益受損。換言之，封閉經濟限制了經濟行為主體的行為選擇空間。當我們將前述非市場經濟制度的人治定位置於封閉經濟框架中時，封閉經濟對於經濟行為主體選擇空間的限制即因此而具有了確定的強制力。

2.關於市場經濟制度

　　市場經濟，即在經濟運行中，以市場為基礎配置資源，它是以價格信號引致競爭性供給需求的經濟形式。市場經濟制度，即有關以價格信號引致競爭性供給需求配置資源的經濟運行中的行為主體的規則集。市場經濟制度重視產權界定，且其產權界定具有完整性：產權界定清晰，產權實施有序，產權維繫穩定。而在市場經濟制度基礎上營運政治的政府多憑藉法治而非人治，或者多偏好（選擇）法治而輕視（迴避）人治。由此，市場經濟制度界定完整的產權即對經濟運行中行為主體的行為具有正的利益激勵與利益約束功能。

　　市場經濟制度的維度在重視產權界定或產權界定完整外，尚有經濟開放運行屬性這一端。經濟開放運行屬性即開放經濟，該種經濟全方位、多品種、經常性地與他國發生貿易往來，並因此而使開放體內經濟行為主體的供給在頻密的外來供給競爭壓力條件下很難以本土行規維持既得獨佔利益，而其經濟行為主體的需求亦因為存在外來競爭供給即多樣替代選擇而可能最終導致利益有增。換言之，開放經濟拓展了經濟行為主體的行為選擇空間。當我們將前述市場經濟制度的法治定位置於開放經濟框架中時，開放經濟對於經濟行為主體選擇空間的拓展即因此而具有了確定的自主性。

概括而言，作為以產權界定為基礎、對經濟行為主體行為兼具激勵、約束功能規則的經濟制度，其以非市場經濟制度或市場經濟制度具體存在形式構成一國政府（無限政府或有限政府）舉債信用機制的經濟制度基礎，亦即一國政府舉債時能否獲得公眾信任的經濟制度基礎。那麼，給定經濟學視角，一國政府所處的經濟制度基礎或所屬經濟制度形式又將對其舉債——舉債信用機制的功能釋放進而舉債績效產生怎樣的影響呢？

第三節　舉債政府所處經濟制度基礎對其舉債所可能產生的影響

如前所述，經濟制度的具體存在形式可界定為非市場經濟制度（封閉經濟）、市場經濟制度（開放經濟）。一般而言，一國經濟制度屬於何種形式乃由一國經濟增長進而經濟發展程度所決定。給定一國經濟增長進而發展所決定的經濟制度：

當一國政府在給定的非市場經濟制度條件下向其公眾舉債時，由於該國經濟增長進而經濟發展處於很低或較低水平，公眾因此而乏錢購債，且由於忽視產權界定及人治運作行政，公眾因此而不願購債。凡此，使急於籌資以紓財政艱難的一國政府在業已擇定舉債籌資方式時，常會憑藉利誘中的威逼來強制甚至直接以威逼來強制操作舉債。這樣，在非市場經濟制度條件下的政府舉債會在極大程度上以可信性甚弱的契約觸發公眾對政府兌現承諾的質疑，這一狀況又將促使舉債政府愈加倚重於強制攤派方式舉債，並使政府債券買賣中的投機盛行。

當一國政府在給定的市場經濟制度條件下向其公眾舉債時，由於該國經濟增長進而經濟發展處於很高或較高水準，公眾因此而有錢購債，且由於重視產權界定及法治運作行政，公眾因此而願意購債。凡此，使急於籌資以紓財政艱難的一國政府在業已擇定舉債籌資方式時，常會憑藉利益機制誘致公眾自主自願購債。這樣，在市場經濟制度條件下的政府舉債在極大程度上以可信性甚強的契約強化公眾對政府兌現承諾的置信，這一狀況又將促使舉債政府愈加從容致力於市場籌資，並使政府債券買賣中的投資者眾多。

此外，需略予提及，當一國政府在給定的非市場經濟制度漸漸轉向市場經濟制度條件下向公眾舉債時，由於該國經濟增長進而經濟發展由很低或較低趨向較高水準，公眾漸有購債能力，由於產權界定漸被重視漸趨完整，人治運作行政漸被法治運作行政所替代，公眾漸趨自願自主購債。凡此，使急於籌資以紓財政艱難的一國政府在業已擇定舉債籌資方式時，常可能漸漸憑藉利益機制誘致公眾漸漸自主自願購債。這樣，在非市場經濟制度條件漸漸轉向市場經濟制度條件下的政府舉債會在程度漸升中以可信性漸強的契約漸漸強化公眾對政府兌現承諾的置信，這一狀況又將促使舉債政府漸漸倚重於市場籌資，並使政府債券買賣中的投資者漸增。

無疑，以上所析僅涉及在特定經濟制度條件下一國政府舉借內債的情形。但若對其略予拓展，即可了然一國政府舉借外債的情形。

(1)非市場經濟制度的封閉屬性，其極端情形會使具有該種經濟制度的一國政府拒絕舉借外債；而若該國政府間或極想舉借外債，則該國政府會因爲他國債權主體對該國潛在國家風險的疑慮而必須以有利於他國債權主體的苛嚴條件簽訂債約。

(2)市場經濟制度的開放屬性，將使具有該種經濟制度的一國政府願意並能夠經常舉借外債，且該國政府多因他國債權主體對其兌現承諾的能力、誠信的置信而可以憑藉市場規則簽訂債約。至於由非市場經濟制度漸漸轉向市場經濟制度即由封閉性漸漸轉向開放性（姑不論這種開放取向是主動的抑或是被動的）[1]，將使經濟制度呈現這一態勢的一國政府舉借外債的意願漸增，且該國政府漸漸將因他國債權主體對其潛在國家風險疑慮漸釋、對其兌現承諾能力與誠信的置信漸強而漸漸可憑藉市場規則簽訂債約（姑不論在被動開放條件下的債約簽訂）。

本章小結

1.給定財政赤字，一國政府爲有效運作政治（行政）而選擇舉債籌資；有效運作政治（行政）既是一國政府舉債籌資的直接目的，亦是一國政府舉債籌資的利益激勵。從政府產生、存在的公共選擇基礎分析，每一個爲收不抵支的財政虧空所困擾的政府，當它擇定舉債籌資以濟不敷時，它的目的即利益激勵表像於確保政府職能供給正常應對公眾的政府職能需求，根源於政府維持自身政治的存在及持續存在。

2.在政府舉債信用機制據以構建並使自身功能釋放受其影響的制

---

[1] 參見繆明楊：《WTO：開放經濟的市場邊界與中國本土金融的選擇》，載《世界經濟研究》，2000(5)。

度集中，經濟制度是頗為重要的基礎性制度。

以大視角審視作為整體存在而以紛呈流派構成的經濟學，我們可將經濟制度作如下界定，即：經濟制度是有關經濟行為主體參與經濟運行並影響經濟運行中經濟主體行為、兼具激勵約束功能的規則系統；經濟制度是具有漸進、持續、承啟變遷特徵的，以產權界定為基礎、整合經濟行為主體經濟關係的規則。對經濟制度的這一界定，為我們理解經濟制度的具體存在形式提供了一個理論座標。

經濟制度的具體存在形式可以區分為非市場經濟制度與市場經濟制度。非市場經濟制度的經濟運行多屬於封閉運行——封閉經濟，市場經濟制度的經濟運行多為開放運行——開放經濟。

作為以產權界定為基礎，對經濟行為主體行為兼具激勵、約束功能規則集的經濟制度，其以非市場經濟制度或市場經濟制度具體存在形式構成一國政府（無限政府或有限政府）舉債信用機制的經濟制度基礎，亦即一國政府舉債時能否獲得公眾信任的經濟制度基礎。

3.給定一國經濟增長進而發展所決定的經濟制度：

一國政府在給定的非市場經濟制度條件下向其公眾舉債，常會憑藉利誘中的威逼來強制甚至直接以威逼來強制操作舉債。

一國政府在給定的市場經濟制度條件下向其公眾舉債，常會憑藉利益機制誘致公眾自主自願購債。

一國政府在給定的非市場經濟制度漸漸轉向市場經濟制度條件下向公眾舉債，它會在程度漸升中以可信性漸強的契約漸漸強化公眾對政府兌現承諾的置信，這一狀況又將促使舉債政府漸漸倚重於市場籌資，並使政府債券買賣中的投資者漸增。

一國政府舉借外債時，①非市場經濟制度的封閉屬性，其極端情形會使具有該種經濟制度的一國政府拒絕舉借外債；而若該國政府間或極想舉借外債，則該國政府會因為他國債權主體對該國潛在國家風險的疑慮而必須以有利於他國債權主體的苛嚴條件簽訂債約；②市場經濟制度的開放屬性，將使具有該種經濟制度的一國政府願意並能夠經常舉借外債，且該國政府多因他國債權主體對其兌現承諾的能力、誠信的置信而可以憑藉市場規則簽訂債約；③由非市場經濟制度漸漸轉向市場經濟制度即由封閉性漸漸轉向開放性，將使經濟制度呈現這一態勢的一國政府舉借外債的意願漸增，且該國政府漸漸將因他國債權主體對其潛在國家風險疑慮漸釋、對其兌現承諾能力與誠信的置信漸強而漸漸可憑藉市場規則簽訂債約。

第四章

政府舉債信用機制的法理基礎

引　言

　　前曾論及，左右一國政府能否向其公眾舉債及能舉債之時可向其公眾舉債多少的信用機制及其功能釋放，將受到該國政府運作行政所處經濟制度基礎的影響。而在給定一舉債政府所處經濟制度基礎的條件下，從經濟學視角將舉債政府依據職能定位劃分為無限政府與有限政府，有助於推進對具有不同職能定位的舉債政府的信用激勵、約束問題的思考。由此，我們觸及這樣一個問題，即無論是在非市場經濟條件下人治（Rule of Man）運作行政的無限政府舉債，抑或是在市場經濟條件下法治（Rule of Law）運作行政的有限政府舉債，它們均有支撐信用激勵、約束機制的外在制度安排以保護債權人利益（產權）的立法。換言之，政府舉債信用機制需受制於一定的法理基礎。本章擬在給定經濟制度基礎、政府職能定位條件下，對政府舉債信用機制法理基礎問題作一經濟學視角的剖析。

第一節　政府舉債信用機制法理基礎的功能定位

一、關於法理的界定

　　國內學人將"法理"定義為"形成某一國法律或其中某一部門法律的基本精神和學說"[1]，足見其強調的乃是法律藉以形成的理念。而美國法學家羅斯科·龐德（Roscoe Pound）曾以法律科學（The Science of Law）詮釋法理學（Jurisprudence），且以為這是法理學原

---

[1] 編寫組：《法學詞典》，657頁，上海，上海辭書出版社，1990。

初、詞源學上且符合其最上乘用法的含義[1]。儘管龐德在此並未直接詮釋何為法理，但其給出的"法律科學"判斷，事實上已將法理在給定條件下等價於法律，等價於因源成流、理念鑄型的法律。據此而論，我們於本書中所用"法理基礎"術語實具"法律基礎"意蘊，而以"法理基礎"術語表述"法律基礎"意蘊，也許有助於我們在認知法律是什麼時，尚能在追問為何有這樣的法律、這樣的法律的源流是什麼等問題中逐漸深化對法律的認知。

二、關於法理的功能

在給定條件下，我們可將法理等價於法律。似此，所謂法理的功能，亦即法律的功能。那麼，法律的功能又是什麼呢？學人們對此問題的詮釋常常可以從其對法律的界定中認知。

蘇格拉底認為，城邦律法作為由公民們一致制定的協定，其作用即在對公民們行為（應該做什麼、不應該做什麼）給予明確規定[2]。柏拉圖認為人們訂立法律的目的乃在於約束人們的行為、保障人們的利益，或可謂塑造完美的人、協助維護一個有秩序的社會[3]。亞里斯多德直言法律即是某種秩序，是人們互不侵害對方權利的保證，作為規章的法律界定執法者權力並用於監察處理違法失律者[4]。西塞羅認為，法律的制定與實施以其強力威懾作用為人們的正常經濟活動提供了保障[5]。從古希臘、古羅馬經典作家對法律的界定，可見其對法律功能的共識乃是：法律是約束人們行為、保障人們利益的規定或規章，法律

---

[1] 羅斯科・龐德著，鄧正來譯：《法理學》，卷1，10、11頁，北京，中國政法大學出版社，2004。
[2] 參見本書第一章所引參考文獻補述：第一節注釋。
[3] 參見本書第一章所引參考文獻補述：第一節注釋。
[4] 參見本書第一章所引參考文獻補述：第一節注釋。
[5] 參見本書第一章所引參考文獻補述：第一節注釋。

爲人們的活動建立秩序基礎。值得注意的是，在古希臘、古羅馬經典作家對法律的界定中，事實上提出了這樣幾個問題：①法律的制定者，可以是公民；②法律的約束物件，涉及執政者；③法律的約束力，具有強制性。

美國法學家龐德將法理科學界定爲一種有關法律制度、法規律令和法律秩序（即對社會所做的法律規制）的業經嚴格規範和組織的知識，其所研究的乃是通過法律規制社會成員關係以實現社會控制即經由每個人的同件的壓力而對每個人施以的控制（而不論它是有意和直接安排的或無意安排的）、法律制度與法律集合體意義上的法律及司法、行政過程手段[1]。龐德在界定中凸顯了可從制度、規則、秩序多角度定義的法律，其功能主要在於由規範制約人們的關係而引致可由微觀行爲主體相互實施的社會控制。這一定義給予我們的啓示乃是，法律功能的有效釋放當以微觀行爲主體對約束規制的內化及可置信實施作爲條件。

在弗里德里希・馮・哈耶克從自由秩序視角對法律的思考中，他認同一位19世紀的法學家馮・薩維尼對法律所做的界定：每個個人的存在和活動，若要獲致一安全且自由的領域，需確立某種看不見的界線（The Invisible Border Line），然而此一界線的確立又須依據某種規則，這種規則便是法律[2]。但哈耶克十分強調作爲個人據以行動的規則的法律具有異於具體命令的抽象性和一般性，即理想形態的法律（Law in its ideal form）乃是一種指向不確定的任何人的"一勞永逸"（once and for all）的命令，它是對所有時空下的特定境況的抽象

---

[1] 羅科斯・龐德著，鄧正來譯：《法理學》，卷1，18頁，北京，中國政法大學出版社，2004。

[2] 哈耶克著，鄧正來譯：《自由秩序原理》，上冊，183頁，北京，生活・讀書・新知三聯書店，1998。

且僅涉及那些可能發生在任何地方、任何時候的情況，它只對行動者提供在其進行決策時予以考慮的額外資訊[1]。哈耶克援引薩維尼的法律定義凸顯了法律為人們生活的安全自由提供保障的功能，而哈耶克對法律所具有一般性與抽象性的強調旨在明示法律只對行為主體提供了一種必須在其間行動的框架，而行為主體在此框架中的所有決定則均由他本人作出[2]。這似乎意味著哈耶克的法律觀乃是在法治條件下的法律功能觀。而這給予我們的重要啟示乃是，人們的生活不能缺少法律維繫，準確而言，不能缺少在法治條件下的法律維繫。

　　直至20世紀末，學人們承襲既有積澱而對法律功能給出了共識性界定，如：法律是管理任何社會的可予實施的規則體系[3]；法律的基本作用乃是保護個人自由和抑制衝突，法律表現為一組約束個人行為的規則（配有程式性規則）[4]。簡言之，一般而論，法律的功能乃在於以對各行為主體行為具有約束（激勵）導向力的規則來為各行為主體利益提供秩序保證。

三、政府舉債信用機制法理基礎的功能定位

　　一國政府舉債的信用激勵、約束機制為一定的法理基礎所支撐，而一定法理基礎之所以能夠支撐一國政府舉債信用激勵、約束機制，乃因其具有特定的功能。

　　如前所述，法律的功能乃在於以對各行為主體行為具有約束（激

---

[1] 哈耶克著，鄧正來譯：《自由秩序原理》，上冊，85、186頁，北京，生活・讀書・新知三聯書店，1998。
[2] 哈耶克著，鄧正來譯：《自由秩序原理》，上冊，189、190頁，北京，生活・讀書・新知三聯書店，1998。
[3] 伊麗莎白・A.馬丁編著，蔣一平等譯：《牛津法律詞典》，281頁，上海，上海翻譯出版公司，1991。
[4] 柯武剛、史漫飛著，韓朝華譯：《制度經濟學》，161頁，北京，商務印書館，2000。

勵）導向力的規則來爲各行爲主體利益提供秩序保證。當我們將這一具有普適性的法律功能定位置於舉債信用機制框架中時，所謂舉債信用機制的法理基礎（法律基礎）功能，無疑就是以對各信用主體（尤其是債務主體）信用行爲具有約束（激勵）導向力的信用規則來爲各信用主體利益（尤其是債權主體的利益）提供秩序保證。由此遞進界定，所謂政府舉債信用機制的法理基礎（法律基礎）功能，乃是以對政府舉債所涉及信用主體（尤其是作爲債務主體的政府）信用行爲具有約束（激勵）導向力的信用規則來爲相關信用主體利益（尤其是作爲債權主體的公衆的利益）提供秩序保證。這意味著相關信用主體（尤其是公衆債權主體）對政府舉債信用機制賴以支撐的法理基礎的需求，實即對該法律基礎的需求。於是，我們觸及以下問題：具有特定功能定位的政府舉債信用機制的法理基礎是什麼？由誰以什麼方式供給？

第二節　政府舉債信用機制的法理基礎構成及其對政府舉債信用機制功能釋放的影響

一、政府舉債信用機制的法理基礎構成

對政府舉債信用機制的法理基礎是什麼這個問題的求解，可由政府舉債信用機制的法理基礎構成切入。或者說，我們可由明晰政府舉債信用機制法理基礎構成而認知政府舉債信用機制的法理基礎是什麼的問題。

迄今爲止，將建立在發達商品經濟（市場經濟）基礎上的公、私

法劃分視為大陸法系國家一項重要法律傳統，業已為學界認同[1]。而這一劃分路徑的設定，可上溯至古羅馬法學家烏爾比安[2]（Domitius Ulpians，約170－228）："公法涉及羅馬帝國的政體，私法則涉及個人利益"[3]。儘管古羅馬主要以羅馬私法傳諸後世，而烏爾比安時代的公法——羅馬法中的公法（如宗教法規、僧侶法規、裁判官法）並非17、18世紀大陸法國家公法（憲法、行政法、刑法）內容之源[4]，但古羅馬法學家將社會劃分為公域、私域及劃分法律為公法、私法並據以分別調整公域、私域的理念[5]，卻極有助於法律在清晰的功能定位中充分釋放功能。

關於公法與私法劃分標準的既有論爭[6]，無疑使我們在關注法律功能釋放問題時，切記作為一種外在制度安排的公法抑或私法，均有其一定的激勵、約束行為主體物件——激勵、約束實施行為主體物件與激勵、約束承受行為主體物件的功能。在此，由於我們所擬論述的問題業已限定為政府舉債信用機制的法理基礎構成，私法（民法、商法等）即存而不論，僅論及公法。而在屬於公法的憲法、刑法、行政法中，本書僅涉及作為根本法、設立元規則的憲法。換言之，我們在此將政府舉債信用機制法理基礎構成具體而微地界定為公法中的憲法。值得一提的是，給定憲法視角，學者們於公法、私法劃分的探討中得

---

[1] 謝維雁：《從憲法到憲政》，145頁，濟南，山東人民出版社，2004。
[2] 編委會：《法學詞典》，第三版，143頁，上海，上海辭書出版社，1990。
[3] 查士丁尼著，張企泰譯：《法學總論》，5、6頁，北京，商務印書館，1997。
[4] 謝維雁：《從憲法到憲政》，147頁，濟南，山東人民出版社，2004。
[5] 趙世義、李永寧：《從資源配置到權力配置》，載《法律科學》，1998(1)。
[6] 公法與私法劃分標準的既有爭論，主要有所謂主體標準（公法僅涉及國家或公共團體，私法僅涉及私人或私人團體）說、權利標準（公法規定國家與公民間的權利服從關係、私法規定公民間權利對等關係）說。參見編委會：《法學詞典》，第三版，157頁，上海，上海辭書出版社，1990。

出了如下的判斷：公法、私法劃分的政治功能即其體現的憲政精神乃是限制國家權力、保障公民權利；憲法的制定將公法、私法的範圍與界線及各自的原則予以劃定、確立，憲法本身成為公法、私法各自領域層次最高的規範依據[1]。而上述判斷給予我們的重要啓示乃是：將政府舉債信用機制法理基礎構成定位為憲法是一個可予證實的選擇，憲法作為政府舉債信用機制的法理基礎，它必須憑藉憲政才得以踐行。

二、政府舉債信用機制的法理基礎：
憲法、憲政對政府舉債信用機制功能釋放的影響

切於論題，我們如希望掘深對政府舉債信用機制法理基礎問題的思考，則不能不探討憲法進而憲政對政府舉債信用機制功能釋放的影響問題。而對這一問題的切實剖析，所需把握的核心問題乃是：①憲法對特定行為主體權力（權利）的規定；②憲政對憲法業已規定的特定行為主體的權力（權利）的實施。基於這一判斷，在此，我們擬以對憲法規定權力（權利）、憲政實施憲法規定的權力（權利）諸問題思考的推進，而引致憲法、憲政對政府舉債信用機制功能釋放影響問題的剖析。

1.憲法對特定行為主體權力（權利）的規定

思考憲法規定特定行為主體權力（權利）的問題，由憲法定義把握憲法的功能定位應不失為一種頗具效率的思考路徑選擇。

源於拉丁文 Constitutio（與之相當的英文詞 Constitution 和 Constitutional Law）的"憲法"一詞，其原意為建立、組織、構造[2]。迄今，學者們給出的憲法定義雖因各人視角選擇差異而尚未一致[3]，但

---

[1] 謝維雁：《從憲法到憲政》，152～155頁，濟南，山東人民出版社，2004。
[2] 李步雲：《憲法比較研究》，7頁，北京，法律出版社，1998。
[3] 李步雲：《憲法比較研究》，14頁，北京，法律出版社，1998。

這樣的憲法定義卻是可予置信的：憲法是"規定政府性質、職能及其限制的根本法律或原則"[1]；憲法是"強調對政府活動進行限制，給予公民以最大限度自由的強制性規範"[2]。在此，僅據所舉的憲法定義，其視角選擇在憲法的功能作用即已顯然可見，而這一功能視角的憲法定義卻的確可以在近代憲法確立的人民主權、個人權利、限制國家權力原則與現代憲法確立的民主、人權、社會利益原則中尋找到歷史依據[3]。換言之，近代、現代憲法所確立的諸種具有承繼性的原則使我們確信：憲法具有授予權力並限制權力的雙重功能[4]，其具體表現乃是限制國家（以政府為代表）權力、保障公民權利。尤為重要的是，給定其他條件，一般而論，憲法對國家（政府）權力的限制，其本身即直接涉及甚至這本身即是對公民權利的保障。

在政府舉債信用激勵、約束機制功能釋放主題下思考憲法的功能問題，立足於限制國家權力、保障公民權利判斷，切於本書論題，我們在此所關注者即限定為作為產權構成要件之一的公民財產權[5]。而在將公民的財產權保障置於憲法功能架構中予以剖析時，我們似有必要先對這之中所涉及的關鍵術語"權力"、"權利"再次予以明示。

馬克斯·韋伯認為，"權力"意味著在一種社會關係內，自己的

---

[1] American Heritage Dictionary，2ndCollegeEd.，1982，Boston：Houghton Mifflin Company.轉見張千帆：《西方憲政體系》，上冊，2頁，北京，中國政法大學出版社，2000。

[2] 布朗戴爾的憲法觀，轉見李步雲：《憲法比較研究》，16頁，北京，法律出版社，1998。

[3] 李步雲：《憲法比較研究》，117～121、146～148頁，北京，法律出版社，1998。

[4] 美國學者特里索利尼的憲法觀。轉見李步雲：《憲法比較研究》，15頁，北京，法律出版社，1998。

[5] 詹姆斯·M.布坎南的產權觀視人的生命權利、基本自由權利、財產權利為產權構成的三個要件。參見詹姆斯·M.布坎南著，韓旭譯：《財產與自由》，汪丁丁序，4頁，北京，中國社會科學出版社，2002。

意志即使遇到反對也能貫徹的任何機會，而不管這些機會建立在什麼基礎之上[1]。其後，伯蘭特·羅素將"權力"定義為"若干有意為之的結果的產生"，丹尼斯·朗更稱關係到強制、操縱、勸導、權威的"權力是有些人對其他人產生有意為之的和可以預期的影響的能力"[2]。由此，韋伯關於"權力"是一種一般能力的定義，因所涉"意志"更為明確、權力形式得以說明而更具解釋力[3]。今之學人有謂，"權力"（Power）與"權利"（Rights）作為均代表一種能力的一對相關及相對的概念，解讀霍布斯，"權力"指實現某種未來目標或利益的能力，"權利"代表採取某種行動或不受他人行動干涉的自由；且在習慣上，權力所涉及的實施主體常為具有侵犯或進攻能力的強者（如政府或其官員），權利常涉及那些容易受到侵犯、需要給予特殊保護的弱者（如相對於國家的個人）。依此而論，權利作為提供保護的"盾"，是相對於富於進攻性的權力之"矛"而言的，而這兩者皆源於國家，這意味著個人權利的切實保護當以政府機構貫徹憲法為先決條件[4]。誠然，一般而論，個人權利絕非僅可能會受到來自於國家權力的侵犯，或者說，個人權利尋求政府保護本身即足證個人的權利已可能遭遇到他人或社會的侵犯[5]。但是，我們於給定條件下所欲關注的問題首先是一國公民作為個人時其權利（如財產權）的憲法保障。換

---

[1] 轉見斯科特·戈登著，應奇等譯：《控制國家——西方憲政的歷史》，10頁，南京，江蘇人民出版社，2001。

[2] 轉見斯科特·戈登著，應奇等譯：《控制國家——西方憲政的歷史》，10、11頁，南京，江蘇人民出版社，2001。

[3] 參見斯科特·戈登著，應奇等譯：《控制國家——西方憲政的歷史》，10、11頁，南京，江蘇人民出版社，2001。

[4] 參見張千帆：《西方憲政體系》，上冊，4、5頁，北京，中國政法大學出版社，2000。

[5] 參見張千帆：《西方憲政體系》，上冊，4、5頁，北京，中國政法大學出版社，2000。

言之，在政府舉債信用激勵、約束機制論題下凸顯憲法功能，我們於此所著力強調的乃是：國家權力的行使旨在保障公民權利，限制國家於權力行使中損及公民權利。

關注公民財產權的憲法保障問題，我們認同學人所持有的如下判斷：

(1)主要體現由於物的存在與物的使用而形成的主體間的關係，即人與人的關係而非主體與客體關係的財產權，其在憲法層面的要義乃是指個人取得民事財產權的排他的、不可轉讓的、不可剝奪的資格——個人享有的與主體的人身不可分離的、由憲法確認的、具有強制性的一項公權利（相形之下，源於物權、作為一種私權的民法層面的財產權，乃是以物為仲介的人與人的關係的表現——所涉及的明確、具體的權利客體如物品或服務具有可轉讓性、可分割性和可依法剝奪性等特點，那些沒有財產者即無民法上的財產權可言）。因此，公民財產權在民法層面的保護不僅不能替代憲法保障，反而需以公民財產權的憲法保障作為其充分履行職責的根本保證。

(2)認知、啓用公民財產權的憲法保障，乃是一國構造法治運作行政不可或缺的基礎，正所謂"確認財產權是劃定我們免於壓迫的私人領域的第一步"[1]，亦是提升一國經濟效率進而引領其經濟增長所必須作出的選擇。這意味著產權激勵肯定是技術變數而外我們於追尋一國經濟持續、穩定增長原因時難以捨棄的制度變數。

(3)公民財產權的憲法保障，其目標定位乃在於明確財產權的普遍性（明確物質資源與人力資源的權利歸屬，物皆有主，人皆有權）、賦予財產權的排他性（產權主體對其財產享有排他性佔有、使用、收益及處分諸權利）、界定財產權資格的不可轉讓性（由憲法確認而與

---

[1] 路易斯・亨利等著，鄭戈等譯：《憲政與權利》，154頁，北京，生活・讀書・新知三聯書店，1997。

個人人身緊密關聯的財產權資格,其佔有、使用、收益和處分諸權利不可分割、不可轉讓、不可剝奪、不受限制)。

(4)公民財產權的憲法保障,其操作在由劃定公共權力與私人權利界線而確認主體所普遍享有的財產權資格,以嚴格限定政府非法剝奪或違法徵用個人財產的權力而對公民財產權給予事前保護,經司法機關的系統建立以裁判民事、刑事與行政訴訟而對公民財產權提供事後保護[1]。

就公民財產權憲法保障中所涉及的財產徵用而言,儘管政府可憑藉憲法授予它的這一徵用權而強行佔有私人財產(政府徵用權構成對公民財產權的實質性制約),但憑藉憲法調整私人財產徵用過程中個人及其財產權利與政府及其行政權力的關係,界定徵用的正當程式(為保障個人權利而對政府行使徵用權所需經過的步驟、採取的方式、必有的過程等予以規定),明示徵用的切實補償,防止或杜絕政府濫用權力侵犯公民個人利益(政府徵用權的憲法約束,姑不論公民過度行使權利可能損害公共利益的情形),這無疑仍屬公民財產權的憲法保障問題[2]。誠如學人所言,"從來沒有哪個制度否認過政府的徵用權,重要的是徵用的法律限制"[3],而對政府徵用權行使正當程式的界定事實上已"包括了所有對政府干預財產權的行為所作的來自於憲法的明示和默示的限制"[4]。所以,公民財產權的憲法保障命題,在一頗為具體的層面凸顯了憲法限制國家權力、保障公民權利的重要功能。這意味著,憲法對財產權的承認,的確屬於界定那個能夠保護我

---

[1] 參見趙世義:《論財產權的憲法保障與制約》,載《法學評論》,1999(3)。
[2] 參見趙世義:《財產徵用及其憲法約束》,載《法學研究》,1999(4)。
[3] 路易斯・亨利等著,鄭戈等譯:《憲政與權利》,156頁,北京,生活・讀書・新知三聯書店,1997。
[4] 伯納德施瓦茨著,王軍譯:《美國法律史》,117頁,北京,中國政法大學出版社,1990。

們免受強制的私域的首要措施[1]。

　　憲法對公民財產權的保障作爲一種憲法共識，滲透於英美法系抑或大陸法系國家的憲法內容中[2]。而具有限制國家權力、保障公民權利功能的憲法，其作爲於公民財產權保障上的一種承諾，無疑遠非僅在憲法規定中予以說明即可兌現的易事。換言之，公民財產權的憲法保障需將憲法原則轉化爲不折不扣的切實操作，而這又尤其依賴於憲政的切實維繫。

　　2.憲政——法治對憲法所作特定行爲主體權力（權利）規定的實施毋庸置疑，一個完整的憲法構造過程，在憲法文本設計這一環節外，尚有一個更爲重要的關鍵環節，即將業已確定的憲法文本付諸實施。所以，如果說一國的憲法僅是在文本層面對特定行爲主體的權力（權利）做出規定的話，那麼，這一憲法文本規定的有效實施則必須有賴於一國憲政——法治的切實運作來支撐。於是，將我們的思考推進至憲政——法治對憲法所作特定行爲主體權力（權利）規定的實施問題，即屬於我們難以回避的選擇。而欲對這一問題予以較爲準確地把握，其關鍵又在於界定憲政、明晰法治、說明憲政與法治的關係。

　　何謂憲政？直白簡潔的詮釋即是一國政府依憲運作行政。所以，有學者認爲，憲法是憲政的規範表現形式，憲政是憲法規範在實踐中的實現[3]。誠然，憲政的前提在憲法——符合民主、法治與保護人權的憲政精神的憲法文本的確定，但唯有憑藉確立一國法律體系及政治基本框架的一國政府的依憲運作行政——憲政，才能將一國政府運作行

---

[1] 哈耶克著，鄧正來譯：《自由秩序原理》，上冊，173頁，北京，生活・讀書・新知三聯書店，1998。
[2] 英美法系與大陸法系國家的憲法，參見姜士林等編：《世界憲法全書》，青島，青島出版社，1997。
[3] 謝維雁：《從憲法到憲政》，133頁，濟南，山東人民出版社，2004。

政鎖定爲法治運作行政[1]。構成現代憲法精髓的憲政，凸顯主權在民原則（國家權力由人民授予、國家權力爲人民所有、國家權力受人民的有效監控），彰顯法治選擇（偏好明確、穩定、公正的法律規範約束所有行爲主體的行爲），秉持憲法至上理念（憲法是一國具有最高法律效力的根本法），認知政府有限判斷（在法治條件下的政府權力來自於人民並對人民負責），執著保障人權目標（界定公民基本權利與自由，合理配置國家權力，建立憲法保障制度與執行法律法規），構造權力制衡機制（權力分立，以權力約束權力），設計違憲審查制度與確立正當法律程式原則[2]。換言之，依憲運作行政的憲政乃是依法運作行政的法治的根本。

　　作爲憲政要件但其含義並非僅止於憲政的法治——一般性的、平等適用的法律之治，亦即同樣適用於人人的規則之治[3]，已成今人共識的"由法律統治而非由人統治"的判斷，直接源出於古希臘亞里斯多德在其所著《政治學》一書中所作的精深思考[4]：法律統治較之公民的統治更爲確當，而擁有最高權力者"只應當被任命爲法律的護衛者和服務者"[5]；遵循優於人治的法治主張，即便有時國政仍須依仗某些人的智慮，但這些人對智慮的運用也要以接受法律限制作爲條件[6]。而被

---

[1] 謝維雁：《從憲法到憲政》，107、133頁，濟南，山東人民出版社，2004；李步雲：《憲法比較研究》，149頁，北京，法律出版社，1998。

[2] 參見李步雲：《憲法比較研究》，148～152頁，北京，法律出版社，1998；謝維雁：《從憲法到憲政》，134～142頁，濟南，山東人民出版社，2004。

[3] 哈耶克著，鄧正來譯：《自由秩序原理》，上冊，191、261頁，北京，生活·讀書·新知三聯書店，1998。

[4] 哈耶克著，鄧正來譯：《自由秩序原理》，上冊，208頁，北京，生活·讀書·新知三聯書店，1998。

[5] 轉見哈耶克著，鄧正來譯：《自由秩序原理》，上冊，207頁，北京，生活·讀書·新知三聯書店，1998。

[6] 參見亞里斯多德著，吳壽彭譯：《政治學》，第167、168頁，北京，商務印書館，1983。

今人視為社會秩序與人類價值的法治，其據以構造的基本觀念乃在於主張一國政府政治權力的運用當以法律為基礎並處於法律約束之下，給予公民自由權免受權力機構任意干預的保護須有相關實體性與程式性制度安排[1]。換言之，旨在依法約束政治權力主體、保護公民自由權和經濟自由權而由一國政府支援的制度系統、一個保護個人自由與社會和平的司法性及憲法性概念的法治，其內含的原則性關鍵規定乃是：①各行為主體（政府、公眾）均應受法律約束並服從法律，政府被置於法律之下；②確定的、一般的和非歧視性的（普適性的）法律應保證防止個人放縱和無政府狀態；③依靠公正的、受規則約束的強制措施執行並由一個獨立的、遵循正當程式的司法系統和法庭進行判決的法律及其實踐，在一個共同體中育成一種守法意識，使各行為主體願意並能夠接受法律的激勵、約束導向[2]，限制政府權力、保護公民權利，或者說限制政府權力以實施公民權利保護，乃是其契合於憲法功能的依法運作行政的重要定位。從這一意義來說，無法治即無可予置信的憲政，法治是憲政踐行的至上標誌，而限制政府權力構成憲政——法治的重要內容。論及法治所持限制政府權力原則，研究者中不乏遠舉亞里斯多德關於一切政體構成基礎的三要素論〔議事機能部分、行政機能部分、審判（司法）機能部分〕[3]、波利比阿有關羅馬興盛的政體原因論（羅馬政制中由執法官、元老院保民官構成的防止各方權力無限擴張，即其權力相互制衡的政體造就了羅馬的興盛）者[4]。

---

[1] 柯武剛、史漫飛著，韓朝華譯：《制度經濟學》，201頁，北京，商務印書館，2000。

[2] 參見柯武剛、史漫飛著，韓朝華譯：《制度經濟學》，261頁，北京，商務印書館，2000。

[3] 亞里斯多德著，吳壽彭譯：《政治學》，214、215，北京，商務印書館，1983。

[4] 徐大同：《西方政治思想史》，66～68頁，天津，天津人民出版社，1985。轉見鄧傳明：《論法治國家的權力制約》，載《法學評論》，1997(2)。

儘管我們不宜將亞里斯多德與波利比阿的上述觀點簡單類比於始於歐洲近代的政府權力限制論，但其權力制衡的思想導向無疑可視爲其後限制政府權力直白主張的濫觴。當約翰·洛克（1632－1704）論說人們爲保護其財產乃是他們聯合成爲國家和置身於政府之下的重大而主要的目的[1]，政府的目的是爲人民謀福利，用人民權力（通過立法權、執行權、聯盟權分立的操作）限制政府權力以免政府權力成爲絕對的、不受限制的、專制的權力而於濫用權力中損害人民的權利[2]，政府權力濫用而損害人民權利將導致該政府解體[3]；孟德斯鳩詳細分析萬古不易的一條經驗，乃是一切有權力的人都容易濫用權力，防止濫用權力須以權力約束權力，一國所有的立法權力、有關國際法事項的行政權力（國家的行政權力）、有關民政法規事項的行政權力（司法權力）必須分立，才能保障公民的自由——做法律所許可的一切事情的權利[4]；托馬斯·傑弗遜（1743－1826）激言政府天生具有侵犯人民權利的傾向，每一個政府都表現出人類缺點的某種痕跡（腐化、墮落的某種萌芽），如將任何一個政府單純寄託給人民的執政者，則該政府一定會退化[5]的時候，限制政府權力以保障公民權利的法治理念，雖曾歷經曲折但終究成爲了一以貫之的主流判斷與選擇。而這一主流判斷與選擇所凸顯的可予置信的關鍵資訊乃是：在法治條件下的政府運作

---

[1] 約翰·洛克著，葉啓芳等譯：《政府論》，下篇，77頁，北京，商務印書館，1964。
[2] 約翰·洛克著，葉啓芳等譯：《政府論》，下篇，88～139頁，北京，商務印書館，1964。
[3] 約翰·洛克著，葉啓芳等譯：《政府論》，下篇，128～151頁，北京，商務印書館，1964。
[4] 孟德斯鳩著，張雁深譯：《論法的精神》，上冊，154～156頁，北京，商務印書館，1961。
[5] 傑弗遜：《佛吉尼亞筆記》，轉見李步雲：《憲法比較研究》，120頁，北京，法律出版社，1998。

行政，限制其運作行政權力，旨在防止政府可能濫用公民授予它的權力進而損害公民的權利，而對政府運作行政權力的有效限制端賴於立法權、行政權、司法權相互制衡的制度安排；尤為重要的是，在法治條件下，一國政府運作行政時必然會面臨一條真實可信的權力邊界，而激勵、約束一國政府在這一給定的權力邊界內運作行政的實施主體，觸及根本，乃是一國政府據以存續、作為一國政府運作行政服務歸屬的依法整合的一國公民。換言之，依法整合的一國公民依法授予一國政府以運作行政權力、依法限制一國政府的運作行政的權力。據此而論，"法治只在立法者認為受其約束的時候才是有效的"[1]這一表述確屬恰當，唯當法治有效時才可望將淵源於康得的法治國——依法治理的國家思想[2]，付諸保障公民權利實踐，並真正使公民權利依法獲得穩定可預期的持續保障。

3.憲法、憲政對政府舉債信用機制功能釋放的影響

剖析憲法、憲政對政府舉債信用機制功能釋放的影響問題，概略而論，在本書給定的論題中，我們將憲法視為一國政府舉債信用機制的法理基礎構成，而具有限制政府權力以保障公民權利功能的憲法則必須憑藉憲政在法治條件下才能夠證明其作為元規則的定位。在法治條件下，儘管構成一國政府舉債信用機制法理基礎的憲法從根本上說乃是由一國依法整合的公民所依法構造的，但當一國憲法業已完成構造並由一國政府啟動實施時，該國依法整合的公民即不僅會將憲法視為限制政府權力以保障公民權利的至上法器，更會將憲法限制政府權力以保障公民權利的根本規則表述視為對公民的根本承諾，並將運作行政的政府視為可能影響這一根本承諾兌現度的關鍵行為主體。因

---

[1] 哈耶克著，鄧正來譯：《自由秩序原理》，上冊，261頁，北京，生活・讀書・新知三聯書店，1998。

[2] 編委會：《法學詞典》，第三版，658頁，上海，上海辭書出版社，1990。

此,一國政府依憲運作行政而使憲法給予該國公民權利保障的根本性承諾不折不扣地兌現,該國政府即會由於憲法實施的公民置信而獲得公民對其運作行政的信任驗證。於是,當該國政府於依憲運作行政中操作其向該國公民的舉債籌資時,其信用激勵、約束機制的功能釋放由於法理基礎的可信承載而充分有效,政府信用即可能為該國公民所認同、回應。反之則反是。從這一意義上說,擇定政府舉債信用機制法理基礎的憲法構成視角,我們未嘗不可以給出這樣的判斷,即在法治條件下,一國政府舉債守信用的激勵、反信用的約束機制。換言之,一國政府舉債信用機制的功能釋放狀況,其績效取決於該國憲政機制的功能釋放狀況。換言之,取決於該國政府能否並在多大程度上在憲法對其做出的權力規定邊界內依照法治運作行政。

本章小結

1.國內學人對"法理"的定義,強調的乃是法律據以形成的理念。在給定條件下,我們可將法理等價於法律。似此,所謂法理的功能,亦即法律的功能。

從古希臘、古羅馬經典作家對法律的界定,可見其對法律功能的共識乃是:法律是約束人們行為、保障人們利益的規定或規章,法律為人們的活動建立秩序基礎。在古希臘、古羅馬經典作家對法律的界定中,事實上提出了這樣幾個問題:①法律的制定者,可以是公民;②法律的約束對象,涉及執政者;③法律的約束力,具有強制性。

美國法學家R.龐德的界定給予我們的啟示乃是,法律功能的有效釋放當以微觀行為主體對約束規制的內化及可置信實施作為條件。

弗里德里希·馮·哈耶克從自由秩序視角對法律的思考給予我們

的重要啓示乃是，人們的生活不能缺少法律維繫，準確而言，不能缺少在法治條件下的法律維繫。

直至20世紀末，學人們承襲既有積澱而對法律功能給出了共識性界定，一般而論，法律的功能乃於在以對各行爲主體行爲具有約束（激勵）導向力的規則來爲各行爲主體利益提供秩序保證。

一國政府舉債信用激勵、約束機制爲一定的法理基礎所支撐，而一定法理基礎之所以能夠支撐一國政府舉債信用激勵、約束機制，乃因其具有特定的功能。

把具有普適性的法律功能定位置於舉債信用機制框架中，所謂舉債信用機制的法理基礎（法律基礎）功能，即以對各信用主體（尤其是債務主體）信用行爲具有約束（激勵）導向力的信用規則來爲各信用主體利益（尤其是債權主體的利益）提供秩序保證。所謂政府舉債信用機制的法理基礎（法律基礎）功能，乃是以對政府舉債所涉及的信用主體（尤其是作爲債務主體的政府）信用行爲具有約束（激勵）導向力的信用規則來爲相關信用主體利益（尤其是作爲債權主體的公眾的利益）提供秩序保證。這意味著相關信用主體（尤其是公眾債權主體）對政府舉債信用機制賴以支撐的法理基礎的需求，實即對該法律基礎的需求。

2.對政府舉債信用機制法理基礎是什麼這個問題的求解，可由政府舉債信用機制法理基礎構成切入。

給定憲法視角，公法、私法劃分的政治功能即其體現的憲政精神乃是限制國家權力、保障公民權利；憲法的制定將公法、私法的範圍與界線及各自的原則予以劃定、確立，憲法本身成爲公法、私法各自領域層次最高的規範依據。將政府舉債信用機制法理基礎構成定位爲憲法是一個可予證實的選擇，憲法作爲政府舉債信用機制的法理基礎，它必須憑藉憲政才得以踐行。

欲掘深對政府舉債信用機制法理基礎問題的思考，必須探討憲法進而憲政對政府舉債信用機制功能釋放的影響問題。對這一問題的切實剖析，所需把握的核心問題乃是：①憲法對特定行為主體權力（權利）的規定；②憲政對憲法業已規定的特定行為主體的權力（權利）的實施。

思考憲法規定特定行為主體權力（權利）問題，由憲法定義把握憲法的功能定位應不失為一種頗具效率的思考路徑選擇。

給定其他條件，一般而論，憲法對國家（政府）權力的限制，其本身即直接涉及甚至這本身即是對公民權利的保障。

在政府舉債信用激勵、約束機制功能釋放主題下思考憲法的功能問題，立足於限制國家權力、保障公民權利判斷，切於本書論題，我們在此所關注者限定為作為產權構成要件之一的公民財產權。我們於給定條件下所欲關注的問題首先是一國公民作為個人時其權利（如財產權）的憲法保障。換言之，在政府舉債信用激勵、約束機制論題下凸顯憲法功能，我們於此所著力強調的乃是：國家權力的行使旨在保障公民權利，限制國家於權力行使中損及公民權利。

公民財產權的憲法保障命題，在一頗為具體的層面凸顯了憲法限制國家權力、保障公民權利的重要功能。這意味著，憲法對財產權的承認，的確屬於界定那個能夠保護我們免受強制的私域的首要措施。

憲法對公民財產權的保障作為一種憲法共識，滲透於英美法系抑或大陸法系國家的憲法內容中。而具有限制國家權力、保障公民權利功能的憲法，其作為於公民財產權保障上的一種承諾，無疑遠非僅在憲法規定中予以說明即可兌現的易事。公民財產權的憲法保障需將憲法原則轉化為不折不扣的切實操作，而這又尤其依賴於憲政的切實維繫。

憲政，即一國政府依憲運作行政。憲法是憲政的規範表現形式，憲政是憲法規範在實踐中的實現。誠然，憲政的前提在憲法——符合民主、法治與保護人權的憲政精神的憲法文本的確定，但唯有憑藉確立一國法律體系及政治基本框架的一國政府的依憲運作行政——憲政，才能將一國政府運作行政鎖定為法治運作行政。依憲運作行政的憲政乃是依法運作行政的法治的根本。

作為憲政要件但其含義並非僅止於憲政的法治——一般性的、平等適用的法律之治，亦即同樣適用於人人的規則之治，而被今人視為社會秩序與人類價值的法治，其據以構造的基本觀念乃在於主張一國政府政治權力的運用當以法律為基礎並處於法律約束之下，給予公民自由權免受權力機構任意干預的保護須有相關實體性與程式性制度安排。無法治即無可予置信的憲政，法治是憲政踐行的至上標誌，而限制政府權力構成憲政——法治的重要內容。

限制政府權力以保障公民權利的法治理念，雖曾歷經曲折而終究成為了一以貫之的主流判斷與選擇。這一主流判斷與選擇所凸顯的可予置信的關鍵資訊乃是：在法治條件下的政府運作行政，限制其運作行政權力，旨在防止政府可能濫用公民授予它的權力進而損害公民的權利，而對政府運作行政權力的有效限制端賴於立法權、行政權、司法權相互制衡的制度安排；在法治條件下，一國政府運作行政時必然會面臨一條真實可信的權力邊界，而激勵、約束一國政府在這一給定的權力邊界內運作行政的實施主體，乃是一國政府據以存續、作為一國政府運作行政服務歸屬的依法整合的一國公民。換言之，依法整合的一國公民依法授予一國政府以運作行政權力、依法限制一國政府的運作行政權力。

3.憲法、憲政對政府舉債信用機制功能釋放的影響，在本書給定的論題中，我們將憲法視為一國政府舉債信用機制的法理基礎構成，而具有限制政府權力以保障公民權利功能的憲法則必須憑藉憲政在法治條件下才能夠證明其作爲基本規則的定位。在法治條件下，儘管構成一國政府舉債信用機制法理基礎的憲法從根本上說乃是由一國依法整合的公民所依法構造的，但當一國憲法業已完成構造並由一國政府啟動實施時，該國依法整合的公民即不僅會將憲法視爲限制政府權力以保障公民權利的至上法器，更會將憲法限制政府權力以保障公民權利的元規則表述視爲對公民的根本承諾，並將運作行政的政府視爲可能影響這一根本承諾兌現度的關鍵行爲主體。一國政府依憲運作行政而使憲法給予該國公民權利保障的根本性承諾不折不扣地兌現，該國政府即會由於憲法實施的公民置信而獲得公民對其運作行政的信任驗證。當該國政府於依憲運作行政中操作其向該國公民的舉債籌資時，其信用激勵、約束機制的功能釋放由於法理基礎的可信承載而充分有效，政府信用即可能爲該國公民所認同、回應。反之則反是。擇定政府舉債信用機制法理基礎的憲法構成視角，可以判斷，在法治條件下，一國政府舉債守信用的激勵、反信用的約束機制。換言之，一國政府舉債信用機制的功能釋放狀況，其績效取決於該國憲政機制的功能釋放狀況。換言之，取決於該國政府能否並在多大程度上在憲法對其給出的權力規定邊界內依照法治運作行政。

本章所引文獻資料補述

第二節：

（第92頁註解⑥）擇要而言，分析英美法系國家的憲法：

⑴英國，考察其制憲歷史，作爲英國憲法中最早的成文部分之一的《自由大憲章》（1215年），即於第39條規定除依舊貴族集體的合法審判和國家的法律規定外，國王不得無理逮捕或監禁自由民

及剝奪其私人財產[1]；其《權力請願書》（1628年）要求國王未經國會同意即不得強迫任何人承擔或繳納任何供金、貸款、租稅，未經國家法律或法庭程式即不得非法逮捕任何人或剝奪其財產[2]；其《權利法案》（1689年）第4條規定，國王未經國會准許，不得藉口國王特權操作徵稅[3]，《權利法案》更於其後的《王位繼承法》（1701年）確立了臣民"權力不可侵犯"原則——國王不得對臣民要求超額的捐稅和罰款[4]。概略而言，以不同歷史時期所頒憲法法案、法院判決中的憲法成分（如關於英國公民的"自由權利"與保護公民權利不受國家公職人員和國家機關侵犯的司法程式的約定）與憲法慣例組成的英國憲法——典型的"不成文憲法"[5]，強調保障公民的財產權這一支撐公民生命權、自由權的物質基礎，一直是其主旨之所在。

　　(2)美國，被馬克思稱為"第一個人權宣言"[6]的《獨立宣言》（1776年），作為憲法性文件，在其確立的原則中明言人們成立政府的目的乃在於保障生而平等的每個人所享有的生命權、自由權和追求幸福的權利[7]；1791年批准的《憲法修正案》第4條規定人民的人身、住宅、文件和財產不受無理搜查和扣押的權利不得侵犯，第5條規定非經正當法律程序，任何人的生命、自由或財產不得被剝奪，且不給予公平賠償即不能將私有財產充作公用[8]。從原英屬聯合

1　參見姜士林等編：《世界憲法全書》，1258頁，青島，青島出版社，1997。
2　參見姜士林等編：《世界憲法全書》，1258、1264頁，青島，青島出版社，1997。
3　參見姜士林等編：《世界憲法全書》，1267頁，青島，青島出版社，1997。
4　參見姜士林等編：《世界憲法全書》，1259頁，青島，青島出版社，1997。
5　參見姜士林等編：《世界憲法全書》，1259頁，青島，青島出版社，1997。
6　《馬克思恩格斯論美國內戰》，256頁，北京，人民出版社，1955。
7　參見姜士林等編：《世界憲法全書》，1614頁，青島，青島出版社，1997。
8　參見姜士林等編：《世界憲法全書》，1619頁，青島，青島出版社，1997。

殖民地經由獨立戰爭而成為自由獨立合眾國的美國[1]，一直秉持由憲法確立的保障公民財產權的原則。

分析大陸法系國家的憲法：

(1)法國，參考、效仿美國《獨立宣言》且浸透18世紀啟蒙學說與自然法思想的《人權與公民權宣言》（1789年），作為其第一個憲法性文件，以"不知人權、忽視人權或蔑視人權是各種不幸和政府腐敗的唯一原因"這個判斷切入，確立了人們生而自由平等地享有公民權利原則，如"財產是神聖不可侵犯的權利，除非當合法認定的公共需要所顯然必需時，且在公平而事先賠償的條件下，任何人的財產不得受到剝奪"[2]；將《人權宣言》置諸文首的《1791年憲法》，則於"憲法所保障的基本條款"下直言"憲法保障財產的不可侵犯，或者保障財產的公平而預先的賠償，如果依法認定為了公共的需要而須犧牲其財產的話"[3]，且在"法國與外國的關係"項下規定"外國人將同法國公民一樣用法律所許可的一切方法就處在法國境內的財產訂立契約，取得和受領此項財產及處分此項財產"；住在法國的外國人，其人身、財產與企業等同樣受法律保護[4]；1958年，《法蘭西共和國憲法》於《序言》中重申1789年《人權宣言》原則，且在《主權》章將民有、民治、民享的政府作為共和國的原則，在《議會和政府的關係》章確立公民權利基本保障準則依法規定原則[5]。法國憲法不僅確立本國公民財產的憲法保障原則，且將這

---

[1] 參見姜士林等編：《世界憲法全書》，1615頁，青島，青島出版社，1997。
[2] 參見姜士林等編：《世界憲法全書》，881、893、894頁，青島，青島出版社，1997。
[3] 參見姜士林等編：《世界憲法全書》，895頁，青島，青島出版社，1997。
[4] 參見姜士林等編：《世界憲法全書》，905頁，青島，青島出版社，1997。
[5] 參見姜士林等編：《世界憲法全書》，885、888頁，青島，青島出版社，1997。

一原則延伸至在法國的外國公民財產保障，這於法國自身國際信用的增進無疑具有十分重要的法治效應。

　　(2)德國，早在1848年德國革命期間，國民議會通過的《根本權利宣言》即規定財產權不可侵犯，而在《魏瑪憲法》（1919年）中，其第二編專述"德國人民之基本權利"規定：人身自由不得侵犯，不得侵犯作為人民自由居處的住宅，人民的所有權受憲法保障，僅限於裨益公共福利及有法律根據的公用徵收應予相當賠償[1]；1949年聯邦德國議會通過的《德意志聯邦共和國基本法》規定公民住宅不受侵犯，其財產和繼承權受憲法保障，唯在為社會福利且由法律規定賠償性質和程度時才能允許徵用[2]。德國的制憲過程雖有曲折，但對公民財產權給予憲法保障的原則總算是失而復得了。

---

[1] 參見姜士林等編：《世界憲法全書》，811、819、821頁，青島，青島出版社，1997。
[2] 參見姜士林等編：《世界憲法全書》，792、793頁，青島，青島出版社，1997。

第五章

政府舉債的信用機制

引　言

　　本書第一章曾對古希臘、古羅馬經典作家與歐洲近現代經典作家及中國古代、近現代思想家，就信用激勵、約束機制問題的相關思考作過簡略評述。無疑，這已在頗大程度上為我們認知信用激勵、約束機制進而政府舉債的信用激勵、約束機制是什麼、為什麼問題，提供了資訊豐富、定位準確的導向。本章即擬從信用及其激勵、約束機制一般分析切入，漸及政府舉債的信用激勵、約束機制問題。

第一節　信用產生、維繫的利益基礎

　　在本書導論部分，筆者曾將本書所涉及的信用界定為經濟學意義上的信用，即經濟行為主體基於還本付息承諾及兌現這一承諾的債權債務關系。無疑，這一界定業已將承諾及兌現承諾，作為信用基於社會行為規範的一般屬性予以凸顯。而分述中國之外諸多經典作家對信用激勵、約束機制問題的相關思考，我們又似乎再次觸及了由這一界定所給定的信用內核。然而，不論這樣的設問可能被視為如何幼稚、拙劣，我們仍不禁要再次予以追問：以上所界定的信用又憑什麼得以產生？其產生後又憑什麼得以維繫？換言之，信用產生、維繫的經濟學視角的基礎究竟是什麼？

一、利益假說重述

　　作為描繪經濟行為者行為狀態至今仍然具有極強說服力的行動模型——經濟人假設，儘管一直遭到各種批評，但其關於經濟行為者均由自己的利益出發或經濟行為者的行動總是在於滿足自身偏好的基本觀點，無疑尚很難被隨意替代[1]。而這一關於經濟行為者行為動機乃在於利益的觀點，自然成為了支撐經濟人假設的要件之一。換言之，這一觀點或要件即是利益假說。由此而論，經濟行為者或經濟行為主體亦即經濟利益主體。

何謂利益？在字典及辭書的通俗詮釋中，利益被界說為好處，而這好處無疑總要歸屬於某具體行為主體，或各具體行為主體總會在其行為中追求利益。直言亞當·斯密及其信徒們根本沒有提出過經濟人假設的哈耶克，依然承認《國富論》一書極有助於我們認知人的行為這一事實[2]。而欲從亞當·斯密《國富論》中尋得認知人的行為所需掌握的關鍵資訊之一，肯定是那一導引人的經濟活動、對人的經濟行為目的極富解釋力的"看不見的手"的隱喻式[3]理論，肯定是我們從斯密鑄就的"看不見的手"中看得見的每一經濟行為主體皆有自己的利益目標這一重要啟示。當我們以斯密為經濟行為主體烙下的自利（原利）印記識別各經濟行為主體的行為時，我們不難判斷具有自利潛質的經濟行為主體在經濟活動中均有趨利避害的偏好選擇（中國漢代司馬遷宏論"天下熙熙，皆為利來；天下攘攘，皆為利往"[4]，這也許可說是更為古老的中國版本的自利假說）。換言之，經濟活動中的行為主體，其一切行為皆受利益激勵（曉之以利，動之以利）。誠如馬克斯·韋伯所言："利益而不是觀念，直接支配著人們的行動"、"利益的動力使人們不斷地行動"[5]。

---

[1] 約翰·伊特韋爾等編：《新帕爾格雷夫經濟學大辭典》，第2卷，57、58頁，北京，經濟科學出版社，1996。
[2] F.A.馮·哈耶克著，鄧正來譯：《個人主義與經濟秩序》，16頁，北京，生活·讀書·新知三聯書店，2003。
[3] 約翰·伊特韋爾等編：《新帕爾格雷夫經濟學大辭典》，第2卷，1069頁，北京，經濟科學出版社，1996。
[4] 司馬遷：《史記·貨殖列傳》。
[5] 馬克斯·韋伯：《宗教社會學論文集》，252頁，圖賓根，德國，1920。轉引

二、利益的激勵與約束

在經濟活動中,各行為主體相互間以利益激發鼓勵並期待利益實現的行為即利益激勵,其實質乃是利益激勵的參與主體(相對實施主體與相對承受主體)在相互間以利益為標的、動力的激發鼓勵中啓動對方的利益潛質,使其在利益預期及其兌現動機導向下為或不為一定行為。利益激勵具有互動屬性,或言利益激勵即互動的利益激勵。具有交換傾向並為自身利益打算而進行交換的行為主體(人類),如果想別人同自己進行交換,則應當以能夠刺激其同胞的利己心作為前提條件[1]。

互動的利益激勵,即每一利益激勵中的參與主體彼此間的相互激勵,或言激勵的相對實施主體與激勵的相對承受主體彼此間的相互激勵。在互動的利益激勵中,參與主體間為了獲得利益而向對方出售利益。互利是互動利益激勵啓動、續動的引擎,互利也是互動利益激勵參與主體相互間的利益交換行為。當互利將互動利益激勵參與主體於利益博弈中導向一可能的利益均衡點時,這一互動的利益激勵即可望成為有效的利益激勵。

有效的利益激勵即利益激勵有效,表現為在每一次利益激勵中,激勵實施主體一般能準確定位和測度對激勵承受主體的激勵切入點與激勵投放量,由此而促使激勵承受主體在其利益預期及其兌現動機導向下為或不為一定行為,進而回應激勵實施主體的激勵行為。一個有效的激勵,如果它的激勵力十分充足,則將吸引該激勵中的激勵承受主體幾無折扣地回應激勵實施主體的激勵行為,從而使該激勵參與主

自孫智英:《信用問題的經濟分析》,113頁,北京,中國城市出版社,2003。

[1] 亞當・斯密著,郭大力、王亞南譯:《國民財富的性質和原因的研究》,上卷,12、13、14、16頁,北京,商務印書館,1996。

體相互間的利益交換得以順利、充分地進行；反之則反是。

　　當利益激勵參與主體均為追求有效的利益激勵甚至強效的利益激勵而不斷調整自己的行為以求得相互間的認同時，對利益激勵參與主體而言，利益激勵亦即利益約束，有效的利益激勵亦即有效的利益約束。利益約束，即對利益激勵參與主體源自於渴望得到或者害怕失去利益而為或不為一定行為所進行的基於利益的控制、限制，其實質乃是對違背相關行為規則為或不為一定行為的利益激勵參與主體實施基於利益的懲罰。換言之，在每一次利益激勵中，利益激勵參與主體基於利益的交換，使各參與主體必須遵循互利原則，否則交換將無望進行，利益更無望獲取。由此，該利益激勵中各參與主體所謂渴望獲得或者害怕失去的利益，即會約束各參與主體從事互利交換。從這一意義上說，利益激勵即利益約束（懲罰），互動的利益激勵即互動的利益約束（懲罰），有效的利益激勵即有效的利益約束（懲罰）。

三、信用產生、維繫的利益基礎

　　在經濟活動中，具有自利潛質的各行為主體，其行為均會受互動的利益激勵與利益約束所左右。信用，作為經濟行為主體基於還本付息承諾及兌現這一承諾的債權債務關係建立結清的經濟活動，或以協定、契約為保障的不同時間間隔下的經濟交易行為[1]，其產生、維繫同樣受制於信用參與主體間互動的利益激勵與利益約束。換言之，利益激勵、利益約束構成信用產生、維繫的利益基礎。

　　經濟行為主體為利益而交換信用（授受信用），因具有消費之後的剩餘而可能交換信用，更因具有一經交換信用即必獲預期利益的保障而願意交換信用。換言之，當生產的增進業已使消費之後的剩餘出

---

[1] 曾康霖、王長庚著：《信用論》，181、183頁，北京，中國金融出版社，1993年。

現，而這剩餘爲具有排他性獨佔權利的所有者所擁有時，假定可能的債務主體（由授信而承擔債務義務者）[1]在特定利益激勵、利益約束下具有向可能的債權主體（由授信而獲得債權權利者）[2]借入剩餘的需求。欲使這剩餘的所有者將其剩餘使用權出借，該可能的債務主體則唯有以有保證的因而可置信的特定利益激勵、約束該可能的債權主體，從而使其願意並敢於出借其剩餘使用權。給定其他條件，信用緣利益而生，信用的產生以有保證的利益作爲基礎。

倚重於利益基礎而產生的信用，其存續與維繫依然倚重於利益基礎。當業已產生的信用所倚重的利益基礎不復存在時，該信用即會由運行阻滯、規模萎縮而至消失。因此，信用的存續與維繫所倚重的不僅僅是一般的利益基礎，更準確地說乃是可持續維繫的利益基礎。可持續維繫的利益基礎保障了信用的存續與維繫。

第二節　守信用的激勵與反信用的約束

給定利益假說，經濟活動中各行爲主體爲或不爲一定行爲的選擇，皆會以利益作爲其進行判斷、操作選擇的尺規。在每一具體的經濟活動中，當各行爲主體的利益目標預期一定，各行爲主體特定利益目標預期能否達到、能否完全達到，則成爲左右各行爲主體爲或不爲一定行爲的決定因素。無疑，在影響一經濟行爲主體特定利益目標預期能否或能否完全實現的諸種因素一定時，該經濟行爲主體特定利益目標預期能否或能否完全實現，即決定於將一定利益目標預期給予該

---

[1] 曾康霖、王長庚著：《信用論》，181、183頁，北京，中國金融出版社，1993。

[2] 曾康霖、王長庚著：《信用論》，181、183頁，北京，中國金融出版社，1993。

经济行为主体的另一经济行为主体能否或能否完全兑现其对该经济行为主体的利益承诺。经济行为主体的利益因此便必然难以隔离由他们相互间恪守承诺或者违背承诺所带来的正负面影响。而经济行为主体相互间基于利益的承诺及其兑现乃是信用本於社会行为规范的一般属性，以此而论，这样的承诺及其兑现本质上即属於经济学意义上的信用，且这样的承诺能否或能否完全兑现问题同时即属於遵守或是违反信用的问题。

一般而言，经济行为主体守信用与反信用的行为构成信用的一体两面。而在一真实的信用关系中，实施守信用或反信用行为的经济行为主体，一般不是那些因授信而拥有权利的债权主体，而是那些因受信而承担义务的债务主体。因此，我们的考察，主要集中在剖析信用关系中债务主体守信用的激励与反信用的约束上。

一、守信用的激励

泛论守信用的激励，我们可将其界定为对经济行为主体恪守并兑现承诺行为所给予的基於利益奖励的激发鼓励。守信用的激励亦即守信用的利益激励。而经济行为主体相互间之所以认同并激励守信用行为，乃因守信用行为是人类经济活动秩序运行所不可或缺的基础条件。社会生活中如果大多数人都不遵守彼此的信约，恐怕人类会早已完全绝灭[1]的判断，也许并非危言耸听。具有互通有无、互相交易倾向的人类，其源於剩余愈多交换愈多因而自利实现亦愈多的鼓励而从事的分工之所以能常行不辍，端赖於行为主体对契约、交换、买卖的信任[2]。在这一守信用的激励的宏观构架中，我们关注经济行为主体（主

---

[1] 卢克莱修著，方书春译：《物性论》，326页，北京，商务印书馆，1981。
[2] 亚当·斯密著，郭大力、王亚南译：《国民财富的性质和原因的研究》，上卷，328页，北京，商务印书馆，1996。

要是信用參與主體中的債務主體）微觀層面守信用的激勵問題。

　　守信用的激勵即守信用的利益激勵，換言之，經濟行為主體為了獲得利益或避免利益損失而恪守信用。首先，在一擬設的信用關係中，守信用的利益激勵首先表現為可能的債務主體唯有守信用（以良好聲譽、翔實資產、可靠業績等示信於人）才能成為事實上的債務主體，即可能的債務主體才有望獲得可能的債權主體的認可而得到其所需求的信用（借入）。換言之，一個被可能的債權主體甄別歸類於能夠恪守兌現其對可能的債權主體的承諾的債務主體，將因授信而受信。在一信用關係中，可能的債務主體守信用的利益激勵、守信用的行為、信用獲得量三者間的關係可表示為圖5-1：

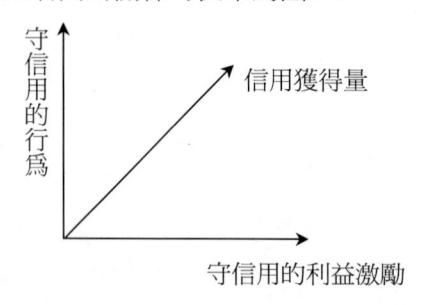

圖5-1　守信用的利益激勵、守信用的行為與信用獲得量的關係

　　從這一簡略圖示可以看出，當其他條件一定時，在一特定信用關係中，對於可能的債務主體而言，守信用的利益激勵的增進將誘致其守信用行為的增進最終引致其信用獲得量的增長。換言之，守信用的利益激勵與守信用的行為進而與由此所引致的信用獲得量正相關。

　　其次，在一個擬設的信用關係中，守信用的利益激勵同時表現為可能的債務主體必須降低可能的債權主體所面對的並影響其判斷取捨的交易成本，才有望獲得、更多獲得、及時獲得其所需信用。簡言之，守信用的利益激勵內含為獲取信用而降低交易成本的利益激勵。

(1)資訊獲取、識別成本。在一個可能的信用關係中，可能的債權主體對於可能的債務主體的甄別歸類首先將面臨的交易成本乃是資訊獲取、識別成本（這對於信用啓動而言不可或缺）。在其他條件一定時，該可能的債權主體將對資訊獲取、識別成本不同的可能的債務主體進行權衡比較，擇定那些資訊獲取、識別成本相對較低的可能的債務主體作爲授信對象。由此，守信用的利益激勵將促使諸多可能的債務主體致力於降低其給予可能的債權主體的資訊成本的競爭——資訊披露透明、及時、準確。

(2)合同簽訂、執行成本（談判、簽約、實施、監督成本）。當一個信用關係已準備或業已啓動時，圍繞這一信用關係建立、運行所產生的成本——合同簽訂、執行成本，亦屬特定信用關係中特定債權主體所必須權衡比較的交易成本。這類交易成本的降低，將有助於強化特定債權主體對特定債務主體的信任。

再次，由於經濟活動中各行爲主體間的信用關係具有非一勞永逸的重複、迴圈特性，守信用的利益激勵即不僅存在於啓動信用時（每一啓動的信用均具有建立、結清的完整過程），亦存在於續動信用時（每一續動的信用均既具有建立、結清的完整過程，又是各信用完整過程持續不斷的重複、迴圈）。一如啓動信用情形，在一續動信用的操作中，特定債務主體仍然需有守信用的利益激勵，才可望從特定債權主體處持續獲得、更及時獲得、更多獲得其所需信用。

最後，值得注意的是，對可能的債務主體守信用的利益激勵問題的考察，在觸及可能的債務主體爲獲得可能的債權主體的信用供給而必須守信用這一事即時，似乎也很難回避這樣的事實：在經濟活動中，眾多可能的債務主體爲了獲得可能的債權主體存量一定的信用供給而進行價格競爭，而"價高者得"的市場競爭法則必然將可能的債權主體的信用供給導向出價更高的可能的債務主體。這一事實似乎可視為另一視角的守信用的利益激勵：由可能的債務主體在獲得信用（守信用）的利益激勵下對可能的債權主體供給信用（守信用）的利益激勵。然而，當我們引入給定利潤空間條件時，那些無視利潤約束而急於獲得信用供給的可能的債務主體出價愈高未必愈有可能獲得可能的債權主體的信用供給。亞當・斯密曾在相對於市場利息率的法定利息率的適宜定位思考中觸及這一問題——儘管他認為法定利息率高過市場利息率太多即會使大部分待借貨幣被借給那些願出此高利的浪費者、投機家，那些只能以使用借入貨幣所獲利潤的一部分作為償付使用借入貨幣報酬的誠實人難與前者競爭[1]，但此中隱含的判斷可予置信：唯有風險偏好的可能的債權主體才會選擇風險甚大的可能的債務主體來借出信用。

而在視違約風險為信貸配給的基礎、判斷不完全資訊的信貸市場貸款利率走高時貸款申請人具有逆向選擇效應與逆向激勵效應的信貸配給理論中[2]，頗為清楚地傳達了這樣的資訊：縱使為獲得或更多地獲得信用的利益激勵使可能的債務主體對可能的債權主體作出支付較高借出利率承諾的利益激勵，但在認知風險與收益對稱原則及風險厭惡選擇條件下的可能的債權主體，其對如向該可能的債務主體借出信用得到的將是不確定的利益、失去的將是確定的利益的判斷，將使他放棄對可能的債務主體授信，由此而使該可能的債務主體對該可能的債權主體實施的利益激勵無效，且該可能的債權主體尚可從該可能的債務主體的高利率承諾中偵知其業務經營取向有失穩健可靠的資訊並將其列入不宜授信的另冊。

---

[1] 亞當・斯密著，郭大力、王亞南譯：《國民財富的性質和原因的研究》，上卷，328頁，北京，商務印書館，1996。
[2] 弗里德曼著，陳雨露等譯：《貨幣經濟學手冊》，第2卷，846～855頁，北京，經濟科學出版社，2002。

二、反信用的約束

　　作為構成信用一體兩面的反信用一面而言,它一般用於指稱經濟行為主體違背或不兌現其承諾的行為。反信用的約束,乃指對經濟行為主體違背或不兌現承諾行為基於利益懲罰的控管限制。反信用的約束即反信用的利益懲罰(約束)。而經濟行為主體間之所以譴責並約束反信用行為,乃因為反信用行為將破壞人類經濟活動秩序甚至瓦解人類經濟活動。在此,我們將審視經濟行為主體(主要是信用參與主體中的債務主體)微觀層面反信用的約束問題。

　　反信用的約束即反信用的利益懲罰,換言之,經濟行為主體因為違反信用(承諾)而被施以利益懲罰。在一個擬設的信用關係中,反信用的約束主要表現為可能的債務主體由於反信用(以聲譽不良、資產不實、業績可疑等示不信於債權主體)而難以成為事實上的債務主體,即可能的債務主體無望獲得可能的債權主體的認可而得到其所需的信用(借入)。換言之,一個被可能的債權主體甄別歸類於不能恪守兌現其對可能的債權主體的承諾的可能的債務主體,將因可能的債權主體拒絕授信而無望受信。在一個信用關係中,可能的債務主體反信用的行為、反信用的利益懲罰、信用失去量三者間的關係可表示為圖5-2:

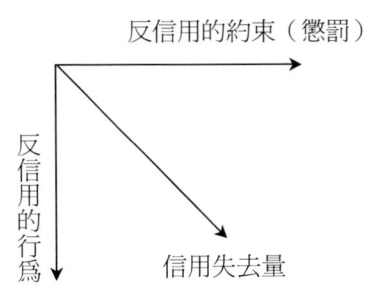

圖5-2　反信用的行為、反信用的利益約束(懲罰)與信用失去量的關係

從這一簡略圖示可以看出，當其他條件一定時，對於可能的債務主體而言，其反信用的利益約束（懲罰）愈多（大），則其反信用行為愈少（小），其信用失去量亦愈少（小）。換言之，反信用的利益約束（懲罰）與反信用的行為進而與由此所引致的信用失去量負相關。

而在一個實有的信用關係中，事實上的債務主體反信用行為所可遭受的利益懲罰，則不僅是從此難以獲得特定或者其他債權主體的授信，還將受到特定債權主體要求賠償、訴諸制度的利益懲罰。以內在或外在界定產生路徑、非正式或正式規定實施方式的制度，作為旨在規範人們的行為而由人們所約定的各種以不同方式實施約束、具有不同約束力的規則，它明示能夠做的做時該如何去做、不能做的如做了該有何種懲罰。由權衡人們不同行為過程利害得失而生的風俗習慣[1]，為在一定領域防止損害他人和受他人損害而簽訂的契約[2]，均屬經濟行為主體所熟知的制度形式。當經濟行為主體憑藉這諸種制度形式構成支撐人類社會所賴以正常運行的基礎性制度——信用制度時，有關信用參與主體於債權債務關係建立結清中做出並兌現還本付息承諾的約束規則即成為經濟行為主體參與經濟活動時所必須遵守的行為規則。儘管這類約束規則在其較為正式的安排中，常要求特定信用關係中的債權主體在履行債權時不得超過約定債權範圍而損害債務主體的利益，但其主要強調的規定乃是特定信用關係中債務主體必須兌現其對債權主體所作出的償債承諾，那些違背其對債權主體償債承諾即反信用的債務主體將受到懲罰。由這類約束規則即信用制度對反信用的債

---

[1] 馬歇爾著，朱志泰等譯：《經濟學原理》，上卷，41頁，北京，商務印書館，1964。
[2] 馬克思著：《德謨克裏特的自然哲學與伊壁鳩魯自然哲學的差別》（博士論文），74頁，北京，人民出版社，1973。

務主體實施的懲罰，如果憑藉的是傳統習俗，則其懲罰除了訴諸反信用的債務主體內疚[1]、特定信用圈子將其驅逐之外[2]，尚可由以民間公推的仲裁人或仲裁機構比對反信用的債務主體所欠債額，從其財產或者變通處罰中予以扣抵；如果憑藉的是法律規則，其對反信用的債務主體實施的懲罰則是由司法機構強制實施債權主體的債權、強制實施對反信用的債務主體的罰款甚至刑事處罰。

三、守信用的激勵與反信用的約束

概括而言，在真實的經濟生活中，信用關係無論是擬設的還是實有的，其債權主體準備或已經借出的信用均具有對可能的債務主體反信用行為的高度敏感性、易受事實上的債務主體反信用行為損毀的脆弱性、一經遭受反信用行為損毀即很難迅速修復的阻滯性[3]，這將使得那些被債權主體預期為有反信用傾向或察知有反信用案底的債務主體徹底失去借入信用的可能，而那些事實上的反信用的債務主體更將受到強制實施的法律懲罰。當反信用的利益懲罰即反信用的約束對稱於反信用行為時，由債務主體公行於反信用的利益懲罰與反信用行為失衡條件下的反信用行為（債務主體反信用的利益懲罰弱於其反信用的利益激勵而致債務主體不懼反信用的利益懲罰、輕易實施反信用），在守信用的激勵與反信用的約束博弈中將被有效約束。

我們將前述一個信用關係中債務主體基於利益的守信用的激勵與反信用的約束以一平面直角坐標系近似地予以表示如圖5-3。

---

[1] 柯武剛、史漫飛著，韓朝華譯：《制度經濟學》，123、124頁，北京，商務印書館，2000。
[2] 柯武剛、史漫飛著，韓朝華譯：《制度經濟學》，123、124頁，北京，商務印書館，2000。
[3] 繆明楊：《開放條件下金融跨國流動激勵導向選擇約束問題略析》，載《社會科學》，2004(7)。

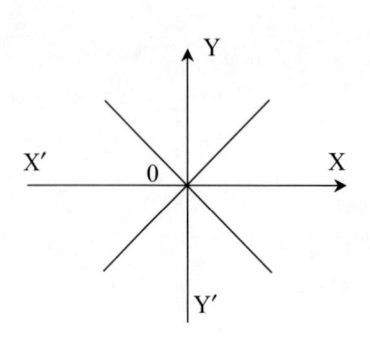

图5-3　守信用的激勵與反信用的約束

圖5-3中：X'X標示經濟行為主體的信用行為，Y'Y標示經濟行為主體的信用行為所對應的利益。對此的近似解釋也許可以是：第一象限明示債務主體守信用行為與其利益獲取正相關。第四象限乃是第一象限資訊的另類表述，即債務主體愈守信用則其利益損失愈小。對第二象限的解釋似乎遭遇了困難，即債務主體愈不守信用或反信用而其利益獲取亦愈大，但證諸真實經濟生活，也許此中恰好將一債務主體之所以不守信用乃因由此而獲取的利益很大這一重要資訊傳達。依此思路，第三象限的表面資訊雖是債務主體愈少守信用其利益損失愈少，實則其可驗證的資訊乃是：一個債務主體之所以敢於輕易反信用皆因由此而遭受的利益懲罰太輕。

而在每一持續亦即重複的信用關係中，一個債務主體由守信用中獲得的利益長遠因而巨大，由反信用中獲得的利益短暫因而微小。借用Baker、Gibbons、Murphy分析代理人在何種條件下會注重自己的聲譽時所給出的圖示[1]，我們似可將一重複（持續）信用關係中一債務主體面臨的基於當前利益與未來利益的反信用與守信用選擇標示為圖5-4。

---

[1] 參見張維迎著：《資訊、信任與法律》，北京，生活・讀書・新知三聯書店，2003。

第五章 政府舉債的信用機制   145

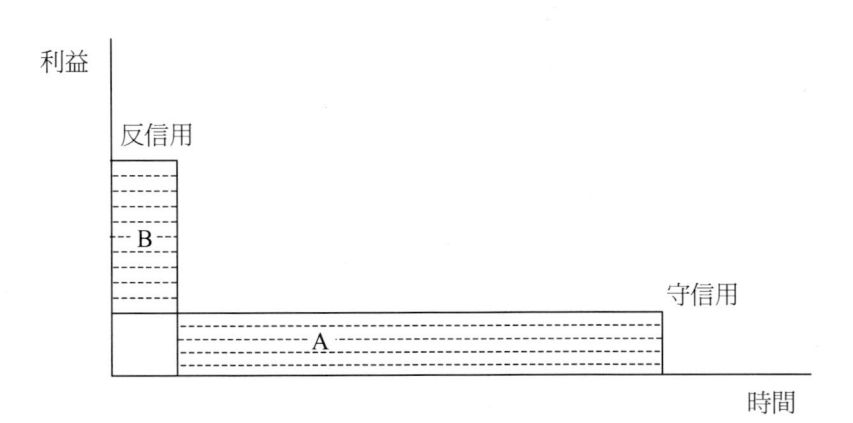

圖5-4 當前利益與未來利益

在圖5-4中：A為一債務主體反信用選擇的淨利益，B為該債務主體未來守信用選擇的潛在利益。當B的貼現值大於A時，則該債務主體即會做出守信用選擇[1]。也許，這的確是一個可證諸經濟活動中民間甚至政府債務主體信用行為選擇事實而極有解釋力的判斷。

第三節　無限政府與有限政府舉債的信用機制

一、國外學者的相關思考

1.巴里・R.溫格斯特的相關思考

美國經濟學家巴里・R.溫格斯特（Barry R. Weingast）在《有限政府的政治基礎：17～18世紀英格蘭的議會和君主債務》[2]一文中，對政

---

[1] 參見張維迎著：《資訊、信任與法律》，北京，生活・讀書・新知三聯書店，2003。

[2] 參見約翰・N.德勒巴克等編，張宇燕等譯：《新制度經濟學前沿》，253～272頁，北京，經濟科學出版社，2003。本部分即是對巴里・R.溫格斯特一文重要觀點、主要思路的撮要復述。

府守信用的激勵與反信用的約束問題有極具啟示意義的相關思考。

巴里・R.溫格斯特把17～18世紀英國君主（政府）債務（舉債）所涉及的君主守信用與反信用問題，置於君主專制（無限政府）與君主立憲制或議會制（有限政府）這一具有時序推進性的政治制度變遷背景下，通過本於史實的描述和分析，在給予人們對這一問題具體、特殊認知的同時，亦將可由此中萃取的抽象、普適認知學者與讀者。

(1)光榮革命前後君主債務契約履行情形：原因與影響

巴里・R.溫格斯特考察了17世紀晚期英格蘭的光榮革命，指出在光榮革命前，公眾供給君主的貸款概由君主自由處理即君主對是否遵守貸款條款擁有單邊決定權，王室即常因此而不履行債務契約，這一情形導致公眾對王室舉債缺乏信任並由此而抑制了王室的舉債行為。光榮革命後，部分地代表政府債權人利益的議會為限制君主隨意選擇是否遵守債約行為而建立了相關法規，由此而使君主債務必須接受憲政制度的約束。因憲法修訂而得以促進的君主與債權人之間關係的相互協調、增加的對違反議會法律的君主的廢除威脅，均使債權人對不履約君主的懲罰力度得以增加，君主遵守債務協定的激勵因此而得以大增，君主舉債額度亦因此而得以顯著提高。顯然，在17～18世紀英格蘭形成具有自我實施機制的有限政府過程中，以其觸發策略發揮了核心作用的代議制（議會制）[1]，同時亦對有限政府守信用的激勵與反信用的約束給予了政治制度層面的重要影響。對君主債務問題的遞進思考，使巴里・R.溫格斯特認為，歷史上司空見慣的君主賴債事實，其核心問題在於債權人很難在君主自己的法院裡起訴君主，而債權人

---

[1] 參見約翰・N.德勒巴克等編，張宇燕等譯：《新制度經濟學前沿》，253～272頁，北京，經濟科學出版社，2003。本部分即是對巴裏・R.溫格斯特一文重要觀點、主要思路的撮要復述。

應當憑藉什麼才能促使缺乏履約可信承諾的君主兌現其債約呢[1]？

(2)關於君主債務問題的經濟理論[2]

君主舉債面臨的債權人懲罰。該理論認為，①假定用P表示債權人能對君主實施的懲罰數即對君主行為的主要約束。君主將對是否履行借款協議問題進行權衡，即考量自己如不兌現該協定會受多大懲罰。P大於償還成本，君主即會選擇履行協定。這樣，債權人即會據此而將借予君主的資金額限定在小於P，由此便出現了信貸配給；債權人如無力制裁君主即會導致信貸消失。②有效信貸量隨債權人對君主可實施的懲罰數的增加而增加；政治制度在一定程度上會影響債權人施與背信君主的懲罰數；一個更願意選擇履行貸款協定的君主可獲得的信貸限額將會增加。

在多個債權人條件下君主對自身債務的評價。該理論認為，①假定在有多個債權人條件下，君主對自身債務的評價由於能使所借資金用於利途而看重債務籌資，但這一評價會隨著君主債務規模的增加而遞減；當君主債務規模達到最優規模時，這意味著君主對最先幾筆債務的評價大大超過了最後幾筆；而在最優限制點，君主對最後一筆債務的評價等於其借債成本，其淨值為零。②由於君主對自身債務的評價呈資本邊際生產率下降趨勢，債權人對君主所實施的貸款拒絕（Exclusion）的效應即會不同：在雙邊拒絕（BilateralExclusion）機制下，因君主對最後一筆債務的邊際評價為零，欲對不履約君主實施扣留資金懲罰的債權人，其實施的懲罰不足以斷絕君主的不履約念

---

[1] 參見約翰·N.德勒巴克等編，張宇燕等譯：《新制度經濟學前沿》，253～272頁，北京，經濟科學出版社，2003。本部分即是對巴裏·R.溫格斯特一文重要觀點、主要思路的撮要復述。

[2] 參見約翰·N.德勒巴克等編，張宇燕等譯：《新制度經濟學前沿》，253～272頁，北京，經濟科學出版社，2003。本部分即是對巴裏·R.溫格斯特一文重要觀點、主要思路的撮要復述。

頭；在整體拒絕（CompleteCommunityExclusion）機制下，理論上，由所有債權人共同實施的對君主的信貸抵制將使君主失去所有可能的貸款總值而遭受最大懲罰，但該懲罰付諸實踐尚需以有效地協調所有債權人行動、阻止背叛信貸抵制行為作為條件，這意味著實施這樣的懲罰面臨著實質性困難。

2.傑佛瑞・布倫南、詹姆斯・M.布坎南的相關思考

傑佛瑞・布倫南、詹姆斯・M.布坎南在其合著的《憲政經濟學》[1]一書中，對政府舉債信用機制問題亦有極具啟示意義的相關思考。由於布坎南對此問題的相關思考尚可見於他所著的《民主財政論——財政制度和個人選擇》一書[2]，此處擬先對布坎南的早期思考作一簡述。

布坎南在《民主財政論》一書中論及民主財政選擇理論的基礎時強調，他於論題的研究只限於政治制度的個人民主模型，而對財政制度的分析因此而須從集體財政決策中的個人參加者所作選擇開始。他的方法論乃是把個人進行財政選擇這一假設作為其主要命題（個人決定著公共部門的規模、成本與利益的分佈），據此即可推論個人的選擇可能會受財政過程所賴以進行的制度的影響（人們在不同的制度下往往會做出不同的反應）——在實際的民主結構下的個人行為方式不同於在財政制度是由一個統治暴君或統治階級所強加的條件下的個人行為方式，個人擁有潛在的選擇權，是一個潛在的參與者（其集合具有能夠改變稅收和支出水平所體現的集體結果甚至藉以取得此種結果

---

[1] 該書由英國康橋大學出版社1980年、1985年分別出版的《徵稅權——財政憲法的分析基礎》、《規則的理由——憲政的政治經濟學》兩書組成。布倫南、布坎南著，馮克利等譯：《憲政經濟學》，北京，中國社會科學出版社，2004。

[2] 布坎南著，穆懷朋譯：《民主財政論》，美國北卡羅來納大學出版社，1967；北京，商務印書館，2002。

的制度的選擇潛能）[1]。對於一個明顯分為稅收決定與支出決定的財政過程來說，這會導致所偏好的公共產品和服務的支出同所偏好的稅收水平之間存在潛在缺口，而這一缺口如不清除即會導致民主決策過程產生預算赤字。為彌補預算赤字，採用借款（發行附息債務以換得對購買力的現期支配權）、印刷貨幣（發行或創造不附息的可作為購買力直接接受的貨幣或通貨）方式均會嚴重影響個人合理地比較公共利益和公共成本的能力[2]。以借款而論，當借款可作為徵稅的替代工具時，如果赤字創造未被法律限制所制約，出現預算赤字即是民主選擇過程可預測的結果，或者說國家債務作為稅收的制度上可替代辦法將傾向於導致預算赤字，而這會使個人更難以對所涉及成本與利益進行比較[3]。作為集體可藉以為公共產品和服務籌資的一種財政制度的公債，追求最大效用的個人在進行立憲性——制度性選擇時選擇公債（樂於讓集體求助於發行債務）的條件，在將公債工具定義導向關注進行選擇的個人在自己的計劃期內須償還社會納稅義務中他自己的份額時，由於公債發行使個人為公共服務付款推遲，個人之所以選擇公債乃因為該種財政制度使他享有充分的選擇自由——可在一段時間內調整收入－支出方式[4]；在社會納稅義務總額由個人承受一定份額、到期的全部債務必須償還的假定下，不想拖欠債務的社會即須償還欠整個社會的債務，但此中如有B不能償還其曾隱含同意償還的那一份額（沒有理性、不負責任），那些發現自己將為B的恣意揮霍或欺騙付

---

[1] 布坎南著，穆懷朋譯：《民主財政論》，184、185頁，北京，商務印書館，2002。

[2] 布坎南著，穆懷朋譯：《民主財政論》，107、108頁，北京，商務印書館，2002。

[3] 布坎南著，穆懷朋譯：《民主財政論》，112、113頁，北京，商務印書館，2002。

[4] 布坎南著，穆懷朋譯：《民主財政論》，269～271頁，北京，商務印書館，2002。

出代價的其他人即不得不承擔最初分配給B的納稅義務，這便會使他們認知公債工具包含此種或有負債因素，並因此而反對公債制度——反對普遍利用公債制度，這意味著在給定他們自己能按其確立的行為方式行事條件下，他們擔心其他一些公民不能實現其自定的行為目標。

從這一意義上說，追求最大效用的個人接受公債制度的條件（一極為嚴格的條件）即是：能預測自己的行為將符合理性的個人，同時能很有把握地預測集團中的所有其他人或至少足夠數量的人也將同樣表現得有理性和負責任[1]。

在《徵稅權》一書中，布倫南與布坎南說明其分析中的規範標準以潛在納稅人——受益者的計算為基礎，並假定他們能夠通過對徵稅安排做出立憲選擇而控制政府的徵稅權，且預計這種稅收安排符合他們的利益[2]。對政府徵稅權力（怎樣行使這項權力、可以怎樣約束和應當如何約束這項權力）主題的討論，以政府的權力來自於被統治者的最終一致同意、政府結構是一個得到明確構建的人造物（Artifact）、憲法可以約束政治實體的活動（限制得到授權實行強制的代理人即政府的行動範圍）作為預設前提[3]。憲法作為個人據以在其中從事活動與相互交往的一套規則，其對政府的行為施加約束的邏輯隱含於政府可能對公民授予的權力濫用這一預判中，立憲選擇意味著政府等行為主體的行為均可通過立憲層面制定的規則來予以約束，而公民對公共權力行使實施限制的方法選擇，乃是啟用憲法約束手段，此中除了純粹

---

[1] 布坎南著，穆懷朋譯：《民主財政論》，272、273頁，北京，商務印書館，2002。

[2] 布倫南、布坎南著，馮克利等譯：《憲政經濟學》，《徵稅權》，前言，2頁，北京，中國社會科學出版社，2004。

[3] 布倫南、布坎南著，馮克利等譯：《憲政經濟學》，《徵稅權》，1～2頁，北京，中國社會科學出版社，2004。

的選舉約束,即是界定公共活動範圍的約束條款(具體規定政府可以或不可以做什麽的規則)——非選舉的憲政規則如財政約束[1]。由於政府擁有可能在一定範圍內爲自己的目的而利用的强制權如徵稅權(强迫個人和私人機構交費而向政府轉移經濟資源的權力,對經濟資源的財政索取權),對徵稅權的約束(財政約束)即有助於約束政府權力[2]。給出一個簡化的利維坦模型,其假設乃是政府力求把來自於憲法所規定的各種稅收來源的收入最大化,換言之,某種近似於利維坦利益即收入最大化的因素,產生於整個政府決策者集合內部的互動(即使無人將最大收入明確設定爲其行動目標)是該政府運行模型所依據的假設[3]。可以爲利維坦利益提供一個跨時分配可取稅額用途手段的政府舉債(發行債券),其本身即爲政府提供了一種額外稅源,而政府的舉債權作爲一種創造動產的權力,該權力履行將使政府因此而承擔在未來周期如數償還這種資產(政府債券)持有人的義務,且政府用於償還此債的錢多來自於其在未來周期征到的稅。這意味著,用於分析的假設(同時亦是可以證實的條件)乃是政府舉債必須有信譽,因爲一個政府如被人們認知有或預期有違約行爲即無法隨時利用市場舉債手段[4]。給定政府舉債守信假設,該政府舉債總量的限制因素即是:①政府付息和償還債務的能力——利用授予政府的、爲憲法所許可的徵稅權在未來徵稅的能力,②個人對政府債券和其他資產的相對偏好,③個人希望推遲當前消費(與獲得資產)的程度。政府舉債權以其徵

---

[1] 布倫南、布坎南著,馮克利等譯:《憲政經濟學》,《徵稅權》,3~7、11頁,北京,中國社會科學出版社,2004。
[2] 布倫南、布坎南著,馮克利等譯:《憲政經濟學》,《徵稅權》,8、9頁,北京,中國社會科學出版社,2004。
[3] 布倫南、布坎南著,馮克利等譯:《憲政經濟學》,《徵稅權》,31、34頁,北京,中國社會科學出版社,2004。
[4] 布倫南、布坎南著,馮克利等譯:《憲政經濟學》,《徵稅權》,123頁,北京,中國社會科學出版社,2004。

稅權爲基礎，據此，舉債政府是現在而非以後動用未來稅收流量的資本化價值。對於一個異於恒久性利維坦（可憑舉債權影響公共開支的時間流量而非其總體水平的政府）的或然性利維坦來說，如暫不引入上述②、③兩種約束，當其正在掌權但預期自己不會持續掌權時，該政府即會利用舉債權謀求佔有未來各周期（包括這個利維坦已不復存在的周期）的稅額的全部價值[1]。如果關注異於對內舉債的對外舉債，在個人即便完全預見到未來周期的納稅義務亦無法做出抵消性行爲調整情形下，對一國政府外債舉借規模的限制將來自於未來期間稅額的資本化的總值（掌權的利維坦發現它能在掌權期內徵收收入最大化的當期稅、佔有全部未來稅額的現值），這意味著對外舉債的全部債務負擔潛在地大於對內舉債（因爲可操作發行更多公債——內債），給出更爲嚴格的憲法約束以限制該政府的對外舉債能力即顯得十分重要。但一國政府擁有對內對外的舉債權，這意味著該政府獲得了能從無限期的未來滿足其徵稅欲望直至其不再運行的授權，由此，要求政府在事先公佈徵稅以嚴格限制政府的舉債權（即便是在爲額外開支提供資金的緊急時期）即爲人們所期待、選擇[2]。

二、國外學者相關研究的啟示

1.關於巴里·R.溫格斯特的相關研究述評

在巴里·R.溫格斯特的研究中，他所關注的乃是政治制度進而政府職能定位對君主（政府）舉債規模的影響，而他於研究中所作出的判斷乃是：有限政府進而其履約行爲受到債權人利益代表憑藉憲政監

---

[1] 布倫南、布坎南著，馮克利等譯：《憲政經濟學》，《徵稅權》，124頁，北京，中國社會科學出版社，2004。

[2] 布倫南、布坎南著，馮克利等譯：《憲政經濟學》，《徵稅權》，126～128頁，北京，中國社會科學出版社，2004。

督的政府（君主），才可能獲得較大（增加）的信貸限額；激勵君主履行借款協定，須以對不履約君主實施的懲罰即不履約所遭受的損失大於其償債成本作為條件；由於君主對自身債務的評價呈資本邊際生產率下降趨勢，債權人對違約君主的有效懲罰只能是整體行動；但對違約君主的整體拒絕這一最優選擇面臨高昂的協調成本、實有的背叛行為的約束，整體拒絕即可能只獲得部分成功——以降低對君主的有效信貸數額作為對違約君主的懲罰[1]。概括而言，巴里·R.溫格斯特的研究所著力強調的乃是由外在制度對政府實施約束的有效性所可引致的政府舉債規模，換言之，一國只要構造出能有效約束政府履約行為的外在制度——剛性的信用激勵、約束制衡機制，則該國政府即能擴大舉債規模。無疑，給定約束政府履約行為的外在制度，外在制度的有效性如何（這同時昭示一種信用機制是剛性抑或彈性定位）乃取決於受外在制度約束的政府基於利益激勵而對外在制度的回應狀況如何：缺乏利益激勵即缺乏回應因而缺乏有效性，利益激勵不足即回應不足因而有效性不足，強利益激勵即強回應因而具強有效性。因此，一國債權人即便不能在一國政府自己設立的法院裡起訴該國政府，但只要一國政府對一國政府債權人訴諸利益激勵即守信用的激勵或利益懲罰即反信用的約束的行動具有回應，則仍能促使一國政府（完全或不完全）履行債約。但是，唯有剛性的政府舉債信用機制才能促使一國政府對其債權人完全履行債約，而彈性的政府舉債信用機制則只能促使一國政府對其債權人不完全甚至完全不履行債約。巴里·R.溫格斯特對政府舉債信用機制問題的研究，在其擇定的歷史座標中標示出彈性的政府舉債信用機制怎樣演進為剛性的政府舉債信用機制，且其

---

[1] 參見約翰·N.德勒巴克等編，張宇燕等譯：《新制度經濟學前沿》，253～272頁，北京，經濟科學出版社，2003。本部分即是對巴裏·R.溫格斯特一文重要觀點、主要思路的撮要復述。

功能釋放對政府舉債規模的影響。

2.關於布倫南、布坎南的相關研究述評

布坎南在《民主財政論》一書中對政府舉債信用機制問題的相關思考，由於他所關注的是民主財政結構下擁有潛在選擇權或隨時是潛在參與者的個人（追求最大效用的個人），在政府因公共財政運作收支出現缺口、形成預算赤字而欲以政府舉債作爲替代稅收的工具予以解決時，個人對政府舉債的立憲性——制度性選擇，考慮到由此而分配給每個人的納稅義務可能因爲有人不能或不願履約而使其他人不得不爲此而承擔或有負債，其不可或缺的嚴格條件乃是進行此種選擇的個人能夠預判其他人會同自己一樣以理性、負責的態度履行分配的納稅義務。換言之，個人如果預判（或者不能較準確預判）其他人缺乏履行配定納稅義務的理性、負責態度，則個人將不選擇即反對政府舉債，由此，政府舉債信用機制似乎成爲公眾納稅償債（政府徵稅償債）信用機制的表像，政府舉債信用機制問題似乎轉換爲公眾納稅償債信用機制問題，即公眾納稅償債的信用激勵、約束機制問題。儘管如此，由於政府因徵稅償債而要求公眾爲償債而納稅，且公眾在制度約束下必須履行納稅義務，所以，政府舉債信用機制問題於此仍然成立，且在布坎南的這一相關思考研究框架中，十分突出地強調了在公共選擇條件下政府舉債信用機制的操作實施主體乃是具有可置信選擇權的個人。換言之，民主財政運作中的政府舉債面臨著剛性的信用激勵、約束機制。

而在憲政視角下剖析政府舉債信用機制問題，除了啓用憲法約束手段中的選舉約束外，尚可實施非選舉的憲政規則如約束政府的徵稅權——財政約束。因爲，即便是一個公民對其具有債信預期的進而可向公眾舉債的政府，當其因向公眾舉債而承擔須按約定償還公眾債權的義務時，該政府用於償債的資金也多來自於其借債後一段時期可征之稅。換言之，公眾憑藉憲法約束、授予政府在未來徵稅的能力——徵稅權，可直接限制政府舉債總量（給定公眾的資產偏好、消費偏好）。而對舉債政府徵稅權的憑憲約束之所以能為公眾所選擇，乃因為那些雖然不能繼續執政卻謀求利用舉債權以佔有未來自己不再執政時的稅款者具有極強的舉債偏好。由於外債舉借的償債約束強於內債舉借的償債約束，依憲限制政府的外債舉借權即尤為重要。於此可見，布倫南、布坎南對徵稅權問題的探討直接關係到政府的舉債權，而公民憑憲約束政府的徵稅權，即等價於約束政府的舉債權，且這種財政約束直接觸及企求收入最大化的政府在其執政期內所可動用的經濟資源規模。因此，從布倫南、布坎南對政府徵稅信用機制問題的探討，可以邏輯地導出其對實即政府舉債信用機制問題的思考。儘管布倫南、布坎南在對政府舉債權問題的思考中將政府預設為守信用的行為主體（因此而能夠舉債），但他們有關政府付息和償還債務的能力等因素將左右政府舉債總量的判斷，事實上隱含著這樣的資訊：在憲政條件下，政府信用的啟動須以政府有信譽的公眾認同（即便僅是某一時點）作為前提，而政府信用的續動須以公眾能從此前啟動、屆期的政府信用證實政府確有信譽（不少於一個時段）為基礎。所以，一個政府舉債問題不僅僅是一個政府在某一時點能夠舉債、能夠舉債多少的問題，更是一個政府在某一時段（甚至多個時段）能夠舉債、能夠舉債多少的問題，而這取決於政府舉債信用機制能否有效釋放其功能。在布倫南、布坎南對政府舉債信用機制問題的相關研究中，同於布坎南在《民主財政論》一書中的設定，給定憲政條件，公眾能夠對舉債政府實施可置信的信用激勵、約束——這裡存在剛性的政府舉債信用機制，且唯有在此處，公眾才可由對舉債政府的徵稅權實施約束而引致其對舉債政府舉債權的約束。

三、無限政府、有限政府舉債的信用激勵、約束機制

給定舉債政府所處經濟制度基礎，一個難以迴避的問題乃是，泛論特殊行爲主體政府，無助於對該政府舉債信用激勵、約束機制問題的深入剖析。換言之，給定經濟學視角，必須依據職能定位而將舉債政府具體劃分爲無限政府與有限政府，上述問題的剖析才可望趨向縱深。

1.無限政府、有限政府的職能定位

作爲一對哲學名詞的無限、有限，"無限"被定義爲：無條件且在空間、時間上均無限制的無始、無終的東西；"有限"則被定義爲：有條件且在空間、時間上均有一定限制的有始、有終的東西[1]。學人援用這一對哲學名詞修飾約定政府而有無限政府、有限政府範疇。如從政府職能定位詮釋，無限政府、有限政府範疇其實凸顯了政府履職界線有無的問題，而這一問題無疑內含著諸如政府履職的權力得自誰、怎樣獲得、其界線何在、由誰及由誰憑什麼守定界線等設問。但在此處，我們僅關注政府的職能定位問題，即政府的職能是什麼的問題，並據以判斷何爲有限政府、無限政府。

亞當·斯密認爲，保護社會、盡可能保護社會上的每一個人、提供公共設施，是一個按照自然自由制度運作經濟的國家執政者對其國民所應盡的義務[2]。亞當·斯密在此給出了處於一定制度基礎上的政府其職能爲何的說明——履行職能界線的劃定。迄今，學人們觸及這一問題的表述如所謂政府從事保護政治權力、個人權利及經濟權利不受侵犯並以上述權利作爲其行動界線的活動[3]，其判斷所傳達的核心資訊

---

[1] 《辭海》，164頁，上海，上海辭書出版社，1982。
[2] 參見亞當·斯密著，郭大力、王亞南譯：《國民財富的性質和原因的研究》，下卷，253頁，北京，商務印書館，1996。
[3] 參見本書第四章的相關論述。

一仍其舊。從這一意義來界定，所謂無限政府，即超越其作為政府所應擔負的義務、所應具有的權力界線而運作行政的政府；而所謂有限政府，乃指在其作為政府所應擔負的義務、所應具有的權力界線內運作行政的政府。那麼，當我們於一特定經濟制度條件下審視無限政府、有限政府舉債問題時，其信用激勵、約束狀況又如何呢？

2.無限政府舉債：守信用的激勵與反信用的約束

給定非市場經濟制度條件，一般而論，無限政府常於封閉的經濟運行中憑藉人治的強制命令來對資源進行漠視公眾產權的強制配置。因此，在非市場經濟制度條件下的無限政府舉債，一般並不存在對無限政府履行債約具有守信用的激勵與反信用的約束功能、可給予債權人穩定償債預期的外在制度安排。換言之，在非市場經濟制度條件下的無限政府舉債，一般無須慮及源自於外在制度的守信用的激勵與反信用的約束。從這一意義上說，守信用於無限政府缺乏利益激勵，反信用於無限政府缺乏利益約束，無限政府舉債把以強索勒派公眾授信替代公眾自願授信視為當然。但是，被無限政府強索勒派授信的公眾卻以維護自身利益的原生激勵，對無限政府實施似乎不約而同的民間的守信用的激勵與反信用的約束：設法逃避無限政府的強索勒派，使無限政府舉債籌資規模受到極大限制。這意味著，對無限政府舉債行為（主要是履行債約行為）激勵約束相對乏力的民間行動，必然導致無限政府只能籌得較其預期更少的債額（即便採取強索勒派方式）。

3.有限政府舉債：守信用的激勵與反信用的約束

給定市場經濟制度條件，一般而論，有限政府常於開放的經濟運行中憑藉法治捍衛的市場競爭來對資源進行尊重公眾產權的自願配置。因此，在市場經濟制度條件下的有限政府舉債，一般存在對有限政府履行債約具有守信用的激勵與反信用的約束功能、可給予債權人穩定償債預期的外在制度安排。換言之，在市場經濟制度條件下的有限政府舉債，一般必須慮及源自於外在制度的守信用的激勵與反信用的約束。從這一意義上說，守信用於有限政府具有利益激勵，反信用於有限政府具有利益約束，有限政府舉債將市場募集公眾自主自願授信視作籌資操作慣例。由於在市場經濟制度條件下，自主自願授信的公眾對有限政府舉債後履行債約行為的監督及對其不履約行為的懲罰，皆可整合於並通過相關外在制度來正式實施。換言之，授信公眾憑藉外在制度正式實施的對有限政府履行債約行為的監督懲罰具有極強的激勵、約束力，有限政府的舉債由此而可以籌得其預期甚至超過其預期的債額。

至於其職能定位不論由於何種原因而由無限政府漸變為有限政府（以下簡稱轉職政府，即職能定位轉變中的政府）時的政府舉債，一般而論，其守信用的激勵與反信用的約束，則可簡括為：在非市場經濟制度漸漸轉型為市場經濟制度條件下，轉職政府漸於由封閉趨向開放的經濟運行中，憑藉人治漸弱、法治漸強進而強制日少、市場日廣的選擇來對資源進行漸重公眾產權的漸形自願的配置。因此，在非市場經濟制度漸漸轉型為市場經濟制度條件下的轉職政府舉債，一般即漸漸形成對轉職政府履行債約漸漸具有守信用的激勵與反信用的約束功能、漸漸可給予債權人穩定償債預期的外在制度安排。換言之，在非市場經濟制度漸漸轉型為市場經濟制度條件下的轉職政府舉債，一般即須漸漸慮及源自於外在制度的守信用的激勵與反信用的約束。從這一意義上說，守信用於轉職政府漸具利益激勵，反信用於轉職政府漸具利益約束，轉職政府漸漸以市場募集公眾自主自願授信替代強索勒派公眾授信。由於在非市場經濟制度漸漸轉型為市場經濟制度條件下，自主自願授信的公眾對轉職政府舉債後履行債約行為的監督及對其不履約行為的懲罰，均漸能整合於並漸能通過相關外在制度來正式實施。換言之，授信公眾漸可憑藉外在制度正式實施的對轉職政府履行債約行為的監督懲罰漸具有趨強的激勵、約束力，而轉職政府的舉債亦由此而漸可籌得其預期的債額。

本章小結

1.在經濟活動中，各行為主體相互間以利益激發鼓勵並期待利益實現的行為即利益激勵，其實質乃是利益激勵的參與主體在相互間以利益為標的、動力的激發鼓勵中啟動對方的利益潛質，使其在利益預期及其兌現動機導向下為或不為一定行為。利益激勵具有互動屬性。互利是互動利益激勵啟動、續動的引擎，互利也是互動利益激勵參與主體相互間的利益交換行為。當互利將互動利益激勵參與主體於利益博弈中導向一可能的利益均衡點時，這一互動的利益激勵即可望成為有效的利益激勵。

有效的利益激勵即利益激勵有效，表現為在每一次利益激勵中，激勵實施主體一般能準確定位、測度對激勵承受主體的激勵切入點與激勵投放量，由此而促使激勵承受主體在其利益預期及其導向下為或不為一定行為，進而回應激勵實施主體的激勵行為。當利益激勵參與主體均為追求有效的利益激勵甚至強效的利益激勵而不斷調整自己的行為以求得相互間的認同時，對利益激勵參與主體而言，利益激勵亦即利益約束，有效的利益激勵亦即有效的利益約束。

利益約束，即對利益激勵參與主體源自於渴望得到或者害怕失去利益而為或不為一定行為所進行的基於利益的控制、限制，其實質乃是對違背相關行為規則為或不為一定行為的利益激勵參與主體實施基於利益的懲罰。從這一意義上說，利益激勵即利益約束（懲罰），互動的利益激勵即互動的利益約束（懲罰），有效的利益激勵即有效的利益約束（懲罰）。

在經濟活動中，具有自利潛質的各行為主體，其行為均會受互動的利益激勵與利益約束所左右。信用，作為經濟行為主體基於還本付息承諾及兌現這一承諾的債權債務關係建立結清的經濟活動，其產生、維繫同樣受制於信用參與主體間互動的利益激勵與利益約束。換言之，利益激勵、利益約束構成信用產生、維繫的利益基礎。

經濟行為主體為利益而交換信用（授受信用），因具有消費之後的剩餘而可能交換信用，更因為具有一經交換信用即必獲預期利益的保障而願意交換信用。給定其他條件，信用緣利益而生，信用的產生以有保證的利益作為基礎。倚重於利益基礎而產生的信用，其存續與維繫依然倚重於利益基礎。可持續維繫的利益基礎保障了信用的存續與維繫。

2.給定利益假說，經濟活動中各行為主體為或不為一定行為的選擇，皆會以利益作為其進行判斷、操作選擇的尺規。經濟行為主體的利益一般難以隔離由他們相互間恪守承諾或者違背承諾所帶來的正負面影響。而經濟行為主體相互間基於利益的承諾及其兌現乃是信用本於社會行為規範的一般屬性，這樣的承諾及其兌現本質上即屬於經濟學意義上的信用，且這樣的承諾能否或能否完全兌現問題同時即屬於遵守或是違反信用的問題。

一般而言，經濟行為主體守信用與反信用的行為構成信用的一體兩面：①守信用的激勵，即對經濟行為主體恪守並兌現承諾行為所給予的基於利益獎勵的激發鼓勵。當其他條件一定時，守信用的利益激勵與守信用的行為進而與由此所引致的信用獲得量正相關。②反信用的約束，乃指對經濟行為主體違背或不兌現承諾行為基於利益懲罰的控管限制。當其他條件一定時，反信用的利益約束（懲罰）與反信用的行為進而與由此所引致的信用失去量負相關。

在真實經濟生活中，信用關係無論是擬設的還是實有的，其債權主體準備或已經借出的信用均具有對可能的債務主體反信用行為的高度敏感性、易受事實上的債務主體反信用行為損毀的脆弱性、一經遭受反信用行為損毀即很難迅速修復的阻滯性。

3.巴里·R.溫格斯特的研究所著力強調的乃是由外在制度對政府實施約束的有效性所可引致的政府舉債規模。

布坎南對政府舉債信用機制問題的相關思考，突出地強調了在公共選擇條件下政府舉債信用機制的操作實施主體乃是具有可置信選擇權的個人。換言之，民主財政運作中的政府舉債面臨著剛性的信用激勵、約束機制。

而在憲政視角下剖析政府舉債信用機制問題，除了啟用憲法約束手段中的選舉約束外，尚可實施非選舉的憲政規則如約束政府的徵稅權——財政約束。

4.給定舉債政府所處經濟制度基礎，欲深入剖析該政府舉債的信用激勵、約束機制問題，有必要依據職能定位而將舉債政府具體劃分為無限政府與有限政府。

在給定非市場經濟制度條件下，一般而論，無限政府常於封閉的經濟運行中憑藉人治拱衛的強制命令來對資源進行漠視公眾產權的強制配置。因此，在非市場經濟制度條件下的無限政府舉債，一般並不存在對無限政府履行債約具有守信用的激勵與反信用的約束功能、可給予債權人穩定償債預期的外在制度安排。

在給定市場經濟制度條件下，一般而論，有限政府常於開放的經濟運行中憑藉法治捍衛的市場競爭來對資源進行尊重公眾產權的自願配置。因此，在市場經濟制度條件下的有限政府舉債，一般存在對有限政府履行債約具有守信用的激勵與反信用的約束功能、可給予債權人穩定償債預期的外在制度安排。

至於其職能定位不論由於何種原因而由無限政府漸變爲有限政府時的政府舉債，一般而論，其守信用的激勵與反信用的約束，則可簡括爲：在非市場經濟制度逐漸轉型爲市場經濟制度條件下的轉職政府舉債，一般即漸漸形成對轉職政府履行債約漸漸具有守信用的激勵與反信用的約束功能、漸漸可給予債權人穩定償債預期的外在制度安排。

本章所引文獻資料補述

第一節：

（第105頁註解②）約瑟夫・亨里奇等在《尋找理性人：15個小規模社會中的行爲學實驗》一文中指出，若干研究成果高度一致且顯著地背離了教科書中的"理性人"假設所作出的預言，因爲很多實驗物件在物質收益之外，他們更關注公正和互惠，願意爲物質利益的分配而承擔個人損失，並願意爲了獎勵那些以合作態度行爲的人、懲罰那些不合作的人而付出代價。但是，該文作者坦言，他們的研究結論並不是要經濟學家 棄理性人的框架，而只是對理性人框架提出修改意見。薩繆・鮑爾斯、赫伯特・金迪斯在《強互惠的演化：異質人群中的合作》一文中指出，在其構造的強互惠的合作與懲罰模型中，群體中的個人能從相互遵守社會文化規範中獲益，強互惠主義者恪守社會文化規範，懲罰那些不遵守規範的人，即使他們比群體內其他人要付出更高的代價；那些完全自私的人只會違反社會規範去佔便宜，但不會懲罰那些違反規範的人；純合作的人堅持社會規範，但在沒有懲罰的情況下會搭便車。對此，他們給出的長期類比統計數據是：強互惠者的比例爲37.2%；合作者的比例為24.6%；自私者的比例為38.2%[1]。這些研究成果無疑帶給我們極大啟示，但它仍未革除也不可能革除經濟分析的利益視角。在經濟活動中，在給定條件下，各利益主體之所以惠人，是因為可由此而使人惠己；之所以跟別人合作，是因為可由此而使別人跟自己合作。而對於這些迄今為學人所耳熟能詳的思想，亞當・斯密早已思之甚深。

---

[1] 以上兩文分別參見汪丁丁等主編：《走向統一的社會科學——來自桑塔費學派的看法》，30、38、72、83頁，上海，上海人民出版社，2005。

第六章

中國近現代政府舉債信用機制的經濟制度與法理基礎

引 言

　　對政府舉債信用機制的經濟、經濟制度及其法理基礎問題的論述，使我們在對這若干問題是什麼、為什麼的思考推進中，逐漸對政府舉債信用機制問題建立起了一個框架性認知。但是，我們的論述並不能因此就可以結束，因為，我們的論題還涉及一個十分重要的方面，即作為本書主題指向的有關中國近現代政府舉債的信用激勵與約束問題的論述，也就是從信用激勵、約束視角剖析中國近現代政府舉債信用機制問題。從這一章開始，我們即準備以前面各章論述政府舉債信用機制問題時所建立的框架性認知作為導向，啟動對本書主題指向問題即對中國近現代政府舉債的信用激勵、約束問題的論述。作為啟動本書主題論述的一個不可或缺的重要內容，在此，我們準備首先對中國近現代政府舉債信用機制的經濟制度基礎與法理基礎問題予以描述和分析。

第一節　中國近現代政府舉債信用機制的經濟制度基礎

　　論述中國近現代政府舉債信用機制的經濟制度基礎問題，我們自然不能不涉及中國古代的經濟制度問題。概略而言，在中國古代，其發端於周秦的封建經濟制度，無論是秦以前諸侯割據稱雄的時代，還是秦以後專制主義中央集權業已建立而封建割據狀態並未消除盡淨的時代，它的主要特點即是：在自給自足自然經濟占主要地位（交換在整個經濟中不起決定作用）的經濟運行中，具有至高無上權力的皇帝（封建國家），大多依靠採用強迫或強制性（超經濟的）手段從農民那裡獲得的地租、貢稅、無償勞役來運作政治[1]。換言之，中國古代的封建經濟制度，從根本上說，實際上屬於自給自足的、封閉的、由封建國家憑藉強制手段操作資源配置（專制的）的非交換經濟——非市場經濟制度。

迄於近代，國人"天朝無所不有"、"一切洋貨皆非內地所必需"、對外"撤關絕市"的認識[2]，已逐漸被"世界經濟之潮流噴湧而至，同則存，獨則亡，通則勝，塞則敗。昔之爲商，用吾習慣：可以閉門而自活。今門不可閉也，閉門則不可以自活"[3]、"從前閉關自守的時代，中國工人還可以自耕而食，自織而衣，自己本來可以供給自己；到了外國人來叩關，打破我們的門戶，和我們通商以後，自己便不能供給自己"[4]等認識所替代。不言而喻，國人這種認識的轉變植根於中國古代的封建專制經濟制度——封閉的非交換經濟在近代被動地轉變[5]。

中國古代的封建專制經濟制度——封閉的非交換經濟在近代的被動轉變：

(1)這種被動性表現爲："英國用大炮強迫中國輸入名叫'鴉片'的麻醉劑。清王朝的聲威一遇到不列顛的槍炮就掃地以盡，天朝帝國萬世長存的迷信受到了致命的打擊，野蠻的、閉關自守的、與文明世界

---

[1] 《毛澤東選集》，586、587頁，北京，人民出版社，1967。
[2] 包世臣：《安吳四種》，卷26，《庚辰雜著》；卷2，《齊民四術》；卷10，《與果勇侯筆談》。參見胡寄窗著：《中國近代經濟思想史大綱》，11頁，北京，中國社會科學出版社，1984。
[3] 張謇研究中心、南通市圖書館編：《張謇全集》，卷1，291頁，《致商會聯合會函》，南京，江蘇古籍出版社，1994。
[4] 《孫中山選集》，下卷，843頁，《中國工人所受不平等條約之害》，北京，人民出版社，1956。
[5] 1910年，伍廷芳在《中國覺醒的意義》一文中談到古老保守的中國曾長期自我封閉，處於20世紀時中國已被迫對國際貿易和商業開放門戶。見丁賢俊、喻作鳳編：《伍廷芳集》，上冊，361、363頁，北京，中華書局，1993。

隔絕的狀態被打破了，開始建立起聯繫"，"解體的過程"接踵而至[1]。

(2)這種轉變則表現為："中國封建社會內的商品經濟的發展，已經孕育著資本主義的萌芽，如果沒有外國資本主義的影響，中國也將緩慢地發展到資本主義社會。外國資本主義的侵入，促進了這種發展，外國資本主義對於中國的社會經濟起了很大的分解作用，一方面，破壞了中國自給自足的自然經濟的基礎，破壞了城市的手工業和農民的家庭手工業；又一方面，則促進了中國城鄉商品經濟的發展"，而上述情形"不僅對中國封建經濟的基礎起了解體作用，同時又給中國資本主義生產的發展造成了某些客觀的條件和可能。因為自然經濟的破壞，給資本主義造成了商品的市場，而大量農民和手工業者的破產，又給資本主義造成了勞動力的市場"[2]。概括而言，中國古代封建專制經濟制度——封閉的非交換經濟，在近代，由於列強"強迫中國人民接受鴉片"而被動開放[3]，這一被動開放在破壞、解體既有的封閉的非交換經濟基礎的同時，也啓動、促進了中國古代經濟制度向中國近現代經濟制度的被動轉型：封閉一天天減少而被動開放一天天增多，交換權重一天天增大而非交換權重一天天減小。換言之，中國近現代經濟制度就是在被動選擇條件下也就是在半殖民地半封建化條件下[4]，逐漸由封閉的非交換經濟向開放的交換經濟——市場經濟轉型的經濟制度。不言而喻，相對於開放的交換經濟——市場經濟來說，封閉的非交換經濟即自然經濟，我們自然可以將它歸屬於非市場

---

[1] 《馬克思恩格斯選集》，卷2，2、3頁，《中國革命和歐洲革命》，北京，人民出版社，1975。

[2] 《毛澤東選集》，589、590頁，北京，人民出版社，1967。

[3] 嚴中平主編：《中國近代經濟史》，上冊，前言，19頁，北京，人民出版社，1989。

[4] 《毛澤東選集》，589、591頁，北京，人民出版社，1967。

經濟類型。按照這一判斷，我們應當可以對中國近現代政府舉債信用機制的經濟制度基礎做如下界定，即它是一種在被動選擇條件下也就是在半殖民地半封建化條件下，逐漸由非市場經濟制度向市場經濟制度轉型的經濟制度。

前曾論及[1]，政府舉債信用機制的經濟制度基礎，一般而論，①非市場經濟制度在封閉的非交換經濟運行中，忽視產權界定或產權界定不全，而由於在這一經濟制度基礎上營運行政（政治）的政府（無限政府），它們大多憑藉人治而非法治，或者大多偏好（選擇）人治而輕視（迴避）法治，由此而生成的產權狀況（例如產權界定模糊、產權實施無序、產權維系多變），使得它們常常僅能對經濟運行中行為主體的行為具有負的利益激勵與利益約束功能；②市場經濟制度在開放的交換經濟運行中，重視產權界定或產權界定完整，而由於在這一經濟制度基礎上營運行政（政治）的政府（有限政府），它們大多憑藉法治而非人治，或者大多偏好（選擇）法治而輕視（迴避）人治，由此而引致的產權狀況（例如產權界定清晰、產權實施有序、產權維繫穩定），使得它們常常能夠對經濟運行中的行為主體具有正的利益激勵與利益約束功能。儘管在那裡並未專門界定由非市場經濟制度漸變為市場經濟制度進程中的轉型經濟制度情形，但我們如果擬作類似界定，也許可將這一界定表述為：這種轉型經濟制度在逐漸走出封閉的非交換經濟而進入開放的交換經濟的經濟轉型運行中，逐漸重視產權界定或產權界定逐漸趨向完全。而由於在這一轉型經濟制度基礎上營運行政（政治）的政府（逐漸由無限政府轉型為有限政府），它們逐漸憑藉法治而非人治，或者逐漸選擇（偏好）法治而迴避（輕視）人治，由此而生成的產權狀況（例如產權界定漸趨清晰、產權實施漸

---

[1] 參見本書第三章的相關論述。

趨有序、產權維繫漸趨穩定），使得它們因此而逐漸能夠對經濟運行中行為主體的行為逐漸具有正的利益激勵與利益約束功能。無疑，這諸多論述尚屬一般而論。當證諸中國近現代政府舉債信用機制的經濟制度實際時，我們對中國近現代轉型經濟制度，即對構成中國近現代政府舉債信用機制的經濟制度基礎，又該作何判斷、界定呢？

第二節　中國近代在不平等條約壓力下的被動開放

剖析中國近現代轉型經濟制度，如果要使我們的相關判斷、界定更能夠切合於實際，也許有這樣幾個問題必須首先予以關注，即：不平等條約壓力下的被動開放、時局動盪中的立法取向。在此，我們僅僅準備圍繞有關論題的既有思考，簡要分析中國近代在不平等條約壓力下的被動開放問題。至於中國近現代政府在時局動盪中的立法取向問題，則準備把它置於中國近現代政府舉債信用機制的法理基礎一節來詳為論述。

論及中國近代歷史，有的歷史學家認為，"中西關係是特別的。在鴉片戰爭以前，我們不肯給外國人平等待遇；在以後，他們不肯給我們平等待遇"[1]。也有的歷史學家在"平等與不平等"的視角下直言，"儘管鴉片戰爭前清朝在國家關係上矮化西方列強，但對經濟貿易的種種限制，恐怕不能以'不平等'一語而完全概括之，至於猖獗的鴉片走私貿易，又當別做它論；鴉片戰爭後西方列強逼勒的一系列條約，包含眾多不平等條款，而在國家關係上又毫無列外地追求與清朝'平等外交'"[2]。在此，我們姑且不論這些歷史學家對中國近代歷史所

---

[1] 蔣廷黻：《中國近代史》，17頁，長沙，湖南人民出版社，1987年。
[2] 茅海建：《天朝的崩潰——鴉片戰爭再研究》，482頁，北京，生活・讀書・

持有的判斷是否已經屬於"既不誣前人，亦免誤來者"的"排除恩怨毀譽，務求一持平之論斷"[1]，客觀而論，他們對中國近代歷史所遭遇到的不平等問題的揭示，的確表明了學人們對這一問題具有持續、深刻的關注。誠所謂"19世紀是中國人屈辱的世紀"（一個難以割捨的價值判斷），作爲中國歷史轉捩點而使中國不得不思考如何完成近代化歷史使命的鴉片戰爭，給予國人以不盡的情緒困擾、反思刺激[2]。

1842年，旨在結束鴉片戰爭的《中英南京條約》簽訂，條約中割讓香港、開放五口通商、協定關稅、取消行商制度等諸多規定，以及在《中英南京條約》之後若干條約中有關領事裁判權、片面最惠國待遇、控制海關等的進一步規定，使清政府一直閉鎖的門戶爲列強所洞開[3]。中國近代在不平等條約壓力下的被動開放由此而啓動。

不平等條約多以"外人租借地、領事裁判權、外人管理關稅權以及外人在中國境內行使一切政治的權力"而"侵害中國主權"、"有損中國之利益"[4]、使中國失去"國際的平等自由"而不再是"一個完全獨立的國家"[5]。在中國近代，不平等條約對中國主權、利益的磨損，給予列強以巨大的掠奪性收益。借用曾經在中國近代出任中國海關總稅務司達48年之久的赫德（Robert Hart，任職期間1863－1911

新知三聯書店，1995。
[1] 參見《陳寅恪文集》之一《寒柳堂集》，165～167頁，上海，上海古籍出版社，1980。轉見石泉：《甲午戰爭前後之晚清政局》，自序，3頁，北京，生活・讀書・新知三聯書店，1997。
[2] 茅海建：《天朝的崩潰——鴉片戰爭再研究》，583、1頁，北京，生活・讀書・新知三聯書店，1995。
[3] 《辭海・歷史分冊・中國近代史》，4頁，上海，上海辭書出版社，1979。
[4] 《孫中山選集》，下卷，528、529頁，北京，人民出版社，1956；亦可參見《毛澤東選集》，591頁（北京，人民出版社，1967）的相關分析。
[5] 《孫中山選集》，下卷，843、889頁，北京，人民出版社，1956；亦可參見《毛澤東選集》，591頁（北京，人民出版社，1967）的相關分析。

年）所言，"條約的訂定，提供了他們所要求的一切"[1]。而尤有甚者，從不平等條約獲得其所要求的一切的列強，它們在中國近代的活動卻長期不受條約的制約[2]。

　　概略而言，中國近代在不平等條約壓力下的被動開放，給予列強以超國民待遇而並未真正給予國民以自主多樣替代選擇的開放空間，刺激局部地區經濟增長而並未整合本土經濟、建成本土統一市場，擴大國際貿易逆差而並未引致對外通商的互惠互利。換言之，中國近代在不平等條約壓力下的被動開放，具有列強"絕不是要把封建的中國變成資本主義的中國"而是"要把中國變成它們的半殖民地和殖民地"[3]的深深烙印；中國近現代的經濟制度作爲一種由封閉的非交換經濟——非市場經濟制度，逐漸轉變爲開放的交換經濟——市場經濟制度，即作爲一種轉型經濟制度，其轉型的啓動、推進、深化，完全是由於列強的施壓；其轉型的取向，使中國近代在被動選擇條件下付出了巨大的主權代價，並因此而使政府在國人捍衛主權的民族自救中，日益失去國人對它所做出的諸種承諾的信任。

第三節　中國近現代政府舉債信用機制的法理基礎

　　近代以後迄於現代，中國內憂外患，利權散落，戰事頻仍，時局動蕩，預期無序。正是在這一背景下，始於清末，政府立法者、執法者由於重建秩序以振國威的利益激勵，在他們的政治（行政）運作中

---

[1]　轉見汪敬虞：《十九世紀西方資本主義對中國的經濟侵略》，2頁，北京，人民出版社，1983。

[2]　轉見汪敬虞：《十九世紀西方資本主義對中國的經濟侵略》，2頁，北京，人民出版社，1983。

[3]　《毛澤東選集》，591頁，北京，人民出版社，1967。

日益重視立法，而他們的立法取向則主要表現為逐漸構建起近代意義上的法律體系[1]。正是在這一過程中，中國近現代政府舉債信用機制的法理基礎（法律文本層面的基礎），也由此而逐漸得以奠定。毋庸置疑，在我們進入中國法律近代化的立法取向進而中國近現代政府舉債信用機制的法理基礎構成問題的剖析前，有必要首先對中國古代法律傳統即中國古代法律定位問題略予討論。

一、中國古代法律定位

通常，學者們把具有某種特徵的某一國法律與仿效該種法律的其他國家的法律，歸屬於同一種法系。而在有關法系劃分即五大法系劃分中，在印度法系、阿拉伯法系（伊斯蘭法系）、大陸法系（羅馬法系或民法法系）、英吉利法系（普通法系或英美法系）之外，還有古老的中國法系（中華法系）[2]。

論及中國古代法律，學者們多認為，具有鮮明特色、對周邊國家深具影響的五大法系之一的中華法系，其淵源可以上溯到西元前3000年左右，它定型於西元7世紀初形成的並為此後的封建法律奠定基礎的唐朝法律，而它的完備形態乃是明、清兩朝的法律。在中國古代自給自足的自然經濟條件下，由於存在國家權力對作為社會基礎的家長制家庭的維護、國家政權組織專制主義制度的不斷強化、以綱常倫理為主要內容的儒家文化被統治者奉為國家文化而成為教育科舉的根本依據甚至立法與司法的指導思想這一個大的背景，中國古代的法律因此而具有以下這些特質，即：以禮導法、禮法互補，綜合致治；在禮法合流中協調整合天理、國法、人情；價值取向重公權、輕私權與倡

---

[1] 張晉藩總主編：《中國法制通史》，卷9，緒言，1頁，北京，法律出版社，1999。
[2] 參見編委會：《法學詞典》，650頁，上海，上海辭書出版社，1984。

無訟；法自君出、權力支配法律視爲當然；實行嚴格的身份等級制度並據以形成不同的法律調整；基於家庭本位的社會結構而以國法、習慣、綱常教義爲基礎所編修成的，並且依靠家族力量和國家政權爲其提供實施保障的家法，構成國法的補充；在諸法合體與民刑不分即重視刑法輕視民法的法律構造中，以刑法學、刑事訴訟法學作爲主要內容的刑名律學，成爲法學的集中代表[1]。

關於中國古代把法自君出、權力支配法律視爲當然的特質，具體表現爲在中國封建專制制度下，"乾綱獨斷"的皇帝常常根據自己的偏好立法或廢法，憑藉他所持有的特權而把法律視爲皇權的附庸，所以，可以做出這樣的判斷，即歷代法典中見不到約束皇權的條款原屬自然[2]。至於對中國古代法律價值取向所具有的重公權、輕私權與倡無訟的特質，則可以給出這樣的詮釋，即在中國封建專制制度下，那些出自君上的法律，尤其強調通過使用嚴厲的刑罰去懲辦侵犯君主或國家利益的行爲，藉以實現對公權即國家的統治權——君主的統治權的維護，而凡是涉及私人財產糾紛的私權，在缺乏必要法律調整（民事法律處於零散狀態）的情形下，大多依靠禮數、習俗進行調整，並且，有關執政者對於涉及私權糾紛的當事者常常給予息訟、無訟的"私了"引導[3]。毋須諱言，僅此兩端，已足見中國古代雖有法律傳統，但在封建專制制度背景下，法律事實上成爲了"一家之法"[4]，有法律卻實行人治，皇權無限，民眾產權缺乏一種確定的可予置信的保

---

[1] 參見張晉藩：《中國法律的傳統與近代化的開端》，載《政法論壇》，1996(5)。

[2] 參見張晉藩：《中國法律的傳統與近代化的開端》，載《政法論壇》，1996(5)。

[3] 參見張晉藩：《中國法律的傳統與近代化的開端》，載《政法論壇》，1996(5)。

[4] 黃宗羲：《明夷待訪錄》，轉見張晉藩：《中國法律的傳統與近代化的開端》，載《政法論壇》，1996(5)。

障。這就是學人們對中國古代法律的明確定位。

而整理學人們對中國古代法律定位問題的思考,迄今,有的學者更是將自己對這一問題的判斷簡要概括爲:"亙古乏民主,子民身賤犬馬;曆朝有秦政,黎庶命輕鴻毛。法,治民治吏不治君;禮,及上及尊不及卑"[1]。早在民國年間,學者們就已經提出人治主義與法治主義論題,剖析儒家人治主義傳統下"有治人無治法","得聖人而治",數千年間"專制君主,雖好依法繩人,卻不願以法限己","儒家言治,人即爲法。天子神聖,萬民之法。"[2]這無疑可以被看成是對中國古代法律爲什麼具有人治之法這一定位的較早並且頗具解釋力的判斷。至於今之學人以經濟學視角分析中國古代的人治現象,他們從對宏觀層面法治供給何以不足、微觀層面法治需求爲何短缺的原因分析中,嘗試論說中國古代政府運作行政的人治偏好選擇,則更是具有極強的學理啓示[3]。而尤應提及的是,在今天的學者中,不乏研究中國古代限制君權的思想、中國古代的權力監督制度問題者,但值得注意的是,他們的研究並未背棄學界對於中國古代政府運作行政推行人治的這一共識,而是以君權至上、一貫專制、產生於中國古代封建君主專制條件下的限制君權思想與實踐及其所構造的權力監督制度的績效均極爲有限這若干關鍵判斷[4],進一步強化了我們所持有的對中國古代法律具有人治定位、中國古代運作行政推行人治這一共識性認知。

---

[1] 程燎原、江山:《法治與政治權威》,6頁,高鴻鈞序,北京,清華大學出版社,2001。
[2] 陳茹玄文,刊在《時代公論》第88號,轉見何勤華、李秀清主編:《民國法學論文精萃》,卷1,238~242頁,北京,法律出版社,2003。
[3] 參見劉雲龍、李敏娥:《中國人治現象的經濟分析及其啓示》,載《現代法學》,1996(3)。
[4] 參見黃毅:《論中國古代限制君權的思想》,載《中國法學》,1996(5);孫季萍:《中國古代權力監督制度評析》,載《政治與法律》,2001(5)。

如果說中國古代的法律具有突出的人治定位的話，那麼，進入近現代的中國，一個在外來壓力下啓動經濟制度被動轉型過程的中國，它的立法又具有怎樣的定位呢？

二、關於中國近現代政府在時局動蕩中的立法取向

一般而論，中國古代的法律傳統，至近代，在國破兵敗的創痛中與國人探索變法圖強的背景下，由於"西法東漸，法治之倡得勢；古禮今廢，德治之聲失時"的引領[1]，已經開始在逐漸構建中國近代意義上的法律體系中，明確擇定了中國法律近代化這一立法取向。儘管這一在時局動蕩中啓動、推進的立法取向，由於並非完全由國人自發擇定，也就是說，這之中事實上存在著列強炮艦的強烈刺激與外來法律文化的持續衝擊因素，從而使得該立法取向進程在遭遇"時空積壓"中推進艱難、歷經曲折[2]，但是，同樣不可否認的事實是，這一立法取向在塑造法治理念、評議人治弊端逐漸成爲輿論導向的氛圍中，最終完成了文本層面的中國近代化法律構造。

1.中國法律近代化立法取向中對西方法律的引入

在中國近代法律立法趨向近代化的過程中，雖然不乏"祖宗之法不可變"的議論，但"如今日中國不變法，則必亡是已"[3]的見識，事實上已經開始激勵國人致力於立法革故鼎新。由於此時的中國尚未具備實現法律近代化所需要的那種自然生成的、相對成型的社會經濟條

---

[1] 程燎原、江山：《法治與政治權威》，6頁，高鴻鈞序，北京，清華大學出版社，2001。

[2] 參見郭成偉、郭瑞卿：《中國法律近代化的路徑》，載《金陵法學評論》，2001年秋季卷；蔣立三：《中國法律演進的歷史時空環境》，載《法治與社會發展》，2003(4)。

[3] 嚴復：《侯官嚴氏叢刻·救亡決論》，轉見王立民：《論清末德國法對中國近代法制形成的影響》，載《上海社會科學院學術季刊》，1996(2)。

件，這就促使那些致力於立法革故鼎新的國人不得不在被動或主動的判斷下，選擇了引入西方法律、移植西方法律並藉以生成本土法律的路徑。

概略而言，在近代，國人在被動選擇下引入西方法律的渠道主要是：

外國商人與中國商人的相互貿易、列強在中國設廠辦公司、傳教士的相關譯述、列強在華領事裁判權制度的實施。至於國人在主動選擇下引入西方法律的渠道則主要是：出國留學生的相關譯述、駐外公使的相關觀察筆錄、直接派員的考察比較[1]。具體而言，國人在清末致力於引入、移植西方法律並據以生成本土法律的西方法律範例選擇操作中，他們首先重視的是"歐法"並且主要是德國法，而他們之所以有這樣的選擇操作，又主要是因爲德國法在當時被國人視爲歐洲最優秀的大陸法、歐亞諸國中已有引進德國法並獲得成功的先例、德國當時已經是快速崛起的歐洲國家，尤其是國人認爲當時的德國在人民習俗、政治制度各方面的情形與中國近似。值得注意的是，由國人持有的上述判斷所積澱下的德國法對中國近現代政府立法取向的影響，甚至延續到20世紀20～30年代還依然未能消失[2]。

但是，在清朝末年，儘管國人已經開始在被動或主動選擇操作下致力於多渠道引入西方法律，並由此而啓動了中國法律近代化過程，但因執政者"君權至上"狀況依舊、高度發達的中央集權體制給予執政者運作行政以穩定保證、科舉入仕的選官制度造就了迷戀依附舊有體制的統治階層、相對於強勢的地主經濟而言資本主義尙處於弱勢的

---

[1] 參見郭成偉、郭瑞卿：《中國法律近代化的路徑》，載《金陵法學評論》，2001年秋季卷。
[2] 嚴復：《侯官嚴氏叢刻・救亡決論》，轉見王立民：《論清末德國法對中國近代法制形成的影響》，載《上海社會科學院學術季刊》，1996(2)。

經濟格局、自傲的"華夷思想"與強固的儒學統治一仍其舊等因素的約束和影響,最終使得清朝末年國人所啟動的中國法律近代化立法取向歸於失敗[1]。並且,影響所及,使得已經開始趨向近代化的中國法律重構在清王朝覆滅以後的很長時期內,竟然一直在封建法律與外來法律之間徘徊[2]。不過,客觀評說,中國法律近代化進程的啟動和推進雖然歷經挫折,但伴隨著這一進程而逐漸引入的西方法律,它所秉持的法律至上、實施法治、限制政府權力與保障公民權利、依靠立法與司法及行政分權制衡以健全法律體系的理念,事實上已經逐漸滲透並強烈地影響著國人對立法操作取向問題的思考、文本層面法律設計的選擇。

2.中國法律近代化立法取向中的本土立法

在近代,國人在中國法律近代化的立法取向中啟動了本土立法。在這一過程中,渴望為中國尋找到通向富強道路的國人,他們對不斷引入的西方法律理念的逐漸接受,使他們對西方法律不再是僅僅限於進行是什麼、為什麼的詮釋,而是以此詮釋作為基礎,致力於將西方法律理念揳入本土立法設計中[3]。

當晚清政府被時勢所迫,不得不詔令"世有萬古不易之常經,無一成不變之治法"、"大抵法積則弊,法弊則更"、"法令不更,錮

---

[1] 參見艾永明:《清末法治近代化為什麼失敗?》,載《比較法研究》,2003(3)。

[2] 參見郭成偉、郭瑞卿:《中國法律近代化的路徑》,載《金陵法學評論》,2001年秋季卷。

[3] 他們主張:"國家以法制為先"、"法制以遵行為要,能遵行而後有法制"[1],"治亂之源,富強之本"在議院[2],"為民而立"的"治國之法""上下鹹遵"始有"保民之效"[3],"采擇萬國律例,定憲法公私之分"以改革清朝刑律,制訂民法、商法、訴訟法[4],"法治主義為今日救時唯一之主義"[5]{[1]洪仁玕言,[2]鄭觀應言,[3]嚴復言,[4]康有為言,[5]梁啟超言,均轉見張晉藩:《中國法律的傳統與近代化的開端》,載《政法論壇》,1996(5)}。

習不破"[1]，繼而啓動政府導向的修訂法律計劃的時候，由晚清政府所指派的修訂法律大臣沈家本、伍廷芳，他們所持有的修訂法律原則乃是"參酌各國法律，悉心考訂，妥爲擬議，務期中外通行，有裨治理"[2]。尤其是沈家本，更是把他對上述修訂法律原則的思考細化爲"當代法治時代，但若證之今而不考之古，但推學西法而不探討中法，則法學不全，又安能會而通之，以推行於世？"[3] 儘管這樣的修訂法律原則所啓動操作的中國法律近代化立法取向，還遠遠不是所謂的革故鼎新，但不可否認，這些原則對西方法律借鑒選擇的重視本身，不僅使中國法律構架逐漸取型於所選範本國的法律，更使得中國法律理念逐漸被西方法律基本理念所滲透、感染。切於論題，對中國法律近代化立法取向中的本土立法問題予以探討，在此，似乎僅僅適宜於闡述憲法（容後專門論述），但以重視保障民眾權利而論，即便是涉及民間行爲主體公民、法人，旨在調整他們在一定範圍內的財產關係和人身關係的法律規範——民法，我們也可以從中清晰地看出在中國法律近代化立法取向中，本土立法理念在文本層面對民眾權利的關注。基於這一判斷，我們因此而擬在這裡先對始於清末的民法撰修問題予以論述。

如上所論，清末，政府指派沈家本等主持修律（行政法、民法、刑法、訴訟法、法院編制法），"參酌中西法律"，"務期中外通行"、"用夷變夷"[4]，由此而確立具體操作中國法律近代化的修律取向。以民法撰修而論，它的啓動本身，即足以說明其對中國古代法律把民間財產糾紛視爲"細故"、提倡實行息訟無訟傳統的否定，而依

---

[1] 《德宗皇帝實錄》，卷476。
[2] 《德宗皇帝實錄》，卷498。
[3] 沈家本：《寄簃文存》，六《薛大司寇遺稿序》。
[4] 張晉藩總主編：《中國法制通史》，卷9，220、230頁，北京，法律出版社，1999。

照"資本主義民法原理原則"並且仿照大陸民法體系結構撰修的《大清民律草案》（1911年9月編成）[1]，解讀其資訊，在該草案《總則編》所規定的民律的基本原則、基本制度的框架中，我們清晰地看到它對經濟活動中信用主體的權利與義務作了十分詳細的規定[2]。無疑，執要而論，我們的確可以從這部《大清民律草案》中讀出界定產權、維繫產權——保障產權的核心資訊。姑且不論這一核心資訊的實施驗證情形究竟怎樣，在這裡，毋須諱言的事實是，西方法律通過界定產權而對公民權利實施保障的這一立法理念，已經滲入了國人具體而微的文本層面的立法操作中。

民國時期，在近40年中，南京臨時政府、北洋政府、國民政府續為立法，並且使開始於清末法律制度改革的中國法律近代化進程最終完成於國民政府六法體系的確立[3]。仍以民法而論，民國初年的民法編修情形乃是：由於其時尚未頒佈民國民法法典，前清所頒《現行律》涉及民商事規定者甚多，除與國體抵觸者外，繼續有效，如《錢債》部分[4]。1920年，北洋政府刊行的《大理院判例要旨彙覽》第一卷即是《民法》[5]。其時，有人倡言"排斥先頒全部之議，僅取民法中富於世界共通性之《債權法》先加修改"[6]。國民政府時期，《中華民國民

---

[1] 張晉藩總主編：《中國法制通史》，卷9，220～226頁，北京，法律出版社，1999。

[2] 1911年9月編成的《大清民律草案》，參見張晉藩總主編：《中國法制通史》，卷9，緒言，1頁，北京，法律出版社，1999。

[3] 中國第二歷史檔案館編：《中華民國史檔案資料彙編》，第二輯，106、14頁，南京，江蘇人民出版社，1981。

[4] 楊鴻烈：《中國法律發達史》（影印本），下冊，1517頁，上海，上海書店，1990。

[5] 楊鴻烈：《中國法律發達史》（影印本），下冊，1517頁，上海，上海書店，1990。

[6] 中國第二歷史檔案館編：《中華民國史檔案資料彙編》，第五輯，第一編政治（一），334、348頁，南京，江蘇古籍出版社，1999。

法》(《總則編》於1929年5月23日、《債編》於1929年11月22日)承繼清末《大清民律草案》與北洋政府《中華民國民律草案》而頒行,並且有《民法總則施行法》(1929年9月24日)、《民法債編施行法》(1930年2月10日)漸次頒行,其後尚有《強制執行法》(1945年5月16日)、《民事訴訟法》(1945年12月26日)修正頒行。

　　對於《中華民國民法》,我們在它的債編、物權編的相關規定中,頗能清晰地識別出它對公民產權的界定與保障資訊[1]。可以說,《中華民國民法》中的《物權編》對產權的有關界定,已經與今日新制度經濟學所持有的產權要義頗為類似了,而它的《債權編》對具體而微的產權主體權利保障所作的幾近縝密的操作規定,如果僅僅以文本法條而論,所謂債務人必須對債權主體還本付息、遲付者必須支付延遲利息、金錢借貸還本付息中的債務主體必須使用具有通貨效力的貨幣、債權主體的權利可以尋求法院強制執行作為保障等規定,已然使產權主體的權利保障似乎從此無憂。尤其是《強制執行法》中有關司法保障債權人權利的規定[2],似乎已經表明,法院介入債權人權利保障,其實就是政府承諾以法保障債權人權利。誠然,我們不宜僅僅根據這一點就判斷這其實就等價於政府承諾保障公民權利,但是,債權人的權利保障的確已內含於公民權利保障,並且是公民權利保障內容中具體而微、至為重要的一個方面。其實,這並不僅僅是我們的思

---

[1] 《中華民國民法》中的《債編》規定,參見中國第二歷史檔案館編:《中華民國史檔案資料彙編》,第五輯,第一編政治(一),404頁、407頁、408頁、418頁、404頁,南京,江蘇古籍出版社,1999;上海書店、中國法規刊行社編審委員會編:《民國叢書》,第三編28,六法全書,331、332頁,上海,春明書店,1948。

[2] 《強制執行法》,參見上海書店、中國法規刊行社編審委員會編:《民國叢書》,第三編28,六法全書,427、428頁,上海,春明書店,1948。

考，檢索文獻，在當時，學人們對這類問題早已有很多精闢的認知。

例如，吳經熊直言，作爲民族精神表徵的民法使"民權藉以保障"、"民生恃以發展"[1]，李祖蔭把占私法領域大部分的民法視爲人民生活的憲章、社會生活的基本法、人民權利義務的准據法，指出"無民法不能保擁人民"[2]。客觀而論，他們的見解的確可以被看成是對民法功能的客觀定位，而這一定位所依據的理念乃是源自於西方法律重視公民權利保障的法理影響。

無疑，僅僅以這裡論及的中國法律近代化立法取向中的本土民法編撰而論，它雖然的確內含了保障公民權利的要旨，但我們尚不能據此就判斷它必然具有保障公民權利的實績。此即所謂立法屬一回事，所立之法能否產出實際績效，即法律的實施效果是否能將立法所確立的目標予以不折不扣地實現，則屬於另一回事。數十年來，學人均認同中國近現代的民法（甚至其他各法），它的編撰大多是抄錄國外法律尤其是大陸法系國家的法律而得以完成的這一判斷[3]。不言而喻，這一判斷所涉及的問題自然屬於中國近現代政府進行"制度移植"的一個十分重要的內容。

20世紀90年代末，外國學者R. La Port、F. Lopez-de-Silanes、A.Shleifer、R. Vishny在《法律與金融》一文中總結他們的研究時，曾

---

[1] 吳經熊：《關於編訂民法之商榷》，載《法學季刊》，第4卷第1期，1929(9)；轉見何勤華等編：《民國法學論文精萃》，卷3，2頁，北京，法律出版社，2004。

[2] 李祖蔭：《中華民國新民法概評》，載《法學評論》，第24、25期，1930(3)；轉見何勤華等編：《民國法學論文精萃》，卷3，11、12頁，北京，法律出版社，2004。

[3] 肖邦承：《社會法律學派之形成及其發展》，載《法軌期刊》，第2卷第1期，1934年；轉見何勤華等編：《民國法學論文精萃》，卷3，567頁，北京，法律出版社，2004。吳經熊《新民法和民族主義》，轉見郭成偉等：《中國法律近代化的路徑》，載《金陵法學評論》，2001年秋季卷。

經強調指出，一個國家在對債權人與股東權利保護方面所涉及的法律來源、法律實施質量上，普通法系國家要強於大陸法系國家[1]。如果我們要從他們的研究判斷中提煉出啓示，重理中國近現代民法保障公民權利的理念、功能及其法律績效問題陳案，答案似乎因此而可以簡化爲：中國近現代的民法，其理念弱、功能弱、法律績效弱，其之所以如此，蓋源自於取法乎大陸法系。顯然，這一簡化判斷確實類同於將問題簡單化。但是，A. Shleifer在其後的研究中，把他與合作者的前述思考進一步表述爲：法律與規則的關鍵決定因素從效率視角分析，在於政府實施規則的效力；制度低效率的成因之一就在於許多發展中國家，它們在殖民地時期雖然經由移植而形成了增進產權保護的制度，但是，沒有理由相信這樣的制度可以自動生效，這就意味著那些在民主和有限政府的國家中適宜的制度，它們被移植到不同政治環境以後，其運作就有可能不會良好，尤其是在統治者的利益與公衆的利益不一致以及規則容易受到破壞的時候，法律的實施將最沒有效率可言[2]。切於中國近現代政府法律近代化立法取向中本土立法這一"制度移植"的歷史事實，上述所給出的看似簡單的判斷，事實上已經在對是什麼的問題進行描述和分析之後，把爲什麼會是這樣的問題擺在了我們的面前，並促使後來的研究者持續致力於尋根究底。

饒有深意的是，曾康霖先生在其對大陸法系與英美法系的比較思考中剴切地指出，對投資者權益保護（主要體現在對投資者債權與股權保護上）具有不同制度安排的不同法律體系，①崇尚"本本主義"即規定出若幹條文要社會成員遵循的大陸法系（成文法系），注重強調人所應當履行的義務，在此基礎上，履行了一定義務的人因此才相

---

[1] R. La Port、F. Lopez-de-Silanes、A. Shleifer、R. Vishny：Law and Finance，Journal of Political Economy，December 1998.

[2] A. Shleifer：《新比較經濟學》，見《經濟學消息報》，2003-01-24，第4版。

對而言享有了一定權利;②崇尚"個人主義和自由主義"即授權給法官准其以案例進行判斷的英美法系(判例法),注重維護人的權利。例如,以對債權人的權益保護而論,當債務人不能償還欠款時,債權人為了保障自己的權益,是否有權處理信用關係藉以建立的要件即擔保品時,一般而論,大陸法的有關規定限制較多,而英美法的規定則更有利於債權人。這樣,給定其他條件,一般而論,以後一種法系制定執行法律制度的國家和地區,由於其投資者的權益能夠得到有效保護,這就使得投資者的信心不斷增強並由此而促進這些國家和地區的資本市場得以不斷發展。作為權利與義務制衡的法律,其之所以在制度安排上存在這樣的傾向性差異,論其原因,乃在於一定法律制度所涉及的文化背景不同並在一定程度上反映了執政者的意志。給定一國法律體系,當我們考察該國執法效率——一個可以用來測度一國法律制度有效性的重要指標時,我們可以把衡量該國執法效率的指標具體化為司法體系效率、法律規則、腐敗程度與會計規則[1]。從這一意義上說,作為一種外在制度安排的法律移植,如果操作其事的一國政府能夠真正將其職能定位明確界定為"為國民履行保護社會、盡可能保護社會上的每一個人、提供公共設施的義務",那麼,一國在謀求經濟增長進而經濟發展中,是否移植及如果移植則究竟應該移植什麼樣的法律制度,什麼樣的法律制度被付諸實施才是有效率的,對該國政府而言,其可據以決策與據以測度的依據,無疑,這一切最終將取決於該國政府對其國民權益的悉心斟酌與權衡。審視中國近現代政府立法取向中引進西方法律與致力於本土立法的事實,我們由此可以提煉出怎樣的啟示呢?

---

[1] 曾康霖:《關於不同法系與不同法律制度對投資者權益保護差異問題的思考》(專題發言列印稿),2005年4月。

第四節　中國近現代政府舉債信用機制的法理基礎構成

對中國近現代政府舉債信用機制的法理基礎構成問題的論述，無疑，我們不可能從隸屬於私法的民法中獲得對稱資訊。因為，儘管我們曾經在中國近現代民法編修中提煉出了保障公民權利這一重要理念，但是，它的適用範圍卻僅僅局限於調整民間行為主體公民、法人的財產關係和人身關系，這就決定了我們不可能把它援引過來用以解釋限制政府權力以保障公民權利問題，即解釋政府舉債信用機制的法理基礎構成問題。

在本書第四章，我們曾經專章對政府舉債信用機制的法理基礎構成問題進行了一般性剖析。在剖析中，我們曾經把屬於公法的憲法所具有的限制政府權力、保障公民權利的功能，以及它在憲政條件下的功能釋放問題，作了切於本書主題的分析。簡言之，在我們的分析中，我們已經把憲法視為一國政府舉債信用機制法理基礎的關鍵構成。承接前已給定的思路，我們在這裡仍然把憲法看成中國近現代政府舉債信用機制的法理基礎構成。於是，中國近現代的憲法，作為在中國近代經濟被動轉型條件下所啟動的法律層面的一項根本性制度構造，它的緣起、文本、法律績效情形又是什麼？為什麼是這樣呢？

一、中國近代憲法構造緣起

論及中國近代憲法構造緣起，所謂清季的預備立憲或者清末立憲，是學人們常常使用的表述與關注的事件[1]，而這樣的表述或者事件

---

[1] 參見王世傑、錢端升：《比較憲法》，343頁，北京，中國政法大學出版社，1997；李秀清：《清末立憲活動述評》，載《河南省政法管理幹部學院學報》，2001(6)。

關注,它所涉及的關鍵資訊無疑是:中國近代政府為什麼會啓動憲法構造呢?

誠如前面所作的概論,在中國近代,始於清末,政府由於重建秩序以振國威的利益激勵,在它的政治(行政)運作中日益注重立法。而中國近代政府的憲法構造,也正是在這一背景下基於該利益激勵所做出的選擇。對此,學人多有論說,例如,1905年,晚清政府為了尋找政治出路而決意立憲[1];日俄戰爭後受國內立憲運動的恐嚇或壓迫,使清廷不得不表示預備立憲[2]。不言而喻,由清末立憲所啓動的中國近代憲法構造,對於晚清政府來說,的確是晚清政府在國情壓力下所作出的一種被動選擇。借用張謇所言,"日、俄之勝負,立憲、專制之勝負也"[3],立憲可以"安上全下,國猶可國"[4],"慈聖大悟,乃有五大臣考察政治之命"[5]。

1905年,晚清政府仿效日本明治十五年派伊藤博文赴歐洲考察憲政的先例,派出載澤等大臣對日、美、德、英、法、俄等15個國家的政治進行考察[6]。而載澤等考察歸來之後,他們所持有的主張乃是:舍立憲即無他法可防革命[7]。次年,各考察大臣更在《奏請以五年為期改

---

[1] 李步雲主編:《憲法比較研究》,110頁,北京,法律出版社,1998。
[2] 王世傑、錢端升:《比較憲法》,347頁,北京,中國政法大學出版社,1997。
[3] 潘樹藩:《中華民國憲法史》,上海,商務印書館,1935。轉見李秀清:《清末立憲活動述評》,載《河南省政法管理幹部學院學報》,2001(6)。
[4] 張謇研究中心、南通市圖書館編:《張謇全集》,卷1,103頁,南京,江蘇古籍出版社,1994。
[5] 張謇研究中心、南通市圖書館編:《張謇全集》,卷6,564頁,南京,江蘇古籍出版社,1994。
[6] 王世傑、錢端升:《比較憲法》,347頁,北京,中國政法大學出版社,1997。清末,中國法律趨向近代化的軌跡,參見憲政編查館、資政院會奏頒佈《欽定憲法大綱》奏摺所言,轉引自張晉藩總主編:《中國法制通史》,卷9,70~95頁,北京,法律出版社,1999。
[7] 王世傑、錢端升:《比較憲法》,347頁,北京,中國政法大學出版社,

行立憲政體折》中，把他們的立憲主張具體化。此後不久，晚清政府就正式頒佈了《宣示預備立憲先行釐定官制諭》[1]。晚清政府決計立憲的這一諭示表明，它已經把實行憲政視為各國走向富強的關鍵，而實行憲政的要旨又在於政府與民眾協調一致、明確規定許可權、資訊公開，但它同時強調政府仿行憲政應由朝廷統攬大權，並且，在民智未開的情形下適宜逐步推行。儘管該諭示疏失處很多，但作為由政府明確表示預備立憲選擇的文字承諾，的確可以把它看成是晚清政府正式承認並規劃立憲進程的開始[2]。

二、中國近現代憲法文本要旨述評

清末，政府在立憲操作中所頒佈的憲法類文本有1908年的《欽定憲法大綱》、1911年的《重大信條十九》（簡稱《十九信條》）。

在由"君上大權"與"臣民權利義務"兩部分組成的《欽定憲法大綱》中，晚清政府聲明："中國國體自必用欽定憲法"，"甄采列邦之良規，折衷本國之成憲"而頒佈的"為君民所共守，自天子以至庶人，皆當率循，不容逾越"的"天下大計"——憲法，其關鍵"一曰君主神聖不可侵犯；二曰君主總攬統治權，按照憲法行之；三曰臣民按照法律，有應得應盡之權利義務"、"憲法者，所以鞏固君權，兼保護臣民者也"；立法、行政、司法"總攬於君上統治大權"的憲政安排，乃因"其必以政府受議院責難者，即由君主神聖不可侵犯之

1997。清末，中國法律趨向近代化的軌跡，參見憲政編查館、資政院會奏頒佈《欽定憲法大綱》奏摺所言，轉引自張晉藩總主編：《中國法制通史》，卷9，70～95頁，北京，法律出版社，1999。

[1] 晚清政府《宣示預備立憲先行釐定官制諭》，參見故宮博物院明清檔案部編：《清末籌備立憲檔案史料》，上冊，54～57頁，北京，中華書局，1979。

[2] 《資政院章程》，轉引自張晉藩總主編：《中國法制通史》，109、110頁，北京，法律出版社，1999。

義而生；其必議院協贊立法監察財政者，即由保障臣民權利義務之義而生；其必特設各級審判官以行司法權者，即由保障法律之義而生"[1]。以國體而論，其時仍爲封建統治（封建皇帝、地主掌握國家權力而處於統治地位）[2]。憲法欽定，它的真實目的就在於表明，立憲應該是從封建君主專制這一既有的國家政權組織形式——政體而平穩演變爲君主立憲制。對晚清政府而言，君主立憲制政體的憲法功能，主要在於鞏固君權兼及保護臣民，總攬三權的君主的權力神聖不可侵犯，君主及其權力具有世襲保證（所謂"大清皇帝統治大清帝國萬世一系，永永尊戴"）。詳言之，《欽定憲法大綱》賦予君主專制以各種特權：法律議案須經皇帝核准施行，人民自由可以詔令限制，皇帝定奪宣戰、媾和與獨攬用人、司法、軍權，議院不得干涉皇帝權力（例如，從國庫提支皇室經費，召集、開閉、停止與解散議院的權力）[3]。儘管這一仿效日本明治憲法的大綱，是用資產階級的憲法形式賦予君主專制制度以"合法"外衣[4]，而"臣民之財產及居住無故不加侵擾"的產權界定保證也頗爲可疑，

但它畢竟是中國近代憲法構造中產生的第一個憲法性文本[5]，其意義乃在於昭示國人，政府權力與民眾權利均由憲法規定、政府須依照憲法運作行政、民眾須依照憲法維護權利，開啓國人的憲法智慧（憲智）：憲法是什麼？這就是憲法嗎？憲法爲什麼會是這樣？憲法應該

---

[1] 《欽定憲法大綱》（1907年），參見憲政編查館、資政院會奏頒佈《欽定憲法大綱》奏摺所言，轉引自張晉藩總主編：《中國法制通史》，卷9，70～95頁，北京，法律出版社，1999；《資政院章程》，轉引自張晉藩總主編：《中國法制通史》，109、110頁，北京，法律出版社，1999。

[2] 編委會：《法學詞典》，562頁，上海，上海辭書出版社，1984。

[3] 編委會：《法學詞典》，782頁，上海，上海辭書出版社，1984。

[4] 編委會：《法學詞典》，782頁，上海，上海辭書出版社，1984。

[5] 李秀清：《清末立憲活動述評》，載《河南省政法管理幹部學院學報》，2001(6)。

第六章　中國近現代政府舉債信用機制的經濟制度與法理基礎 | *189*

是什麼樣的？

1911年，晚清政府爲了挽救因武昌起義衝擊而引致的政治危局，在灤州統制張紹曾等軍人所擬出的"政綱十二條"並迫使政府立予認可的條件下，由資政院議決《十九信條》。在《十九信條》中，晚清政府仍然把"皇統萬世不易"、"皇帝神聖不可侵犯"作爲立憲前提，但也在很多方面表現出對皇帝權力予以限制的安排[1]。僅從文本上看，《十九信條》的確傳達了削減皇權、增加國會議決權的明顯資訊，而這一個對20世紀初英國憲政的君主虛位與內閣制頗多借鑒，同時滲透清末君主立憲黨人"虛君共和"思想的憲法性文件，如果它真正能夠被付諸實施，則的確極有可能把議會政府制賦予清末的政府運作行政[2]。儘管在《十九信條》中並未就民衆的權利作出規定，但如果把規限皇權視爲形同放大民權，則《十九信條》的文本意義亦屬不小。可以肯定，從《欽定憲法大綱》到《十九信條》，中國近現代憲法構造的文本取向，已經顯露出限制政府權力的端倪。

在民國近40年中，南京臨時政府、北洋政府、國民政府續爲立法，並且使開始於清末法律制度改革的中國法律近代化進程最終完成於國民政府六法體系的確立[3]。以中國近現代憲法構造的文本而論，所謂限制政府權力、保障公民權利的憲法意蘊，已經逐漸有了日漸清晰

---

[1] 例如：皇帝權以憲法規定爲限且皇帝繼承順序由憲法規定，皇帝所頒憲法由資政院起草議決且憲法改正提案權在國會，皇帝任命的總理大臣與國務大臣，前者由國會公選，後者由總理大臣推舉，皇族不得做總理大臣與其他國務大臣及各省行政長官，皇帝不得以命令代替法律，皇室經費由國會議決，皇室大典不得與憲法抵觸。
[2] 參見王世傑、錢端升：《比較憲法》，353、354頁，北京，中國政法大學出版社，1997；李秀清：《清末立憲活動述評》，載《河南省政法管理幹部學院學報》，2001(6)；編委會：《法學詞典》，8頁，上海，上海辭書出版社，1984。
[3] 中國第二歷史檔案館編：《中華民國史檔案資料彙編》，第二輯，14、106頁，南京，江蘇人民出版社，1981。

的表述。不言而喻的是，觸及歷史事實，我們雖然在立足於論題的相關述評中複製了在給定歷史條件下的憲法文字表述，但這除了證明已然逝去的歷史時空中確曾有過若干紙上談兵的憲法構造事實之外，並無其他含義。基於這樣的判斷，

我們即準備在以下的文字中，接續前面的思考，對民國年間中國憲法構造的文本作一個切於論題的述評。

南京臨時政府時期，在其思想淵源可以溯及孫中山的《中國問題的真解決》（1904年）、《同盟會宣言》（1905年）、《〈民報〉發刊詞》（1905年）諸文與《軍政府宣言》（1906年）、《中華民國鄂州臨時約法》（1911年，宋教仁起草）、具有資產階級民主共和國憲法性質的《中華民國臨時約法》（1912年）頒行前，南京臨時政府還曾經發佈過《保護人民財產令》，曉示公眾保護人民財產爲臨時政府急務，"凡人民財產、房屋，除經正式裁判宣告充公者外，勿得擅行查封，以安閭閻"，"凡在民國勢力範圍之人民，所有一切私產，均應歸人民享有"[1]。從《中華民國臨時約法》各關鍵規定中，我們的確可以看出[2]，它把中華民國界定爲資產階級民主共和國，中華民國臨時政府按照三權分立原則營運行政（政治）[3]；它在限制政府（執政者）權力的制度安排上，明確規定實行責任內閣制、擴大參議院權力、實施嚴格的臨時約法修改程式[4]；在保障人民權利的較爲具體的制度安排上，明確界定了人民享有的各種權利，並且作出了給予人民權利以保護的承諾。評論者認爲，"民國元年的《中華民國臨時約法》，在那

---

[1] 《中華民國憲法草案》，轉引自張國福：《民國憲法史》，447頁，北京，華文出版社，1991。

[2] 該約法參見中國第二歷史檔案館編：《中華民國史檔案資料彙編》，第二輯，14、106頁，南京，江蘇人民出版社，1981。

[3] 張國福：《民國憲法史》，57、60頁，北京，華文出版社，1991。

[4] 張國福：《民國憲法史》，65、66頁，北京，華文出版社，1991。

個時期是一個比較好的東西；當然，是不完全的，有缺點的，是資產階級性的，但它帶有革命性、民主性"[1]，這就是說，這一臨時約法在當時開啓人民民主主義意識、擯棄封建君主專制制度與這之後的北洋軍閥獨裁統治上，都曾發揮過積極作用[2]，並且，它的要旨就是限制政府（執政者）的權力、保障民眾的權利。但是，必須看到，《中華民國臨時約法》對民眾權利予以保障的承諾設定了約束條件，這表現為政府（執政者）對臨時約法"所載人民之權利，有認為增進公益、維持治安，或非常緊急必要時，得以法律限制之"，而對這一約束條件如果使用之時沒有約束或者約束乏力，無疑很容易使政府在放大權力的操作中壓縮、損害民眾的權利。尤具深意的是，臨時約法有關民眾權利的各種舉例，它所具有的限制政府權力的取向，只限於政府行政與司法機關而並不涉及政府立法機關[3]。

北洋政府時期，有主要精神襲取《中華民國臨時約法》、由辛亥革命後第一屆國會組織的憲法起草委員會在1913年起草通過的《中華民國憲法草案》（又稱《天壇憲法草案》）[4]。客觀而論，這一未及議決公佈的憲法草案，雖然有諸多限制政府執政者權力的規定（如規定政府組織採用責任內閣制以限制總統權力），但由於賦予政府以財政緊急處分權、大總統以緊急命令權與解散眾議院之權等，這就使得它所具有的限制約束政府執政者權力的功能被大大弱化了。儘管如此，我們從這一憲法草案中依然可以清晰地看出它對《中華民國臨時約

---

[1] 《毛澤東選集》，第5卷，127頁，北京，人民出版社，1977。
[2] 張國福：《民國憲法史》，68頁，北京，華文出版社，1991。
[3] 王世傑、錢端升：《比較憲法》，58頁，北京，中國政法大學出版社，1997。
[4] 《中華民國憲法草案》（又稱《天壇憲法草案》），參見編委會：《法學詞典》，109頁，上海，上海辭書出版社，1984；張國福：《民國憲法史》，447～455頁，北京，華文出版社，1991。

法》所秉持的限制政府權力、保障民眾權利理念的再現與推進。在這期間，雖然曾經有過袁世凱解散國會、修正臨時約法、旨在廢除國會制與責任內閣制、實行總統獨裁制以無限擴大總統權力的《中華民國約法》（袁記約法，1914年）的頒行，但這一對即便僅僅是在文本層面虛假承諾限制政府權力、保障民眾權利也不予容忍的"十分封建的《中華民國約法》"，終究只是一個小插曲而已[1]。至於袁世凱準備按照主權在君、世襲制與限制民權原則以確立君主立憲政體所擬定的服務於他的帝制夢的《中華帝國憲法》（1915年12月14日～1916年6月6日），為國人所共棄，不足論矣。1919年8月，由憲法委員會決議通過的《中華民國憲法草案》，由於它的條文有近80%借自《天壇憲法草案》[2]，事實上就是在文本層面把歷經曲折的限制政府權力、保障民眾權利的憲法理念重新予以彰顯。1923年10月，被時人呼為"曹錕賄選憲法"的《中華民國憲法》公佈，雖然其中增加了國權、地方制度專章，但仍然在文本層面複製了《天壇憲法草案》的憲法理念，即限制政府權力、保障民眾權利[3]。

而在兩年多後由憲法起草委員會審議通過的《中華民國憲法案》（1925年12月）中，承襲既有的似乎已經成為主流的憲法理念，其在文本層面的規定仍然是：中華民國永為民主共和國，本於國民全體的主權依憲行使；中華民國國家機關依三權分立原則由民國議會、政府、法院組成；中華民國實行中央、地方分權制；中華民國國民一律平等，享有身體、居住等自由及保有財產權[4]。研究者認為，這一憲法

---

[1] 李步雲：《憲法比較研究》，110頁，北京，法律出版社，1998；張國福：《民國憲法史》，134～137頁，北京，華文出版社，1991。
[2] 張國福：《民國憲法史》，177頁，北京，華文出版社，1991。
[3] 張國福：《民國憲法史》，195頁，北京，華文出版社，1991。
[4] 《孫中山選集》，下卷，《民權主義》，661～764頁，北京，人民出版社，1956；張國福：《民國憲法史》，214～220頁，北京，華文出版社，1991。

案其實是當時的政府執政者段祺瑞為謀求統治合法化而作的妥協安排的產物[1]。而在這一判斷基礎上的遞進判斷，無疑可以是：政府執政者謀求以內含限權、維權憲法理念的文本承諾，來換取民眾對他們運作行政合法性的認可。與公然無視民眾意願的專制運作行政相比較，這本身就意味著憲法構造至少首先在形式上已經成為運作行政政府所必不可少的需求。

國民政府時期，本於孫中山五權憲法思想（涉及權能分開、四權統一、五權分立、均權主義、地方自治、制憲程式諸內容[2]），有《五權憲法草案》擬定（1922年葉夏聲受令於孫中山所擬），該憲法草案十分強調運用三民精神，制定五權憲典，構造國家基礎，服務人民幸福[3]。而在孫中山擬出的《國民政府建國大綱》（1924年）中，進一步規劃國民政府的建設程式為軍政、訓政與憲政三個時期，但它貫穿始終的宗旨仍是實現新三民主義、五權憲法[4]。由此可見，《五權憲法草案》十分強調按照孫中山所界定的三民主義精神，構造確保民有、民治、民享的五權憲法，並把它作為立國的基礎，在人民履行權利、維護權利的活動中，使執政者的權力受到制衡，並由此而保障人民有效地履行權利、維護權利，而政府的財政運作則必須依照憲法所規定的程式嚴格執行（憲政財政）。毋須諱言的是，這一嚴格按照孫中山五權憲法思想草擬而成的《五權憲法草案》，的確存在著諸多不足，例如，國民大會選出官吏組成五院政府後，如果它自行解散，則很容易帶來政府專制問題；而國民大會與立法院組織機構重疊設置，這又會

---

[1] 李步雲：《憲法比較研究》，111頁，北京，法律出版社，1998。
[2] 轉引自張國福：《民國憲法史》，456～464頁，北京，華文出版社，1991。
[3] 《五權憲法草案》（1922年葉夏聲受令於孫中山所擬），參見張國福：《民國憲法史》，237、283～290、312、340～348頁，北京，華文出版社，1991。
[4] 轉引自張國福：《民國憲法史》，237頁，北京，華文出版社，1991。

產生職權劃分不清的問題[1]。但是,該草案限制政府權力、保障公民權利的構想,卻無疑是草案本身始終一貫的基調。

其後,也就是在1930年發表的《中華民國約法草案》(所謂的《太原約法草案》),仿效法國1871年憲法,把《人權宣言》列入憲法之首,規定人民有身體、財產、居住、遷徙等自由,並且採用所謂的直接保障主義(約法本身的條文雖然沒有法律補充,但仍有保障實效)[2];把國家政權組織機構運作行政劃分為訓政時期、憲政時期,而國家政權組織機構的代表(由各自治縣人民直接選舉)所組成的全國國民大會設在中央,它在訓政時期僅僅是國民政府擁有建言權的諮詢機關,而在憲政時期它履權的範圍則被擴展到創制、複決、彈劾與監督國民政府[3]。姑且不論該約法草案怎樣以"民主政治"作為招牌[4],如僅僅就草案條文所顯示的文本資訊而論,這之中不能說沒有限制政府權力、保障公民權利的表示。但在1931年公佈的《中華民國訓政時期約法》中,關於人民權利及其保護的規定被表述為:人民的財產非依法律不得查封沒收;人民依法律得享有財產繼承權、請願權、訴訟於法院之權、提起訴願及行政訴訟之權;國家為發展國民生計而獎勵保護人民生產事業[5]。這意味著該約法對人民權利採取的已經不是直接保障主義而是法律保障主義——人權的保障依賴於法律,而法律又形成對人權的限制[6]。頗具深意的是,該約法《附則》中規定約法的解釋

---

[1] 張國福:《民國憲法史》,223頁,北京,華文出版社,1991。
[2] 王世傑、錢端升:《比較憲法》,409頁,北京,中國政法大學出版社,1997;張國福:《民國憲法史》,288頁,北京,華文出版社,1991。
[3] 王世傑、錢端升:《比較憲法》,409頁,北京,中國政法大學出版社,1997。
[4] 張國福:《民國憲法史》,295頁,北京,華文出版社,1991。
[5] 轉引自張國福:《民國憲法史》,340~348頁,北京,華文出版社,1991。
[6] 王世傑、錢端升:《比較憲法》,412、413頁,北京,中國政法大學出版社,1997。

權在中國國民黨中央執行委員會，這表明約法具有明確的政府權力擴展趨向[1]。

　　1936年5月5日，國民政府公佈了《中華民國憲法草案》（簡稱"五五憲草"）。從文本層面看，"五五憲草"有關保障人民權利的各規定確屬詳細、完備，而總統的職權定位並非沒有約束規定[2]。但在這裡，該憲法草案中所存在的一個長久以來一直被學人指斥的弊端是，它把憲法草案各規定有效的前提條件一併表述為所謂"非依法律不得限制"，而這正是用法律保障主義替代憲法直接保障主義即實行法律限制主義，無視憲法是"人民制裁政府的法律"，"為政府留一隨時限制民權之餘地"，使執政的政府可由它所設立的立法院而制定普通法律，限制、剝奪憲法賦予人民的各種權利[3]。恰如時人曾經在《新華日報》中所提出的質疑："從法理來講，一切法律必須根據憲法來訂定，若使憲法受普通法的限制，那不是本末顛倒嗎？"[4]與此相類似，依法履行權力的總統更可能的情形乃是通過立法而擴展自己的權力，這樣，自然很容易使執掌行政、立法、司法、考試、監察、財政、軍事各大權，並且擁有操控國民大會政權、領導五院行使治權、緊急命令權各種特權的總統（國家元首、政府首腦），在履行權力的時候突破限制，形同獨裁[5]。所以，其時的社會輿論多把"五五憲草"

---

[1] 王世傑、錢端升：《比較憲法》，412、413頁，北京，中國政法大學出版社，1997。

[2] 參見《中華民國憲法草案》（簡稱"五五憲草"）、《中華民國憲法》，引自中國第二歷史檔案館編：《國民黨政府政治檔案史料選編》，上，613～632頁，合肥，安徽教育出版社，1994；張國福：《民國憲法史》，348～351頁，北京，華文出版社，1991。

[3] 羅隆基：《我們要什麼樣的憲政？》，載《自由評論》，1935(1(。轉見石畢凡：《中國近代立憲主義思潮的演進》，載《法制與社會發展》，2003(2)。

[4] 參見《關於憲草底討論》，見《新華日報》，1940-04-07。轉見張國福：《民國憲法史》，349頁，北京，華文出版社，1991。

[5] 張國福：《民國憲法史》，352～354頁，北京，華文出版社，1991。

斥爲"人民無權,總統萬能"的憲法草案[1]。這無疑是中國近現代憲法構造中限制政府權力、保障公民權利理念所遭遇到的又一個曲折。但是,國人對此曲折並非隱忍不發,而是積極致力於對其進行矯正。這表現在由25位參政員組成的國民參政會憲政期成會,曾經在1940年3月20日全體會議上,提出《中華民國憲法草案("五五憲草")之修正案》(又稱"期成憲草"),仿照分權制衡的制度設計,把"五五憲草"所確定給立法院的職權移交給議政會(相當於國會),並且賦予議政會在國民大會閉會期間代行監督治權的職能,加強司法權獨立的定位,在國民大會與議政會(掌有立法權)、總統與行政院(掌有行政權)、司法院(掌有司法權)與監察院(掌有監察權)各個權能載體之間,構建權力制衡機制,限制公權行使,確保公民權利歸屬[2]。儘管這一矯正最終未能付諸實施,但它突出強調的限制政府權力、保障公民權利的憲法理念,無疑再一次在這次文本層面的矯正努力中重新予以彰顯。

1947年1月1日,國民政府公佈了《中華民國憲法》,從其文本層面的表述可以讀到有關國體、人民權利、政府履權等諸多資訊[3]。對這諸多資訊如果不細加推敲,所謂限制政府權力、保障人民權利的立憲取向,似乎屬於不言而喻。換言之,這一憲法文本的確具有一種迷惑人的限制公權力、保障私權力的表像。僅僅以此而論,可以說,在一種大勢驅迫下的憲法構造,當它不得不與共識性立憲理念哪怕只是在形式上尋求整合的時候,這已經足以說明,操作構造憲法的行爲主

---

[1] 石畢凡:《中國近代立憲主義思潮的演進》,載《法制與社會發展》,2003(2)。

[2] 石畢凡:《中國近代立憲主義思潮的演進》,載《法制與社會發展》,2003(2)。

[3] 參見《中華民國憲法》,轉見楊鴻烈:《中國法律發達史》(影印本),下冊,1517頁,上海,上海書店,1990。

體，再也不能忽視、無視民意向背的選擇了。

三、中國近現代憲法文本實施績效述評

如上所述，中國近現代憲法構造雖然曾經時有曲折、推進艱難，但僅以憲法文本而論，它所具有的限制政府權力、保障公民權利的憲法理念，至少已經在形式上或隱蔽或明顯地滲透、展露於各法條的表述和界定之中。但是，那些憲法文本的實施績效究竟如何，我們對此尚未給出判斷，而這也許才是問題的關鍵之所在。切於本書論題，述評中國近現代憲法文本實施績效，這一特定視角似乎有助於我們思考並判斷中國近現代政府舉債信用機制法理基礎的有效性如何的問題。茲略予述評，並擬在此之後，對中國近現代人就憲政、法治問題的相關思考予以展示。

1.中國近現代憲法文本實施績效述評

19世紀末20世紀初，迫於各種壓力而啓動立憲的清政府，雖然曾經有純屬官僚產物而毫無人民代表參與起草的《欽定憲法大綱》（1908年8月）、《重大信條十九條》（1911年11月）頒佈[1]，並且曾經承諾以9年時限（1908－1917年）作爲預備立憲期安排。但是，晚清政府尚未來得及實施其立憲規劃就被取消了運作行政權力，因此，這兩個總體而論滲透著維護皇權意識的憲法文本，幾無績效可以言說。不過，在《欽定憲法大綱》頒佈後，與大綱頒佈同年設立的咨議局（各省代議機關，產生資政議員的機關）在1909年所設立的省份就已經達到十省之多，也就是在這一年，《資政院章程》頒佈，作爲未來議院的試驗機關的資政院在第二年召開了首次集會[2]。從形式上說，

---

[1] 王世傑、錢端升：《比較憲法》，348～352頁，北京，中國政法大學出版社，1997。

[2] 王世傑、錢端升：《比較憲法》，350、351頁，北京，中國政法大學出版

這似乎可以說成是由大綱所引致的績效。而在這之後，在由資政院所議決的《十九信條》中，已經可以看出限制皇權的條文設計，並且，清帝與攝政王還以宣告於太廟的形式，對國民作出了永遵《十九信條》的承諾[1]。這些雖然其實都是屬於政府執政者虛與委蛇的安排，但在"大勢所趨，終難久抗"的背景下，這種對政府執政者的形式約束，卻無疑為它在可能條件下轉化、到位為實質約束，提供了觸發公共選擇的路徑啟示。

南京臨時政府在1912年公佈的《中華民國臨時約法》，其中雖然對人民權利與義務有了極具導向意義的簡略規定，但限於南京臨時政府運作行政時間短促，最終只能被看成是一個未及充分驗證的憲法承諾。至於該臨時約法在制定的時候，鑒於南北議和已見眉目、袁世凱將成為未來的總統這一事實，為了限制袁世凱的權力，加強對袁世凱的監督，防止袁世凱撕毀臨時約法，因此而特別規定實行責任內閣制、擴大參議院的權力，甚至規定了極為嚴格的臨時約法修改程式[2]。的確，在袁世凱奪得臨時大總統職位後，臨時約法的這些規定使他覺得自己的權力受到了限制，並因此而急於著手撕毀該臨時約法。但在具體操作中，袁世凱所計劃的是準備用一個實行總統獨裁制的憲法來替代該臨時約法。時人所議，"其實臨時總統袁世凱對於臨時約法束縛，極感不便，思於憲法根本糾正之"[3]，正指此事。若論該臨時約法的績效，從它公佈後的當年4月，到1914年5月袁世凱公佈《中華民國

社，1997。
[1] 王世傑、錢端升：《比較憲法》，350、351頁，北京，中國政法大學出版社，1997。
[2] 王世傑、錢端升：《比較憲法》，358頁，北京，中國政法大學出版社，1997；張國福：《民國憲法史》，65、66頁，北京，華文出版社，1991。
[3] 吳宗慈：《中華民國憲法史前編》，17頁，臺北，文海出版社，1990。轉見張國福：《民國憲法史》，87頁，北京，華文出版社，1991。

約法》而被替代為止,它曾經以議會制、內閣制對袁世凱的權力運用形成約束,這也許就是它曾經有過的最大績效。至於在1913年,由辛亥革命後第一屆國會組織的憲法起草委員會起草通過,但未及議決公佈的《中華民國憲法草案》,若要勉強論其績效,則僅僅限於在文本層面強調了限制政府權力、保障人民權利的憲法理念而已,但它對限制政府權力理念的強調卻弱於《中華民國臨時約法》。而《中華民國約法》的頒佈,它的績效則表現為,把《中華民國臨時約法》廢除,為實行總統獨裁制,甚至直接為袁世凱在1915年復辟君主立憲制度預作權力鋪墊。這之中帶給世人的啟示是,袁世凱想要謀求他的(政府)權力擴展的合法化,因此才借重憲法所具有的形式權威,而一種放棄限制政府權力、保障公民權利理念的憲法,卻只能使公民權利在政府濫用權力所引致的磨損中,最終導致公民權利的保障環境趨於惡化。無怪乎孫中山在其後發表的《討袁宣言》(1916年5月9日)中直言:"袁氏推翻民國,以一姓之尊而奴視五族,此所以認為公敵,義不反兵。……國賊既去,民國始可圖安。"[1]袁世凱政府之後,中國疊經軍閥混戰。在軍閥獨裁、軍閥割據的時勢下,由賄選總統曹錕所推出的《中華民國憲法》、"中華民國臨時總執政"段祺瑞所出臺的《中華民國憲法草案》,它們雖然也有文本層面的限制政府權力、保障人民權利的規定可尋,但歷史事實卻是,軍閥執政肆意濫用權力,國民權利被任意踐踏,所謂限權與維權的文字承諾,皆為不可置信的空虛飾詞。

對南京國民政府而言,在它成立之前,由葉夏聲受令於孫中山而擬就的《五權憲法草案》(1922年),它的限制政府權力、保障人民權利的憲法理念,仍然僅僅是停留於文本層面的立憲導向而已。其後

---

[1]《孫中山全集》,卷3,285頁,北京,人民出版社,1956。

數年，也就是1930年的《中華民國約法草案》（太原約法草案），由於它從未正式公佈實行，故它所秉持的五權憲法指導思想所傳達的限制政府權力、保障人民權利的憲法理念，其績效更未超出文本層面的承諾——未公示的文本層面承諾。以蔣介石"民國人民應行使之政權，由本黨代理而行使之，以期保育民國之健全教育，而不爲專制餘孽所毒害"之言作爲指導思想的《中華民國訓政時期約法》（1931年），它的績效其實就是確認了國民黨在全國的統治權與蔣介石作爲最高統治者的合法地位，構造了一個實則豪強專橫、官吏恣肆、人民權利被任意侵犯的"訓政"體制[1]。其後，迫於公衆對"訓政"的怨憤與提倡實行憲政的壓力，而於1936年公佈的《中華民國憲法草案》（"五五憲草"），論者認爲它的績效主要是作爲"國民黨訓政的裝飾品"，是對人民設一個騙局、對國民黨內部勢力作一種讓步[2]。由於這一憲法草案的基本精神是大地主、大資產階級專政，這就決定了它所羅列的若干民主原則不可能真正地發揮限制政府權力、保障人民權利的作用[3]。證以謀求對其進行矯正但最終未能付諸實施的《中華民國憲法草案之修正案》（"期成憲草"），所論十分中肯。而國民政府在1947年1月1日所公佈的《中華民國憲法》，它雖然在形式上具有一種迷惑人的限制公權力、保障私權利的表像，但它的取向其實是最大限度地限制國民大會權力、實行總統獨裁制、中央集權制即實行專制獨裁[4]。所以，該憲法公佈前後，中國共產黨、各民主黨派、各人民團體與各界愛國人士均發表聲明，反對國民政府所制定的這一憲法[5]。其

---

[1] 李步雲：《憲法比較研究》，111、112頁，北京，法律出版社，1998。
[2] 張國福：《民國憲法史》，362、345頁，北京，華文出版社，1991。
[3] 李步雲：《憲法比較研究》，112頁，北京，法律出版社，1998。
[4] 張國福：《民國憲法史》，402～407頁，北京，華文出版社，1991；李步雲：《憲法比較研究》，112頁，北京，法律出版社，1998。
[5] 張國福：《民國憲法史》，401頁，北京，華文出版社，1991。

績效如何，自是不言而喻。

2.近現代國人對法治、憲政問題的思考

前曾論及，憲法構成一國政府舉債的法理基礎，而一國政府依憲運作行政的憲政，乃是一國法治到位的主要尺規。切於本書論題，我們認為，在此，舉要論述近現代國人對法治、憲政問題的重要思考，這對深化我們對上述有關問題的思考頗有必要。

在中國近代，鄭觀應曾經把憲法與商律視為保障投資者權利、限制政府濫用權力的重要制度安排，指出在晚清"既無商律，又無憲法"的專制條件下，民間資本不敢大膽投資興辦企業[1]。無疑，鄭氏在此所提到的僅僅是民間資本的實業投資，但對於民間資本的證券投資來說，其理如一。在經濟活動中，憲法不可或缺，這正是鄭氏所特別強調的。至於政府在有了憲法之後，是否能夠做到不折不扣地實施憲法，鄭觀應卻並未說透。而在張謇的思考中，他把政府舉債問題放到法治框架中予以論述，認為法治之於一國政府舉債，具有約束政府使其恪守償債承諾、激勵公眾使其願意並敢於購債的重要作用，尤其是據以支撐法治的憲法，更將規範政府的舉債程式：國會議決政府舉債，約束政府依法舉債、謹慎舉債[2]。從這裡我們已經可以看出，張謇不僅強調憲法的重要性，更注重憲法的實施。

進入20世紀，國人對法治、憲政問題切於中國實際的思考更加深入、具體。雷震曾經專論《法治國家的真諦》，明確指出憲法對一國政府政治權力設定履權範圍，由此而使一國政治成為憲法政治，崇尚法治，拋棄人治；其時，中國雖然具有憲法與規範政府行為的各種行政法規，但由於並未力行，僅為具文，因而很難成就法治；而在政府不遵守法律、法律不能確立威信的條件下，中國公眾的個人權益就很

---

[1] 鄭觀應：《盛世危言》，後編，北京，華夏出版社，2002。
[2] 參見本書前面的相關論述。

難得到法律的有效保障，中國的實業就很難發展起來；如果政府在履行權力中不能做到遵守法律，那麼，就很難在政府財政運作中實現對預算、決算的財政監督[1]。無疑，在雷震的思考中，他明確提出實行法治，制定憲法，更要實施憲法，政府要依照憲法履行權力，要保護個人的權益使其免受政府的侵害，如果發生侵害，要使受損者依法獲得補償。這一對憲法、憲政、法治問題的思考，意蘊深厚。

胡適曾經針對20世紀20年代的中國國情狀況，即政府政治行為缺乏法律約束、人民權利自由缺乏法律保障的情形，提出了訂立憲法以確立法治基礎的主張[2]。其後，在《制憲不如守法》一文中，胡適分析國人對制憲冷淡的根本原因，認為是人民十分懷疑憲法訂立完成是否後能夠有效地實施，而人民之所以這樣不信任國家的根本法，其教訓又在於：①官吏、軍人、黨部自身不願守法，所以使人民不信任法律；②政府立法之先就沒有打算實行，所以立了許多紙上具文，使人民失去對法律的信仰；③憲法中列舉的條文總是空泛的原則[3]。胡適所見，旨在強調制定憲法雖重要，但更為重要的是確立公眾對憲法制定後政府能夠依照憲法履行權力的信任，只有這樣，法治才能夠到位。這一見解在當時的中國具有普遍性。

此外，屠義方在論說憲政與法治的關係時指出，"憲政是用憲法明定政府職權的範圍及行使的方法，並且保護人民的自由權力，憲政以確立憲法為前提"，"推行法治，是實施憲政的基本精神"，"憲

---

[1] 雷震：《法治國家的真諦》，載《時代公論》，第17卷，1932。參見何勤華等主編：《民國法學論文精萃》，卷1，376～380頁，北京，法律出版社，2003。

[2] 轉見朱怡庵：《法的本質》，載《新興文化》創刊號，1929。參見何勤華等主編：《民國法學論文精萃》，卷1，38頁，北京，法律出版社，2003。

[3] 胡適：《制憲不如守法》，載《獨立評論》，第50號，1933(5)。參見何勤華等主編：《民國法學論文精萃》，卷2，304～307頁，北京，法律出版社，2002。

法是國家進行法治的一個根本大法"，"憲法是國家政治的指南"，"實施憲政，必須遵守法治，憲政是奠立法治的根基，法治才能保障憲政的鞏固"[1]。屠義方所強調的乃是，從政府層面看，有了憲法不等於就有了憲政，要求政府依照憲法履行權力的憲政，是判斷法治的關鍵。換言之，法治的要旨就在於頒佈、實施憲法，設定政府履行權力的邊界，保障公眾權利的完整。

從以上略予述及的近現代國人對法治、憲政問題的思考可以得出這樣的判斷，即：在針砭時弊、構想出路的切實思考中，國人對法治、憲政既有極強的學理層面的界定詮釋，更有密切聯繫其時中國社會實際的導向安排。證以其時中國社會所存在的政府運作行政的事實，可以說，憲法已然制定，執政遠未依憲，法治僅屬學者構想，人治常為政府操作。在這樣的背景下，憲法在文本層面雖有限制政府權力、保障公民權利的宗旨凸顯，但從未步出文本而付諸實施。換言之，在中國近現代，國家頒佈的憲法總是被束之高閣，政府在履行權力的運作行政中從來沒有什麼邊界限制，公眾的各種權利根本談不上有什麼可以預期的穩定的保障。據此判斷關注中國近現代政府舉債信用機制的法理基礎問題，我們的確可以因此而推論：其時，政府舉債由於缺乏能夠有效釋放其功能的信用機制，即守信用的激勵與反信用的約束機制，由此而決定了政府舉債尤其是政府對內舉債，在缺乏公眾信任的條件下，即在公眾不願選擇購債（迴避購債）的條件下，急於募債的政府唯有訴諸非市場指派特定人購買。

上述有關中國近現代政府在時局動盪中的立法取向與中國近現代政府舉債信用機制的法理基礎的簡要描述和分析，的確可以促使我們

---

[1] 屠義方：《憲政與法治》，載《新政治月刊》，1939第3卷第3期。參見何勤華等主編：《民國法學論文精萃》，卷2，17～24頁，北京，法律出版社，2002。

思考：

(1)清末立憲，看似憲法至上，但其"憲法者，所以鞏固君權，兼保護臣民"的憲制關鍵歸納，足見憲法功能定位首在服務君權，契合於傳統的封建君主專制，憲法的產生來自於君主欽定，而這樣產生的憲法很難指望它能有效地約束君主行為、保護臣民利益；民國立憲，強調人民擁有的權利、強調保護人民的財產、強調三權分立以提高運作行政績效，迄於國民政府的《中華民國憲法》，則更直白地告訴我們：由全體國民委託而成立的國民大會是憲法的制定者；鞏固國權、保障民權、安定社會、增進人民福利是憲法的目的；民有、民治、民享的民主共和國是憲法給定的國體；依法擁有各種權利的人民，其權利若受公務員違法侵害，當追究相關公務員刑事、民事責任並由國家依法給予受損害者賠償，這是憲法給出的承諾；誓以至誠遵守憲法、恪盡職守、增進人民福利、保衛國家的誓言是憲法對政府首腦設定的約束。然而，憲法制定是一回事，憲法實施是另一回事，數十年時局動盪，鮮見實施事實。

(2)民法，作為調整一定範圍財產關係、人身關係的法律規範[1]，從清末民律草案的訂立到民國國民政府民法的頒行，其對債權債務關係的界定、操作及其強制執行規定日形縝密，但其實施仍然遭遇了動盪時局中法律常被虛置的強力約束。

(3)國民為維護自己的利益、為索取自己受損利益的賠償，可依《訴願法》、《行政訴訟法》[2]而對有違法行為的中央與地方機關提請訴願、提起行政訴訟並要求給予相關賠償。這若干對政府行政行為的

---

[1] 編委會：《法學詞典》，267頁，上海，上海辭書出版社，1990。

[2] 上海書店、中國法規刊行社編審委員會編：《民國叢書》，第三編28，《六法全書》，427、428、429頁，上海，春明書店，1948年版。編委會：《法學詞典》，266頁，上海，上海辭書出版社，1990。

法律規範，其給予國民約束政府運作行政權力的預期在動盪時局中又能實現多少呢？總之，中國近現代轉型經濟制度在動盪時局中以其取向而言，的確可以見出它營造法治的文本努力，並且，這一努力乃是中國近代在被動開放條件下，經歷非正常路徑但畢竟開始拓增的市場空間，逐漸使國人厘定產權、保障產權的意識日益普及化的事實反映。但是，在兵連禍接的外患內憂中，肯定不可能寄希望於通過幾個法律文本的頒行，就可以給予人民以財產有保障、政府可信任——人治已爲法治所替代的穩定預期。

總括而言，中國近現代經濟制度，是一種在不平等條約壓力下啓動被動開放、時局動盪中引進西方法律並致力於本土立法的轉型經濟制度。它所具有的半殖民地半封建化的社會經濟定位，使中國近現代經濟在給予列強損及中國主權的超國民待遇的被動開放運行中，雖然已有限制政府權力、保障公民權利的憲法構造，以及要求政府實行法治的興論導向，但是，在數十年中，憲法並未引致法治，憲法並未落實爲憲政，憲法僅僅是一種文本層面的法律存在。換言之，在中國近現代的真實經濟運行中，就保障公民的權利而言，業已界定的產權難以順利地有序實施、穩定地有效維繫，無限政府運作行政的人治遠未被有限政府運作行政的法治所替代。而中國近現代政府在具有這種特質的中國近現代轉型經濟制度及法理基礎上操作舉債，無疑將受到源自於該種經濟制度與法理基礎的巨大影響。

本章小結

1.在中國古代，其起源於周秦的封建經濟制度，實屬自給自足的、封閉的、由封建國家憑藉強制手段操作資源配置（專制的）的非交換經濟——非市場經濟制度。

迄於近代，國人"閉門則不可以自活"、"外國人來叩關，打破我們的門戶，和我們通商以後，自己便不能供給自己"的認識植根於中國古代的封建專制經濟制度——封閉的非交換經濟在近代被動地轉變。

中國古代的封建專制經濟制度——封閉的非交換經濟，在近代由於列強"強迫中國人民接受鴉片"而被動地開放，這一被動開放在破壞、解體既有的封閉的非交換經濟基礎的同時，也啓動、促進了中國古代經濟制度向中國近現代經濟制度的被動轉型。中國近現代經濟制度就是在被動選擇條件下，也就是在半殖民地半封建化條件下，逐漸由封閉的非交換經濟向開放的交換經濟——市場經濟轉型的經濟制度。相對於開放的交換經濟——市場經濟來說，封閉的非交換經濟即自然經濟，可以將它歸屬於非市場經濟類。對中國近現代政府舉債信用機制的經濟制度基礎可作如下界定，即它是一種在被動選擇條件下，也就是在半殖民地半封建化條件下，逐漸由非市場經濟制度向市場經濟制度轉型的經濟制度。

2.剖析中國近現代轉型經濟制度，首先必須關注這樣幾個問題，即不平等條約壓力下的被動開放、時局動盪中的立法取向。

1842年，旨在結束鴉片戰爭的《中英南京條約》的簽訂，以及在《中英南京條約》之後若干條約的進一步規定，使清政府一直閉鎖的門戶爲列強所洞開。中國近代在不平等條約壓力下的被動開放由此而啓動。

在中國近代，不平等條約對中國主權、利益的磨損，給予列強以巨大的掠奪性收益。中國近代在不平等條約壓力下的被動開放，給予列強以超國民待遇而並未真正給予國民以自主多樣替代選擇的開放空間，刺激局部地區經濟增長而並未整合本土經濟、建成本土統一市場，擴大國際貿易逆差而並未引致對外通商的互惠互利。中國近現代的經濟制度，作爲一種由封閉的非交換經濟——非市場經濟制度，逐漸轉變爲開放的交換經濟——市場經濟制度，即作爲一種轉型經濟制度，其轉型的啓動、推進、深化，完全是由於列強的施壓；其轉型的取向，使中國近代在被動選擇條件下付出了巨大的主權代價，並因此而使政府在國人捍衛主權的民族自救中，日益失去國人對它所做出的諸種承諾的信任。

3.近代以後，迄於現代，中國內憂外患，利權散落，戰事頻仍，時局動蕩，預期無序。始於清末，政府立法者、執法者由於重建秩序以振國威的利益激勵，在他們的政治（行政）運作中日益重視立法，其立法取向則主要表現爲逐漸構建起近代意義上的法律體系。中國近現代政府舉債信用機制的法理基礎（法律文本層面的基礎），也由此而逐漸得以奠定。

在中國古代自給自足的自然經濟條件下，中國古代的法律具有重公權而輕私權與倡無訟、法自君出與把權力支配法律視爲當然等特質。中國古代雖有法律傳統，但在封建專制制度背景下，法律事實上成爲"一家之法"，有法律卻實行人治，皇權無限，民眾產權缺乏一種確定的可予置信的保障。

中國古代的法律傳統，至近代，在國破兵敗的創痛中與國人探索變法圖強的背景下，由於"西法東漸，法治之倡得勢；古禮今廢，德治之聲失時"的引領，已經開始在逐漸構建中國近代意義上的法律體系中，明確擇定了中國法律近代化這一立法取向。這一立法取向在塑造法治理念、評議人治弊端逐漸成爲輿論導向的氛圍中，最終完成了文本層面的中國近代化法律構造。

在中國近代法律立法趨向近代化的過程中，由於此時的中國尚未具備實現法律近代化所需要的那種自然生成的、相對成型的社會經濟條件，這就促使那些致力於立法革故鼎新的國人不得不在被動或主動的判斷下，選擇了引入西方法律、移植西方法律並藉以生成本土法律的路徑。

中國法律近代化進程的啟動和推進雖然歷經挫折，但伴隨著這一進程而逐漸引入的西方法律，它所秉持的法律至上、實施法治、限制政府權力與保障公民權利、依靠立法與司法及行政分權制衡以健全法律體系的理念，事實上已經逐漸滲透並強烈地影響著國人對立法操作取向問題的思考、文本層面法律設計的選擇。

近代，國人在中國法律近代化的立法取向中啟動了本土立法。當清政府被時勢所迫而啟動政府導向的修訂法律計劃時，其修訂法律原則對西方法律借鑒選擇的重視本身，不僅使中國法律構架逐漸取型於所選範本國的法律，更使得中國法律理念逐漸被西方法律基本理念所滲透、習染。對中國法律近代化立法取向中的本土立法問題予以探討，以重視保障民眾權利而論，即便是涉及民法，我們也可以從中清晰地看出在中國法律近代化立法取向中，本土立法理念在文本層面對民眾權利的關注。執要而論，我們可以從《大清民律草案》、北洋政府刊行的《大理院判例要旨彙覽》、國民政府時期的《中華民國民法》與《強制執行法》中讀出界定產權、維繫產權——保障產權的核心資訊。這表明，西方法律通過界定產權而對公民權利實施保障的這一立法理念，已經滲入國人具體而微的文本層面的立法操作中。

論及中國法律近代化立法取向中的本土民法編撰，它雖然的確內含著保障公民權利的要旨，但我們尚不能據此就判斷它必然具有保障公民權利的實績。數十年來，學人均認同中國近現代的民法（甚至其他各法）的編撰大多是抄錄國外法律尤其是大陸法系國家的法律而得以完成的這一判斷。這一判斷所涉及的問題自然屬於中國近現代政府進行"制度移植"的一個十分重要的內容。

4.對中國近現代政府舉債信用機制的法理基礎構成問題的論述，不可能從隸屬於私法的民法中獲得對稱資訊。憲法為一國政府舉債信用機制法理基礎的關鍵構成。憲法是中國近現代政府舉債信用機制的法理基礎構成。

在中國近代，由清末立憲所啓動的中國近代憲法構造，對於晚清政府來說，它的確是晚清政府在國情壓力下所作出的一種被動選擇。從《欽定憲法大綱》到《十九信條》，中國近現代憲法構造的文本取向，已經顯露出限制政府權力的端倪。

在民國近40年中，南京臨時政府、北洋政府、國民政府續爲立法，並且使開始於清末法律制度改革的時有曲折、推進艱難的中國法律近代化進程，最終完成於國民政府六法體系的確立。以中國近現代憲法構造的文本而論，所謂限制政府權力、保障公民權利的憲法理念或意蘊，至少已經在形式上或隱蔽或明顯地滲透、展露於各法條的界定之中，並已經逐漸有了日漸清晰的表述。

評述中國近現代憲法文本實施績效，這一特定視角有助於我們思考並判斷中國近現代政府舉債信用機制法理基礎的有效性如何的問題。

從近現代國人對法治、憲政問題的思考可以得出這樣的判斷，即在針砭時弊、構想出路的切實思考中，國人對法治、憲政既有極強的學理層面的界定詮釋，更有密切聯繫其時中國社會實際的導向安排。

中國近現代經濟制度，是一種在不平等條約壓力下啓動被動開放、時局動盪中引進西方法律並致力於本土立法的轉型經濟制度，它所具有的半殖民地半封建化的社會經濟定位，使中國近現代經濟在給予列強損及中國主權的超國民待遇的被動開放運行中，雖然已有限制政府權力、保障公民權利的憲法構造以及要求政府實行法治的輿論導向，但是，在數十年中，憲法並未引致法治，憲法並未落實爲憲政，憲法僅僅是一種文本層面的法律存在。在中國近現代的真實經濟運行中，就保障公民的權利而言，業已界定的產權難以順利地有序實施、穩定地有效維繫，無限政府運作行政的人治遠未被有限政府運作行政的法治所替代。而中國近現代政府在具有這種特質的中國近現代轉型經濟制度及法理基礎上操作舉債，無疑將受到源於該種經濟制度與法理基礎的巨大影響。

本章所引文獻資料補述

第三節：

（第143頁註解③）1911年9月編成的《大清民律草案》，解讀其信息，在該草案總則編所規定的民律的基本原則、基本制度的框架中，我們清晰地看到：草案債權編界定債權標的、效力、責任、消滅、多數債權人與債務人、契約（買賣、互易、貸借、債務約束與債務認諾、保證等）、證券發行、不當得利、侵權行為，強調保護債權人利益（債權人得向債務人請求給付；債權人按相關規定對債務人強制執行債權；對不能給付或延遲給付的債務人，債權人得向其請求不履行或延遲履行的損害賠償），確立契約自由原則（對法令無特別規定的，依法律行為而債務關係發生或其內容變更及消滅者，必須依據利害關係人的契約予以定奪）；草案物權編界定所有權（不動產、動產所有權）、擔保物權（抵押權、土地債務、動產與不動產質權）、佔有，明確表示保護所有權者私有財產（所有人於法令限制內得自由使用、收益、處分其所有物；所有人於其所有物得排除他人干涉；所有人對於以不法保留所有物的佔有者或侵

（第144頁註解①）《中華民國民法》中的債編規定：在債的發生中，契約成立於當事人互相表示（明示或默示）意思一致時，契約的要約人因要約而受拘束，當事人得約定債務人不履行債務時應支付違約金[2]；在債的標的規定中，債權人基於債的關係得向債務人請求給付，經書面約定利息遲付逾一年雖經催告而不償還時，債權人可將遲付利息滾入原本要求債務人給付[3]；債的效力，行使債權、履行債務應依誠實與信用方法，債務人應為其故意或過失行為負責，對不為給付或不為完全給負者，債權人可請求法院強制執行、要求損害賠償[4]；在償債遲延中，有確定期限的給付債務人，自期限屆滿時起負遲延責任，債權人可對債務人遲延行為請求其賠償因遲延而產生的損害（如遲延債務以支付金錢為標的者，債權人得請求依法定利率計算遲延利息）[5]；數人負同一債務或有同一債權而其給付可分者，除法律或契約另有規定外，應各平均分擔債務、分受債權[6]；金錢借貸的返還，以通用貨幣借貸者返還時須用具通用效力的貨幣，約定折合通用貨幣計算者返還時須用具通用效力的貨幣，約定以特種貨幣為計算者返還時須用該特種貨幣或按返還時返還地市

---

[1] 參見張晉藩總主編：《中國法制通史》，卷9，緒言，1頁，北京，法律出版社，1999。

[2] 參見中國第二歷史檔案館編：《中華民國史檔案資料彙編》，第五輯，第一編政治（一），404頁，南京，江蘇古籍出版社，1999。

[3] 中國第二歷史檔案館編：《中華民國史檔案資料彙編》，第五輯，第一編政治（一），407頁，南京，江蘇古籍出版社，1999。

[4] 中國第二歷史檔案館編：《中華民國史檔案資料彙編》，第五輯，第一編政治（一），408頁，南京，江蘇古籍出版社，1999。

[5] 中國第二歷史檔案館編：《中華民國史檔案資料彙編》，第五輯，第一編政治（一），418頁，南京，江蘇古籍出版社，1999。

[6] 中國第二歷史檔案館編：《中華民國史檔案資料彙編》，第五輯，第一編政治（一），404頁，南京，江蘇古籍出版社，1999。

價用通用貨幣償還[1];保證,即當事人約定一方於他方的債務人不履行債務時,由保證者代負履行責任的契約,且保證債務除契約另有規定外均包含主債務的利息、違約金、損害賠償與其他從屬於債務的負擔[2]。而該民法的物權編規定:所有人於法令限制範圍內得自由使用收益、處分其所有物並排除他人干涉[3];所有人對無權佔有或侵奪其所有物者得請求返還,對妨害其所有權者得請求除去,對有妨害其所有權之虞者得請求防止[4];抵押權所擔保者為原債權利息、遲延利息及實行抵押權的費用[5]。

(第144頁註解②)《強制執行法》中具體規定:強制執行由債權人提出申請而實施;債務人顯有履行義務可能而故不履約、逃匿之虞、隱匿或處分應供強制執行的財產的情形者,執行法院應命其提出擔保,對無相當擔保者可拘提管收;對故縱債務人逃亡的擔保人,執行法院得拘提管收,而擔保書狀載明債務人逃亡或不履行由他負清償責任的,執行法院得因債權人申請,徑向擔保人為強制執行[6]。

第四節:

(第148頁註解⑥⑦⑨)清末,中國法律趨向近代化的軌跡乃

---

[1] 中國第二歷史檔案館編:《中華民國史檔案資料彙編》,第五輯,第一編政治(一),404頁,南京,江蘇古籍出版社,1999。

[2] 中國第二歷史檔案館編:《中華民國史檔案資料彙編》,第五輯,第一編政治(一),407頁,南京,江蘇古籍出版社,1999。

[3] 中國第二歷史檔案館編:《中華民國史檔案資料彙編》,第五輯,第一編政治(一),408頁,南京,江蘇古籍出版社,1999。

[4] 中國第二歷史檔案館編:《中華民國史檔案資料彙編》,第五輯,第一編政治(一),418頁,南京,江蘇古籍出版社,1999。

[5] 上海書店、中國法規刊行社編審委員會編:《民國叢書》,第三編28,《六法全書》,331、332頁,上海,春明書店,1948。

[6] 上海書店、中國法規刊行社編審委員會編:《民國叢書》,第三編28,《六法全書》,427、428頁,上海,春明書店,1948。

第六章　中國近現代政府舉債信用機制的經濟制度與法理基礎

是：晚清政府派員考求國外政治（1905年）、諸員上《奏請以五年為期改行立憲政體折》作為考察結論、政府發佈《宣示預備立憲先行釐定官制諭》（1906年）、頒佈《欽定憲法大綱》（1907年）、頒行《資政院章程》（1907年），由此而確定了立憲取向，且向國人傳達了有關憲法的諸種資訊[1]。

（第148頁註解⑧）晚清政府在《宣示預備立憲先行釐定官制諭》中指出："各國之所以富強者，實由於實行憲政，取決公論，君民一體，呼吸相通，博採眾長，明定許可權，以及籌備財用，經畫政務，無不公之於黎庶"，"仿行憲政，大權統於朝廷，庶政公諸輿論，以立國家萬年有道之基。但目前規制未備，民智未開，若操切從事，塗飾空文，何以對國民而昭大信"，所以，"必從官制入手"，"次第更張"，"以預備立憲基礎"，"俟數年後規模粗具，查看情形，參用各國成法，妥議立憲實行期限，再行宣佈天下，視進步之遲速，定期限之遠近"[2]。

（第149頁註解①）在由"君上大權"與"臣民權利義務"兩部分組成的《欽定憲法大綱》（1907年）中，晚清政府聲明："中國國體自必用欽定憲法"，"甄采列邦之良規，折衷本國之成憲"而頒佈的"為君民所共守，自天子以至庶人，皆當率循，不容逾越"的"天下大計"——憲法，其關鍵"一曰君主神聖不可侵犯；二曰君主總攬統治權，按照憲法行之；三曰臣民按照法律，有應得應盡之權利義務"、"憲法者，所以鞏固君權，兼保護臣民者也"；立

---

[1] 憲政編查館、資政院會奏頒佈《欽定憲法大綱》奏摺所言，轉引自張晉藩總主編：《中國法制通史》，卷9，70～95頁，北京，法律出版社，1999；《資政院章程》，轉引自張晉藩總主編：《中國法制通史》，卷9，109、110頁，北京，法律出版社，1999。

[2] 參見故宮博物院明清檔案部編：《清末籌備立憲檔案史料》，上冊，54～57頁，北京，中華書局，1979。

法、行政、司法"總攬於君上統治大權"的憲政安排乃因"其必以政府受議院責難者，即由君主神聖不可侵犯之義而生；其必議院協贊立法監察財政者，即由保障臣民權利義務之義而生；其必特設各級審判官以行司法權者，即由保障法律之義而生"；作為為確立議院基礎而設立的資政院，擁有議決政府預算、決算、稅法、公債、制定和修改法律等授權[1]。

（第151頁註解①）《中華民國臨時約法》在總綱中界定"中華民國，由中華人民組織之"、"中華民國之主權，屬於國民全體"、"中華民國，以參議院、臨時大總統、國務員、法院行使其統治權"；在《人民》一章中界定"中華民國人民，一律平等"，"人民之身體，非依法律，不得逮捕拘禁、審問處罰"、"人民之家宅，非依法律，不得侵入或搜索"，"人民有保有財產及營業之自由"，"人民有請願於議會之權"、"陳述於行政官署之權"、"訴訟於法院，免受其審判之權"、對"官吏違法損害權利之行為，有陳述於平政院之權"；在《參議院》一章中界定國會成立前，"中華民國之立法權以參議院行之"，其職權為"議決一切法律案"、"議決公債募集及國庫有負擔之契約"、"得咨請臨時政府查辦官吏納賄違法事件"、彈劾有謀叛行為的臨時大總統、彈劾失職違法的國務員；代表臨時政府、總攬政務及公佈法律的臨時大總統被規定唯在"為執行法律，或基於法律之委任，得發佈命令"，受參議院彈劾的臨時大總統由最高法院組織特別法庭審判；由臨時大總統與司法總長分別任命的法官組成的法院，被規定為

---

[1] 憲政編查館、資政院會奏頒佈《欽定憲法大綱》奏摺所言，轉引自張晉藩總主編：《中國法制通史》，卷9，70～95頁，北京，法律出版社，1999；《資政院章程》，轉引自張晉藩總主編：《中國法制通史》，卷9，109、110頁，北京，法律出版社，1999。

"依法律審判民事訴訟及刑事訴訟",除"認為妨害安寧秩序"而須秘密者外的審判均"須公開之",且其審判具有"不受上級主管之干涉"的獨立性[1]。

（第152頁註解②）《中華民國憲法草案》（又稱《天壇憲法草案》）規定,中華民國國體永為統一民主國;中華民國人民法律上均為平等;中華民國人民財產權不受侵犯;中華民國人民依法有訴訟、訴願及請願權;中華民國立法權由以參議院、眾議院構成的國會行使;行使行政權的中華民國大總統就職誓詞為:余誓以至誠,遵守憲法,執行大總統之職務,謹誓;中華民國司法權由法院行使;法律案由兩院議員、政府提出,法律議定由兩院一致成之,法律非依法律不得變更廢止,法律與憲法抵觸者無效[2];在會計方面,該草案規定,政府新課租稅以及變更稅率由法律確定,政府募集國債與締結增加國庫負擔的契約須經國會議定,政府每年編制國家歲出歲入預算案交眾議院、參議院議決,國家歲出歲入決算案經審計院審定再由政府報告國會;關於憲法修正與解釋,該草案規定,修正憲法（國體不得作為修正議題）應當由國會發議並由憲法會議實行,憲法疑義由專門設立的特別會議予以解釋[3]。

（第153頁註解④）《五權憲法草案》（1922年葉夏聲受令於孫中山所擬）指出:"國家真正之基礎,在以三民之精神,鑄五權之憲典,俾民有、民治、民享之幸福,克垂萬世於無窮","中華民國由中華民國國籍之人民,基於民族、民權、民生主義建設之民主共和國統治之;中華民國之主權,屬於國民全體";"中華民國由

---

[1] 中國第二歷史檔案館編:《中華民國史檔案資料彙編》,第二輯,14、106頁,南京,江蘇人民出版社,1981。
[2] 編委會:《法學詞典》,109頁,上海,上海辭書出版社,1990;張國福:《民國憲法史》,447～454頁,北京,華文出版社,1991。
[3] 張國福:《民國憲法史》,454～455頁,北京,華文出版社,1991。

國民大會組織之考試院、立法院、行政院、司法院、監察院,行使其統治權;中華民國各縣及其同等區域人民,於其本縣本區域及法定範圍內,有直接行使選舉、複決、罷免、創制之權,人民直接行使前項各權,選出國民代表;中華民國人民,一律平等"、"中華民國人民一般及永久享有之權利及自由,不受限制,如有不法侵害人民權利及自由者,以叛國論";立法院可糾彈監察院人員違法瀆職行為;檢察院可糾彈各院長官及所屬一切官員的違法瀆職行為、彈劾有謀叛與違憲行為的大總統;各院預算決算的議決審核,全國稅則、幣制、徵收土地、公債募集與國庫有負擔的契約的議決,權力在立法院;以地租、關稅、國營事業為限的國庫收入非經國民大會議決,不得設立增加人民負擔的各項租稅,並且統一於行政院的一切國庫收入非經院令不得支配,依令支配後應報告監察院;國家歲出歲入預算決算及臨時支出限期由行政院編制,交立法院議決,報告給監察院,再由大總統施行[1]。

(第154頁註解⑦)《中華民國憲法草案》(簡稱"五五憲草")規定:中華民國為三民主義共和國;中華民國人民在法律上一律平等;人民有身體、居住、遷徙的自由;人民的財產非依法律,不得徵用、徵收、查封或沒收;人民有依法律請願與訴訟之權,選舉、罷免、創制與複決之權;中華民國領域內之土地,屬於國民全體,其經人民依法律取得所有權者,其所有權受法律之保障[2];總統作為國家元首,其職權是依法公佈法律、發布命令、統率全國陸海空軍、依法行使大赦特赦減刑複決之權、依法任免文武官

---

[1] 張國福:《民國憲法史》,237、283~290、312、340~348頁,北京,華文出版社,1991。

[2] 《中華民國憲法》,引自中國第二歷史檔案館編:《國民黨政府政治檔案史料選編》,上,613~632頁,合肥,安徽教育出版社,1994。

員等[1]。

（第156頁註解①）《中華民國憲法》規定："中華民國國民大會受全體國民之付託，依據孫中山先生創立中華民國之遺教，為鞏固國權，保障民權，奠定社會安定，增進人民福利，制定本憲法，頒行全國，永矢咸遵"；中華民國依據三民主義為民有、民治、民享的民主共和國，中華民國人民在法律上一律平等，其身體自由、生存權、工作權與財產權應予保障；人民享有請願、訴願、訴訟權，享有選舉、罷免、創制與複決權；人民不妨害社會秩序、公共利益的其他自由與權利均受憲法保障；公務員違法侵害人民自由權利者，除依法受懲戒外，應負刑事與民事責任，被害人民就其所受損害，均可依法律向國家請求賠償；國民大會依本憲法規定代表全國國民行使行政權；由國民大會選舉的總統，其就職誓言是："餘謹以至誠，向全國人民宣誓，餘必遵守憲法，盡忠職務，增進人民福利，保衛國家，無負國民負托。如違誓言，願受國家嚴厲之制裁"；立法機關由人民選舉的立法委員組織並代表人民行使立法權；國家最高司法機關司法院掌理民事、刑事、行政訴訟審判與公務員的懲戒；國家最高監察機關監察院行使同意、彈劾、糾舉與審計權；國民經濟的基本原則是民生主義；中華民國領土內的土地屬於國民全體，人民依法取得的土地所有權，應受法律保障和限制[2]。

---

[1] 張國福：《民國憲法史》，348～351頁，北京，華文出版社，1991。
[2] 楊鴻烈：《中國法律發達史》（影印本），下冊，1517頁，上海，上海書店，1990。

第七章

中國近現代政府舉借外債：
守信用的激勵、反信用的約束

引　言

　　前曾界定，論述中國近現代政府舉債的信用激勵、約束機制問題（在內外債舉借中，政府守信用的激勵與反信用的約束問題）是本書的主題。論題推進至此，憑藉以前各章對本書主題所作論述提供的鋪陳，本章及下一章即準備從信用激勵、約束視角，對中國近現代政府舉債問題予以論述，或者更準確地說，對中國近現代政府舉債中守信用的激勵與反信用的約束問題予以論述。而由於該問題深深植根於中國近現代政府舉債的歷史事實之中，這便決定了我們對此問題的剖析不能游離於歷史事實之外而僅僅去作泛泛之論。但考慮到凸顯問題的需要，本書在對中國近現代政府舉債中守信用的激勵與反信用的約束問題進行論述時，準備將所涉及的大量歷史事實以文獻補注形式置於每章正文之後，正文中一般不對所涉及的各歷史事實進行詳細復述或描述。

　　本章擬對中國近現代政府（晚清政府、南京臨時政府、北洋政府、國民政府）在外債舉借中的信用激勵與約束問題予以剖析。

第一節　晚清政府外債舉借中的信用激勵、約束

　　1840年鴉片戰爭爆發以後，晚清政府在中國近代轉型經濟制度被動開放運行條件下的運作行政操作，為不斷嚴重的財政困難所掣肘。儘管急於擺脫財政困境的晚清政府曾以改革票鹽制度、清理地丁錢糧、調整漕政等措施而力行財政整頓，但終因收效甚微而使政府財政未能由此而獲得可靠支撐。於是，晚清政府又繼之以推設釐金、鑄發

大錢、印行官票寶鈔、開征鴉片稅、預征錢糧、舉借債款[1]。此處所擬探討者，是晚清政府外債舉借中的信用激勵與約束問題，而據以探討該問題的歷史事實，我們在此僅僅限於晚清政府外債舉借的擔保選擇與償債安排。

一、從外債舉借中示信的擔保選擇看晚清政府的信用激勵、約束

不言而喻，晚清政府之所以在財政艱難中大量並以幾近苛嚴的條件舉借外債，乃因外債之借，對晚清政府財政進而政治運作具有不可替代的維系作用。從這一意義上說，急於借債成真的晚清政府每次舉借外債，其對充作債權人的列強明示守信，即不是（也不可能是）一泛泛的每有借款，必予償還的文字承諾，而是（也只能是）每事舉債，必定擔保的物質化（貨幣化）承諾。

綜觀晚清政府歷年所借外債，這種用於舉債擔保的物質化（貨幣化）承諾，甲午中日戰爭前主要表現爲：外債擔保物以海關稅收爲主，此外，尚有某地藩庫收入（如1881年6月西征借款即以陝甘藩庫收入作爲借款擔保）、厘金、輪船碼頭捐、某省收入、輪船招商局局產（碼頭、倉棧等），亦有藩司所出之票（當屬本票），甚至殷實商人所給捐款（如1889年5～9月鄂省織布局借款即以廣東闈姓捐款抵作本金，利息則由湖北財政收入償還）[2]。甲午中日戰爭至辛亥革命時期，在晚清政府所借外債中，關稅、鹽厘、鹽課、厘金、鐵路財產、礦務局財產、招商局財產及其進款仍屬重要擔保，而新增擔保專案

---

[1] 參見周育民：《晚清財政與社會變遷》，74～233頁（上海，上海人民出版社，2000）的相關論述。

[2] 參見徐義生編：《中國近代外債史統計資料》，10、11頁，北京，中華書局，1962。

有：中國電報局收入、鹽江防加價、常關稅、樟腦局財產與稅課餘利、新疆礦產與墾荒權、銅幣餘利、膏捐、鐵廠所產鋼鐵與棧存煤焦、公地、茶釐、貨稅、漢冶萍股票、省公債、漕糧折價、大清銀行存款單等[1]。

對於債權人而言，當其與債務人確定信用關係，爲確保自身債權的安全，要求債務人爲其還本付息指定確實擔保，原屬自然。但對晚清政府舉借外債而每以貨幣化承諾示信於列強來說，此中卻的確不乏晚清政府在不平等條約下遭受列強逼迫所使然的選擇情形，而常以海關稅收作爲外債擔保的操作也許最能說明問題。

海關本屬一國履行徵收關稅、查禁走私等任務的國家行政管理機構[2]。

在中國近代，伴隨著列強諸多不平等條約的脅迫約定的不斷增強，中國沿海、沿江甚至內陸邊境在被動開放中所設立的海關不斷增加。從表面上看，似乎海關增設日多，晚清政府關稅收入即會同步增多。事實卻是，中國近代的海關自咸豐九年（1859年）起，由於根據第二次鴉片戰爭期間晚清政府與列強所訂《中英天津條約》、《通商章程》而設立海關總稅務司（一個由晚清政府所設但爲列強所操控的海關機構）即已經被列強所操控[3]。這樣，作爲晚清政府國庫收入重要來源的海關稅收，由於不平等條約的強壓、海關總稅務司的導向，在世所罕見的進出口稅率水準、千奇百怪的免稅品目、隨心所欲的免

---

[1] 參見徐義生編：《中國近代外債史統計資料》，4～52頁，北京，中華書局，1962。

[2] 陳紹聞主編：《經濟大辭典・中國經濟史卷》，217、218頁，上海，上海辭書出版社，1993。

[3] 陳紹聞主編：《經濟大辭典・中國經濟史卷》，217、218頁，上海，上海辭書出版社，1993。

稅、退稅與子口稅限制漏損中，不斷減損[1]。

　　以這種狀況的海關稅收作為晚清政府所借外債的擔保，在損害中國關稅主權的同時，卻強化了列強對於該擔保確定的控制力。不僅於此，列強對海關稅收的操控在其後甚至拓展到了晚清政府的常關稅收[2]。

　　基於中國近代晚清政府外債舉借中示信的擔保選擇事實，我們似乎可以對晚清政府在此所遭遇到的信用激勵、約束問題作如下分析：一般而論，在市場經濟條件下的債約簽訂與履行，原屬債權債務主體在利益激勵下，自願自主討價還價，簽訂債約、履行債約的行為。給定其他條件，在這之中，債務主體由於唯有與債權主體簽訂並履行債約才能獲得及重複獲得債權主體的授信，才能由此而建立及持續建立良好信用的聲譽，因而具有極強的對債權主體恪守信用的利益激勵；債權主體由於債務主體可以對其進行競爭性替代選擇，每一個債權主體就很難在獨佔或壟斷授信操作中，要挾債務主體承受其對債務主體單向設定的超經濟的反信用約束。換言之，在市場經濟條件下的信用構造所引致的金融資源配置，在給定條件下可以達至最優，而在這之中，所涉及的行為主體在平等定位中的自主自願的信用選擇，乃是基於經濟自由可望推進經濟發展的效率選擇[3]；反之則反是。

　　但是，對於中國近代晚清政府與列強簽訂及履行債約來說，由於中國近代經濟所處的在不平等條約下被動開放轉型的制度條件，信用

---

[1] 嚴中平：《中國近代經濟史》，上冊，250～315頁，北京，人民出版社，1989。

[2] 參見陳紹聞主編：《經濟大辭典・中國經濟史卷》，218頁，上海，上海辭書出版社，1993。馬士・宓亨利著，姚曾廙等譯：《遠東國際關係史》，下冊，475、476頁，北京，商務印書館，1975。

[3] 阿馬蒂亞・森提出以自由看待發展的視角，其相關剖析不乏啟示意義。參見阿馬蒂亞・森著，任賾等譯：《以自由看待發展》，北京，中國人民大學出版社，2003。

主體雖然在授信與受信的利益激勵下仍然有構造信用的討價還價，但其間已經不存在信用主體彼此對稱的自主自願的信用選擇，也就是說，對於債務主體來說，由於它的政治、經濟、軍事等均受制於列強，這便使得其舉債選擇（因何舉債、向誰舉債、舉債多少、以什麼條件舉債等）的自主自願已經在債權主體的恃武壓制、壓縮下幾近丟失；而債權主體卻能夠在獨佔或壟斷地操作強制的信用供給中，自主自願地要求債務主體對自己做出給定的（條件苛刻的、扭曲的）信用選擇。從這一意義上說，晚清政府對外舉債中看似正常示信的海關稅收擔保選擇，實屬債權主體自主自願要挾債務主體必須接受的超經濟的反信用約束選擇，而這一選擇範式無疑難以引致金融資源配置的帕累托最優，更不用說債務主體藉以推動本土的經濟增長進而經濟發展了。所以，物質化的信用擔保雖然的確屬於信用制度臻至完善的一個要件，但是，如果對該要件選擇所涉及的制度條件中有關債務主體與債權主體非對稱的自主自願境況缺乏認知，則不能在具體而微中解釋晚清政府對外舉債中示信的擔保選擇。

二、從外債舉借中的償債安排看晚清政府的信用激勵、約束

在中國近代，晚清政府因財政艱難而舉借外債，亦因償債（賠款）壓力而舉借外債。這種償債壓力突出地表現在列強依靠武力建立並用炮艦外交維持的不平等條約[1]，使忌憚列強呵斥威脅的晚清政府即便在收入日絀的困擾中一般亦依約償債，甚至不惜作出通過添借新外債以清償舊外債（賠款）的償債安排。

馬士在《中華帝國對外關係史》一書中，編制了"1874－1911年

---

[1] 費正清著，中國社會科學院歷史研究編譯室譯：《康橋中國晚清史》，上卷，255頁，北京，中國社會科學出版社，1993。

間中國所借外債表"，涉及外債42筆，迄於1911年12月本金已清償數僅為323306,384英鎊，而至1912年1月本金內尚未清償數則為139123673英鎊[1]，其依約償債數似乎只約為應償債數的18.85%。但細究馬士所編中國外債表，在晚清政府與列強約定償清時限在止於1902年的10筆外債中（餘皆為1913－1953年），其依約清償率為100%[2]。儘管歷史從不相信事後假設，但事實是1912年1月開始的中華民國業已終止作為外債舉借主體的晚清政府的存在，由此便無從論及晚清政府是否守約償債了。

晚清政府添借新債以償賠款的安排，尤以甲午中日戰爭後《馬關條約》強加於晚清政府的鉅額賠款必須如約償付最為突出[3]。至於1901年7月由晚清政府向德、奧、比、西、美、法、意、日、荷、俄等舉借的庚子賠款借款，更是達到庫平銀457605000兩之巨[4]。值得注意的是，庚子賠款之借款產生於晚清政府無力償付庚子賠款而為列強單方面將該筆賠款折變為39年攤還的長期債款這一事實[5]。在不平等條約擠壓下的被動開放，使晚清政府時常承受飛來橫債的衝擊，這確屬探討中國近代政府舉借外債史實時必須重視的"反常信用"案例。

而晚清政府添借新債以償還舊債的史實[6]，實足以見出晚清政府

---

[1] 馬士著，張彙文等譯：《中華帝國對外關係史》，第三卷，475～478頁，北京，商務印書館，1960。

[2] 馬士著，張彙文等譯：《中華帝國對外關係史》，第三卷，305、306頁，北京，商務印書館，1960。

[3] 參見徐義生：《中國近代外債史統計資料》，22、28～31頁，北京，中華書局，1962。賈士毅：《民國財政史》（影印本），第四編，21、22頁，上海，上海書店，1990。

[4] 參見徐義生：《中國近代外債史統計資料》，34頁，北京，中華書局，1962。

[5] 參見徐義生：《中國近代外債史統計資料》，25頁，北京，中華書局，1962。

[6] 參見徐義生：《中國近代外債史統計資料》，28～53頁，北京，中華書局，

"借西還東"的權宜安排。而這種權宜安排除了表明晚清政府惕於守約償債選擇外,似乎也從側面說明:近代已被迫"降到一種屈服的地位並被迫讓與了侵害它主權地位的許多權力"的"屈辱已極"的晚清政府[1],面臨了列強所實施的超乎經濟層面的極強的履約償債約束。

尚需提及的是,近代,一個因屈從諸多不平等條約而"不但喪失了威望而且也壞了名譽"[2]、一個因財政艱難而大借外債且"借西還東"的晚清政府,一般而論,肯定不是理性債權人所欲甄選的可置信的債務人。但在給定的中國近代被動開放轉型的特定經濟制度框架中,晚清政府這一看似宜歸類於不可置信者的債務人,卻是列強通過苛刻條件的授信而最能博取其所覬覦利權的可操控的債務人。所以,在近代,門戶洞開的晚清政府,每欲舉借外債,即會引致列強爭奪債權:它們首先所憂慮的只是不能成為晚清政府的債權人,而並非是否能夠從晚清政府順利收回債權。但是,當晚清政府的運作行政因辛亥革命的衝擊而倍增不確定預期時,那些爭奪對晚清政府授信權的列強,其憂慮即複歸於本能的債權保全[3]。

首要審視中國近代晚清政府外債舉借中的償債安排事實,的確不難從中看出晚清政府所面臨的信用激勵、約束。一般而論,在市場經濟條件下所構造的規範信用關係,對信用主體中的債務主體而言,其

1962。

[1] 馬士著,張彙文等譯:《中華帝國對外關係史》,第三卷,305頁,北京,商務印書館,1960。

[2] 馬士著,張彙文等譯:《中華帝國對外關係史》,第三卷,306頁,北京,商務印書館,1960。

[3] 參見胡濱譯:《英國藍皮書有關辛亥革命資料選譯》,上冊,153、154頁,北京,中華書局,1984:《朱爾典爵士致格雷爵士函》,1911年11月23日於北京發出;胡濱譯:《英國藍皮書有關辛亥革命資料選譯》,上冊,179頁,北京,中華書局,1984:《銀行家們通過的決議》;胡濱譯:《英國藍皮書有關辛亥革命資料選譯》,上冊,180頁,北京,中華書局,1984:《海關總稅務司擬定的方案》。

對債權主體所做出的償債承諾，常常用具有可置信性的償債安排予以實施，這意味著債務主體一般能把償債承諾用兌現承諾的操作予以實現，由此而可能引致信用關係在債權主體對債務主體的"良信認知"中重複信用構造行為。給定其他條件，在這一信用關係中，債務主體守信用的激勵直接表現為欲以可置信的償債安排，引致債權主體對其做出"良信判斷"進而取得重複構造信用關係的資格，而該債務主體也因此而難以無視債權主體可能對其實施的可置信反信用約束：因缺乏可置信償債安排而被債權主體做出惡信判斷進而失去重複構造信用關係資格。泛論償債安排，這僅僅觸及一信用關係中債務主體用什麼償債、以什麼方式償債的問題，而並沒有涉及債權主體對該債務主體做出的償債安排認可與否的問題。因此，給定其他條件，真實經濟生活中債務主體的償債安排——一種可予以解釋的償債安排，首先是從債權主體視角判斷它是否為可予置信的償債安排。簡言之，對一信用關係中的債權主體而言，其債務主體做出的償債安排，凡屬償債資金來源具有可靠保證（這是最為關鍵的條件）、償債方式選擇具有可操作性者，就是可置信的償債安排。反之則反是。在此，誠如在市場經濟條件下債務主體對其債權主體的示信擔保選擇，是債務主體基於自身利益權衡的自主自願行為，債務主體對其債權主體做出的可置信償債承諾與兌現償債承諾的可置信操作，都屬於債務主體的自主自願選擇（在與其債權主體談判並獲得債權主體認可的條件下）。

　　但是，如果我們逕將上述判斷用於解釋中國近代晚清政府在外債舉借中的償債安排，則有失偏頗。這是因為，中國近代晚清政府其時正處於被動開放的經濟制度條件下，其對外舉債進而對外償債，均常常受到列強債權主體的強制與要挾。對晚清政府這一債務主體而言，每一次信用關係的構造，幾乎皆無所謂選擇的真正自主自願可言，而晚清政府給予列強債權主體的可置信償債承諾與兌現償債的可置信操作，皆屬於它在強制與要挾條件下所必須做出的唯一選擇。由於列強債權主體可以且主要憑藉其對債務主體晚清政府實施超經濟——超債權的強制約束，所以，當時的中國雖仍然處於人治運作行政、法制缺失的狀況，列強債權主體一般卻並不憂慮其產權的保障，即產權的安全問題。但是，當晚清政府的運作行政地位因爲辛亥革命的衝擊而形動搖，未來的運作行政者將會是誰及其將如何運作行政而使得列強預期極不確定的時候，列強所可憑恃的既有的對債務主體的超經濟——超債權強制約束，是否尚可繼續憑恃的預期也因此而變得極不確定的時候，列強即不可避免地擔憂國家風險，擔憂其產權的保障，即產權的安全問題。頗具啓示意義的是，當此之時，在被動開放條件下失去自主自願地選擇信用構造的債務主體，由於陷入生存危機，反而因此而具有了針對對其實施超經濟強制與要挾約束的債權主體的反強制與要挾約束的能力。

第二節　南京臨時政府外債舉借中的信用激勵、約束

自1912年1月1日孫中山在南京就職中華民國臨時大總統始，到該年4月1日孫中山正式解職中華民國臨時大總統止，南京臨時政府存續期僅有三個月。但是，南京臨時政府的財政壓力卻在其正式成立之前即見端倪，結束之後遺贈北洋政府。誠所謂"鼎革之初，百廢待舉，而理財列爲要政之一，唯因大局甫定，又承清季凋敝之後，預算編制，殊難成功"[1]；"自光復以來，各州縣經征款項，應劃歸中央者，

---

[1] 中國通商銀行編：《五十年來之中國經濟》，82頁，賈士毅言，上海，六聯印刷公司，1947。

雖早經本部（財政部）通電催解，而各該省迄未照解前來，以致收入亦無從概算"[1]。借用譚延闓針對新政權所需注意問題的指點即是"財政處於危險狀態"[2]。正是在這一巨大財政壓力下，為維繫運作行政的南京臨時政府別無選擇，唯有急切舉借債款以解燃眉。

一、從舉借外債的示信承諾看南京臨時政府的信用激勵、約束

在一國經濟發展中，不論由於何種原因，其政府執政的更替變遷，都會使後起的替代者面臨業已被替代的前任政府所留下的債務及如何處置這類債務的棘手問題。在這之中尤以外債為甚。對於後起的替代者而言，前任政府有外債留下，屬於一個無可迴避的客觀事實。但如何處置這一客觀存在的對外債務，則直接決定於後任政府對此問題的主觀判斷與選擇。當且僅當這一對外債務所涉及的債權主體，持有對該後任政府地位可予以置信的不承認威脅，進而不給予借款就可能使該後任政府運作行政面臨極大的財政障礙的時候，該後任政府在處置前任政府留下的外債時，其主觀判斷與選擇就會單一而為承認前任政府所留下的對外債務，即承認後任政府對前任政府的未了債務有責任續為償付。這裡，十分清晰地凸顯出該後任政府處置前任政府遺留的外債時，遭遇到守信用的激勵與反信用的約束，即立足未穩的後任政府，渴望得到國際社會的迅速認可，並且希望由此而引致其財政甫行之時尤須仰賴對外舉債以為扶持的資金流入，此為其之所以恪守信用的激勵；相反，如果該後任政府不能明示前任政府舉借外債所涉

---

[1] 《臨時政府公報》，第43號。參見中國第二歷史檔案館編：《中華民國史檔案資料彙編》，第二輯，285頁，南京，江蘇人民出版社，1981。

[2] 這是譚延闓在1911年12月11日湖南省參議院會議上所言。見胡濱譯：《英國藍皮書有關辛亥革命資料選譯》，下冊，396頁，北京，中華書局，1984。

及的債權人,後任政府對前任政府未了之債具有續爲償債的"誠意",則其運作行政地位在外來債權主體的否認衝擊下已有難以爲繼的恐慌,更不可能去設想它還能便捷地向他國債權主體通過舉債以求運作行政並保住政權了,此爲其所將遭遇到的反信用的約束。

在被動開放條件下替代晚清政府執政的南京臨時政府,其立國之前與立國之初,即遭遇到必須以承認償付晚清政府所未及清償的債務作爲條件,藉以換取列強債權主體對其執政合法地位的認可,與由此而向列強債權主體順利舉債的信用激勵、約束。證諸史實,早在南京臨時政府成立之前,同盟會即曾於《對外宣言》中知照列強:"中國前此與各國締結之條約皆繼續有效,應償之外債照舊擔任,外人之既得利益,一體保護。"[1]這似可視爲操作辛亥革命的同盟會預設的一種外交技巧:以此承諾,既希望能夠換取列強的中立,又希望能夠樹立信用於列強。以後者而論,由於列強指稱中國關稅早定爲晚清政府所借外債、應付賠款的擔保而扣留各關關稅,而晚清政府田賦、常關稅、百貨統捐稅等又已爲南京臨時政府所豁免[2],爲獲得列強對自身運作行政的承認並因此而獲得運作行政的外債扶持[3],這樣的示信承諾彷彿緣自必須示信的壓力,似屬南京臨時政府不得已而爲之的選擇。也許正如民國著者所言:"民國成立之初,依照國際法之慣例,對於前清所舉之內外債務及庚子賠款,仍予承認,繼續償還。重要收入之關稅,皆已撥償外債,財政因之極端困難,複以改革伊始,軍政善後各

---

[1] 轉引自徐義生:《中國近代外債史統計資料》,94頁,北京,中華書局,1962。

[2] 轉引自徐義生:《中國近代外債史統計資料》,94頁,北京,中華書局,1962。

[3] 參見胡濱譯:《英國藍皮書有關辛亥革命資料選譯》,下冊,460頁,北京,中華書局,1984。

費，所需孔亟"[1]，"部庫如洗"而必事借債（含外債內債）[2]。即便臨時政府有"募借外債，遠非持久之謀"[3]的認識，亦不得不勉力籌措而不暇計及其餘了。

二、從舉借外債的示信操作看南京臨時政府的信用激勵、約束

在一國經濟發展中，在出現政府執政更替情形時，後任政府基於地位鞏固與借債運作行政考慮而必須代前任政府續為償債的示信承諾選擇問題，從信用構造層面論，實際上屬於在一個給定信用主體條件下的信用激勵、約束問題，尤其是把示信承諾通過示信操作而付諸實施的信用激勵、約束問題。換言之，對於每一個現實或潛在的信用主體來說，尤其是該信用主體中的債務主體一方來說，如果它設想引致啟動一個期望的信用構造，那麼，他（它）首先必須向他（它）的債權主體做出示信承諾，並據此承諾實際操作示信，即把示信承諾予以兌現。這樣，由該債務主體給出的示信承諾才可能成為一個完整的可予以置信的示信承諾（"既說又練"）。因此，對於信用構造中的債務主體來說，示信操作對他（它）具有與示信承諾一樣的信用激勵、約束功能。換言之，在一給定的信用主體設想引致啟動的信用構造中，它所涉及的債務主體給出的示信承諾所面臨的信用激勵、約束，只要具有可以自動實施因而可予置信的威懾力，那麼，就可以據此而預期該債務主體必然承受並回應示信操作的信用激勵、約束。

---

[1] 參見中國通商銀行編：《五十年來之中國經濟》，119頁，陳炳章言，上海，六聯印刷公司，1947。
[2] 賈士毅：《民國財政史》（影印本），第四編，34頁，上海，上海書店，1990。
[3] 《臨時政府公報》，第43號。參見中國第二歷史檔案館：《中華民國史料檔案資料彙編》，第二輯，285頁，南京，江蘇人民出版社，1981。

探究南京臨時政府舉借外債史實,近人常有南京臨時政府未獲列強承認、舉借外債十分不易的判斷[1]。佐以民國元年英國領事所述南京臨時政府由於尚不具備外國金融家所要求的即民國必須獲得列強承認的條件因此而很難對外借款的事實[2],上述判斷應是可信的。儘管如此,據徐義生統計,在南京臨時政府成立後運作行政止於4月底所獲20,040,000元收入總額中,對外借款占到68.81%[3]。這無疑表明,南京臨時政府對外借債雖然困難甚至有時"不能辦理借項"[4],但畢竟終能借到,且較之其收入總額而言實屬所借不菲。何以如此?可能的解釋,南京臨時政府在外債舉借中注重示信操作,這也許是我們所不能忽視的一種重要解釋。

凡借外債,必明定本息償付擔保,如擇定實業財產、礦產、鐵路收入、企業股票等作爲借款擔保。而爲能解決舉借外債的擔保問題,南京臨時政府甚至還迂迴操作,挪用國內真實資產作爲舉債擔保以證實外國金融家對自己的信用[5]。與對外舉債明定擔保的同時,南京臨時政府尚於外債舉借中如此操作示信:所借外債一般長僅1年、短僅半年,但年利多爲8%左右;擔保之外,常常附帶他種條件,如漢冶萍抵押借款中約定中日合辦漢冶萍煤鐵礦等;借款支付中常行折扣方式,

---

[1] 劉秉麟:《近代中國外債史稿》,89頁,北京,生活·讀書·新知三聯書店,1962。

[2] 胡濱譯:《英國藍皮書有關辛亥革命資料選譯》,下冊,460頁,北京,中華書局,1984。

[3] 徐義生:《中國近代外債史統計資料》,95頁,北京,中華書局,1962。

[4] 《陳錦濤關於非俟唐紹儀到滬不能解決借款》(1912年3月22日),見中國第二歷史檔案館編:《中華民國史檔案資料彙編》,第二輯,289頁,南京,江蘇人民出版社,1981。

[5] 《招商局董事會關於南京臨時政府借款事項會議記錄》,參見中國第二歷史檔案館編:《中華民國史檔案資料彙編》,第二輯,305~307頁,南京,江蘇人民出版社,1981。

如漢冶萍借款折扣率90%，蘇路借款折扣率93%等[1]。無疑，這樣的不如此即借不到外債的示信操作正反映了南京臨時政府運作行政基礎未穩、風險預期可慮的事實。

第三節　北洋政府外債舉借中的信用激勵、約束

北洋政府執政時期，"部庫艱窘"[2]、"部庫如洗"[3]的狀況迄未改變。政府收入常形短絀，支出持續浩大。爲維持財政，北洋政府唯有依賴於舉借債款一途。

一、從整理外債與償還外債的示信動議看北洋政府的信用激勵、約束

北洋政府承襲晚清"依賴外債以維持財政"的操作，大量舉借外債。雖北洋政府已不復有南京臨時政府渴望爲列強所承認的壓力，且早在民國初建的當時袁世凱即博得列強信任[4]，但如想常借、多借外債，對前政府（包括晚清政府）歷年所借外債予以整理，安排償付，示信於列強，也屬於它不可短少的"課業"。此所謂對舊欠外債"若非通盤籌畫，確定借換之法，迅速清償，大足以召外交之干涉，小足

---

[1] 徐義生：《中國近代外債史統計資料》，96～99頁，北京，中華書局，1962。
[2] 《財政部批稿》（1912年12月11日），見中國第二歷史檔案館編：《中華民國史檔案資料彙編》，第二輯，321頁，南京，江蘇人民出版社，1981。
[3] 《北洋政府財政部電稿》（1912年12月23日），見中國第二歷史檔案館編：《中華民國史檔案資料彙編》，第二輯，335頁，南京，江蘇人民出版社，1981。
[4] 中國通商銀行編：《五十年來之中國經濟》，83頁，賈士毅言，上海，六聯印刷公司，1947。

以損國家之信用"[1]。懼怕列強彈壓遂以此爲大，中國近代被動開放條件下半殖民地半封建社會的慣性心理竟至於此，這自是另一論題，但由此已然可見北洋政府之所以整理外債而示信於列強的超乎經濟層面信用的守信用激勵抑或反信用約束。

北洋政府整理外債的示信動議，始於1913年春，具體動議者爲財政部，動議主旨乃在於"預籌的款，借新還舊"[2]。以整理短期外債動議安排而論，由於晚清政府與民國成立之初所借短期外債到期積欠25,010,000元銀元，雖經不斷展期、以定期國庫券替換等安排，終因"軍餉政費，應付不遑。善後借款，用途限定"而使政府難以克期償債[3]。迫於外國債主索債壓力，也考慮到如果不能守信償債，則必然會使政府的對外信用受到磨損而"阻將來之借款"[4]，北洋政府財政部於是詳爲謀劃借新還舊。在具體操作中，北洋政府與外國債權人議定，一由北洋政府使用若干種稅收作爲對外借債的抵押，以此所借之債用於償付舊欠外債，二由北洋政府對內舉債，把對內舉債的國債票券作爲清償外債的抵押，其本息償付指定以交付稅務司並轉存外國銀行的國內稅收作爲保證，並對外國債權人持有的這一國債票券在票面約定的債息之外另加債息。[5]

除卻整理外債的示信動議外，北洋政府財政部還於1913年春提出

---

[1] 《朱爾典爵士致格雷爵士電》（1912年1月12日發自北京），見胡濱譯：《英國藍皮書有關辛亥革命資料選譯》，241頁，北京，中華書局，1984。

[2] 賈士毅：《民國財政史》（影印本），第四編，131頁，上海，上海書店，1990。

[3] 參見賈士毅：《民國財政史》（影印本），第四編，132頁，上海，上海書店，1990。

[4] 參見賈士毅：《民國財政史》（影印本），第四編，132～134頁，上海，上海書店，1990。

[5] 參見賈士毅：《民國財政史》（影印本），第四編，148～152頁，上海，上海書店，1990。

了採行減債基金制度以償還外債的示信動議。在北洋政府財政部看來，其時外債、賠款總計已有1743889640元之巨，"庫儲如洗，羅掘諸窮"的政府財政，其信用"必不能見孚於外人"[1]，爲此，政府有必要擬定可行償債計劃，對外做出償還示信安排，而仿行英、法、德諸國曾經運用過的減債基金辦法不失爲政府的可行選擇。基於此種考慮，北洋政府對如何啓動減債基金制度作了具體規劃[2]。不僅於此，在這項動議中，爲詳細量化償還示信，北洋政府財政部還專門編出了運用減債基金具體落實外債清償的各種統計表[3]。

　　前曾論及，在市場經濟條件下，信用構造中所涉及的債權債務行爲主體，在利益激勵、約束中自主自願選擇信用構造。給定債權主體，對於一個信用構造中所涉及的債務主體來說，它所面臨的信用激勵、約束，究其實乃是守信用的利益激勵、反信用的利益約束。換言之，詮釋在市場經濟條件下一個債務主體的信用激勵、約束，可以給出一個極具解釋力的經濟解釋。然而，當我們把這一個制度條件變易爲非市場經濟制度的時候，既有的經濟解釋雖然不能被簡單地視爲無效，但其解釋力無疑已經受到了很大的限制。因爲在這裡，我們事實上難以迴避客觀存在的超經濟力量。於是，我們的解釋不能不引出所謂超經濟的解釋。這就意味著，在非市場經濟條件下的一個債務主體，其守信用的激勵、反信用的約束，除了要算計經濟利益的得失外，它還得算計超經濟的利益得失——政治利益得失。對北洋政府來說，其運作政治的經濟制度基礎乃是在被動開放條件下的非市場經濟

---

[1] 參見賈士毅：《民國財政史》（影印本），第四編，35～41頁，上海，上海書店，1990。

[2] 參見賈士毅：《民國財政史》（影印本），第四編，35～41頁，上海，上海書店，1990。

[3] 參見賈士毅：《民國財政史》（影印本），第四編，35～41頁，上海，上海書店，1990。

即轉型經濟，它在外債舉借中所作出的整理外債與償還外債的示信動議所內含的信用激勵、約束，大約能說明它所遭遇到的源自於經濟——怕失去國家信用、也源於政治——怕被列強外交干涉這一頗爲特殊的信用激勵、約束。尤爲重要的是，這一頗爲特殊的信用激勵、約束，乃是北洋政府在給定歷史條件下所必須選擇的激勵、約束。而值得注意的是，與先前不同，北洋政府在這一強信用激勵、約束下，其整理外債與償還外債的示信動議，在關稅之外，它還對列強承諾要把國內的若干稅收作爲償債擔保，並且，要仿效列強建立減債基金制度以落實外債的逐年償還。這樣的示信動議，向列強債權主體所傳達的資訊自然是，由充足稅源擔保且有制度化穩定預期的外債償還這一信用激勵、約束是可以置信的。

二、從外債舉借中列強的苛嚴條件看北洋政府的信用激勵、約束

業已論述，在一市場經濟條件下，信用構造中行爲主體基於平等地位自主自願選擇信用構造的時限、規模、方式。換言之，在這一條件下，並不存在信用參與主體尤其是債權主體對債務主體在信用構造條件上的單向選擇（在法治條件下的多樣信用構造的替代選擇競爭，使債權主體難以擁有這樣的權利），即要求債務主體必須接受債權主體所給出的條件選擇。從這一意義上說，在這一條件下，自然不存在債權主體對債務主體所給出的超經濟的苛嚴條件選擇。但是，在非市場經濟條件下，由於這之中並不存在由法律維繫的信用參與主體相互間基於平等地位自主自願選擇的信用構造，信用參與主體尤其是債權主體對債務主體在信用構造條件上，就很可能會要求後者接受債權主體給出的超經濟的苛嚴條件選擇。北洋政府在被動開放條件下與列強約定借款，而所涉及的苛嚴條件悉爲作爲債權主體的列強對北洋政府

所單向開出的要求它必須接受的唯一選擇。這些條件之所以苛嚴，突出地表現在它由侵及債務國財政管理、金融營運、通訊設管、路礦操控甚至軍事訓練，進而損害債務國的主權。而債務主體之所以只能選擇這些十分苛嚴的舉債條件，又主要是因為它執政的財政急迫需要通過舉債來維繫。從這一意義上說，由接受苛嚴條件以促成舉債，就成為北洋政府守信用的利益激勵，而苛嚴條件本身也就構成了對北洋政府反信用的利益約束。茲舉例說明。

北洋政府在外債舉借中欲示信於列強，於是有上述整理外債與償還外債的示信動議。但以北洋政府持續的財政窘迫為背景的若干動議，指望其從容付諸實施，並由此而真正示信於列強，無疑是緩不濟急。急於舉借外債的北洋政府於是不得不以列強開出的極為苛嚴的條件對外舉借債款。這裡僅舉善後大借款、西原借款二例略作說明。

1.關於善後大借款

史載，1913年4月，急於剪除南方各省異己力量以實行獨裁統治的袁世凱，為籌集內戰經費而在未經國會同意下即同英、法、德、日、俄五國銀行團非法簽訂名為"善後"的《善後借款合同》[1]。而袁世凱舉借善後大借款的直接目的無疑是想為自己的執政提供財政支持[2]。

袁世凱執掌的北洋政府之所以能獲得列強給予的善後大借款，除了列強想通過支持袁世凱而穩定中國的局勢[3]以保障自己的債權外[4]，

---

[1] 參見賈士毅：《民國財政史》（影印本），第四編，35～41頁，上海，上海書店，1990。

[2] 參見陳旭麓、李華興主編：《中華民國史辭典》，472頁，上海，上海人民出版社，1991。

[3] 參見斐爾德：《美國參加中國銀行團的經過》，見中國人民銀行金融研究所編：《美國花旗銀行在華史料》，111頁，北京，中國金融出版社，1990。

[4] 參見斐爾德：《美國參加中國銀行團的經過》，見中國人民銀行金融研究所編：《美國花旗銀行在華史料》，111頁，北京，中國金融出版社，1990。

更在於以京內京外需款壓力作為舉債藉口的袁政府，不顧國人反對舉借是債而以極為苛嚴的條件與列強簽訂了《善後借款合同》[1]。是項借款極為苛嚴的條件，我們可以從有關對《善後借款合同》主要內容的概略介紹中清晰察知，而正是這若干極為苛嚴的借債條件使中國的利益與主權遭受了巨大損失。利益的損失主要表現在：該項借款成本高昂，實得借款因為各種扣減而所得不多[2]；主權的損失主要表現在：是項借款使中國政府徵收支取鹽稅的主權旁落列強[3]。對急於借債以應政爭的袁政府而言，"違法簽約"[4]，接受列強苛嚴的借債條件，損害國家利權而欲以此取信於列強，無疑可以清晰見出其在轉型經濟制度被動開放運行條件下的人治運作行政格局。列強開出的各個苛嚴的借債條件，已經不再是一般而論的對債務主體可能的反信用行為的約束條件，而是一種超乎債權保證的對債務國主權的控制與管束。

2.關於西原借款

史載，1917－1918年間，北洋政府以各種名目向日本政府借款

---

[1] 參見斐爾德：《美國參加中國銀行團的經過》，見中國人民銀行金融研究所編：《美國花旗銀行在華史料》，114頁，北京，中國金融出版社，1990。

[2] 參見賈士毅：《民國財政史》（影印本），第四編，35～41頁，上海，上海書店，1990。中國銀行總管理處經濟研究室編：《中國外債彙編》，附錄，7～17頁，轉引自劉秉麟：《近代中國外債史稿》，107、108頁，北京，生活·讀書·新知三聯書店，1962。參見中國人民銀行金融研究所編：《美國花旗銀行在華史料》，118頁，中國金融出版社，1990。

[3] 參見賈士毅：《民國財政史》（影印本），第四編，41、42頁，上海，上海書店，1990。中國銀行總管理處經濟研究室編：《中國外債彙編》，附錄，7～17頁，轉引自劉秉麟：《近代中國外債史稿》，107、108頁，北京，生活·讀書·新知三聯書店，1962。參見中國人民銀行金融研究所編：《美國花旗銀行在華史料》，118頁，北京，中國金融出版社，1990。

[4] 參見賈士毅：《民國財政史》（影印本），第四編，41、42頁，上海，上海書店，1990。中國銀行總管理處經濟研究室編：《中國外債彙編》，附錄，7～17頁，轉引自劉秉麟：《近代中國外債史稿》，107、108頁，北京，生活·讀書·新知三聯書店，1962。參見中國人民銀行金融研究所編：《美國花旗銀行在華史料》，118頁，北京，中國金融出版社，1990。

第七章　中國近現代政府舉借外債：守信用的激勵、反信用的約束 | 239

386,000,000日元，其中，日本寺內正毅內閣顧問西原龜三以"私人身份"6次來華，與北洋政府交通總長曹汝霖等經辦8次借款，是爲"西原借款"[1]。以下即對由這諸種借款合成的西原借款所涉及的苛嚴條件略予論述。

(1)交通銀行借款。交通銀行曾經因爲業務經營困難而向幾家日本銀行以所謂"特別條件"借款[2]，而這種特別條件的安排，事實上已經使交通銀行這一中國本土重要的金融機構的經營管理被作爲債權人的日本三銀行所滲透甚至操控。數年後即1922年間，當日本三銀行代表向交通銀行追索清償借款（上項借款約期3年）而控管交通銀行津滬兩行房屋地基、公債等有價證券，逼使交通銀行唯賴日本扶持下的東三省官銀錢號借款維持營業時[3]，這種操控已是幾乎等同於爲其所有了。

(2)有線電報借款（即電信借款）。北洋政府的這項借款，由於外國債權人爲借款所設計的特別條件，使中國的通訊經營管理權受制於外國債權人[4]。一國資訊賴以迅速傳輸的重要通訊設施建設、管理皆受

---

[1] 這8次借款，即交通銀行（2次）、有線電報、吉會鐵路、吉黑兩省金礦與森林、滿蒙四鐵路、高徐濟順鐵路、參戰借款，總計145000000日元。參見榮孟源重編：《中國近代史資料選輯》，706頁，北京，生活・讀書・新知三聯書店，1954。轉引自劉秉麟：《近代中國外債史稿》，109頁，北京，生活・讀書・新知三聯書店，1962。

[2] 參見陳旭麓、李華興主編：《中華民國史辭典》，165頁，上海，上海人民出版社，1991。王芸生：《六十年來中國與日本》，第7卷，136～156頁，天津，大公報社，1934。轉引自劉秉麟：《近代中國外債史稿》，129～131頁，北京，生活・讀書・新知三聯書店，1962。徐義生：《中國近代外債史統計資料》，144頁，北京，中華書局，1962。王芸生：《六十年來中國與日本》，第7卷，170～171頁，天津，大公報社，1934。轉引自劉秉麟：《近代中國外債史稿》，140、141頁，北京，生活・讀書・新知三聯書店，1962。

[3] 徐義生：《中國近代外債史統計資料》，144頁，北京，中華書局，1962。

[4] 參見徐義生：《中國近代外債史統計資料》，159頁，北京，中華書局，1962。王芸生：《六十年來中國與日本》，第7卷，170～171頁，天津，大公

制於外，這樣的條件已非苛嚴所可概括了。儘管有線電報借款多爲段祺瑞政府用於撥還外債本息、軍政費用等開支[1]，但該項借款所定條件侵奪中國通訊主權的性質卻已屬無疑。

(3)吉黑林礦、吉會鐵路、滿蒙四鐵道借款。這幾項借款均擬用於中國東北地區，而北洋政府獲得這項借款所必須接受的條件是在指定以四條鐵路財產及其收入作爲擔保的同時，還必須把上述四條鐵路的經營管理權全部交由債權方（日本三銀行）掌握[2]。對這幾項涉及中國東北地區路礦等重要利權的借款，段政府一併以苛嚴條件成借，且所借之款多被挪用於軍政支出。因財政窘迫，債務方已無從容議定信用條件的基礎。

(4)參戰借款。這項借款的特別之處在於外國債權人要求中國政府將新編參戰軍交予日本軍官訓練且以後凡有類似借款均須先與日本三銀行商議[3]。國防門限知照債權方、受制於債權方，借債條件苛嚴至極。

給定一國政治、經濟制度，我們才能以經濟視角去探討經濟行爲主體在信用活動中所涉及的守信用的激勵與反信用的約束問題。但問題是，這一給定的政治、經濟制度究竟屬於何種定位的制度，卻是我們操作上述探討時所不能不首先具體而微地予以明晰界定的。唯其如

報社，1934。轉引自劉秉麟：《近代中國外債史稿》，140頁，北京，生活·讀書·新知三聯書店，1962。

[1] 王芸生：《六十年來中國與日本》，第7卷，166～167頁，天津，大公報社，1934。轉引自劉秉麟：《近代中國外債史稿》，141頁，北京，生活·讀書·新知三聯書店，1962。

[2] 參見劉秉麟：《近代中國外債史稿》，136、137頁，北京，生活·讀書·新知三聯書店，1962；徐義生：《中國近代外債史統計資料》，145、163頁，北京，中華書局，1962。

[3] 參見劉秉麟：《近代中國外債史稿》，134頁，北京，生活·讀書·新知三聯書店，1962；徐義生：《中國近代外債史統計資料》，163頁，北京，中華書局，1962。

此，我們的相關探討才能判斷此間是否存在市場平臺上的議價交換。在中國近現代，由於其給定的特定政治、經濟制度，使我們在探討其時政府於外債舉借中苛嚴條件下的信用激勵、約束問題時，無疑得以觸及那種異於一般的獨特啟示。

三、從外債舉借中的監督、整理與關餘安排看北洋政府的信用激勵、約束

一般而論，在一給定的市場經濟條件下，當涉及跨國信用構造的時候，對於信用參與主體而言，由於一定的債權主體對一定的債務主體相互間具有一個彼此信賴的制度安排，當債權主體對債務主體業已完成授信，債款的用途、償還的保證等條件業已在相關要約中予以明晰規定的時候，債權主體既不會也不能對債務主體的債款使用提出損及債務主體主權的所謂監督條件。但在非市場經濟條件下，毋庸諱言，一般而言，由於信用構造中所涉及的信用參與主體如債務主體，他（它）所在的國度尚不存在一個可以給予債權主體以信任的制度安排，因此，在信用構造的談判中，債權主體即會對債務主體提出對債款使用的監督安排條件，甚至常常會提出必然損害債務主體主權的監督條件。所以，從表面上看，在這樣的條件下，債權主體所為原屬自然。但是，這一事實表明，債務主體自身在這一給定的信用構造中，的確遭遇到了來自於債權主體看似名正言順的守信用的激勵、反信用的約束。對於北洋政府來說，如果我們能夠把它在外債舉借中接受列強所給出的損及國家主權的監督條件放在近現代已開啟的中國經濟被動轉型背景下來予以考察，則不難發現其所具有的被挾制性——一種以信用激勵、約束表現出來的被挾制性。

對北洋政府在外債舉借中的信用激勵、約束問題的探討，有關外債舉借中的外國監督、整理外債、鹽餘關餘使用安排情形，恐怕是我

們在切於論題的相關探討中所不能回避的事實。茲略予論述。

1.關於外國監督安排

早在1912年，在北洋政府運作行政不久即啓動的善後大借款談判中，列強（銀行團）就曾提出並堅持這項借款的使用應當接受外國監督（外國監督鹽稅，專設外國查帳員與外國監督員）。儘管對列強的這一條件"中國政府斷然拒絕"[1]，"遇到中國各方面的反對"，但有關列強有權控制、監督善後借款使用的條款"最後仍寫進了合同中去"[2]。此後，在北洋政府的外債舉借中，必須由外國人監督管理所借外債的使用幾已成爲不言而喻的安排。但在將近10年後，即1921年5月13日，時爲美國銀行團代表的史蒂文斯在北京中美協會上重提這一問題，強調中國政府對外借款必須接受外國監督這一"高效公正"的服務，否則，中國政府就借不到對它來說十分重要的外債[3]。而其時國人之所以反對由外國人監督借款的使用，其理由曾被簡單地概括爲此舉"侵犯中國的主權"、"銀行團想監督中國政府的財政"[4]。但唯賴舉借鉅額外債以"滿足各省和中央政府軍事財政的需要"的北洋政

---

[1] 劉秉麟：《近代中國外債史稿》，151、152頁，北京，生活·讀書·新知三聯書店，1962；斐爾德：《美國參加中國銀行團的經過》，61～70頁，轉見中國人民銀行金融研究所編：《美國花旗銀行在華史料》，113頁，北京，中國金融出版社，1990。

[2] 劉秉麟：《近代中國外債史稿》，151、152頁，北京，生活·讀書·新知三聯書店，1962；斐爾德：《美國參加中國銀行團的經過》，61～70頁，轉見中國人民銀行金融研究所編：《美國花旗銀行在華史料》，113頁，北京，中國金融出版社，1990。

[3] 參見斐爾德：《美國參加中國銀行團的經過》，轉見中國人民銀行金融研究所編：《美國花旗銀行在華史料》，119頁，北京，中國金融出版社，1990。

[4] 《花旗銀行檔案》，第4114卷，96～98頁，轉見中國人民銀行金融研究所編：《美國花旗銀行在華史料》，224、225頁，北京，中國金融出版社，1990；《花旗銀行檔案》，第3876卷，165頁，轉見中國人民銀行金融研究所編：《美國花旗銀行在華史料》，230頁，北京，中國金融出版社，1990。

府[1]，其時的執政者卻十分贊同由外國債權人來監督政府所借外債[2]。其條件是，外國債權人應該從長計議，幫助中國政府改革財稅金融制度與發展經濟，使中國政府因此而擁有充足的財政收入以作爲償還外債的擔保[3]。

　　國人之所以對外國人監督借款使用表示擔憂進而反對，乃因這樣的安排的確損及中國利權。這種對中國利權的損害，以北洋政府財政總長熊希齡談及善後大借款舊銀行團實施的監督舉例（1921年4月左右）似可見一斑[4]。列強以監督之名損中國利權之實，確非虛言。其時，中國政府何以會接受如此苛嚴的外國人監督？仍用熊財長所作判斷："所有這些限制都是強加於中國政府的，但中國政府由於貧困無法抵制而不得不接受它們。"[5]正是從這一意義上說，如果無視給定的中國近現代政府舉借外債時所處的政治、經濟制度條件，而泛論債權方監督債務方債款使用是一種國際慣例定位的防止債務方可能的反信用行爲的有效約束，即會對中國近代政府舉借外債中具有要挾性質的外國監督問題缺乏解釋力。至於前所述針對舉借外債的外國監督條件，美國銀行代表對北洋政府的脅迫與利誘，北洋政府財長對新銀行

---

[1]　《花旗銀行檔案》，第6410卷，17～19頁，轉見中國人民銀行金融研究所編：《美國花旗銀行在華史料》，237頁，北京，中國金融出版社，1990。

[2]　參見《花旗銀行檔案》，第6410卷，17～19頁，轉見中國人民銀行金融研究所編：《美國花旗銀行在華史料》，238頁，北京，中國金融出版社，1990；《花旗銀行檔案》，第4114卷，79～90頁，轉見中國人民銀行金融研究所編：《美國花旗銀行在華史料》，239頁，北京，中國金融出版社，1990。

[3]　參見《花旗銀行檔案》，第6410卷，17～19頁，轉見中國人民銀行金融研究所編：《美國花旗銀行在華史料》，238頁，北京，中國金融出版社，1990；《花旗銀行檔案》，第4114卷，79～90頁，轉見中國人民銀行金融研究所編：《美國花旗銀行在華史料》，239頁，北京，中國金融出版社，1990。

[4]　參見《花旗銀行檔案》，第4114卷，79～90頁，轉見中國人民銀行金融研究所編：《美國花旗銀行在華史料》，240頁，北京，中國金融出版社，1990。

[5]　參見《花旗銀行檔案》，第4114卷，79～90頁，轉見中國人民銀行金融研究所編：《美國花旗銀行在華史料》，244頁，北京，中國金融出版社，1990。

團所抱希望與應付國人反對的財政委員會權宜設計,皆表明北洋政府欲借外債,(被動)接受外國監督約束安排乃是其所可作的唯一選擇。

2.關於整理外債安排

前曾述及,北洋政府運作行政之初,為能順利舉借外債而有整理外債、償還外債對列強作出的示信動議。但以北洋政府持續艱難的財政狀況而論,這樣的示信動議無疑很難被真正付諸實施。於是,整理外債安排問題,不僅是北洋政府歷任執政者欲借外債即不能回避的問題,更是那些雖恃強權但仍擔心中國時局不定會影響其債權的列強所要挾北洋政府促其解決的問題。北洋政府運作行政,粗略計時僅有15年,而在其最後5年中欲以整理外債保證、安排而向列強銀行團大量舉借外債,終因列強銀行團對其運作行政能力缺乏信任而未能成事[1]。其間,銀行團對北洋政府的要挾(使局勢趨於穩定、全國重新統一方

---

[1] 參見《花旗銀行檔案》,第4114卷,79～90頁,轉見中國人民銀行金融研究所編:《美國花旗銀行在華史料》,239、240、244頁,北京,中國金融出版社,1990。《花旗銀行檔案》,第4113卷,122頁,轉見中國人民銀行金融研究所編:《美國花旗銀行在華史料》,246、247、249頁,北京,中國金融出版社,1990。《花旗銀行檔案》,第4113卷,124～125、134～136頁,轉見中國人民銀行金融研究所編:《美國花旗銀行在華史料》,248～251頁,北京,中國金融出版社,1990。《花旗銀行檔案》,第4113卷,78～79頁,轉見中國人民銀行金融研究所編:《美國花旗銀行在華史料》,252、253頁,北京,中國金融出版社,1990。《花旗銀行檔案》,第4113卷,167～170頁,轉見中國人民銀行金融研究所編:《美國花旗銀行在華史料》,253、254頁,北京,中國金融出版社,1990。《花旗銀行檔案》,第4113卷,189～190頁,轉見中國人民銀行金融研究所編:《美國花旗銀行在華史料》,258頁,北京,中國金融出版社,1990。《花旗銀行檔案》,第4113卷,167～170頁,轉見中國人民銀行金融研究所編:《美國花旗銀行在華史料》,253、254頁,北京,中國金融出版社,1990。《花旗銀行檔案》,第4113卷,255～256頁,轉見中國人民銀行金融研究所編:《美國花旗銀行在華史料》,262頁,北京,中國金融出版社,1990。徐義生:《中國近代外債史統計資料》,201頁,北京,中華書局,1962。

可商議借款）與北洋政府對銀行團的反要挾（不借款則中央政府即會垮臺、中央政府垮台即會損害列強利益）均非可以自動實施因而可信的要挾：前者，運作行政失序、乏力的北洋政府不可能整頓軍政一歸秩序，且銀行團之外，北洋政府尚可以其能夠接受的條件"向其他方面要求財政援助"[1]；後者，由於北洋政府確能通過非銀行團途徑借得為數大小不等的款項以應急用，故而並非如果銀行團借款久懸未決即會導致北洋政府運作行政終結。以此而論，經濟活動中特定信用主體間守信用的激勵與反信用的約束，其重要者、關鍵者，乃在於其須是可自動實施的因而可信的守信用激勵與反信用約束。

3.關於鹽餘、關餘使用安排

證諸史實，中國近現代政府本於外債本息償付等支出後形成的鹽餘（1913年）原晚於關餘（1842年）。但在此處，由於所述鹽餘使用安排的舉例選擇（1922年）在時間上先於關餘使用安排的舉例選擇（1924年），所以先鹽餘而後關餘。

鹽餘，即中國近代政府在鹽稅收入扣除外債本息償付、鹽務行政支出後的餘額。此項餘款形成於1913年北洋政府與五國銀行團簽訂善後大借款後，約定撥歸中國政府，但其支用須得鹽務稽核總所洋會辦同意[2]。綜觀列強銀行團對北洋政府鹽餘使用安排的操控[3]，泛論之，其目的似乎均在欲借此強化債權的可靠擔保而對北洋政府這一債務人

---

[1] 《花旗銀行檔案》，第3865卷，34～35頁，轉見中國人民銀行金融研究所編：《美國花旗銀行在華史料》，264、265頁，北京，中國金融出版社，1990。

[2] 《花旗銀行檔案》，第4113卷，155、156頁，轉見中國人民銀行金融研究所編：《美國花旗銀行在華史料》，258頁，北京，中國金融出版社，1990。

[3] 參見陳紹聞主編：《經濟大辭典（中國經濟史卷）》，383頁，上海，上海辭書出版社，1993。《花旗銀行檔案》，第4113卷，22～24頁、30頁，轉見中國人民銀行金融研究所編：《美國花旗銀行在華史料》，244、245、246頁，北京，中國金融出版社，1990。

可能有的反信用行爲實施有效約束。但細予分析，給定其他條件，北洋政府以鹽餘作爲擔保而向列強銀行團申請墊款，這無疑會導致既有外債本息償付的保證金可靠程度被削減，至於用鹽餘作爲舉借內債的擔保而發行國庫券，則更會因爲提取內債本息償付保證而分流、弱化外債本息償付的保證。換言之，北洋政府舉債在守信用的激勵與反信用的約束的排序、選擇上，在列強銀行團看來，外債高於內債、外債先於內債，這是北洋政府必須無條件作出的排序、選擇。也許，這正是那些在被動開放條件下啓動一國經濟制度轉型的國家，其執政者在舉借內外債中必然給國內債權人帶來的一種難以規避的信用歧視性待遇？

關餘，即中國近代政府關稅收入償付外債、賠款、海關經費等支出後所剩餘的關稅。把關稅用作償付賠款、外債的擔保，晚清政府在1842年之後就已經續有安排，而在1901年的《辛丑合約》中，晚清政府更規定凡以關稅充作賠款、外債擔保品者，皆由海關總稅務司統一掌管。辛亥革命後，列強更設立海關聯合委員會且制定出《總稅務司代收關稅、代收債款方法》：關稅款項須存入列強所指定的滙豐、德華、道勝銀行，中國政府關餘使用須經北京外國公使團認可[1]。就列強對北洋政府關餘使用的干預而言，與列強對北洋政府鹽餘使用的干預相似，它集中表現在列強要求北洋政府必須把關餘優先用於償還外債[2]。換言之，列強對北洋政府關餘使用安排的干預，其動機一如列強

---

[1] 《花旗銀行檔案》，第4113卷，30頁，轉見中國人民銀行金融研究所編：《美國花旗銀行在華史料》，245頁，北京，中國金融出版社，1990。

[2] 參見陳紹聞主編：《經濟大辭典（中國經濟史卷）》，221、222頁，上海，上海辭書出版社，1993。中國人民銀行金融研究所編：《美國花旗銀行在華史料》，367頁，編者注，北京，中國金融出版社，1990。《花旗銀行檔案》，第3834卷，83頁，轉見中國人民銀行金融研究所編：《美國花旗銀行在華史料》，366頁，北京，中國金融出版社，1990。《花旗銀行檔案》，第3922卷，176～177頁，轉見中國人民銀行金融研究所編：《美國花旗銀行在

對北洋政府鹽餘使用安排的干預，即挾制北洋政府在內外債償還排序、選擇上，必須是外債高於內債、外債先於內債。這十分清楚地表明，列強對北洋政府關餘、鹽餘款項使用安排的操控，已經不再僅僅是什麼對些微關鹽稅餘款的操控，而是對作為財政重要收入來源的並為列強債權人視為得到償還的唯一收入來源的整個關鹽稅款[1]——"對中國進行財政控制"[2]。換言之，在非常政治經濟制度條件下的跨國信用構造，外國債權主體竟然能夠因為一國政府外債償還的內債掣肘隱憂，而對被動開放轉型中的主權國家採用挾持該國主權、脅迫該國政府的手段以確保自己的債權。對此，我們的確很難僅用所謂正常信用運行中債權主體基於自身的利益保障而選擇了一種特殊的信用激勵、約束方式來予以解釋。

華史料》，376頁，北京，中國金融出版社，1990。《花旗銀行檔案》，第6404卷，210～211頁，轉見中國人民銀行金融研究所編：《美國花旗銀行在華史料》，367、368頁，北京，中國金融出版社，1990。《花旗銀行檔案》，第3093卷，14頁，轉見中國人民銀行金融研究所編：《美國花旗銀行在華史料》，370頁，北京，中國金融出版社，1990。《花旗銀行檔案》，第3093卷，217～318頁，轉見中國人民銀行金融研究所編：《美國花旗銀行在華史料》，373頁，北京，中國金融出版社，1990。

[1] 《花旗銀行檔案》，第3093卷，90～95頁，轉見中國人民銀行金融研究所編：《美國花旗銀行在華史料》，372頁，北京，中國金融出版社，1990；《花旗銀行檔案》，第3988卷，14～15頁，轉見中國人民銀行金融研究所編：《美國花旗銀行在華史料》，376頁，北京，中國金融出版社，1990。

[2] 《花旗銀行檔案》，第3093卷，90～95頁，轉見中國人民銀行金融研究所編：《美國花旗銀行在華史料》，372頁，北京，中國金融出版社，1990；《花旗銀行檔案》，第3988卷，14～15頁，轉見中國人民銀行金融研究所編：《美國花旗銀行在華史料》，376頁，北京，中國金融出版社，1990。

第四節　國民政府外債舉借中的信用激勵、約束

1927年，南京國民政府成立之時，政務軍需，支用浩大。其後，國民政府財政仍常為收不抵支所困，而謀求舉債以資彌補即成為其不可或缺的應急選擇[1]。以下謹據歷史事實對國民政府在外債舉借中的信用激勵、約束問題予以剖析。

一、從整理外債的示信謀劃看國民政府的信用激勵、約束

1.整理外債的目的與壓力

對國民政府來說，成立伊始即遭遇了巨大的財政困難，給定內債發行、稅收增繳，舉借外債無疑就成為它藉以緩解財政困難的重要途徑選擇。但是，當國民政府選擇並急於舉借外債之時，它卻面臨著一個影響並制約它能否借到外債所必須先予解決的問題，即對北洋政府所留下的大量外債是否承認償付及如何落實承認償付的問題。換言之，財政艱難的國民政府不能不選擇舉借外債，而承認償付前政府舊欠外債雖然對它本來已經頗為困難的財政將增添重負，但它可以通過這樣的安排來取得外國債權人對自己債信的信任，以使對外借債因此而變得更加容易。而毋須諱言的是，國民政府對解決這一問題所具有的迫切性的認知，來源於它對外舉債的迫切性，來源於它要實現迫切的對外舉債，必須首先滿足外國債權人對其提出的承認償付舊欠外債這一前提條件[2]。這十分清楚地表明，國民政府整理外債的目的在於希

---

[1] 參見中國通商銀行編：《五十年來之中國經濟》，120頁，上海，六聯印刷公司，1934。

[2] 參見阿瑟・恩・楊格著，陳譯憲、陳霞飛譯：《1927－1937年中國財政情況》，119頁，北京，中國社會科學出版社，1981。中國第二歷史檔案館編：《中華民國史檔案資料彙編》，第五輯，第一編財政經濟（三），11頁，

望借此而樹立對外債信、實現對外舉債，而它之所以必須首先選擇整理前政府舊欠外債，又因爲它一直承受著難以回避的來自於外國債權人的巨大壓力。換言之，國民政府謀劃整理外債，其守信用的激勵來自於它希望通過整理外債所要達到的目的——能夠舉借外債，其反信用的約束來自於它必須應對整理外債的壓力——承認償付舊欠外債是它能夠舉借外債的前提條件。

2.整理外債的原則

國民政府在外國債權人的壓力下，爲了實現對外舉債的目的而選擇整理外債，而它在致力於外債整理之時，確曾制定過有關原則。

就外債整理的原則而言，國民政府在其成立不久之時，即曾在法律層面提出過政府要保護外國人的生命權與財產權[1]——一種基於法律保證的對外示信，而對於外債這一外國人的特定產權形式，作爲執政者的國民黨更在它的黨綱中涉及對外政策部分作了原則性規定。值得注意的是，在這類原則性規定中，國民政府曾經把不損害中國政治、經濟權益作爲整理舊欠外債的原則，並提出對前軍閥政府所借外債，中國人民概不予承認和償付[2]。如果僅僅從國民政府這類原則性規定的文字資訊來看，它的確具有十分鮮明的民族主權意識，而它依據這一原則性規定對前政府舊欠債務的清償範圍的說明，同時又十分清楚地

《國民政府國防設計委員會抄送"鞏固對外信用利用外資案"》，南京，江蘇古籍出版社，1999。

[1] 1928年7月9日，國民政府於其公佈的《中華民國與各外國舊約已廢新約未定前適用之臨時辦法》中規定，中國法律保護"在華外人之身體及財產"（中國第二歷史檔案館編：《國民黨政府政治制度檔案史料選編》，上冊，589頁，合肥，安徽教育出版社，1994），這無疑是國民政府基於法律保證的對外示信。

[2] 參見劉秉麟：《近代中國外債史稿》，233頁，詳見中國第二歷史檔案館編：《中華民國史檔案資料彙編》，第五輯，第一編財政經濟（三），359頁，南京，江蘇古籍出版社，1999。

向外國債權人傳遞了這樣一個資訊，即凡是屬於這一個範圍的舊有債權，外國債權人就不可能從國民政府得到承認償付的保證。尤其是，外國債權人對北洋政府的債權，大多屬於損害中國政治、經濟權益的債權，並且，北洋政府更是常常把具有這一定位的債款大量用於支撐軍閥混戰。這似乎就意味著，對前政府舊欠外債，國民政府因此而完全可以不承擔償還責任。無疑，國民政府的這一整理外債的原則性規定，只能被視爲一種文字意義多於實際意義的原則性規定。因爲，該原則在國民政府後來整理外債的操作中，除了整理日本債務外[1]，它一般很少被提及過，更沒有看到國民政府按照這一原則去切實操作外債整理。所以，國民政府在外債整理中雖然提出過採用分別整理的方針，即根據前政府舊欠各種債務的實際情況具體安排整理[2]，但它卻並不可能因此就把前政府所欠外債以捍衛民族主權的名義（名正言順地對外國債權人實施反信用行爲）全部抖掉。這一歷史事實告訴我們，對於一個在被動開放條件下開啓並艱難推進經濟制度轉型的國家來說，該國主權的捍衛由於缺乏堅實可靠的政治、經濟基礎，該國政府即便想要對外國債權人以苛刻條件與前政府構造的信用予以否定，即實施源於民族主權利益激勵的名正言順維權的"反信用行爲"，它也會因爲這一債權人完全能夠對它實施可置信的反信用約束或守信用激勵，而不得不選擇所謂恪守信用或不敢實施反信用。

---

[1] 國民政府外交部針對整理日本債務問題曾經提出應注意上述諸項原則性規定（時在1930年8～9月）。轉見中國第二歷史檔案館編：《中華民國史檔案資料彙編》，第五輯，第一編財政經濟（三），12頁，南京，江蘇古籍出版社，1999。餘皆並未見提及，更未見如此切實操作。

[2] 參見《行政院關於確定整理外債方針訓令》，見中國第二歷史檔案館編：《中華民國史檔案資料彙編》，第五輯，第一編財政經濟（三），8、10、11頁，南京，江蘇古籍出版社，1999。曹均偉：《近代中國與利用外資》，342～345頁，上海，上海社會科學院出版社，1991。劉秉麟：《近代中國外債史稿》，233頁，北京，生活·讀書·新知三聯書店，1962。

二、從整理外債的示信操作看國民政府的信用激勵、約束

對於國民政府整理外債的示信操作，此處僅論述整理內外債委員會的設立及其活動、若干外債的整理安排。

1.整理內外債委員會的設立及其活動

如果說為了實現自己對外舉債的目的而承受必須整理對外債務，即必須保證償還舊欠外債壓力的國民政府不得不對外國債權人做出償債承諾的話，那麼，當它致力於設立負責外債整理具體工作的專門機構並由該機構著手於規劃償債安排的時候，它事實上已經在把業已做出的示信承諾付諸實施。從有關文獻記載看，國民政府針對債務整理所設立的專門機構是整理內外債委員會，它把內外債的整理放在同一個機構中進行，仿佛表明它對於內債與外債的整理同樣重視。但是，審視歷史事實，我們不難發現，國民政府在債務整理中的確存在著厚外債而薄內債的傾向。而國民政府在這一專門機構剛剛成立之時，就十分迅速、正式地向各個外國債權人通報了此事[1]。其後，國民政府整理內外債委員會在具體履行整理債務的職能時[2]，即在將整理外債原則具體化的操作中[3]，例如，它對外債整理的基金來源與運用、外債整理的調查統計、外債整理的排序與結算、外債整理的集中與分解等，均作了十分詳細的安排[4]，並且，從有關記載可以看出，它針對整理外債

---

[1] 參見中國通商銀行編：《五十年來之中國經濟》，第四章財政，20頁，上海，六聯印刷公司，1947。轉見中國第二歷史檔案館編：《中華民國史檔案資料彙編》，第五輯，第一編財政經濟（三），4頁，南京，江蘇古籍出版社，1999。

[2] 轉見中國第二歷史檔案館編：《中華民國史檔案資料彙編》，第五輯，第一編財政經濟（三），13頁，南京，江蘇古籍出版社，1999。

[3] 轉見中國第二歷史檔案館編：《中華民國史檔案資料彙編》，第五輯，第一編財政經濟（三），17～23頁，南京，江蘇古籍出版社，1999。

[4] 轉見中國第二歷史檔案館編：《中華民國史檔案資料彙編》，第五輯，第一

所作出的上述安排已經付諸實施並且已取得了一定績效[1]。

2.若干外債的整理安排

國民政府在整理外債的安排中，依據擔保確實與否的標準，把所涉及的外債分類爲"有確實擔保債款"與"無確實擔保債款"，並擬定具體方案，分別進行整理。

一般而論，晚清政府與南京臨時政府時期，凡在外債舉借中指定了用關稅、鹽稅作爲償債擔保的外債，均屬有確實擔保的外債，不過，其中指定以鹽稅作爲償債擔保的這部分外債，由於本息償付中時有延期，所以事實上只能算是不完全確實擔保的外債。這樣，當國民政府著手整理所謂有確實擔保的外債以落實對前政府舊欠債務的清償時，它十分自然地要著力於對鹽稅擔保外債提出十分細密的整理安排[2]。並且，在這類整理外債的安排出現實施不足的時候，國民政府隨之就著手於設計出補救措施予以完善[3]。

無確實擔保外債，國民政府鑒於其均爲北洋政府所負債務，乃令財政部將無擔保與擔保不足的外債開單送核，並專設整理內外債委員

編財政經濟（三），17～23頁，南京，江蘇古籍出版社，1999。

[1] 當國民政府整理內外債委員會在1937年2月召開其第七次會議時，會上有關《近年整理內外債之實況》、《財政部經管無確實擔保內外債款民國二十五年底結欠本息數目表》、《鐵道部國有鐵路債務》、《整理內外債基金民國二十五年結存數目》的報告以及儲備封存整理債務基金的決議，可以見出它於整理外債中作出的上述安排已付諸實施並取得了一定績效。

[2] 參見中國通商銀行編：《五十年來之中國經濟》，第四章財政，19頁，上海，六聯印刷公司，1947；中國第二歷史檔案館編：《中華民國史檔案資料彙編》，第五輯，第一編財政經濟（三），6頁，南京，江蘇古籍出版社，1999：《宋子文關於以鹽款擔保三項借款聲明》（1929年9月18日）。

[3] 例如，國民政府1929年的整理外債安排由於若干細節而未付諸實行，於是它擬定了1934年10月外債整理安排作爲補救：補付英法借款延期本金（1934年10月對前所延付本金付清），核定補償克利斯浦延期本金。參見中國通商銀行編：《五十年來之中國經濟》，第四章財政，19頁，上海，六聯印刷公司，1947。

會審核整理與撥備整理基金[1]。

對日本一國的債務整理，從1930年8月至1936年10月間，國民政府雖對"整理日本債權人借與中國無擔保及擔保不足之款"在召集債權人代表會議時強調"應切實注意本黨對外政策第四、第六兩條之規定"，但在日本政府的不斷催促下，亦續有整理安排[2]。

此外，國民政府還對庚子賠款的清償作了具體安排[3]，並對自己所借的美麥借款、美棉借款提出了具體清償辦法[4]。

3.整理外債示信操作的績效

國民政府因信用的激勵、約束而謀劃、操作整理外債，其績效如何，檢索史實，可以見其事實。

據楊格統計，1927—1937年10年間，國民政府在整理外債中所償外債計2.75億美元，合國幣8.25億元，年均償還近1億元[5]。以國民政府

---

[1] 參見中國通商銀行編：《五十年來之中國經濟》，第四章財政，8、420頁，上海，六聯印刷公司，1947；中國第二歷史檔案館編：《中華民國史檔案資料彙編》，第五輯，第一編財政經濟（三），426頁，南京，江蘇古籍出版社，1999。在中國通商銀行編：《五十年來之中國經濟》，第四章財政，20頁所列為69筆，其中英國13筆、日本37筆；469、456、461、462頁，上海，六聯印刷公司，1947。

[2] 中國第二歷史檔案館編：《中華民國史檔案資料彙編》，第五輯，第一編財政經濟（三），426頁，南京，江蘇古籍出版社，1999。在中國通商銀行編：《五十年來之中國經濟》，第四章財政，20頁所列為69筆，其中英國13筆、日本37筆；469、456、461、462頁，358頁，上海，六聯印刷公司，1947。中國第二歷史檔案館編：《中華民國史檔案資料彙編》，第五輯，第一編財政經濟（三），367、371、372、373、374、375頁，南京，江蘇古籍出版社，1999。

[3] 中國第二歷史檔案館編：《中華民國史檔案資料彙編》，第五輯，第一編財政經濟（三），463～469頁，南京，江蘇古籍出版社，1999。

[4] 參見中國通商銀行編：《五十年來之中國經濟》，第四章財政，20頁，上海，六聯印刷公司，1947。

[5] 阿瑟·恩·楊格著，陳譯憲、陳霞飛譯：《1927—1937年中國財政情況》，155頁，北京，中國社會科學出版社，1981。

其時"人力財力均感不給"的十分艱難的財政來說[1]，這樣的償還確屬不易。對國民政府整理外債示信操作的績效，孔祥熙曾於1936年10月言"近來政府對於維持債信，較前益加重視，還本付息，從未逾期，不唯國際市場對於我國債券較前增加信任，即國家地位聲譽亦因此而大為提高"，而《字林西報》亦在1937年2月14日評說"南京政府從早期的混亂中取得了十分顯著的進步"[2]。

1937年2月10日，國民政府整理內外債委員會關於整理外債情形報告書，對整理外債示信操作績效，做了更為全面的說明[3]。

在"各債務國對於債務均不甚顧全信用之時"[4]，國民政府於信用激勵、約束條件下對舊欠外債的切實整理，的確為國民政府取信於外國債權人提供了不可或缺的信用前提。虞寶棠以為，此舉使國民政府"重新獲得了對外信用，為抗戰期間獲得大量貸款創造了良好條件"[5]，應屬中肯之言。至於國民政府外債整理中已與外國債權人商定整理辦法且正在實施整理的外債，在1937年以後由於抗日戰爭而多有未能如約整理者，這無疑又使國民政府對舊欠外債的整理安排不得不被推遲到抗日戰爭勝利以後。概略而言，抗戰勝利後，國民政府財政部即於1946年4月20日擬具戰前各債恢復償付辦法，尤對"關鹽擔保

---

[1] 中國第二歷史檔案館編：《中華民國史檔案資料彙編》，第五輯，第一編財政經濟（三），427頁，南京，江蘇古籍出版社，1999。

[2] 《孔庸之先生講演集（一）》，179頁，臺北，文海出版社，1960。轉見虞寶棠：《國民政府與民國經濟》，92頁，上海，華東師範大學出版社，1998。

[3] 參見中國第二歷史檔案館編：《中華民國史檔案資料彙編》，第五輯，第一編財政經濟（三），427頁，南京，江蘇古籍出版社，1999。參見中國第二歷史檔案館編：《中華民國史檔案資料彙編》，第五輯，第一編財政經濟（三），428～446頁，南京，江蘇古籍出版社，1999。

[4] 參見中國第二歷史檔案館編：《中華民國史檔案資料彙編》，第五輯，第一編財政經濟（三），11頁，南京，江蘇古籍出版社，1999。

[5] 轉見虞寶棠：《國民政府與民國經濟》，92頁，上海，華東師範大學出版社，1998。

各項外債延付辦法"作出了詳細規定[1]。但國民政府行政院以為,就國家財力而論,如立即恢復償付外債將頗為困難,並且,戰後諸盟國對其所舉外債,也並未立即著手於償付。因此,國民政府為消減外國債權人對國民政府債信的疑慮,提出先在國際援助下發展國內經濟,積聚償債能力,然後再安排恢復償債事宜的計劃[2]。其後,國民政府財政部秉承行政院旨意擬出恢復償付外債對外聲明文稿,詳述恢復償債決心與誠意、恢復償債所需準備條件[3]。國民政府於信用激勵、約束條件下有心償債、無力付款的窘急於此可見。至1949年1月,國民政府採納英國持券人公會主席俾斯保羅勳爵於1948年8月函請先行恢復償付戰爭利息的建議,始為具體安排償付外債利息操作[4]。是年11月1日,前國民政府財政部公債司復有因為政府財政困難而暫停償付外債的請示[5]。而此時,中華人民共和國成立已有一個月。這一請示留給我們的關於前國民政府守信用的激勵、反信用的約束的啟示又是什麼呢?

本章小結

1.1840年鴉片戰爭爆發以後,晚清政府在中國近代轉型經濟制度被動開放運行條件下的運作行政操作,為不斷嚴重的財政困難所掣

---

[1] 參見中國第二歷史檔案館編:《中華民國史檔案資料彙編》,918~924、939頁,南京,江蘇人民出版社,1979。
[2] 參見中國第二歷史檔案館編:《中華民國史檔案資料彙編》,918~924、939頁,南京,江蘇人民出版社,1979。
[3] 參見中國第二歷史檔案館編:《中華民國史檔案資料彙編》,940、941頁,950~951頁,南京,江蘇人民出版社,1979。
[4] 參見中國第二歷史檔案館編:《中華民國史檔案資料彙編》,957、958頁,南京,江蘇人民出版社,1979。
[5] 參見中國第二歷史檔案館編:《中華民國史檔案資料彙編》,962頁,南京,江蘇人民出版社,1979。

肘。急於擺脫財政困境的晚清政府曾採行各種措施而力行財政整頓，但終因收效甚微而使政府財政未能由此而獲得可靠支撐。於是，晚清政府又繼之以舉借債款等措施。以外債舉借而論，從晚清政府在外債舉借的擔保選擇與償債安排剖析晚清政府外債舉借中的信用激勵與約束問題，不言而喻，晚清政府之所以在財政艱難中大量並以幾近苛嚴的條件舉借外債，乃因外債之借，對晚清政府財政進而政治運作具有不可替代的維繫作用。

　　基於中國近代晚清政府在外債舉借中示信的擔保選擇事實，分析晚清政府在此所遭遇到的信用激勵、約束問題，可以判斷，對於中國近代晚清政府與列強簽訂及履行債約來說，由於中國近代經濟所處的在不平等條約下被動開放轉型的制度條件，由於晚清政府的政治、經濟、軍事等均受制於列強，作為債務主體的晚清政府，其舉債選擇的自主自願已經在債權主體的恃武壓制、壓縮下幾近丟失。而債權主體卻能夠在獨占或壟斷地操作信用供給中，自主自願地要求債務主體對自己做出給定的（條件苛刻的）信用選擇。晚清政府對外舉債中看似正常示信的海關稅收擔保選擇，實屬債權主體自主自願要挾債務主體必須接受的超經濟的反信用約束選擇，而這一選擇範式無疑難以引致金融資源配置的帕累托最優，更不用說債務主體借以推動本土的經濟增長進而經濟發展了。所以，物質化、貨幣化的信用擔保雖然的確屬於信用制度臻至完善的一個要件，但是，如果對該要件選擇所涉及的制度條件中有關債務主體與債權主體非對稱的自主自願境況缺乏認知，則不能在具體而微中解釋晚清政府對外舉債中示信的擔保選擇。

　　從外債舉借中的償債安排看晚清政府的信用激勵、約束，晚清政府因財政艱難而舉借外債，亦因償債（賠款）壓力而舉借外債。這種償債壓力突出地表現在列強依靠武力建立並用炮艦外交維持的不平等條約，使忌憚列強呵斥威脅的晚清政府即便在收入日拙的困擾中一般亦依約償債，甚至不惜作出通過添借新外債以清償舊外債（賠款）的償債安排。而晚清政府添借新債以償還舊債的史實，除了表明晚清政府惕於守約償債選擇外，也從側面說明晚清政府面臨了列強所實施的超乎經濟層面的極強的履約償債約束。

給定中國近代被動開放轉型的特定經濟制度條件，晚清政府這一看似宜歸類於不可置信者的債務人，卻是列強通過苛刻條件的授信而最能博取其所覬覦利權的可操控的債務人。但是，當晚清政府的運作行政因辛亥革命的衝擊而倍增不確定預期時，那些爭奪對晚清政府授信權的列強，其憂慮即複歸於本能的債權保全。頗具啟示意義的是，當此之時，在被動開放條件下失去自主自願地選擇信用構造的債務主體，由於陷入生存危機，反而因此而具有了針對對其實施超經濟強制與要挾約束的債權主體的反強制與要挾約束的能力。

2.南京臨時政府在巨大的財政壓力下，為維繫運作行政之需，唯有急切舉借債款以解燃眉。探討南京臨時政府舉借外債史實，近人常有南京臨時政府未獲列強承認、舉借外債十分不易的判斷。儘管如此，南京臨時政府畢竟終能借到外債，給定諸種可能的解釋，南京臨時政府在外債舉借中注重示信操作，這也許是我們所不能忽視的一種重要解釋。

在一國經濟發展中，不論由於何種原因，其政府執政的更疊變遷，都會使後起的替代者面臨業已被替代的前任政府所留下的債務及如何處置這類債務的棘手問題。一般而論，後任政府處置前任政府遺留的外債時，均會遭遇到守信用的激勵與反信用的約束。在被動開放條件下替代晚清政府執政的南京臨時政府，其立國之前與立國之初，即遭遇到必須以承認償付晚清政府所未及清償的債務作為條件，藉以換取列強債權主體對其執政合法地位的認可，與由此而向列強債權主體順利舉債的信用激勵、約束。

3.北洋政府承襲晚清"依賴外債以維持財政"的操作,大量舉借外債。爲能常借、多借外債,北洋政府對前政府(包括晚清政府)歷年所借外債予以整理,安排償付,示信於列強。由此已然可見北洋政府之所以整理外債而示信於列強的超乎經濟層面信用的守信用激勵抑或反信用約束。北洋政府整理外債的示信動議,主旨乃在於"預籌的款,借新還舊"。迫於外國債主索債壓力,也考慮到如果不能守信償債,則必然會使政府的對外信用受到磨損而"阻將來之借款"。除卻整理外債的示信動議外,北洋政府財政部還提出了採行減債基金制度以償還外債的示信動議。

在市場經濟條件下,信用構造中所涉及的債權債務行爲主體,在利益激勵、約束中自主自願選擇信用構造。在非市場經濟制度條件下,我們事實上難以回避客觀存在的超經濟力量。在非市場經濟條件下的一個債務主體,其守信用的激勵、反信用的約束,除了要算計經濟利益的得失外,它還得算計超經濟的利益得失——政治利益得失。對北洋政府來說,其運作政治的經濟制度基礎乃是在被動開放條件下的非市場經濟即轉型經濟,它在外債舉借中所作出的整理外債與償還外債的示信動議所內含的信用激勵、約束,就頗能說明它所遭遇到的源自於經濟——怕失去國家信用、也源自於政治——怕被列強外交干涉這一頗爲特殊的信用激勵、約束。這一頗爲特殊的信用激勵、約束,乃是北洋政府在給定歷史條件下所必須選擇的激勵、約束。

從外債舉借中列強的苛嚴條件看北洋政府的信用激勵、約束。在市場經濟條件下,信用構造中行爲主體基於平等地位自主自願選擇信用構造的時限、規模、方式。在非市場經濟條件下,由於這之中並不存在由法律維系的信用參與主體相互間基於平等地位自主自願選擇的信用構造,信用參與主體尤其是債權主體對債務主體在信用構造條件上,就很可能會要求後者接受債權主體給出的超經濟的苛嚴條件選擇。北洋政府在被動開放條件下與列強約定借款，而所涉及的苛嚴條件悉爲作爲債權主體的列強對北洋政府所單向開出的要求它必須接受的唯一選擇。這些條件之所以苛嚴，突出地表現在它由侵及債務國財政管理、金融營運、通訊設管、路礦操控甚至軍事訓練，進而損害債務國的主權。而債務主體之所以只能選擇這些十分苛嚴的舉債條件，又主要是因爲它執政的財政急迫需要通過舉債來維系。從這一意義上說，由接受苛嚴條件以促成舉債，就成爲北洋政府守信用的利益激勵，而苛嚴條件本身也就構成了對北洋政府反信用的利益約束。善後大借款、西原借款二例即可說明。

假定一國政治、經濟制度，我們才能以經濟視角去探討經濟行爲主體在信用活動中所涉及的守信用的激勵與反信用的約束問題。但問題是，這一給定的政治、經濟制度究竟屬於何種定位的制度，卻是我們操作上述探討時所不能不首先具體而微地予以明晰界定的。唯其如此，我們的相關探析才能判斷此間是否存在市場平臺上的議價交換。在中國近現代，由於其假定的特定政治、經濟制度，使我們在探討其時政府於外債舉借中苛嚴條件下的信用激勵、約束問題時，無疑得以觸及那種異於一般的獨特啓示。

從外債舉借中的監督、整理與關餘安排看北洋政府的信用激勵、約束。在非市場經濟條件下，毋庸諱言，由於信用構造中所涉及的信用參與主體如債務主體，他（它）所在的國度尚不存在一個可以給予債權主體以信任的制度安排，因此，在信用構造的談判中，債權主體即會對債務主體提出對債款使用的監督安排條件，甚至常常會提出必然損害債務主體主權的監督條件。從表面上看，在這樣的條件下，債權主體所爲原屬自然。但是，這一事實表明，債務主體自身在這一給定的信用構造中，的確遭遇到了來自於債權主體看似名正言順的守信用的激勵、反信用的約束。對於北洋政府來說，如果我們能夠把它在外債舉借中接受列強所給出的損及國家主權的監督條件放在近現代已開啓的中國經濟被動轉型背景下來予以考察，則不難發現其所具有的被挾制性——一種以信用激勵、約束表現出來的被挾制性。

對北洋政府在外債舉借中的信用激勵、約束問題的探討，有關外債舉借中的外國監督、整理外債、鹽餘關餘使用安排情形，是我們在切於論題的相關探討中所不能迴避的事實。但是，如果無視給定的中國近代政府舉借外債時所處的政治、經濟制度條件，而泛論債權方監督債務方債款使用是一種國際慣例定位的防止債務方可能的反信用行爲的有效約束，即會對中國近代政府舉借外債中具有要挾性質的外國監督問題缺乏解釋力。

整理外債安排問題，不僅是北洋政府歷任執政者欲借外債即不能回避的問題，更是那些雖恃強權但仍擔心中國時局不定會影響其債權的列強所要挾北洋政府促其解決的問題。北洋政府運作行政，在其最後5年中欲以整理外債保證、安排而向列強銀行團大量舉借外債，終因列強銀行團對其運作行政能力缺乏信任而未能成事。其間，銀行團對北洋政府的要挾與北洋政府對銀行團的反要挾均非可以自動實施因而可信的要挾。

總觀列強銀行團對北洋政府鹽餘使用安排的操控，其目的似乎均在欲借此強化債權的可靠擔保而對北洋政府這一債務人可能有的反信用行爲實施有效約束。北洋政府舉債在守信用的激勵與反信用的約束的排序、選擇上，在列強銀行團看來，外債高於內債、外債先於內債，這是北洋政府必須無條件作出的排序、選擇。也許，這正是那些在被動開放條件下啓動一國經濟制度轉型的國家，其執政者在舉借內外債中必然給國內債權人帶來的一種難以規避的信用歧視性待遇？

與列強對北洋政府鹽餘使用的干預相似，列強對北洋政府關餘使用的干預集中表現在列強要求北洋政府必須把關餘優先用於償還外債。這十分清楚地表明，列強對北洋政府關餘、鹽餘款項使用安排的操控，已經不再僅僅是什麼對些微關鹽稅餘款的操控，而是對作爲財政重要收入來源的並爲列強債權人視爲得到償還的唯一收入來源的整個關鹽稅款——"對中國進行財政控制"。在非常政治經濟制度條件下的跨國信用構造，外國債權主體竟然能夠因爲一國政府外債償還的內債掣肘隱憂，而對被動開放轉型中的主權國家採用挾持該國主權、脅迫該國政府的手段以確保自己的債權。對此，我們的確很難僅用所謂正常信用運行中債權主體基於自身的利益保障而選擇了一種特殊的信用激勵、約束方式來予以解釋。

4.從整理外債的示信謀劃看國民政府的信用激勵、約束。國民政府整理外債的目的在於希望借此而樹立對外債信、實現對外舉債，而它之所以必須首先選擇整理前政府舊欠外債，又因爲它一直承受著難以回避的來自於外國債權人的巨大壓力。國民政府謀劃整理外債，其守信用的激勵來自於它希望通過整理外債所要達到的目的——能夠舉借外債，其反信用的約束來自於它必須應對整理外債的壓力——承認償付舊欠外債是它能夠舉借外債的前提條件。

國民政府在外債整理中雖然提出了採用分別整理的方針，但它並不可能因此就把前政府所欠外債以捍衛民族主權的名義（名正言順地對外國債權人實施反信用行爲）全部抖掉。這一歷史事實告訴我們，對於一個在被動開放條件下開啓並艱難推進經濟制度轉型的國家來說，該國主權的捍衛由於缺乏堅實可靠的政治、經濟基礎，該國政府即便想要對外國債權人以苛刻條件與前政府構造的信用予以否定，即實施源自於民族主權利益激勵的名正言順維權的"反信用行爲"，它也會因爲這一債權人完全能夠對它實施可置信的反信用約束或守信用激勵，而不得不選擇所謂恪守信用或不敢實施反信用。

從整理外債的示信操作看國民政府的信用激勵、約束。對於國民政府整理外債的示信操作情形,通過論述整理內外債委員會的設立及其活動、若干外債的整理安排,可以見其概貌。如果說爲了實現自己對外舉債的目的而承受必須整理對外債務,即必須保證償還舊欠外債壓力的國民政府不得不對外國債權人做出償債承諾的話,那麼,當它致力於設立負責外債整理具體工作的專門機構並由該機構著手於規劃償債安排的時候,它事實上已經在把業已做出的示信承諾付諸實施。

本章所引文獻資料補述

第一節：

（第176頁註解③）例如,光緒二十七年（1901年）《辛丑合約》的簽訂,使各距通商口岸50里以內的常關收入被列強指定用於償付庚子賠款,該類常關皆歸海關總稅務司管轄。誠如馬士等所言："爲了提供中日戰爭賠款之用而訂立的1895、1896和1898年的借款是以海關稅收爲擔保的,僅剩少數餘額應付帝國的需用；官僚階級這時體會到：洋關的存在主要是爲了充作外國債權人的收款代理人,而不復能完成作爲它繼續存在的基礎的目的——認真徵收並據實呈報一筆令人滿意的稅款,以供帝國使用"、"海關成了它的主人的主人"、"外國的權益集團"關心擴大海關的重要性、外國總稅務司署對"在每一約開口岸及50里半徑以內對非外國船隻載運的商品所徵收的除厘金以外的一切捐稅"予以管理——爲賠款提供充分保障[1]。

（第178頁註解②）據統計,1895年7月至1898年2月的俄法借

---

[1] 馬士・宓亨利著,姚曾廙等譯：《遠東國際關係史》,下冊,475、476頁,北京,商務印書館,1975。

款、英德借款、英德續借款共計庫平銀309,367,549.6兩，主要用於提付第一次、第二次、第三次對日甲午戰爭賠款，而這比晚清政府甲午戰前所借外債總額超過近6倍[1]。論及晚清政府當時迫於壓力而備賠款，學人有言"光緒二十一年夏，即應償第一次五十兆兩之期。司農仰屋，不能不議借外貲"、"轉瞬至二十二年春，日本第二次償款之期已迫，而政府又已不名一錢，於是複商款於外國"者[2]。

（第179頁註解①）當晚清政府的運作行政因辛亥革命的衝擊而倍增不確定預期時，那些爭奪對晚清政府授信權的列強，其憂慮即複歸於本能的債權保全。從有關文獻中可以發現許多這樣的記載，例如，"從中國革命運動的進展所引起的一些附屬問題中，一個已經吸引而且繼續吸引我密切注意的問題，就是如何處理各口岸所徵收的海關收入，以便保存它不被挪動，供償還它所抵押的外債之用"，"在一座已闢為條約口岸的城市，行政管理權一旦由晚清政府手中轉入革命軍手中，所徵收的稅款便聽任革命軍支配，這些稅款有被用來支撐起義軍政府的軍事行動或滿足其他緊急需要的嚴重危險"[3]；1911年11月23日，"各國銀行經理在麥加利銀行舉行會議，考慮各該國領事提交他們的問題，即北京外交團的一份電報，建議在中國目前的動亂期間組成一個國際委員會，對海關收入的保管和分配實行監督，該歲入是保證首先用來償還1900年前簽訂的對外借款，其次是支付《辛丑合約》中所規定的賠款"[4]；"應對那些

---

[1] 參見徐義生：《中國近代外債史統計資料》，22、28～31頁，北京，中華書局，1962。

[2] 賈士毅：《民國財政史》（影印本），第四編，21、22頁，上海，上海書店，1990。

[3] 胡濱譯：《英國藍皮書有關辛亥革命資料選譯》，上冊，153、154頁，北京，中華書局，1984：《朱爾典爵士致格雷爵士函》，1911年11月23日於北京發出。

[4] 胡濱譯：《英國藍皮書有關辛亥革命資料選譯》，上冊，179頁，北京，中華

關稅收入不受總稅務司控制的各口岸海關監督發出指示,要他們立將手中的關稅結餘交給當地的各海關稅務司,以便彙交總稅務司在上海滙豐銀行的歲入帳戶,供償還外債之用"[1]。

第二節:

(第183頁註解⑤)如在1912年2月,南京臨時政府與招商局董事會約定借用招商局財產以作為政府所借外債的抵押。儘管這一抵押安排僅屬"虛抵",但急於落實該抵押以便"繕具局產抵押清單,以備交付債主"而示信於外的南京臨時政府,不得不對招商局股東作出動之以利的承諾:"一、此項借款,其本利俱由中華民國擔任償還,不使招商局受絲毫之損害。二、招商局如承認此次借款,中華民國當承認招商局為民國國家郵船公司。三、擴張其外洋航路,予以相當之補助津貼。"[2]

第三節:

(第185頁註解③)北洋政府財政部詳為謀劃借新還舊:

(1)對1914年6月以前到期的短期外債,先與各債權人商定展期償還(1914年6月),再用契稅、印花稅作抵舉借3,000,000英鎊長期外債備償到期的短期外債,這是各國在整理債務上所經常采行的"化短期為長期,借輕息還重息"的方法。

(2)發行30,000,000元內國六厘公債票,與外國債權人商議用此公債票抵押政府所欠債款,且承諾對外國債權人所持公債票在票面約定債息外另采行"加成償給之法"(如加給5%甚至10%),用

---

[1] 胡濱譯:《英國藍皮書有關辛亥革命資料選譯》,上冊,180頁,北京,中華書局,1984:《海關總稅務司擬定的方案》。書局,1984:《銀行家們通過的決議》。

[2] 《招商局董事會關於南京臨時政府借款事項會議記錄》,見中國第二歷史檔案館編:《中華民國史檔案資料彙編》,第二輯,305~307頁,南京,江蘇人民出版社,1981。

"利輕期遠"的公債票替換"利重期近"的短期外債；而為使該項公債票本息償付有確實保證，打消外國債權人的疑慮，政府不僅指定、責成全國各省國稅廳從契稅、印花稅中籌足3,000,000銀元，且要求"各省國稅廳將此款徑解稅務司，轉儲外國銀行"[1]。

（第185頁註解④⑤）北洋政府財政部於1913年春提出採行減債基金制度以償還外債的示信動議。在北洋政府財政部看來，其時外債、賠款規模大，而政府財政又十分困難，因此，政府有必要擬定可行償債計劃，對外做出償還示信安排，而仿行英、法、德諸國曾經運用過的減債基金辦法不失為政府的可為選擇；減債基金辦法中的基金由國庫按年撥款形成並用以購入公債票（外債債票），政府對購入的公債票仍照付利息，通過如此持續操作，即會使一國巨大債務隨著利息、基金的不斷累加而被逐漸消解；北洋政府　用減債基金辦法的便利之處在於：獲得隨行就市自由購買債票的選擇空間，分割外國債權人利息的一部分使其為北洋政府所有，簡化公債還本付息操作為"派息即所以償本"，影響已發公債票在國外市場售價走高與擬發公債票的市場爭購；北洋政府具體采行減債基金辦法謀劃為：在英國倫敦設立彙業銀行並設國債基金局於其中，專責操作減債基金，國庫按年撥款10,000,000元（用徵收鈔票發行稅辦法籌足）予彙業銀行國債基金局備購公債票，彙業銀行國債基金局操作購買公債票應聽命於駐外財政員，公債票購買價格應低於債票面額[2]。

（第185頁註解⑥）例如，北洋政府財政部專門編出了《減債基

---

[1] 賈士毅：《民國財政史》（影印本），第四編，148～152頁，上海，上海書店，1990。
[2] 賈士毅：《民國財政史》（影印本），第四編，35～41頁，上海，上海書店，1990。

金部償還舊欠外債22年計劃表》，按照年份把國庫撥款、本年收存外債、利息、本息總額及各項數額逐一載明；擬制《每年償還外債及基金部收買外債預算表》，謹依民國紀年（始於民國二年止於民國二十三年）分列"前年底實負外債本息"、"本年應還外債本息"、"本年基金部買收外債數"、"本年底實負外債本息"諸項明示款額[1]。

（第187頁註解②）對袁世凱進行善後大借款的目的與是項借款的作用，美國人斐爾德曾以為善後大借款的目的在於"支持在帝制政府被推翻後力爭控制中華共和國的更為保守的派系"，從袁世凱就任之日起，直到他敗亡之時止，他始終犧牲中國的革命分子來鞏固自己的地位，在1913年的夏季，對於袁世凱的反對是如此激烈，以至於7月間在江西和廣東爆發了"二次革命"，袁世凱得益於善後大借款等有利條件，在兩個月內即"鎮壓了南方的運動"[2]。

（第187頁註解③④⑤）袁世凱執掌的北洋政府之所以能獲得列強給予的善後大借款，除了列強想通過支持袁世凱而穩定中國的局勢，"控制中國將來借款的數額，以避免財政上的浪費及國家破產；整頓作為此項借款擔保的稅收的行政管理，以便使之能有效地完成擔保之目的；監督借款進項之使用，以便它不致被浪費或作私人之用"[3]外，更在於以京內京外需款壓力作為舉債藉口的袁政府不顧國人反對舉借是債而以極為苛嚴的條件與列強簽訂《善後借款合同》。是項借款，其合同規定：債額25,000,000英鎊，償期47年，年

---

[1] 賈士毅：《民國財政史》（影印本），第四編，35～41頁，上海，上海書店，1990。

[2] 參見陳旭麓、李華興主編：《中華民國史辭典》，472頁，上海，上海人民出版社，1991。

[3] 斐爾德：《美國參加中國銀行團的經過》，見中國人民銀行金融研究所編：《美國花旗銀行在華史料》，111頁，北京，中國金融出版社，1990。

利5％，9折發售，8.4折淨收；債款指定用於：6,000,000英鎊用於償付1912年至1913年的賠款、外債（六國銀行墊款、幣制實業借款墊款、比國借款、中央各部所欠英法德日俄五銀行借款），2,000,000英鎊用於償付列強因中國革命所受之損失，2,800,000英鎊用於劃還各省歷年積欠五國銀行舊債，3,000,000英鎊用於預備裁遣各省軍費，5,500,000英鎊用於袁政府6個月行政費、各項工程費，2,000,000英鎊用於整頓全國鹽務經費；鹽稅、海關稅、四省（直隸、河南、山東、江蘇）中央稅統為債款擔保；債款成立日起17年內中國政府不得提前償還，32年內償本每百分須另加二分半之經理費；規定特別條件：①銀行團對中國政府將來以鹽稅擔保的借款或與此次借款用途相同的借款擁有承辦選擇權；②中國政府提用借款，其領款憑單須先經審計處華洋稽核員簽字、給予發款命令，連同支票一併送交銀行代表核對；③中國政府財政部鹽務稽核所在中國總辦外設洋會辦一員主管鹽務稽核，以後存入銀行的鹽務收入，其提用須先經稽核所總會辦簽字認可[1]。

（第187頁註解⑥、第188頁註解①）從《善後借款合同》主要內容概略介紹中已可察知，這若干極為苛嚴的借債條件使中國的利權遭受了巨大損失。例如，利益的損失表現在：

(1)25,000,000英鎊借款，扣減2,500,000英鎊折扣款、1,500,000英鎊經理費、29,632英鎊彙入匯費，實得只有20,970,368英鎊；

(2)償還25,000,000英鎊借款本金，42,850,810英鎊利息，169,629英鎊經理費（合同規定還本付息時按數給2.5％的經理費），85,550英鎊彙出匯費，各項共計68,105,989英鎊，借入償還款差為47,135,621英鎊，折合銀元約為542,059,641元；

---

[1] 斐爾德：《美國參加中國銀行團的經過》，見中國人民銀行金融研究所編：《美國花旗銀行在華史料》，114頁，北京，中國金融出版社，1990。

(3)其餘如鎊虧損失、償還未到期借款,每百英鎊另加2.5厘費、各省提出的稅款與關稅及鹽稅收入預存外國銀行。

主權的損失主要表現在:是項借款使中國政府徵收及支取鹽稅主權旁落列強,因在是項借款合同第五款中規定"中國政府承認,即將指定為此項借款擔保之中國鹽稅徵收辦法整頓改良,並用洋員以資襄助,至如何辦法,已由財政部定奪,即……由中國政府在北京設立鹽務署,由財政總長管轄。鹽務署內設稽核總所,由中國總辦一員、洋會辦一員主管。所有發給引票、彙編各項收入之報告及表冊各事,均由該總會辦專任監理。又在各產鹽地方設立稽核分所,設經理華員一人、協理洋員一人(此二人之等級、職權均相平等),該二員會同擔負徵收存儲鹽務收入之責任。華洋經協理及稽核總所並各稽核分所所必需之華洋人員,其聘任、免任,由華洋總會辦會同定奪,由財政總長核准。各該華洋經協理須會同監理引票發給,及徵收各項費用及鹽稅,並將收支各事,詳細報告該地方鹽運司及北京稽核總所;由稽核總長呈報財政總長後,分期報告頒佈。各產鹽地方鹽斤納稅後,須有該處華洋經協理會同簽字,方準將鹽發行,所有徵收之款項,應存於銀行,或存於銀行以後所認可之存款處,歸於中國政府鹽務收入帳內。……以上所言鹽務進款帳內之款,非有總會辦會同簽字之憑據,則不能提用。總會辦有保護鹽稅擔保之各債先後次序之職任。此項借款,如本利按期交付,則不得干預以上所詳鹽政事宜,倘利及本屆期拖欠,逾展緩近情之日期後,則應將該鹽政事宜,即歸入海關,並由海關管理所擔保之收入,以保執票人之利益。"[1] 這裡引述的合同條款,十分清楚且具體而微地將列強如何操控鹽稅主權予以展示,而根據該合同條款聘

---

[1] 賈士毅:《民國財政史》(影印本),第四編,35~42頁,上海,上海書店,1990。

定的外國人員依國籍則有：鹽務署稽核總所會辦，英國人1名；審計處顧問，法國人、俄國人各1名；稽核處外債室洋稽核員，德國人1名；鹽務副稽核，德國人1名[1]。借用其時美國國務卿知照美國財團有關威爾遜政府遠東政策的表述乃是："借款條件不僅包括以特種捐稅作為抵押，而且包括由外國人來管理這些捐稅的行政"，"借款條件近乎損害中國本身的行政獨立"[2]。

（第189頁註解②）由於經常對北洋政府"墊付軍政經費"，"應付俱窮"[3]的壓力及京鈔風潮的衝擊，使得交通銀行曾於1917年1月和9月先後兩次向日本興業銀行、朝鮮銀行、臺灣銀行借款25,000,000日元，用作交通銀行所發鈔票兌現基金[4]。是項借款除明定擔保品外，更開出特別條件：交通銀行在該借款期內如還須向外國借款應先與三行商辦，且應由日本聘請顧問一人[5]，監督交通銀行營業[6]。

（第189頁註解④）有線電報借款（即電信借款），此項於1918年4月30日向中華彙業銀行所借20,000,000日元債款，除指定以北洋政府全國有線電報一切財產與收入作為擔保外，其約定的特別條件

---

[1] 中國銀行總管理處經濟研究室編：《中國外債彙編》，附錄，7～17頁，轉引自劉秉麟：《近代中國外債史稿》，107、108頁，北京，生活‧讀書‧新知三聯書店，1962。

[2] 參見中國人民銀行金融研究所編：《美國花旗銀行在華史料》，118頁，北京，中國金融出版社，1990。

[3] 陳旭麓、李華興主編：《中華民國史辭典》，165頁，上海，上海人民出版社，1991。

[4] 王芸生：《六十年來中國與日本》，第7卷，136～156頁，天津，大公報社，1934。轉引自劉秉麟：《近代中國外債史稿》，129～131頁，北京，生活‧讀書‧新知三聯書店，1962。

[5] 徐義生：《中國近代外債史統計資料》，144頁，北京，中華書局，1962。

[6] 王芸生：《六十年來中國與日本》，第7卷，170～171頁，天津，大公報社，1934。轉引自劉秉麟：《近代中國外債史稿》，140、141頁，北京，生活‧讀書‧新知三聯書店，1962。

是：該借款有效期內（債期5年）中國政府欲向外國進行有線電報借款，須先與中華彙業銀行商議，且日本在中國電信事業擬聘外國技師、購買材料上享有優先權[1]。而在此前即1918年2月21日向三井洋行所進行的無線電臺借款，償期30年的債款雖只有536,267英鎊，卻約定中國政府在30年內須將無線電臺管理全權給予債權方[2]。

（第189頁註解⑤）吉黑林礦、吉會鐵路、滿蒙四鐵道借款：

訂借於1918年8月2日的吉黑林礦借款，由日本三銀行（如前）借出30,000,000日元，除以吉林省延吉地區的森林資源與黑龍江省的金礦及其收入作為擔保外，要求中國政府專設采金、森林兩局並聘用日本人作為技師；

訂借於1918年6月18日、債額10,000,000日元的吉會鐵路借款，日本三銀行除要求以該鐵路財產及其收入作為擔保外，還要求管理該鐵路與朝鮮鐵路的運輸聯絡[3]；訂借於1918年9月28日、債額20,000,000日元、債期40年的滿蒙四鐵道借款（熱河至洮南、長春至洮南、吉林至開原、熱河洮南間至一海港四條鐵路）。在指定四鐵路財產及其收入作為擔保的同時，上述四條鐵路全由債權方（日本三銀行）掌握[4]。

訂借於1918年9月18日、債額20,000,000日元、債期1年（後續展

---

[1] 徐義生：《中國近代外債史統計資料》，159頁，北京，中華書局，1962。

[2] 王芸生：《六十年來中國與日本》，第7卷，170～171頁，天津，大公報社，1934。轉引自劉秉麟：《近代中國外債史稿》，140頁，北京，生活·讀書·新知三聯書店，1962。

[3] 劉秉麟：《近代中國外債史稿》，136、137頁，北京，生活·讀書·新知三聯書店，1962；徐義生：《中國近代外債史統計資料》，145頁，北京，中華書局，1962。

[4] 劉秉麟：《近代中國外債史稿》，133頁，北京，生活·讀書·新知三聯書店，1962；徐義生：《中國近代外債史統計資料》，163頁，北京，中華書局，1962。

1年，延期5年，又續展2年）的參戰借款，要求中國政府將新編參戰軍交給日本軍官訓練且以後凡有類似借款均須先與日本三銀行商議¹。

（第191頁註解②）1921年5月13日，時為美國銀行團代表的史蒂文斯在北京中美協會上重提這一問題，認為：中國政府對外借款須有"外國監督，否則，就借不到借款"，因為外國銀行家"在放款上他們必須要受到銀行原則的約束"；"借款監督應該是一項高效率和公正的服務"；中國政府拒絕外國對借款須行監督這一必要條件並不明智，因為中國政府從外國所借之款也將從外國監督中得到好處："如果銀行團計劃失敗，對於銀行家來說關係不大，但對於中國來說，那就損失不小。"²

（第191頁註解⑤⑥）例如，其時的財政總長熊希齡認為：新銀行團有必要為保護債券持有人利益而監督貸給中國政府款項的用途，此舉既可"鼓勵各國人民在中國投資"，又可"防止中國政府隨便花去這項外國貸款"³；新銀行團對中國政府的貸款政策，只要不與舊銀行團一樣目光短淺（只關心收取足夠稅款以支付貸款本利，而忽視中國的善後工作，未能找出改革中國財政的基本解決辦法），而是幫助中國政府制定出實施"一項滿足中國外債必要支付的財務計劃"與"發展工業的工作和擴展財源"（如貸款幫助中國政府改革鹽務管理與貨幣制度，設立服務實業的國家銀行，查勘登

1　劉秉麟：《近代中國外債史稿》，134頁，北京，生活・讀書・新知三聯書店，1962；徐義生：《中國近代外債史統計資料》，163頁，北京，中華書局，1962。

2　斐爾德：《美國參加中國銀行團的經過》，61～70頁，轉見中國人民銀行金融研究所編：《美國花旗銀行在華史料》，119頁，北京，中國金融出版社，1990。

3　《花旗銀行檔案》，第6410卷，17～19頁，轉見中國人民銀行金融研究所編：《美國花旗銀行在華史料》，238頁，北京，中國金融出版社，1990。

記全國土地),且"有關列強能慷慨允諾撤銷庚子賠款的餘數並修改關稅稅率"使中國政府得有足夠剩餘歲入充作上述各項貸款擔保,即是"一種沿著眼光遠大和更為有效的路線的政策";作為一種實施監督"有益或可行的"辦法,即讓中國政府組成一個有"財政部受過良好訓練和有經驗的人員連同外國顧問及有關列強的銀行代表"參與的財政委員會[1]。

(第191頁註解⑦)北洋政府財政總長熊希齡在談及善後大借款舊銀行團所實施的監督時(1921年4月左右),曾經舉例說:鹽務稽核所須等額雇用各參與貸款銀行國的人員;中國政府支用貸款時要遭受貸款各行在匯兌上的有意折損(如先將英鎊折成上海規元,視情形再折成天津行化或北京公碼碼,最後折成銀元);中國政府向銀行團各行支用部分鹽餘款,須先與鹽務總稽核商量,再與各銀行及有關列強的公使商量;鹽稅收益雖足夠償債,但各行總要截留多至1000萬元抵作保證利息等償付準備,且每月付給中國政府的鹽餘款總要故意拖延遲付,每年年底超過1,000萬元的鹽餘款項並不付給中國政府而由參與貸款的各銀行保存;經參與貸款各銀行同意,鹽稅收益可存放中國各銀行,但存期限於10天[2]。

(第192頁註解②)1922年6月26日,北洋政府代理財政總長董康在其與時任北京花旗銀行代經理林奇的會談中談及:北洋政府"已經絕對沒有其他任何收入來發放薪金,也無法重新整頓好幾個省的財政稅收機關"與"採取適當措施把這些稅款"解繳中央政府;他曾拜訪各銀行團代表,希望能在其後6個月內每月獲得250萬

---

[1] 《花旗銀行檔案》,第4114卷,79~90頁,轉見中國人民銀行金融研究所編:《美國花旗銀行在華史料》,239頁,北京,中國金融出版社,1990。

[2] 《花旗銀行檔案》,第4114卷,79~90頁,轉見中國人民銀行金融研究所編:《美國花旗銀行在華史料》,240頁,北京,中國金融出版社,1990。

元迫切需要的墊款來"維持政府";北洋政府準備與銀行團訂借約4億元債款整理外債,"以便把所有無擔保或擔保發生問題的外國對中國政府的貸款置於一個健全的基礎之上";他要銀行團代表相信"中國重新統一的可能性"很大[1]。6月27日,在北京滙豐銀行大樓所舉行的銀行團會議上,各銀行團代表討論董康之前所提借款,他們首先擔心"目前的中國政府是否有權進行簽訂這樣一筆借款的談判",也顧慮"如果銀行團拒絕在六個月內每月墊款250萬元"可能會使"目前臨時政府勢必無法維持下去",但均認同近在倫敦國際銀行團會議上有關行政借款予中國政府應"以中國政局趨於穩定和中國又重新統一起來為條件"的原則。而在具體考慮董康之借款建議時,須具備如下條件:借款擔保上,250萬元的每月墊款須有適當擔保(如延期償付的庚子賠款),關於整理債務大額借款的協定須規定經華盛頓會議同意的所征2.5%的關稅附加稅用作該整理債務借款擔保;外債清理上,中國政府需專設一個有一名立案註冊會計師、四國銀行團各銀行團代表參加的委員會,負責編制中國政府現有無擔保或擔保不確實的外債一覽表[2]。7月12日,滙豐銀行提出,給予中國政府每月250萬元墊款的條件是:中國政府須明確保證按照與銀行團達成的條款舉行有關全面整頓債務借款談判並在墊款期內認真執行該項整理債務計劃。對董康之借款建議持懷疑態度的美國銀行團代表史蒂文斯卻認為,鑒於中國的局勢(軍隊是中國一切紛擾的根本原因;不在外人控制下的財政收入將繼續被充作軍用),

---

[1] 《花旗銀行檔案》,第4114卷,79～90頁,轉見中國人民銀行金融研究所編:《美國花旗銀行在華史料》,239、240、244頁,北京,中國金融出版社,1990。
[2] 《花旗銀行檔案》,第4113卷,122頁,轉見中國人民銀行金融研究所編:《美國花旗銀行在華史料》,246、247、249頁,北京,中國金融出版社,1990。

中國的財政狀況難有較大改進，所墊借之款難有適當擔保，中國財政總長償還對美欠款的提議殊不可信（該提議定於1923年6月起開始償還，歷時8年，而在第一次償還債務到期前這位財政總長是否還能在臺上難以預料）。迫於列強銀行團的壓力，急於獲得借款的北洋政府向銀行團提交了保證進行整理債券借款談判的保證書草案：中國政府保證整理所有無擔保的內外債，同意根據財政部與各銀行團議定的計劃，在六個月墊款期間內對無擔保的內外債進行整理[1]。即便如此，列強對北洋政府的借款要求仍心存疑慮：日本政府以"中國政局不穩和這樣的墊款可能被軍閥挪用"為理由而拒絕借款[2]。美國銀行團代表聲言"不能相信那些僅僅表示要開始進行整頓債券借款的一般保證，因為做這些保證的人在幾個月後可能已經下台，也不能指望他們的繼任者會履行這些保證"[3]，列強公使中也有不少人認為"如果中國政府不能從列強那裡獲得一些財政援助，中國就將無法自立起來。目前正在考慮的借款建議正是幫助中國自立起來的一個計劃。如果繼續拒絕給予中國這種財政援助，其結果必將使北京政府已很脆弱的生機更加脆弱，而最後弄到山窮水盡的地步，其結果將使中國有可能發生崩潰的不測事件和全國性政府的完全垮臺。目前中國政府已無力行使其職能，無錢償還債務，單單維持政

---

[1] 《花旗銀行檔案》，第4113卷，124～125頁、81頁、134～136頁，轉見中國人民銀行金融研究所編：《美國花旗銀行在華史料》，248頁、249頁、250頁、251頁，北京，中國金融出版社，1990。

[2] 《花旗銀行檔案》，第4113卷，78～79頁，轉見中國人民銀行金融研究所編：《美國花旗銀行在華史料》，252、253頁，北京，中國金融出版社，1990。

[3] 《花旗銀行檔案》，第4113卷，167～170頁，轉見中國人民銀行金融研究所編：《美國花旗銀行在華史料》，253、254頁，北京，中國金融出版社，1990。

府每月就至少需要350萬元,而政府每月最多只能收到100萬元"[1]。而其時北洋政府代理內閣總理兼代理外交總長的顏惠慶卻對列強公使於惶急中以隱含威脅的話表示:"如果沒有這種財政援助,中央政府就要垮台","這將有損於外國的利益"。就在列強銀行團代表猶豫不決之時,他們得知比利時DeVos財團已與中國交通部商洽鐵路借款,這表明"如果銀行團不打算做生意,中國人現在也能夠從其他外國財團那裡借到一定數額的款項",他們因此而擔心"這將使中國政府的負債情況和中國的對外債信更加趨於惡化",甚至因此而認為銀行團面臨的選擇只能是"對中國政府提出的借款要求予以認真考慮"或者"乾脆從這一領域中撤走"[2]。據徐義生核實,上項借款終未成立。1923年4月,北洋政府財政部那筆債額400,000,000銀元、償期30年、年息12%、以關鹽煙酒稅與全國已成鐵道作為擔保、債款3/4還外債、1/4充作行政費的財政部新銀行團借款僅屬擬借而已[3]。延至1924年2月,面對動盪不安的中國局勢,"銀行團仍處於猶豫不決的狀態",而對於由惠慶聘任若干名義顧問組成的北洋政府財政整理委員會,懷疑其"除了精心編造一份報告書外,幹不出什麼名堂來。中國政府無力來完成重新整理財政的主要任務——即精簡行政支出和提高稅收效率"者不少。[4]

(第193頁註解③)在前述北洋政府外債舉借中的苛嚴條件部分,對列強銀行團操作鹽稅管理使用曾有過基於善後大借款條件的

---

[1] 《花旗銀行檔案》,第4113卷,189～190頁,轉見中國人民銀行金融研究所編:《美國花旗銀行在華史料》,258頁,北京,中國金融出版社,1990。
[2] 《花旗銀行檔案》,第4113卷,167～170頁,轉見中國人民銀行金融研究所編:《美國花旗銀行在華史料》,253、254頁,北京,中國金融出版社,1990。
[3] 《花旗銀行檔案》,第4113卷,255～256頁,轉見中國人民銀行金融研究所編:《美國花旗銀行在華史料》,262頁,北京,中國金融出版社,1990。
[4] 徐義生:《中國近代外債史統計資料》,201頁,北京,中華書局,1962。

概略說明，此處擬作具體舉例。1922年5月，北洋政府為償還該月31日到期的500萬元借款，代理財政總長董康曾要求善後大借款銀行團允許北洋政府以鹽餘作為擔保給予500萬元墊款、幫助其發行700萬元國庫券，但被善後大借款銀行團所拒絕[1]。對北洋政府這一類同前發行9,600萬元國庫券提議的建議的拒絕，其理由看似善後大借款銀行團以為"所有新的借款談判都必須與新銀行團進行"，實則是善後大借款銀行團成員均悉心盤算如何落實自身的債權安排。恰如其時滙豐銀行的熙禮爾所言：當英國從北洋政府鹽稅中得到所辦湖廣鐵路借款目前的本息攤還後，"我們應採取步驟保證12月份到期息票的及時償付"[2]。對此，其時北京花旗銀行代經理林奇以為這正足以表明英國人將盡以一切努力來避免與其有關的借款被北洋政府拖欠。而上面提到的那筆9,600萬元國庫券，實即北洋政府於1922年所發償還內外短債八厘債券，其所指定的償還本息擔保乃是抵押善後借款等支出後所余之鹽稅即鹽餘。北洋政府這項以鹽餘充作擔保的國庫券發行雖因善後大借款銀行團認可而成立，但在事後，善後大借款銀行團成員頗有追悔之意，如熙禮爾曾自責其對該項償債借款處置不當[3]。

（第194頁註解②）例如，1923年11月2日，其時北洋政府外交總長顧維鈞在給美國駐華公使舒曼的備忘錄中提出，凡指定以關余作為擔保的債務，其償付順序應以合同規定的日期先後作為優先依

---

[1] 陳紹聞主編：《經濟大辭典（中國經濟史卷）》，383頁，上海，上海辭書出版社，1993。

[2] 《花旗銀行檔案》，第4113卷，22~24頁、30頁，轉見中國人民銀行金融研究所編：《美國花旗銀行在華史料》，244、245、246頁，北京，中國金融出版社，1990。

[3] 《花旗銀行檔案》，第4113卷，22、24頁，轉見中國人民銀行金融研究所編：《美國花旗銀行在華史料》，246頁，北京，中國金融出版社，1990。

據[1]。對此，紐約摩根公司在給美國國務卿的函件（1924年5月1日）中明確表示反對，以為"中國外交總長的這一行動大大損害了美國投資者。除了通過國務院外，找不到其他有效的辦法來對這一歧視措施表示抗議"[2]。此後，即1925年3月，美國銀行團代表、北京花旗銀行經理貝諾德在給美國駐華公使舒曼的函件中，甚至敦請他代表美國政府"提醒中國政府"，必須把庚子賠款視為關餘，中國政府於1921年以前所借外債享有以此項關餘清償債權的優先權利[3]。基於關餘須用於優先償還外債的認識，美國銀行團代表等反對北洋政府以關稅餘款作抵發行任何內債，要求其"在以關餘作抵發行任何新的公債前，從前外債要求清償的權利應當得到滿足"[4]，"在沒有採取任何具體步驟以償還長期拖欠的中國政府以一般收入來作擔保的外債的情況下，中國政府不應繼續壟斷所有可資利用的擔保來發行內債"，在中國規定以關稅基金償還內債以前成立的外債對後來才有的內債享有自動優先權，且中國政府應將定於償還統一內債的關稅優先用來償還外債，甚至直言列強堅持認為，"目前中國用作統一內債擔保的關稅確切地說應該歸國外未償還外債的債權者所有"[5]。

而當北洋政府外交部為支付行政費用、應付因內戰而引起的迫

---

[1] 陳紹聞主編：《經濟大辭典（中國經濟史卷）》，221、222頁，上海，上海辭書出版社，1993。

[2] 中國人民銀行金融研究所編：《美國花旗銀行在華史料》，367頁，編者注，北京，中國金融出版社，1990。

[3] 《花旗銀行檔案》，第3834卷，83頁，轉見中國人民銀行金融研究所編：《美國花旗銀行在華史料》，366頁，北京，中國金融出版社，1990。

[4] 《花旗銀行檔案》，第3922卷，176～177頁，轉見中國人民銀行金融研究所編：《美國花旗銀行在華史料》，376頁，北京，中國金融出版社，1990。

[5] 《花旗銀行檔案》，第6404卷，210～211頁，轉見中國人民銀行金融研究所編：《美國花旗銀行在華史料》，367、368頁，北京，中國金融出版社，1990。

切需要而向列強外交團請求發放200萬銀元關餘時（1926年5月），外交團對北洋政府給出的條件乃是："只要各國公使得到保證，中國政府已自關稅中撥出足夠的金額並已存儲於指定的銀行以保證償還以關稅作抵的1900年以前外債、1901年庚子賠款以及1913年善後大借款的話，對於在充分償還上列債款和賠款後所餘關稅中國政府將作何用途，各國公使不予過問。各國公使除希望中國政府在以可用的資產償還內債時對於如何償還現有外債能予以同等對待外，對於中國政府與海關總稅務司有關關餘的安排達成的任何協定，外交團不予干預"[1]。由於各國公使多有反對北洋政府以關餘清償內債甚至認為"中國人未取得外交團的同意，想通過將這些關稅基金當作關餘予以發還，實際上就是盜用基金用以償還內債"者[2]，而海關總稅務司實為代表列強利益監督操作中國近現代關稅源流來去的楔入中國近現代政府的一個擁有特殊權力的機構，故而列強外交團給出的條件並非對北洋政府的寬容。

第四節：

（第196頁註解①）楊格於《1927－1937年中國財政情況》一書中稱："由於過去的歷屆政府已經借了幾百種債務，中國的債務結構可能在世界上稱得起是最複雜的了"；英國經濟顧問李滋·羅斯直到1935年9月尚言，中國"只要主要債務未償清，就談不上對外借款"[3]。整理外債的壓力於此可見。而在國民政府看來，"政府如能

---

[1]　《花旗銀行檔案》，第3093卷，14頁，轉見中國人民銀行金融研究所編：《美國花旗銀行在華史料》，370頁，北京，中國金融出版社，1990。

[2]　《花旗銀行檔案》，第3093卷，217～318頁，轉見中國人民銀行金融研究所編：《美國花旗銀行在華史料》，373頁，北京，中國金融出版社，1990。

[3]　阿瑟·恩·楊格著，陳譯憲、陳霞飛譯：《1927－1937年中國財政情況》，119頁，北京，中國社會科學出版社，1981。

逐漸整理外債,恢復對外信用",即有望大宗"外債之輸入"[1]。

(第196頁註解②)1928年7月9日,國民政府於其公佈的《中華民國與各外國舊約已廢新約未定前適用之臨時辦法》中規定,中國法律保護"在華外人之身體及財產"[2],這無疑是國民政府基於法律保證的對外示信。

(第196頁註解③)對於外債這一特定產權,作為執政者的國民黨,其黨綱所涉及對外政策在規定"中國所借外債,當在使中國政治上、實業上不受損失之範圍內,保證並償還之"的同時[3],亦明定"中國境內不負責任之政府,如賄選竊僭之北京政府,其所借外債非以增進人民之幸福,乃為維持軍閥之地位,俾得行使賄買、侵吞、盜用。此等債款,中國人民不負償還之責任"[4]。

(第197頁註解①)國民政府外交部針對整理日本債務問題曾經提出應注意上述諸項原則性規定(時在1930年8月至9月)[5]。餘皆並未見提及,更未見如此切實操作。

(第197頁註解②)國民政府行政院曾作出規定(1934年5月25日),政府通盤籌劃外債整理,"取分別整理辦法,不取整個交涉方針":其數小而毫無問題者,因不待交涉,即時開始償還;其數

---

[1] 中國第二歷史檔案館編:《中華民國史檔案資料彙編》,第五輯,第一編財政經濟(三),11頁,《國民政府國防設計委員會抄送"鞏固對外信用利用外資案"》,南京,江蘇古籍出版社,1999。
[2] 中國第二歷史檔案館編:《國民黨政府政治制度檔案史料選編》,上冊,589頁,合肥,安徽教育出版社,1994。
[3] 轉見劉秉麟:《近代中國外債史稿》,233頁,北京,生活·讀書·新知三聯書店,1962。詳見中國第二歷史檔案館編:《中華民國史檔案資料彙編》,第五輯,第一編財政經濟(三),359頁,南京,江蘇古籍出版社,1999。
[4] 轉見中國第二歷史檔案館編:《中華民國史檔案資料彙編》,第五輯,第一編財政經濟(三),359頁,南京,江蘇古籍出版社,1999。
[5] 轉見中國第二歷史檔案館編:《中華民國史檔案資料彙編》,第五輯,第一編財政經濟(三),12頁,南京,江蘇古籍出版社,1999。

大而無問題者,即予承認,商議償還辦法;其有問題者,另行交涉。國民政府之所以制定這樣的整理外債方針,乃因國民政府判斷"各國債務款目既多,情形複雜,現在進行整理,似應先行確定整理範圍,以為確實整理標準"。當年9月18日,國民政府國防設計委員會抄送、署名"委員長蔣中正"的《鞏固對外信用利用外資等決議案密函》所言政府應就財力所及,對各外債就債務性質分別種類儘先予以逐漸整理的安排[1],即屬於依照上述整理外債方針所作之謀劃。

北洋政府於被動開放條件下在15年中所借468筆、總額1,336,996,790銀元的外債[2],多有損及中國利權的不平等條約、規定,若悉數比對國民政府所定整理外債原則,應當由國民政府承認償付者恐怕很少,而國民政府如果這樣單方面大量廢除前政府舊欠債務,肯定也難以見容於各外國債權主體。成立初始的國民政府,為獲取列強承認[3],也為了能夠借到外債以維繫運作行政,諸種外債,排序整理,"保證並償還之",自然即成為國民政府整理外債的示信謀劃。

(第198頁註解①)國民政府整理內外債委員會設立前,國民政府財政部於政府成立之初,即曾為繼續整理北洋政府所負無確實擔保內外債而將北洋政府的財政整理委員會收入部內[4]。1929年1月7

---

[1] 《行政院關於確定整理外債方針訓令》,見中國第二歷史檔案館編:《中華民國史檔案資料彙編》,第五輯,第一編財政經濟(三),8、10、11頁,南京,江蘇古籍出版社,1999。

[2] 曹均偉:《近代中國與利用外資》,342～345頁,上海,上海社會科學出版社,1991。

[3] 參見劉秉麟:《近代中國外債史稿》,233頁,北京,生活·讀書·新知三聯書店,1962。

[4] 參見中國通商銀行編:《五十年來之中國經濟》,第四章財政,20頁,上海,六聯印刷公司,1947。

第七章　中國近現代政府舉借外債：守信用的激勵、反信用的約束　　281

日，國民政府文官處公函中就國務會議同意外交委員會提用專款設立整理內外債委員會一事作了說明。此前，外交委員會曾於一提案中提出，政府"如能每年由關稅新收項下提出500萬元，為整理內外債之用，並擬由政府設立整理內外債委員會，專司整理之責，最為適宜"，這個提案經國民政府行政院當年1月4日召開的第十四次國務會議決議通過[1]。1月18日，國民政府外交部把政府設立整理內外債委員會負責整理內外債的照會，抄送給了英國、美國、法國、比利時、義大利、荷蘭、丹麥、瑞典各國公使[2]。

（第198頁註解②）1929年2月6日，國民政府公佈《整理內外債委員會章程》，規定該委員會的職責在於"審核關於無確實擔保之內外債，並研究清算及整理辦法"，其人員安排中委員會由7位委員組成（分別為行政院院長、監察院院長、外交部長、工商部長、鐵道部長、交通部長、財政部長）、設專門委員若干人（職務上有特殊關係者、具有財政專門學識與經驗者）、為備諮詢選聘中外財政專家充任顧問與咨議[3]。

（第198頁註解③④）國民政府整理內外債委員會設立5個多月後始圍繞內外債整理操作問題開會議決。據國民政府整理內外債委員會歷次會議錄（1929年7月～1937年2月，共計7次）[4]，有關內外債整理操作的決議主要有：1929年7月26日第一次會議決議，國民政府中央各部院債務統由委員會計劃整理，整理債務基金由委員會負

---

[1] 轉見中國第二歷史檔案館編：《中華民國史檔案資料彙編》，第五輯，第一編財政經濟（三），4頁，南京，江蘇古籍出版社，1999。
[2] 轉見中國第二歷史檔案館編：《中華民國史檔案資料彙編》，第五輯，第一編財政經濟（三），4頁，南京，江蘇古籍出版社，1999。
[3] 轉見中國第二歷史檔案館編：《中華民國史檔案資料彙編》，第五輯，第一編財政經濟（三），13頁，南京，江蘇古籍出版社，1999。
[4] 轉見中國第二歷史檔案館編：《中華民國史檔案資料彙編》，第五輯，第一編財政經濟（三），17～23頁，南京，江蘇古籍出版社，1999。

責保管；1930年11月13日第二次會議決議，債權代表會議採用圓桌會議形式同時接談；1931年2月13日第三次會議決議，等候財政部將海關可撥整理舊債基金核算精確製錄送交委員會；1931年3月6日第四次會議決議，暫時接受德國債務草帳並代向有關部院核對，派員向外交、財政、鐵道、實業、交通各部調查西原借款訂立情形；1931年3月18日，第五次會議決議，因與日本債務關係複雜，暫為擱置，先與英、美、意、法各債權團或債權人討論整理辦法，所有內外債利息自起債始均按單利結算，確立整理鐵路債務原則；1934年11月6日第六次會議決議，各關係機關應按照國別、類別（如交通債務、財政債務、損失賠償等）、現在履行與否、現在承擔與否、債務性質（如政治、經濟等）、擔保與否、債形（如債券、國庫券、無券等）、債務者地位（中央、地方等）、債權者地位（如國家、公司、私人等）、債內容（如欠本、欠息、欠手續費等）諸項重編債務表冊，各機關切實整理債務並每月將整理計劃與整理中各債務情形報告委員會，一萬元以內的外債欠額由各關係機關在六個月內清理完畢，兼顧內外債為整理債務原則；1937年2月3日第七次會議決議，各主管部凡能自行整理的債務准其自行整理，債務定出最低限度並按分期還本不計利息原則對願整理的債務進行整理，500萬元整理債務基金從該年1月起儲備用於以後整理債務。

　　在國民政府整理內外債委員會8年間所開7次會議中，1931年一年且集中於第一個季度開會三次，1932年、1933年、1935年、1936年各年則未見會議記錄。從1929年、1930年、1931年、1934年、1937年歷次會議記錄議決事項可見，整理內外債委員會在將整理外債原則具體化的操作中，對外債整理的基金來源與運用、外債整理的調查統計、外債整理的排序與結算、外債整理的集中與分解等均作了詳細安排。

（第198頁註解⑤）當國民政府整理內外債委員會在1937年2月召開其第七次會議時，會上有關"近年整理內外債之實況"、"財政部經管無確實擔保內外債款民國二十五年底結欠本息數目表"、"鐵道部國有鐵路債務"、"整理內外債基金民國二十五年結存數目"的報告、儲備封存整理債務基金的決議，可以見出它於整理外債中作出的上述安排已付諸實施並取得了一定績效。

（第198頁註解⑥）例如，國民政府安排1929年9月的外債整理：1908年所作英法借款、1912年所作克利斯浦借款全部本息，1911年所作湖廣鐵路借款部分利息為此次政府所定外債整理範圍；在鹽稅項下按期撥付償債基金，第一年1080萬元（1929年10月1日～1930年9月30日，每月90萬元），第二年起每年撥付1200萬元（1930年10月1日～1934年底，每月100萬元）；諸債本息償付，英法借款欠付本息1931年12月償清（1929年9月對該年3月與9月到期息票、1928年9月到期本金予以償付，1930年度還本一次，1931年度還本二次）；克利斯浦借款至1935年按照原定還本付息表辦理（此前，1929年9月償付1928年9月到期息票，1930年度分季補付四期欠息，1932年度償付1928年9月、1929年9月到期兩期本金，1933年度償付1930年9月、1931年9月到期兩期本金，1934年度償付1932年9月、1933年9月到期兩期本金）；湖廣鐵路借款每年六月一期利息由基金撥付（鐵道部籌撥其餘每年一期利息與本金）；對英法借款、克利斯浦借款在因未按原定日期舉行的抽籤還本中所有中簽債票給付補息。[1]

---

[1] 參見中國通商銀行編：《五十年來之中國經濟》，第四章財政，19頁，上海，六聯印刷公司，1947；中國第二歷史檔案館編：《中華民國史檔案資料彙編》，第五輯，第一編財政經濟（三），6頁，南京，江蘇古籍出版社，1999：《宋子文關於以鹽款擔保三項借款聲明》（1929年9月18日）。

（第199頁註解①）例如，國民政府1929年的整理外債安排由於若干細節而未付諸實行，它於是擬定了1934年10月外債整理安排作為補救：補付英法借款延期本金（1934年10月對前所延付本金付清），核定補償克利斯浦逾期本金[1]。

（第199頁註解②）無確實擔保外債，國民政府鑒於其均為北洋政府所負債務，乃令財政部將無擔保與擔保不足的外債開單送核，並專設整理內外債委員會審核整理與撥備整理基金[2]。據1937年1月國民政府財政部經管無確實擔保外債統計，至1936年底止，在涉及9個債權國家（美國、比利時、丹麥、法國、英國、日本、義大利、荷蘭、瑞典）66筆無確實擔保外債，積欠本息約合國幣1,169,819,694元，其中，英國有11筆，日本共有36筆，美國7筆，比利時5筆，法國3筆，餘皆各為1筆。按照內外債整理原則，即"其數小而毫無問題者，即時開始償還"、"其數大而無問題者，商議償還辦法"、"其有問題者另行交涉"，國民政府整理內外債委員會，對華比銀行留學費墊款、英商順昌洋行漢口造紙廠煤價欠款等無問題小數欠款予以一次性清償，對費克斯飛機借款、馬可尼公司無線電報機借款、芝加哥銀行借款類數大而無問題借款，核定改歸鹽稅項下撥付本息，分期償還：費克斯、馬可尼兩公司借款免除1936年6月以前欠息，至1975年全數償清本息；芝加高銀行借款，至1954年全數償清[3]。

---

[1] 參見中國通商銀行編：《五十年來之中國經濟》，第四章財政，19頁，上海，六聯印刷公司，1947。

[2] 參見中國通商銀行編：《五十年來之中國經濟》，第四章財政，8頁、420頁，上海，六聯印刷公司，1947。

[3] 中國第二歷史檔案館：《中華民國史檔案資料彙編》，第五輯，第一編財政經濟（三），426頁，南京，江蘇古籍出版社，1999。中國通商銀行編：《五十年來之中國經濟》，第四章財政，20頁所列為69筆，其中，英國13筆、日本37筆；469、456、461、462頁，上海，六聯印刷公司，1947。

（第199頁註解③）對日本一國的債務整理，從1930年8月至1936年10月間，國民政府雖對"整理日本債權人借與中國無擔保及擔保不足之款"在召集債權人代表會議時強調"應切實注意本黨對外政策第四、第六兩條之規定"[1]，但在日本政府的不斷催促下，亦續有整理安排。如在1934年12月，國民政府交通部長朱家驊針對北洋政府交通部向中日實業公司所作擴充電話借款與購料欠款，提出"擬援照東亞興業債款整理辦法，將欠息減至本金相等不再起息，每月撥付日金八萬元，先行還本，本還清後，再充付息之用。償還期間，須四十餘年"的整理方案，為國民政府行政院所批准。1936年10月，國民政府財政部有關整理日本東亞興業株式會社借款安排（依照"以原發國庫券所載數目為標準，不得再計利息"、"分年攤還"的整理原則，免除從前積欠利息與以後攤還期內新生利息，僅照原發庫券1,801,231.25日元數，分作10年20次攤還），為國民政府中央政治委員會所批准；同月，國民政府財政部整理漢口造紙廠所欠中日實業公司購機售紙墊借款的安排（按借款實欠本金一本一利，每月攤還；取消未還清原欠本金期內計收新生年息6厘規定；訂立新合同後前訂墊款合同一律取消），亦為國民政府中央執行委員會政治委員會所決議通過。[2]

（第199頁註解④）國民政府的外債整理，除以上舉要所涉諸種外，尚有庚子賠款一項。1937年5月，國民政府財政部公債司詳述庚

---

[1] 中國第二歷史檔案館編：《中華民國史檔案資料彙編》，第五輯，第一編財政經濟（三），426頁，南京，江蘇古籍出版社，1999。中國通商銀行編：《五十年來之中國經濟》，第四章財政，20頁所列為69筆，其中英國13筆、日本37筆；456、461、462頁，上海，六聯印刷公司，1947。

[2] 中國第二歷史檔案館編：《中華民國史檔案資料彙編》，第五輯，第一編財政經濟（三），367、371、372、373、374、375頁，南京，江蘇古籍出版社，1999。

子賠款起因、內容、賠款支付及其變化情形,編制止於1936年12月底《各國庚子賠款結欠數目表》(俄、德、奧、意四國除外),並對英國、美國、法國、比利時、日本、葡萄牙、瑞典、挪威、西班牙、荷蘭諸國庚子賠款償付結清時間作了具體安排:英國、美國部分1946年底償清,法國部分1947年底償清,比利時部分1941年10月償清,日本、葡萄牙部分1945年底償清,瑞典、挪威、西班牙、荷蘭部分1940年底償清[1]。

(第199頁註解⑤)對以關稅五厘水災附加稅作為擔保的美麥借款(1931年借)、以統稅作為擔保的美棉借款(1933年借),國民政府在1936年5月的外債整理安排中,對共欠16,608,329.99美元兩債改發統一債券交予華盛頓進出口銀行,自該年7月起兩債利率同為5%,償債期限延長(從原定1936年償清延至1942年底償清)[2]。

(第200頁註解③)1937年2月10日,國民政府整理內外債委員會關於整理外債情形報告書,對整理外債示信操作績效有一更為全面的說明。報告書以為,自國民政府整理內外債委員會設立履職始(1929年)至1934年3月止,外債整理曾"擬以整個計劃彙案整理辦法,再與債權方面洽商,皆因款目繁多,性質複雜,意見各別,希望不同,以致荏苒數年,鮮著成績";1934年4月以後,國民政府改采外債分別整理辦法,基於維持國信中亦得減輕國家負擔的考慮,制定免讓欠息、減低利率、延長年限、分期攤還原則,由整理內外債委員會會同有關各部對應予整理的外債分頭進行,"洽辦以來,幸獲成效。我國整理債票在國外市場價格增高,平均約在三倍以

---

[1] 中國第二歷史檔案館編:《中華民國史檔案資料彙編》,第五輯,第一編財政經濟(三),463〜469頁,南京,江蘇古籍出版社,1999。

[2] 參見中國通商銀行編:《五十年來之中國經濟》,第四章財政,20頁,上海,六聯印刷公司,1947。

上，為歷年所無之高價。國際信譽，因而增進，影響所及，國家地位亦得提高"；1936年底止，總計已經商定整理辦法與已經全部還清的大小債務共有49筆，而減輕國庫負擔的免讓債額欠息計約合國幣357,000,000餘元[1]。綜觀國民政府整理內外債委員會就財政、鐵道兩部會同整理的債務（4筆）、財政部整理的債務（11筆）、交通部整理的債務（20筆）、鐵道部整理的債務（14筆），足見其"各部業經商定整理辦法及已全部還清債務"的外債均有據可證[2]。

（第200頁註解⑥⑦）國民政府財政部於1946年4月20日擬具了戰前各債恢復償付辦法如《關鹽擔保各項外債延付辦法》等詳細規定。[3]國民政府行政院以為，就國家財力而論，如立即"恢復償付外債，根據財政部報告第一年計需償付英金220餘萬英鎊、美金19萬餘美元，折合國幣約計1,158億餘元，需要如許之外匯似非容易。況戰後諸盟國對其所舉外債，亦未見諸償付"，因此我國亦可暫時緩付，但為消減外國債權人對國民政府債信之疑慮，財政部可以"戰後經濟情況尚未穩定，須賴國際間的援助發展工商業，以培植償債能力。一俟我國財政金融稍入穩定時，即行與各持券人進行洽商恢復償付辦法"的對外談話，來表明國民政府償付外債的誠意，時為1947年5月15日[4]。

（第201頁註解①）1947年7月，國民政府財政部秉承行政院旨意，擬出恢復償付外債對外聲明文稿，詳述恢復償債決心與誠意、

---

[1] 參見中國第二歷史檔案館編：《中華民國史檔案資料彙編》，第五輯，第一編財政經濟（三），427頁，南京，江蘇古籍出版社，1999。
[2] 參見中國第二歷史檔案館編：《中華民國史檔案資料彙編》，第五輯，第一編財政經濟（三），428～446頁，南京，江蘇古籍出版社，1999。
[3] 參見中國第二歷史檔案館編：《中華民國史檔案資料彙編》，918～924頁，南京，江蘇人民出版社，1979。
[4] 中國第二歷史檔案館編：《中華民國史檔案資料彙編》，939頁，南京，江蘇人民出版社，1979。

恢復償債所需準備條件：對抗日戰爭期間停付的各項外債，國民政府鄭重表示恢復償付的決心，所借各項新債並不妨礙戰前各債的擔保品或損害各持券人的權益，按照維持債信政策逐步整理舊債；抗日戰爭爆發前，國民政府在整理外債方面已取得顯著進步，而在抗戰初起的一年半中，即使在民族空前危機、擔保外債的關鹽各稅深受戰爭阻撓條件下，國民政府仍如期償付外債本息，這表明了政府極力維持債信的誠意；只是1939年春以後，由於主要稅收幾乎全部為敵所劫持，國民政府於迫不得已中才暫行停止償付各項外債；中國抗戰為時最久、損失最重，戰後中國經濟與財政恢復正常需要相當時日，戰後建設需款尤其是外匯需求十分迫切，這使得中國必須依賴於國際經濟援助，發展工商業，培植償債能力，但國民政府決心"盡其最大努力以履行其償債義務，並誠心願望財政狀況能盡速改進，以便戰前各債，得以早日恢復償付"[1]。

（第201頁註解③）1949年11月1日，前國民政府財政部公債司複有暫停償付外債的請示："自政府離京滬後，庫存外匯日行拮据，本年到期本息，多逾期未付。茲以戡亂步入嚴重階段，政府財政愈形困難，為謀減輕國庫負擔，並兼顧國際債信起見，除中蘇易貨借款一種，因我國與蘇聯業經宣佈絕交，自應即時停止償付外，其餘英、美、加各國債務，擬咨請外交部循外交途徑，轉商各債權國，所有到期本息，即時暫停償付，俟將來局勢稍行穩定，財政情況好轉時，再行恢復。"[2]

---

[1] 參見中國第二歷史檔案館編：《中華民國史檔案資料彙編》，940、941、950、951頁，南京，江蘇人民出版社，1979。

[2] 參見中國第二歷史檔案館編：《中華民國史檔案資料彙編》，962頁，南京，江蘇人民出版社，1979。

第八章

中國近現代政府舉借內債：
守信用的激勵、反信用的約束

引　言

　　在中國近現代經濟被動地啓動開放的條件下，中國近現代政府在外債舉借中，常常遭遇到列強超經濟的要挾，即常常遭遇到列強在特定經濟制度條件下所施與的極強的信用激勵、約束。那麼，在這同一種經濟制度條件下，同樣是作爲債務主體，中國近現代政府對內舉債也會面臨來自於國內公眾所施與的極強的信用激勵、約束嗎？或者說，中國近現代政府對內舉債的信用激勵、約束是什麼？爲什麼？

　　承繼第七章對中國近現代政府在外債舉借中的信用激勵、約束問題的論述，立足於歷史事實，本章即準備對中國近現代政府在內債舉借中的信用激勵、約束問題續爲剖析。

第一節　晚清政府內債舉借中的信用激勵、約束

　　切於論題，剖析晚清政府在內債舉借中的信用激勵、約束問題，我們擬立足於歷史事實，著力於從晚清政府內債舉借中的示信承諾與示信扭曲兩個方面具體推進。

一、從舉借內債的示信承諾看晚清政府的信用激勵、約束

　　近代，晚清政府在內債舉借中常常向公眾作出示信承諾，期望能借此而誘致公眾授信予政府。茲擇要分析如下，俾分析持論以史實作爲依據。

　　例如，晚清政府在咸豐初年舉借內債的操作中，常常在委託各銀號墊彙京餉的時候、向票號挪借款項以助國用的時候、向士紳商民商

借款項的時候，甚至諭令推行捐借的時候，做出各種示信承諾[1]。而從這些示信承諾中，我們可以窺知的資訊乃是：①向國內富商"挪借"銀兩以支撐政府財政，晚清政府以借用定位、借據操作、發還承諾，很想以此而促使"挪借"成功，而"按數賞還"、"如數發還"、"照數發還"、"准酌量加給息銀"的朝臣奏議、皇帝諭示，足以說明晚清政府心存無償借用（徵用？）富商款項的安排，縱有少量息銀給付，也只是政府對富商的"犒賞"；至於要求富商自行表明成本與每家認借若干的規定，更是直白地把晚清政府欲強行充作富商債務人的單向選擇這一事實陳諸世人；②向國內富商"捐借"銀兩以支撐政府財政，晚清政府以捐輸、挪借定位，以賞格、借據操作，以給獎、發還承諾，將預買官銜、學銜與要求貨幣償還的選擇權結合，創設了一個似乎可以轉換選擇權的籌資方式，用心可謂良苦。換言之，晚清政府對於其臣民確有示信承諾，但在它的潛意識中，基於既有的封建視角，它仍然把國內民眾視為其臣民，並因此而仍然看輕這些所謂臣民的財產權益，因此，這裡所涉及的信用構造，其實在晚清政府的視野中並不是一種真正意義上的債權債務關係的建立。而這樣一種產生於中國近代經濟被動開放條件下的示信承諾，它的確不能真正向國內公眾傳達一種可予以置信的信用激勵、約束資訊。

當晚清政府因籌餉抗倭而批准戶部息借商款奏摺的時候（1894年），它似乎十分自信：採用息借洋款的辦法向中國富商巨賈告借，政府自身只要能"誠信允當"、"昭示大信"，即會使潛在的債權人"樂於從事"[2]。晚清政府如何才能"昭示大信"於民呢？僅從當時戶

---

[1] 參見周育民：《晚清財政與社會變遷》，157、158頁，上海，上海人民出版社，2000。
[2] 千家駒：《舊中國公債史資料》，1頁，北京，中華書局，1984。

部的奏摺與皇帝的諭示也可看出[1]，晚清政府在這一特殊背景下息借商款，無論是縝密制定諸種示信措施、承諾以虛銜封典獎勵借款過萬兩者的安排，還是對國內商民皆有關心國家命運"天良"的判斷，均在欲以此來啓動商民對晚清政府債信的信任，使晚清政府所望甚切的息借商款能夠克期功成。但是，晚清政府對信用構造的示信承諾，仍然沒有擺脫也不可能擺脫皇權政治的單向操作。從這一意義上說，在晚清政府眼中，對國內商民的示信承諾，已屬政府施與的一種恩惠，作爲商民——臣民，豈能不對政府——皇帝的這一恩惠予以認同乃至於感恩戴德？

償還對日甲午戰爭賠款的壓力曾迫使晚清政府不斷舉借外債，而以昭信股票舉借內債的緣起亦在是項對日賠款。1898年1月，右中允黃思永爲晚清政府謀劃不借吃虧甚多的洋款而籌借華款[2]，在其向晚清政府所上《奏請特造股票籌借華款疏》中對晚清政府所面臨的借款壓力、借款基礎與宜定的借款工具、借款安排、借款操作及必具的借款誠信均作了切要說明，而黃思永的奏疏未幾即獲晚清政府的批准並商定實施辦法開始具體操作[3]。黃思永所言"股票"，實屬債券。他在判斷晚清政府舉債的基礎條件業已存在的前提下，極力主張：政府示信於商民是其發債能獲成功的關鍵，商民須知投資實業獲利難以確定的事實，認購政府所發"確有憑信，可售可抵"債券乃是商民速獲收益的可行選擇。但須注意的是，黃氏仍倡以愛國之情啓動商民購債意願，以先官後民先富後貧的排序攤派促銷此項公債。認同黃氏動議的晚清政府戶部雖在《奏准自造股票籌借華款疏》中對黃氏主張略有修

---

[1] 《酌擬息借商款章程折》，參見千家駒：《舊中國公債史資料》，1～3頁、6頁，北京，中華書局，1984。《辭海·歷史分册·中國近代史》，58頁，上海，上海辭書出版社，1979。
[2] 千家駒：《舊中國公債史資料》，7頁，北京，中華書局，1984。
[3] 千家駒：《舊中國公債史資料》，6～8頁，北京，中華書局，1984。

訂，但"令官紳商民均量力出借"、"勸令紳商士民一律量力出借"[1]的安排，"嚴禁勒派"，的確未出攤派路子。而將黃氏倡行的"股票"定名為"昭信股票"、明定還本付息時限、承諾昭信股票平時可"轉相售賣，每屆還期，准抵地丁鹽課厘金"，更在昭信股票實施章程中劃定本息款項準備[2]，確屬示信於商民、欲昭信實、促眾募購的悉心承諾。然而，這一示信承諾是否屬於可置信承諾，或者說，這一示信承諾是否僅僅是一種機會主義的權宜之計，對於其時的商民而言，答案似乎是不言而喻的。

給定市場經濟條件，在每一個信用構造中，作為債務人的行為主體，欲順利引致債權主體的授信，其守信用的利益激勵首先驅使其必須對債權主體做出可予置信的示信承諾，而這一由債務主體自主自願做出的示信承諾是否可予置信，乃決定於該承諾的做出是否合於標準程式、承諾傳遞的資訊是否真實可靠、承諾實施的監督是否強力有效。一般而論，在市場經濟條件下每一個標準化的信用構造，其債務主體對債權主體做出的示信承諾合於標準程式，承諾傳遞的資訊真實可靠，對承諾實施進行的監督強力有效。換言之，由於對信用主體（尤其是債務主體，即便是一國政府作為債務主體）的受信行為存在功能釋放正常的守信用的激勵、反信用的約束機制，債務主體很難以機會主義的示信承諾誘致債權主體對其授信，由債務主體示信承諾所啟動的信用構造一般就會充分有效。但是，在非市場經濟條件下，由於信用構造中債務主體對其債權主體所給出的示信承諾缺乏標準化程式、傳遞的資訊未至真實可靠、對其實施進行的監督缺位虛置，總之，由於其間對債務主體守信用的激勵、反信用的約束機制殘缺、功

---

[1] 千家駒：《舊中國公債史資料》，9～12頁，北京，中華書局，1984。
[2] 《擬定給發昭信股票詳細章程疏》，見千家駒：《舊中國公債史資料》，13～17頁，北京，中華書局，1984。

能阻塞，債務主體給出的示信承諾具有極強的機會主義傾向（機會主義的示信承諾），由該債務主體所啟動的信用構造一般即很難會充分有效，並且，即便是在作為債務主體的一國政府利用其運作行政權力，對其債權主體施以強制攤派時，這一狀況也仍然不會改變。

　　審視中國近代晚清政府在內債舉借中的示信承諾，在中國近代經濟被動開放而人治運作行政一仍其舊的制度條件下，作為債務主體的晚清政府，儘管在守信用的利益激勵下欲以其對債權主體做出的示信承諾啟動信用構造，但由於該示信承諾形成於信用激勵、約束機制殘缺、功能阻塞的脆弱基礎上，其給出的程式隨機、偶然，其傳遞的資訊不實、可疑，對其實施監督軟弱、難為，晚清政府自然因此而難以充分啟動公眾債權主體自主自願授信，而不得不憑藉其運作行政特權以非經濟的手段（勒索攤派、倡導愛君感恩、出售官位期貨等），強行構造信用。值得關注的是，在外債、內債舉借中同屬於債務主體的晚清政府，在外債舉借中遭遇到列強操控的守信用的激勵、反信用的約束機制，而難以自主自願選擇示信擔保、償債安排，但它在內債舉借中未逢公眾駕馭的守信用的激勵、反信用的約束機制，而能自主自願地給出機會主義的示信承諾，前者為晚清政府引致（甚至常常是列強強制晚清政府接受）充分的授信，後者為晚清政府引致（即便常常是晚清政府強制公眾債權主體接受）不充分的授信，這正是在中國近代被動開放及人治運作行政條件下曾經有過的扭曲信用構造。

二、從內債舉借中的示信扭曲看晚清政府的信用激勵、約束

　　近代，晚清政府在內債舉借中給予商民悉心的示信承諾，若僅此而論，似乎政府大信已昭。但聽其言而觀其行，人們不難發現，在晚清政府的內債舉借中，示信承諾屬一事，示信操作屬另一事，證諸事

第八章　中國近現代政府舉借內債：守信用的激勵、反信用的約束　　295

實的判斷乃是：晚清政府在內債舉借中因具體操作有違示信承諾而致示信扭曲。

在息借商款中，各地時有擅改部議、輕違部章的情形：①募債操作，經手官吏不恤民艱，苛派抑勒成風[1]；②償債操作，經辦官吏營私舞弊[2]。對於這諸種示信扭曲情形，儘管晚清政府以"推原其故，非由立法之未周，實因奉行之不善"[3]作爲托詞，且重申從嚴懲處違規行爲、所借之款"至還款屆期，務須遵照臣部奏章，不差時日，以期取信於民"[4]，但終因流弊叢生、民怨其失信而不得不停辦息借商款。細予剖析：息借商款的經辦官吏多行勒索攤派，勒索以自肥，攤派以邀功，徒然擾民，違背婉勸募購原則，磨損政府示信承諾；商民不願久持而速以債票抵扣稅項的選擇緣自債權隱憂，官吏募債無票實爲假政府債名斂自家利源，強將商民對政府的債權劃轉固化爲對企業的所有權，幾同豪奪商民自主選擇的權利，凡此皆可實證政府示信承諾已被扭曲。商民對此無可奈何。雖有晚清政府商民可以"赴部控呈"、專員宜"密加咨訪"的授權[5]、諭旨，但"商民爲避殷實之名"而不敢上

---

[1] "不肖州縣威嚇刑驅，多方逼抑，甚至貧富顛倒，索賄開除，又向出借紳民需索無名之費，弊端百出，謗詬頻興。"參見《論江西州縣逼抑索賄著查參》，見千家駒：《舊中國公債史資料》，4頁，北京，中華書局，1984。

[2] 《息借商款已有成數請停續借折》，見千家駒：《舊中國公債史資料》，5、6頁，北京，中華書局，1984；《地方官借機苛派勒索折》，見千家駒：《舊中國公債史資料》，5頁，北京，中華書局，1984；《光緒財政通纂》，卷2；《德宗實錄》，卷356、卷387；《光緒朝東華錄》，總3944頁；《康南海自編年譜·戊戌》；均參見周育民：《晚清財政與社會變遷》，351、352頁，上海，上海人民出版社，2000。

[3] 《地方官借機苛派勒索折》，見千家駒：《舊中國公債史資料》，4、5頁，北京，中華書局，1984。

[4] 《息借商款已有成數請停續借折》，見千家駒：《舊中國公債史資料》，6頁，北京，中華書局，1984。

[5] 《酌擬息借商款章程折》，見千家駒：《舊中國公債史資料》，2頁，北京，中華書局，1984。

控，唯有隱忍，官吏"視息借爲利藪"而巧取豪奪[1]，必使這樣的監督與約束依然難以把握。於是，息借商款，商民選擇退出，晚清政府最終不得不中輟此舉。

兩年多以後，晚清政府發售昭信股票，但在具體操作中再蹈息借商款扭曲示信承諾的覆轍。經辦官吏仍然勒索致賄[2]。募債如此，償債又如何呢？其時有昭信股票"所收之款，究置何處，今無檔可查"的記載[3]，而經辦官吏常是"銀已交官，並無票據"[4]，且昭信股票所籌之資多爲地方官吏截留挪用[5]，約期守信給償，本息懸空無望。昭信股票苛派擾民而"收數無多"，最終迫使晚清政府連下諭旨停募此債，有政府按約期還本付息示信承諾的昭信股票由此而終結，而晚清政府諭示商民停止募債的原因乃是政府對民情的體恤[6]。可以肯定，近代，晚清政府朝令虛行，吏政紊亂，官吏強迫商民購債必然導致商民積怨，昭信反成昭不信，商民畏懼政府賴債不還[7]，政府懼怕擾民生變，於是不得不選擇募債退出。這也許正是商民對無限政府扭曲示信承諾

---

[1] 《議覆昭信股票流弊甚多疏》，見千家駒：《舊中國公債史資料》，19頁，北京，中華書局，1984。

[2] 《議覆昭信股票流弊甚多疏》、《諭民間現辦昭信股票著即停止》，見千家駒：《舊中國公債史資料》，18～24頁，北京，中華書局，1984。

[3] 民國《安縣誌》，卷26，1頁。轉引自周育民：《晚清財政與社會變遷》，351頁，北京，中華書局，1984。

[4] 《議覆昭信股票流弊甚多疏》、《諭民間現辦昭信股票著即停止》，見千家駒：《舊中國公債史資料》，18～24頁，北京，中華書局，1984。

[5] 《昭信股票撥付釐金不如指款留抵疏》、《截留昭信股票款項以充接濟山東春賑折》，見千家駒：《舊中國公債史資料》，24、28頁，北京，中華書局，1984。

[6] 《議覆昭信股票流弊甚多疏》、《諭民間現辦昭信股票著即停止》，見千家駒：《舊中國公債史資料》，18～24頁，北京，中華書局，1984。

[7] 1884年1月第一次輪船招商局對外借款，用於償還該局所欠錢莊、票號等債款，借外債以償內債而示守信，這恐怕是近代晚清政府僅有的一次償債操作。參見徐義生：《中國近代外債史統計資料》，8、9頁，北京，中華書局，1962。

行為不約而同地採取集體行動的邏輯結果？有意思的是，晚清政府停辦昭信股票後，竟然夢想那些"深明大義，公而忘私"的朝臣、商民情殷報效，資助政府[1]。

在市場經濟條件下，信用作為資源配置的基礎性前提條件直接影響資源配置績效。換言之，信用缺失、信用萎縮均會導致資源配置操作擱置、規模縮減，而信用在資源配置中的這一宏觀支撐作用又植根於關乎每一個經濟行為主體利益的微觀基礎。這意味著，在市場經濟條件下的經濟行為主體介入資源配置，給定貸者——儲蓄者（Lender-Saver），對於借者——支出者（Borrower-Spender）[2]而言，能否實現其預期的資源配置，就在於他（它）自身能否以可予置信的示信引致貸者——儲蓄者選擇與其構造信用、監督業已構造的信用的具體實施。當借者——支出者能夠滿足這個條件的時候（也就是守信用的激勵與反信用的約束處於均衡、對稱狀態的時候），他（它）則不僅能夠啓動、完成一個信用構造以實現其預期的資源配置，更能夠重複啓動、完成多時期信用構造以實現多時期持續資源配置。儘管在市場經濟條件下仍然時時有信用風險（違約風險）存在和發生，並且，這一狀況常常會對經濟行為主體的信用構造進而資源配置績效產生負面影響，但由於法治（尤其是成熟的法治）對信用構造、實施進而所涉及的權利歸屬，具有可予置信的全程有效護衛功能，即對反信用者具有有效約束功能，這就使得借者——支出者選擇違約的機會主義行為（示信扭曲）僅僅屬於個別、偶發情形，或者說，在這種制度條件下，源於債務主體的違約選擇發生的概率一般很小，並且，這種違約

---

[1] 《論王公大臣情殷報效著分別核給移獎》、《論紳商士民情殷報效著准其繳票按給獎敘》，見千家駒：《舊中國公債史資料》，30、31頁，北京，中華書局，1984。

[2] 參見Frederic S. Mishkin: The Economics of Money, Banking, and Financial Markets, 6th ed. 北京，北京大學出版社，2002。

選擇雖有發生，但它在一個具有極強自我修正功能的成熟法治運行中，在一個信用機制具有極強激勵、約束功能並能有效釋放其功能的經濟運行中，常常會被及時稀釋、矯正，因此，這種違約情形對作為整體的一國信用構造進而資源配置在當期生成的負面影響很小（很隱蔽），各個現實及可能的債權主體多會處變不驚，不會輕易改變他們預期利益有穩定保障的判斷及選擇，由此而決定該國一般不會立即產生或者一般不會產生恐慌性擠兌債權的傳遞效應。以此而論，就市場經濟條件下的儲蓄者——貸者整體而言，機會成本的權衡（唯在產權保障條件下才有意義的利益權衡），使他們不會輕易放棄或者退出與借者——支出者的信用構造，而借者——支出者作為整體也因此而能夠由規模的信用構造實現規模的資源配置。在這一背景下，即便是一國政府充作債務主體，它也不能夠或者不敢隨意扭曲示信，強制操作政府舉債。

但是，在非市場經濟條件下（包括轉型經濟情形），給定借者——支出者，對於儲蓄者——貸者而言，面對借者——支出者給出的期望促成信用構造的示信承諾（承諾守信用的利益激勵），由於對這一示信承諾的實施缺乏可操作的監督、約束信任，即債權主體對債務主體的反信用行為的約束很難有效地實施，儲蓄者——貸者就很難對借者——支出者啟動信用構造，更不用說重複啟動信用構造了，緣此，借者——支出者所預期引致的資源配置即多會落空。詳論之，在非市場經濟條件下，由於人治對信用構造、實施，進而對所涉及的權利歸屬缺乏可予以置信的全程、有效護衛功能，或者說，信用機制的激勵、約束功能軟弱並且不能有效釋放，即對反信用者的約束功能軟弱且不能有效釋放，這就決定了借者——支出者選擇違約的機會主義行為（示信扭曲）將呈現普遍、必然的態勢，或者說，在這種制度條件下，源於債務主體的違約選擇的發生概率一般很大，並且，這種違約選擇一旦發生，它常常會對一國作爲整體的信用構造進而資源配置績效在當期生成巨大、公開、持久的負面影響。以此而論，在非市場經濟條件下的儲蓄者——貸者，就整體而言，在產權缺乏保障條件下很難有所謂純粹的機會成本權衡選擇，他們一般因此而易於放棄或者退出與借者——支出者的信用構造，而借者——支出者作爲整體，因此也就不可能由規模的信用構造而實現規模的資源配置。在這一背景下，充作債務主體的如果是一國政府，它就可能會常常選擇扭曲示信，而把強制債權主體與其構造信用作爲權宜之計。唯在這一權宜操作觸發或可能觸發公衆債權人對該債務人的憤怒，並由此而危及或可能危及該債務人的既得利益時，即債務人由強制構造信用所引致的收益小於爲此而付出的成本時，政府這一十分特殊的借者——支出者才會選擇放棄或退出強制構造信用，而被該政府扭曲的示信重定之日也常常就是該政府信用結束之時。尤需指出的是，在非市場經濟條件下，政府這一特殊的借者——支出者欲爲信用構造，從其對儲蓄者——貸者公衆做出示信承諾到其權宜操作強制構造信用而扭曲示信再到放棄或者退出強制構造信用，期望以此而重新彰顯示信承諾，其路徑選擇由於人治運作行政因而始終具有頗難預期的隨意性、偶然性。而這一情形的存在，也正是在這一制度條件下儲蓄者——貸者一般不願、不敢（選擇放棄或者退出）積極介入與政府構造信用的重要因素之一。

晚清政府對內舉債，如前所述，由於在給定制度條件下，它對公衆債權人所做出的示信承諾形成於信用激勵、約束機制殘缺、功能阻塞的脆弱基礎，承諾約定沒有標準化程式、承諾傳遞的資訊不能真實可靠、承諾實施缺乏有效監督，從而決定了其不屬於可予以置信的示信承諾，或者說，晚清政府對其商民給出的示信承諾僅僅是一種機會主義的示信承諾。當晚清政府憑藉其運作行政特權而以非經濟手段強制構造信用的時候，它的示信承諾的不可置信即已經被它自己扭曲操作信用構造即扭曲示信所證實。誠然，從晚清政府息借商款、昭信股票的舉債操作中，我們可以看到的僅僅是官吏濫用權力而使政府舉債成為強行攤派、苛派，並且，政府對這類可能出現的官吏濫用權力問題，早於啓動舉債之前就已經明令予以禁止；而當這類問題已經成為事實時，政府尙對公眾債權人作了檢討（所謂"推原其故，非由立法之未周，實因奉行之不善"）[1]，直至終止舉債的選擇。但是，對於在晚清政府內債舉借中，各相關官吏何以敢於舉債操作擅改部議、輕違部章情形的思考，我們卻不難發現，立法更須行法，有法遠非等於法治到位，在人治條件下的各法條很難有效地約束官吏的舉債操作行為，更難有效地約束法條所自出的政府的舉債操作行為。據此而論，官吏濫用權力而使政府舉債示信扭曲，實由政府對其予以庇護使然。如非懼怕政府強制構造信用可能擾民生變，晚清政府焉能收束行為，終止舉借內債？所以，當一國政府運作行政已是時日不多之時，其變態的有恃無恐，即會表現為濫用權力，此所謂"強制構造信用於當前，無慮官逼民反於將來"。值得一提的是，20世紀之初，晚清政府已開始在立法中對民眾的產權保障問題予以關注，這也許是一種可據以開啓民眾對於政府舉債示信承諾予以置信的制度化的、更為根本的示信承諾。然而，歷史並未為我們留下可以驗證這一判斷真偽的事實。那麼，晚清政府之後的政府舉債，其情形又如何呢？

---

[1] 《地方官借機苛派勒索折》，見千家駒：《舊中國公債史資料》，4、5頁，北京，中華書局，1984。

第二節　南京臨時政府內債舉借中的信用激勵、約束

一、從內債舉借的示信承諾看南京臨時政府的信用激勵、約束

　　在市場經濟條件下，給定對外舉債，一國政府財政運作中常常涉及對內舉債，並且，由於法治維繫的產權保障已經成為可以穩定預期的秩序，該國政府在對內舉債中的示信承諾已然標準化、程式化，它在對內舉債的示信承諾中所遭遇到的信用激勵、約束，與其說是直接關係到該國政府能否從該國公眾那裡借得債款或能夠借得多少債款的問題，倒不如說是直接關係到該國政府可能遭遇到該國公眾對其是否依法運作行政進而對其存在的合法性予以質疑甚至引發全民背棄選擇的問題。換言之，一國政府在市場經濟條件下對內舉債，法治既是其對公眾不言而喻的示信承諾，也是公眾對其不言而喻的信用激勵、約束。在這一背景下，一國政府對內舉債不但能夠經常有序操作，並且，每次操作一般多能募足債額，因為該國公眾在信任產權保障、預期利益相對穩定的判斷中，能夠自主自願選擇經常購買、經常大量購買國債。與此相反，在非市場經濟條件下，一國政府對內舉債，由於缺乏法治維繫的產權保障（人治導致產權無保障），該國政府就常常依賴於草成、應時的示信承諾以吸引國內公眾選擇購債。由於這類示信承諾很可能是該國政府急於實現對內舉債所做出的權宜應允，因此，它所涉及的該國政府在這一情形下生成的信用激勵、約束，一般就很難讓該國公眾予以置信。這樣，該國政府即便經常操作對內舉債，也很難在每次舉債中募足債額。於是，設想募足債額的一國政府，就不可避免地常常要選擇強制派募操作。

　　承繼晚清政府，南京臨時政府在被動開放條件下謀劃對內舉債，

人治雖然依舊，但法治意識已然開始覺醒，所以，我們可以看出該政府的立法努力及其在立法中強調國民產權保障的示信承諾，可以看到該政府期望以此而引致國民購買國債的示信承諾的具體安排。如果僅僅以此而論，南京臨時政府為舉借內債而對國民給出的示信承諾幾乎不可置信，而這之中所涉及的信用激勵、約束功能自然也顯得乏力。但是，這裡存在一種特殊情形（在北洋政府、國民政府的內債舉借中也曾出現），即南京臨時政府在舉借內債之時，同時也在舉借外債，這樣，它對內給出的示信承諾還直接涉及它對外的示信承諾（姑且不考慮這一對內的示信承諾在其兌現操作中，可能會因為佔用存量一定的政府稅收而影響對外示信承諾的兌現），或者說，其對內的示信承諾即便僅僅是作秀之舉，也的確不乏這樣的廣告效果，即在人治條件下能夠示信於內的政府，在列強挾制下自然更能夠示信於外。

前曾論及，南京臨時政府運作行政基礎未穩、風險預期可慮，這逼使它不得不在外債舉借的示信操作上隱忍屈己。同樣，就算是對內舉債，南京臨時政府仍然面臨公眾可能不予認同的選擇約束。從這一意義上說，以自己的示信承諾啓動公眾認同即顯得尤其重要。

民國方成立，"各事可以緩圖"，但"軍事與維持秩序"尤其是維持各城市的秩序當屬要務[1]，而這一切皆需鉅款以為保證。借用其時一英國領事的概括便是：南京臨時政府已認識到，"如果要組織一個有效的行政當局，並從目前革命各省普遍存在的混亂狀態中建立秩序，必須在其他方面立即尋找新的財源"[2]。此間，常有強取商人財產

---

[1] 《陳錦濤為四國銀行借款告罄無法支應軍費致黃興函》，見中國第二歷史檔案館編：《中華民國史檔案資料彙編》，第二輯，284頁，上海，上海人民出版社，1981。胡濱譯：《英國藍皮書有關辛亥革命資料選譯》，453頁，北京，中華書局，1984。

[2] 胡濱譯：《英國藍皮書有關辛亥革命資料選譯》，453頁，北京，中華書局，1984。

或逼迫有錢者捐款以助軍用的事情發生，這不僅不能真正解決軍用問題，反而會"敗壞民軍名譽"[1]，破壞秩序的民信基礎。所以，南京臨時政府頗重整飭社會秩序，希望以此而得民信、固政信，而如有此秩序基礎，舉債於民且再用以維持秩序即非難事。對南京臨時政府來說，其欲藉以維持秩序的重要舉措之一即是向民眾作出示信承諾。由南京臨時政府向民眾作出的示信承諾，從《臨時大總統就職宣言書》"國家之本，在於人民"、"國家經費，取給於民，必期合於理財學理，而尤在改良社會經濟組織"的聲明[2]，《內務部通飭保護人民財產文電》為"安民心而維大局"作出保護人民財產是政府急務的通告[3]，到《中華民國臨時約法》對人民產權所作法律保障之規定，可謂執要中肯。而旨在以外在制度安排示信於民眾的南京臨時政府，由於成立時間尚短，未及對中華民國法律詳作設計，為"昭劃一而示標準"，乃行權宜之計："前清制定之民律草案，第一次刑律草案、刑事民事訴訟法、法院編制法、商律、破產律、違警律中，除第一次刑律草案，關於帝室之罪全章及關於內亂罪之死刑，礙難適用外，餘皆由民國政府聲明繼續有效，以為臨時適用法律，俾司法者有所根據。"[4]無疑，這樣的示信安排於重建、維持民國初年甚至以後的秩序均屬不可或缺。

---

[1] 《張謇為乙和祥鹽旗被各地軍隊強取鹽款情形咨》，見中國第二歷史檔案館編：《中華民國史檔案資料彙編》，第二輯，365、366頁，上海，上海人民出版社，1981。胡濱譯：《英國藍皮書有關辛亥革命資料選譯》，下冊，452頁，北京，中華書局，1984。

[2] 見中國第二歷史檔案館編：《中華民國史檔案資料彙編》，1、2、14頁，南京，江蘇人民出版社，1979。

[3] 見中國第二歷史檔案館編：《中華民國史檔案資料彙編》，1、2、14頁，南京，江蘇人民出版社，1979。

[4] 《臨時大總統關於伍廷芳呈請暫行沿用民律草案等法律致參議院咨》，中國第二歷史檔案館編：《中華民國史檔案資料彙編》，38頁，南京，江蘇人民出版社，1979。

給定以上基礎、根本性示信承諾及其安排的南京臨時政府，其在內債舉借中的示信承諾乃具體化為募債明示借債用途、擔保物品、償還期限、償還方式、債票用向、給獎方式。[1]這樣具體而微的示信承諾確可在文字層面予以查驗。其時，有英國領事於其信函中提到，"據宣佈，這筆公債的收入除滿足政府的急迫需要外，將用來建立一種金本位的新貨幣。他們發表這項通告的目的，無疑是要使那些可能認購公債的人具有信心，因為如果這些人認為這筆款項將花費在戰備方面，那麼，對購買公債將採取極審慎的態度。我認為，發表這項通告的目的，還在於使外國人對新政府進行全面改革的決心具有深刻的印象。"[2]以此而論，南京臨時政府於公債發行具體而微的示信承諾設計中，很想以借款用途重在謀求公眾根本福利的安排啟動公眾放心購債意願並期望能由此而引致外國人對新政府的信任（承認）。

二、從內債舉借操作看南京臨時政府的信用激勵、約束

　　前曾論及，在市場經濟條件下，一國政府法治運作行政，產權保障的示信承諾在標準化、程式化的制度維繫中，具有成為常態的可置信定位，其據此操作的內債舉借也因此而具有可置信的信用激勵、約束機制。這樣，該國政府也就常常能夠在對內舉債中，以利益啟動其國民自主自願選擇購買國債，並且，每次募債一般都能募足債額。但在非市場經濟條件下，產權保障的示信承諾，由於一國政府人治運作行政而使得這一承諾具有偶然性、應時性——不確定性，因此而很難使該國公眾置信，該國政府設想據此操作內債舉借，也因此而很難有可以使該國公眾予以置信的信用激勵、約束機制。這樣，該國政府即

---

[1] 參見千家駒：《舊中國公債史資料》，33、34頁，北京，中華書局，1984。
[2] 《偉晉頌領事致朱爾典爵士函》（1912年11月於南京），見胡濱譯：《英國藍皮書有關辛亥革命資料選譯》，下冊，543頁，北京，中華書局，1984。

第八章　中國近現代政府舉借內債：守信用的激勵、反信用的約束

便渴望對內舉債，它也很難憑藉利益去啓動該國公眾自主自願選擇購買國債，該國政府募債也因此而常常難以足額，並且，即便該國政府啓用超經濟的強制手段派募內債，也很難得遂所願。對於在被動開放條件下替代晚清政府運作行政的南京臨時政府來說，其在內債舉借中，之所以不得不繼續晚清政府息借商款、昭信股票的強制攤派、勸募操作，其原因蓋在於此。

南京臨時政府內債舉借操作，以募債方式而論，屬於攤派、勸募分層操作方式。如中華民國軍需公債的發行，政府明確規定是項公債專由中央政府財政部發行並分派各省財政司向公眾（中外人民）勸募[1]。在南京臨時政府所頒《財政部咨各省發行公債辦法》中，對此種公債攤派、勸募分層募借操作方式有頗爲詳細明晰的界定[2]。對南京臨時政府選擇這樣的公債募借方式，時人雖有"此次募辦軍需公債票壹百兆元，票由政府發出，各省財政司銷行，固爲得體"的判斷[3]，但證以"其時民國基礎未固，人民應募，不免有所觀望"的史實[4]，囿於"中央財政匱乏已極，各項租稅急難整理"[5]的窘況及"人民有保有財產"自由[6]示信承諾的南京臨時政府之所以如此操作，確屬不得已而爲

---

[1] 中國第二歷史檔案館編：《中華民國史檔案資料彙編》，第二輯，304、305頁，南京，江蘇人民出版社，1981。
[2] 中國第二歷史檔案館編：《中華民國史檔案資料彙編》，第二輯，312、313頁，南京，江蘇人民出版社，1981。
[3] 《臨時大總統關於沈秉荃請赴海內外勸募公債代招銀行股本令》，見中國第二歷史檔案館編：《中華民國史檔案資料彙編》，第二輯，309頁，南京，江蘇人民出版社，1981。
[4] 《北洋政府財政部爲停辦軍需公債電稿》，見中國第二歷史檔案館編：《中華民國史檔案資料彙編》，第二輯，317頁，南京，江蘇人民出版社，1981。
[5] 《臨時大總統關於用兵方略及餉源籌劃複參議院咨》，見中國第二歷史檔案館編：《中華民國史檔案資料彙編》，第二輯，68頁，南京，江蘇人民出版社，1981。
[6] 《中華民國臨時約法》，見中國第二歷史檔案館編：《中華民國史檔案資料彙編》，第二輯，107頁，南京，江蘇人民出版社，1981。

之，且由各商董勸促各業"分任購買"的安排恐屬明勸暗強或准強制攤募方式。

在內債舉借中的償債操作上，南京臨時政府是否恪守了對公眾的示信承諾即約期清償公債本息，由於該政府存續期僅足3個月（即便算上南京臨時政府南京留守府亦不足6個月）[1]，似乎自然就談不上是恪遵信用或者違反信用了。如中華民國軍需公債的第一次還本期是起自該債發行之後的第三年，而該債的第一次付息期亦在發債當年的8月2日[2]。此期未至，執政者已易為北洋政府，守信用抑或反信用，已屬北洋政府的行為了。值得注意的是，公債甚至連同其他舉債，當南京臨時政府已然解散後，作為前臨時政府大總統的孫中山，對其民國成立前所借之債，儘管舉借之時有必如約償付本息的承諾，因無力自為兌現，只好替債權人代為說項，籲請北洋政府為前政府了結債務[3]。

第三節　北洋政府內債舉借中的信用激勵、約束

在非市場經濟條件下，當政府擬作為一個債務主體而向其國民舉債的時候，儘管在這種制度下缺乏一穩定可預期的約束政府信用行為的制度安排，但渴望舉債的政府卻不得不向其國民許諾一定恪守償債

---

[1] 參見陳旭麓、李華興主編：《中華民國史辭典》，360頁，上海，上海人民出版社，1991。

[2] 《孫中山等關於償還南京臨時政府所借廣潮幫借款文電》，見中國第二歷史檔案館編：《中華民國史檔案資料彙編》，第二輯，334頁，南京，江蘇人民出版社，1981。

[3] 《孫中山等關於償還南京臨時政府所借廣潮幫借款文電》，見中國第二歷史檔案館編：《中華民國史檔案資料彙編》，第二輯，334頁，南京，江蘇人民出版社，1981；《北洋政府財政部電稿》（1912年12月23日），見中國第二歷史檔案館編：《中華民國史檔案資料彙編》，第二輯，335頁，南京，江蘇人民出版社，1981。

承諾（甚至常常是在已違前諾之時再次許諾），尤其是這一對內的再次許諾可望引致國外債權主體認同其守信的判斷時，該國政府更會急迫地做出這一承諾。就此而言，該國政府對內的示信承諾，首先是做給國外債權主體看的表演，其次才是做給國內債權主體看的表演，且這種表演具有對外的必然性、真實性（外債肯定守信償付），對內的隨機性、欺騙性（內債守信償付僅僅是口說）。於是，處於這種制度條件下的一國政府，即便在其對國民做出守信承諾之後，進一步以敷設實施守信承諾的專門制度、落實支撐守信承諾的償債基金與償債辦法等各種舉措，期望以此喚起其國民對其守信承諾信之不疑，但最終也會由於無限政府超乎經濟的行政運作而變成兒戲——把國民當猴耍。對此，不論是由於道聽途說的前車之鑑，還是由於痛切肌膚的蛇咬經歷，該國國民多不願涉足該國政府的售債市場。於是，渴望大量舉債的該國政府，在其舉債操作中，除了常常使用利益激勵的引誘手法之外，就不得不常常訴諸強制國民購債的反市場操作。那麼，北洋政府在內債舉借中的信用激勵、約束，其情形又如何呢？

一、從整理內債的示信安排緣起看北洋政府的信用激勵、約束

前曾述及，北洋政府為舉借外債而有整理外債的示信動議。與此同時，即1913年春，北洋政府財政部亦謀劃長短期內債整理。在北洋政府財政部看來，對業已到期應償內債"自非妥為籌備，內既失信（於）國民，外又慮生交涉"，如"政府總以財政信用困難之故，往往到期未能照付，殊於政府信用攸關，且亦將來推行內債之一大阻力。應即設法整理，籌款償還，方足以恢復國信"[1]。

---

[1] 《花旗銀行檔案》，第4113卷，258～259頁，轉見中國人民銀行金融研究所編：《美國花旗銀行在華史料》，261頁，北京，中國金融出版社，1990。

對北洋政府財政部整理內債示信安排緣起的論述，姚菘齡於《中國銀行二十四年發展史》一書中給出了具體說明。姚先生在其說明中所強調的乃是：民國成立後，政府年年財政困難，多依賴中國銀行、交通銀行兩銀行墊款與發行公債以資彌補，而政府所發諸債大多存在還本付息時常常逾期，進而導致債票市價日日損折的情形，而這一情形影響所及，就是使那些持有債票的公眾的利益遭受磨損，他們因此而怨聲載道，不信任政府的示信承諾；政府對業已逾期的債負安排還本付息，又常常依靠從銀行借款以為應對，但銀行也常常因為政府借款不能如約清還而拒絕再借，這就使得"政府信用日墮"；而就在這一政府舉債面臨公眾的信用質疑（政府真的會恪守信用嗎？）的背景下，列強新銀行團派出代表來華考察中國的財政狀況（新借款擔保財源、政府整理財政能力如何），並且，很有可能借此考察如何對北洋政府外債舉借提出進一步損及中國主權的擔保選擇。於是，為憂患意識所激發的中國金融界的有識之士，乃呼籲政府必須立即從整理內債開始，著手整理政府財政。迫於各種壓力，政府最終採納了金融界的主張[1]。

北洋政府整理內債的示信安排緣起，無論是北洋政府財政部民國初年的謀劃，抑或是其時銀行家倡行而為執政者所採行的主張，均關係到守信用的激勵與反信用的約束這一真實信用的運行問題：恪守內債信用，不僅可取信於國民，亦可取信於外國，內債得償，外債得借；反之則反是。至於中國金融界有識之士激於捍衛主權之情而倡整理內債的選擇，同屬植根於守信用的激勵與反信用的約束所作出的判斷。尤須注意的是，其時，即金融界有識之士整理內債的判斷與選擇，源於懼外而非懼內的壓力，這似乎使得內債整理成為整理外債的

---

[1] 參見中國銀行總行、中國第二歷史檔案館合編：《中國銀行行史資料彙編》，上編，543～545頁，北京，中國檔案出版社，1991。

一個步驟或一個部分。換言之，整理內債成為服務於整理外債的手段，避免失信於國民的內債整理有助於避免外生交涉的外債糾紛。內債整理中政府所面臨的信用激勵、約束，看似來自於國內公眾的壓力，實則來自於強權國家的要挾。這不能不說是中國近現代政府舉債中時常存在的一種現象。

二、從整理內債的示信安排操作看北洋政府的信用激勵、約束

北洋政府整理內債的示信安排操作，主要見於相關機構與規則的設定、償債基金與償債辦法的規定諸方面。

1.相關機構與規制的設定

1914年8月，北洋政府頒行《內國公債局章程》並設立內國公債局。關於內國公債局設立目的、組織構架、業務管理、人選安排，北洋政府財政部在《設立內國公債局擬具章程勘定地點》文件中均作了說明。在這一文件中，北洋政府特別強調內國公債局的設立及其業務管理，其主要目的就是彰顯政府信用，讓公眾能夠信任政府，使政府對內舉債即國債發行能夠因此而順利募足債款，裨益政府財政[1]。同年11月，北洋政府又頒行《妨害內債信用懲罰令》，向公眾明示政府將依照內國公債法的有關規定，對那些在政府舉借內債中營私舞弊的經辦人員給予相關刑律處罰[2]。

客觀而論，內國公債局初設時的職能定位雖是籌募內國公債與辦理相關事務，但其昭示政府信用、落實償債本息存款的操作，無疑也有助於支撐北洋政府整理內債的示信安排。不過，公債局推定一外國

---

[1] 參見千家駒：《舊中國公債史資料》，39、40、44、45、52、58頁，北京，中華書局，1984。
[2] 千家駒：《舊中國公債史資料》，39、40頁，北京，中華書局，1984。

人出任會計協理並賦予其監督內債還本付息事權[1]，這一安排貌似裨益公債信用，實屬於中國近現代政府在被動開放條件下，在內外債償還排序上必須以內債本息償付不會損及對外債務償付作為前提條件，進而示信於列強的強制性他律安排。而北洋政府有關妨害內國公債信用行為的處罰規定，單方面把政府對每一到期公債均會照章清償作為給定的前提條件，故而僅僅是針對公債經理者的揩油、舞弊、設障等敗壞公債信用行為的表層自律，是一種完全不涉及如果政府自身敗壞信用又將承受怎樣的懲罰及由誰來有效地實施懲罰問題的表層自律。他律授權予列強，自律多屬於敷衍，輕重之別，顯然可見。從這一意義上說，北洋政府在內債舉借中的信用激勵、約束機制竟然也深深地烙上了列強的要挾印記。

2.償債基金與償債辦法的規定

1913年，北洋政府財政部即已謀劃採用償債基金辦法清償外債，但尚未涉及在內債清償中也採用這一辦法。次年，北洋政府財政部在內國公債局設立時，提出"償還債款，固貴準備於事前"，已把民國三年內國公債發行條例"將一切應付本息，均另指定的款，並於公債條例內，載明償本付息之款，均交指定之外國銀行存儲"安排視為"昭示大信於國民"的操作[2]，這似乎已經可以看見北洋政府決計在內債清償中採用償債基金辦法的端倪。但北洋政府正式提出採用償債基金辦法整理內債，那卻是1921年的事了。

1921年3月3日，北洋政府財政部《整理內國公債確定本息基金呈大總統》文談及當年的償債壓力，政府有3970萬元的應償本息，因為財政的艱難狀況而無力按期償付。對此，政府也認識到，如果對內債遷延時日，不按照對公眾做出的承諾及時予以清償，這事實上等同於

---

[1] 千家駒：《舊中國公債史資料》，39、40頁，北京，中華書局，1984。
[2] 千家駒：《舊中國公債史資料》，60頁，北京，中華書局，1984。

政府信用破產，這會導致政府失去公眾的信任，使政府得不到公眾的授信，最終導致整個社會經濟金融動搖。所以，為了保證政府償債承諾有效地落實，很有必要建立償債基金，並藉以重新換取公眾對於政府的信任進而願意向政府授信[1]。從北洋政府的這一認識可以看出，安排償債基金，也就是操作示信，而政府的這一示信安排，旨在使公眾債權主體能夠真正對政府信用予以置信。這似乎意味著，即便是在中國近現代時局動蕩的背景下，政府執政者哪怕僅僅是把它作為偽裝，它也仍然不能在形式上無視自身所面臨的信用激勵、約束條件。考慮到其時由法律提供的文本層面的公眾產權保障承諾，這也許可以被視為政府舉債信用激勵、約束機制功能釋放在特定歷史條件下必然會有的一種僅僅限於形式對稱的選擇，是一種缺乏實際績效但具有極大欺騙性的形式選擇。

　　我們之所以有這樣的判斷，乃是基於其時的歷史事實。簡略而言，北洋政府在具體規定採用償債基金辦法整理內債並對償債基金來源詳為確定的同時，除了對若干舊債採用分期抽籤償還辦法之外，政府還計劃通過發行新的債票，以政府所確定的低兌換比價對市場上已經大大折價的舊債票進行調換[2]。而對於政府從各銀行等機構借款之時提供給各機構的抵押債票本息償付資金來源的安排，北洋政府給出的承諾卻是從未來的稅收中予以撥付[3]。無疑，政府以新債票調換舊債票的借新還舊已是背棄償債承諾的選擇，而政府單方面以官定低價用新債票收換舊債票的安排更是直接損害公眾的債權，至於政府承諾用將來的稅收保證政府債務的償還，這本身不僅具有極大的不確定性（時

---

[1] 1921年3月3日，北洋政府財政部《整理內國公債確定本息基金呈大總統》文談及當年償債壓力。參見千家駒：《舊中國公債史資料》，40、69頁，北京，中華書局，1984。
[2] 千家駒：《舊中國公債史資料》，69頁，北京，中華書局，1984。
[3] 千家駒：《舊中國公債史資料》，69～72頁，北京，中華書局，1984。

局動蕩,稅收沒有保障,而正因爲稅收沒有保障,政府才時時依賴舉債維繫財政運營),而且,它本身就是政府準備增加公眾納稅負擔的預言。值得注意的是,對於抵押債票,北洋政府將其類同於一般債票,在它給出的償付安排中,仍然有所謂對舊抵押債票用新抵押債票以官定低折扣價收回的規定[1]。對這樣的償債安排規定,雖然北洋政府財政部自以爲可使"抵押債票與發行債票同收整理之效,不獨公債信用得以鞏固,即市面金融亦賴以周轉"[2]。但事實上,在當時現實多變,談何預期的軍事、政治格局下,公眾作爲經濟行爲主體,不可能期望有一個穩定、有效釋放其功能的信用激勵、約束機制,對舉債政府兌現償債承諾眞正形成一種可予以置信的激勵、約束力。

且不論上述償債基金與償債辦法規定的落實情形,如僅就其規定而言,有關內債的還本付息似已"較有著落"[3]。但在北洋政府《財政部經管無確實擔保內債總說明書》中,北洋政府自己也不得不承認,在政府所借的各種內債中確有許多屬於沒有確實擔保的公債[4]。值得注意的是,這之中有一種叫做償還內外短債八厘債券的公債(是券因發行債額爲9,600萬元,故又稱九六公債),它雖被北洋政府財政部歸類爲無確實擔保的公債,但它在發行之時確實曾經指定以切實值百抽五所增加的關餘作爲償債抵押擔保,但北洋政府在具體操作中卻僅僅是保證償還外債部分的本息基金由鹽餘按月撥扣,而對於償還內債部分的本息基金,政府除支付其第一期半年利息外,餘皆懸空,誠所謂"同一種類之公債,而內外懸殊若此,亦非事理之平"[5]。論原因,似

---

[1] 千家駒:《舊中國公債史資料》,69~72頁,北京,中華書局,1984。
[2] 千家駒:《舊中國公債史資料》,69~72頁,北京,中華書局,1984。
[3] 千家駒:《舊中國公債史資料》,73頁,北京,中華書局,1984。
[4] 千家駒:《舊中國公債史資料》,127、130頁,北京,中華書局,1984。
[5] 千家駒:《舊中國公債史資料》,103、131頁,北京,中華書局,1984。

乎真的是在"政府仍爲財力所限,未能照條例實行"[1]。但是,可予以置信的思考是,這一歷史事實再一次強化了我們的這一判斷,即在中國近現代被動開放條件下的政府舉債,舉債政府對其所面臨的信用激勵、約束,厚外而薄內、實外而虛內。

再就北洋政府償債基金規定落實情形而言,亦非真的"較有著落"。論原因,北洋政府財政部給出的解釋是,作爲償債基金來源的稅收等款項不能按規定如期照數撥解[2]。而由於債權人對政府的這一行爲頗感疑慮,北洋政府於是不得不一面以政府財力有限作爲違信選擇的理由,一面又籲請債權人對政府的違信行爲予以諒解[3],並再向債權人作出補救承諾,希望債權人對政府的償債誠意予以置信[4]。無疑,北洋政府所給出的這樣的解釋是否具有可以予以置信的真實性,這樣的承諾是否具有肯定保證確實兌現的可信度,答案也許已經是不言而喻的。當時外國在華銀行經理對北洋政府之所以至此的原因給出了這樣的解釋,即內債償債基金之所以不足是因爲政府將其挪用於應付臨時需用,而沒有健全擔保的償債基金必然會因爲各種目的而被政府經常

---

[1] 參見《財政部呈大總統撥付整理內國公債暨九六債券基金籌擬變通辦法請鑒文》(1923年),轉見千家駒:《舊中國公債史資料》,82、83頁,北京,中華書局,1984。

[2] 參見《財政部呈大總統撥付整理內國公債暨九六債券基金籌擬變通辦法請鑒文》(1923年),轉見千家駒:《舊中國公債史資料》,82、83頁,北京,中華書局,1984。

[3] 對於未將整理內債基金撥付落實一事,北洋政府對債權人給出的解釋乃是"政府限於財力,本非得已,人民亦當諒解"。參見《財政部呈大總統撥付整理內國公債暨九六債券基金籌擬變通辦法請鑒文》(1923年),轉見千家駒:《舊中國公債史資料》,82、83頁,北京,中華書局,1984。

[4] 北洋政府再次向債權人作出這樣的補救承諾:限於關餘之數,政府按先後順序先由關餘撥足整理公債基金,此後有餘時再從中撥付九六公債內國部分基金,且統由總稅務司辦理。參見千家駒:《舊中國公債史資料》,83頁,北京,中華書局,1984。

挪用[1]。儘管論及此事的外國在華銀行經理，其意在要求北洋政府應該用關餘（如挪用來源於關餘的指定償付內債本息的基金）先行償還外債，但內中的確不乏北洋政府撥備內債基金何以常不足額、償還內債本息何以經常逾期的相關資訊。

　　論述北洋政府有關償債基金與償債辦法的規定，可以窺見其對內債守信用的激勵，表面上，由於缺乏財力，北洋政府實屬心有餘而力不足，想為而難為；深究之，由於公眾缺乏對政府背棄內債承諾反信用行為的有效約束，所以，北洋政府常常能夠單方面擅改前約，以一個不可能兌現的新承諾置換先前所作出的已經不可能兌現的舊承諾。諸多內債的舉借，雖然均一一明確規定擔保是什麼、詳細謀劃基金是多少，但是，最終皆因公眾不可能強制要求政府執行償債承諾，即這之中事實上並不存在源於制度保障的可予以置信的公眾對政府的信用激勵、約束機制而成虛設。張謇所謂"政府不還，無處討錢"的判斷，確非虛言。

三、從內債舉借操作的強制與利誘手法看北洋政府的信用激勵、約束

　　北洋政府在內債舉借操作中對於債權主體兼施強制與利誘手法。
　　北洋政府內債舉借操作中對於民眾層面的債權主體的強制，突出地表現在政府把債票以分攤派募形式分解到農村各地，由那些貪官污吏、土豪劣紳在營私舞弊的操作中強迫農民購買[2]。至於對民眾層面的債權主體施以利誘手法，則主要表現在政府常常採用折扣甚至大折扣

---

[1]　千家駒：《舊中國公債史資料》，83頁，北京，中華書局，1984。
[2]　中國人民銀行金融研究所編：《美國花旗銀行在華史料》，369、370頁，北京，中國金融出版社，1990；《向導週報》，第22期：《北京政府之財政破產與軍閥之陰謀》，轉見章有義編：《中國近代農業史資料》，第二輯，588頁，北京，生活・讀書・新知三聯書店，1957。

辦法發行債票，加上政府業已發行的債票在流通中由於各種原因而時有低價，這就使得那些貪圖低價且有一定購買力的公眾汲汲於公債購買[1]。毋庸置疑，以北洋政府動蕩不寧的軍事政局、產權保障缺乏司法信任的國情[2]，要想使一般公眾購買國債，政府的確是舍強制攤派而別無他法；而政府採用利誘手法，只可能局限於那些略有消費剩餘且偏好獲得厚利因而具有一定投機性的少數平民（富人？）。但總體而論，此時一般公眾縱使被政府施以強制手法不得已而購債，或者少數平民（富人）為利誘而主動購債，其對北洋政府存量及增量國債的消化為數也究竟有限。

在北洋政府兼施強制與利誘手法下，大量涉足購買公債者，當以其時的銀行最為突出。以強制手法而言，北洋政府常常通過強制各銀行購買國債、強制各銀行在政府對屆期債務還本付息時給予政府代墊本息的借款（借款用政府債票作為抵押）並在借款到期後不斷展期，從而使後者成為政府的取款機[3]。北洋政府在國債發行償還中的上述操作，實屬逼壓各銀行募購國債的強制手法。而在這種經常使用、數額巨大的政府強制性舉債操作中，我們的確很難說這裡面還有所謂能夠有效地激勵、約束政府信用行為的機制存在。

客觀而論，北洋政府在內債舉借中除對各銀行施行強制手法外，

---

[1] "一般小有儲蓄之平民，及慈善或教育機關，貪圖低價債票可得厚利，購存生息。"參見《向導週報》第170期：《北伐聲中廣東之政治狀況》，轉見章有義編：《中國近代農業史資料》，第二輯，北京，生活・讀書・新知三聯書店，1957。

[2] 中國銀行總行、中國第二歷史檔案館合編：《中國銀行行史資料彙編》，上編（一），544頁，北京，中國檔案出版社，1991。陳志讓引王純根《百弊叢書》以為"民間購買的人很少"，見陳志讓：《軍紳政權》，119頁，北京，生活・讀書・新知三聯書店，1980。

[3] 馬士對晚清政府"司法行政上的腐敗和偏執"的判斷對此也許有所啟示，見馬士著，張彙文等譯：《中華帝國對外關係史》，第3卷，402頁，北京，商務印書館，1960。

也常常採用利誘手法。這種利誘手法主要表現為政府在公債折扣甚至大折扣發行的同時,對購債銀行另外再加上按照十足債票額給付利息的優惠[1]。無疑,這樣的厚利預期在北洋政府動蕩時局條件下自然不可能給予投資者以可予置信的兌現激勵,卻的確極大地刺激了投機者的偏好選擇,並因此而促使其時的公債投機大行其道,甚至因為投機公債而使許多專為此目的而設立的銀行不斷出現[2]。誠如賈士毅所論,"自內國公債盛行以來,國內銀行界遂大肆活動,不唯風起雲湧,新設之數驟增,且有專與政府交易而設之銀行。雖迹近投機,然實因政府借債,利息既高,折扣又大,苟不至破產程度,則銀行直接間接所獲之利益,固較任何放款為優"[3]。所以,在這樣的利誘操作下,北洋政府的內債舉借尚能籌得大量債款,也就不足為奇了。換言之,其時,政府債券發行及流通市場雖然不乏人氣,但營造這一人氣的重要行為主體即各商業銀行,都是在短期利益激勵下進行投機性公債經營的市場參與主體[4]。這實足以表明:一個在被動開放中趨向經濟制度轉型的國家,其政府在動蕩時局條件下的內債舉借,給定執政者採用強制派募手法所可籌措到的債款數額,由於該國仍不乏具有投機偏好、投機實力的利益主體,故該國執政者似乎仍然可以使用較之強制手法更具效率的利誘手法,去引致各投機者逐利購債,並因此而在該國營

---

[1] 參見陳志讓:《軍紳政權》,119頁,北京,生活・讀書・新知三聯書店,1980;中國人民銀行上海分行金融研究室編:《金城銀行史料》,187頁,上海,上海人民出版社,1983;陳真、姚洛合編:《中國近代工業史資料》,第1輯,756頁,北京,生活・讀書・新知三聯書店,1957。

[2] 賈士毅:《國債與金融》,25頁,轉見中國人民銀行上海分行金融研究室編:《金城銀行史料》,11頁,上海,上海人民出版社,1983。

[3] 馬寅初:《演講集》,第1冊,182頁。轉見陳志讓:《軍紳政權》,119頁,北京,生活・讀書・新知三聯書店,1980。

[4] 中國人民銀行上海分行金融研究室編:《金城銀行史料》,202頁、38、39頁,上海,上海人民出版社,1983。

造出陣陣交易甚熱的國債行市：利高險大，趨進速退，投機而已；而投機性債權主體對政府債務主體很可能有的反信用行為如何實施約束問題的關注，卻多已在當時投機的現實利益激勵中被大大弱化了。也許，這正是那些國情雖然常有波動的國度，其政府債市卻仍然不至於完全蕭條的重要原因之所在。

第四節　國民政府內債舉借中的信用激勵、約束

一、從整理內債的示信謀劃（全國經濟會議的相關動議）看國民政府的信用激勵、約束

述及國民政府整理內債的示信謀劃[1]，國民政府於1928年6月在上海召開的全國經濟會議的相關資訊也許頗能幫助人們作出切實的判斷。茲據國民政府全國經濟會議秘書處所編《全國經濟會議專刊》略予分析。

1.整理財政的激勵、步驟與全國經濟會議的主旨

關於激勵國民政府致力於整理財政的動因說明，似可借用其時（1928年7月）任國民政府主席的譚延闓為《全國經濟會議專刊》所作序言予以概括，即民國以來的軍閥禍亂，給成立不久的國民政府造成了極大的財政困難，而整理財政以確實政府運作行政基礎，這自然應該是國民政府整理財政的直接動因[2]。換言之，國民政府立國之初，財政未穩，政府如果不對其實施強力整理即不可能有效地維繫政府運

---

[1] 在此次會議上，常用之詞為"整理公債"，公債股主任李銘曾用"國債"一詞。筆者在此所用"內債"一詞，同前界定，系指狹義的公債即國債——中央政府以發行債票所舉借之債。

[2] 全國經濟會議秘書處編：《全國經濟會議專刊》（影印本），1頁，臺北，學海出版社，1972。

作行政。其時，金融界的有識之士更針對當時中國經濟的狀況，分析國民政府的財政基礎何以不穩，並就如何穩定政府財政問題提出了具體主張[1]。在他們看來，國民政府整理財政的激勵，旨在確實稅基，引導財政良性迴圈。而政府如果想要成功整理財政，其不可規避的前置條件又在於要為微觀利益主體提供可予置信的產權、秩序保障——適宜的制度安排[2]。從這一意義上說，內含於國民政府財政的內債，或者說，事實上是國民政府整理財政中構成要件之一的整理內債，其整理的激勵及整理的前置條件即於此可見。

至於此次全國經濟會議的主旨定位，其時的國民政府財政部部長宋子文把它概括為：國民政府為了重建全國經濟，制定訓政時期的經濟發展計劃，專門召開全國經濟會議，與國人共商大計[3]。無疑，在宋子文的說明中，他十分強調經濟作為政府財政的基礎，政府在著手於經濟發展時，必須"諮詢公眾，公開討論"，切實制定經濟發展計劃，藉以保證建設事業不至於落空[4]。這樣的說明的確不乏虛飾之詞，但它同時想要向時人傳達的資訊乃是，國民政府具有將政務公開的安排，國民政府的運作行政是值得信賴的。我們如果把這一資訊視為國民政府對公眾所做出的示信甚至邀信的承諾信號，那麼，當我們在歷史事實中對這一信號尋求驗證依據的時候，即會更為深入地認知國民政府舉債操作中的示信承諾及這一承諾是否可予以置信。

2.整理內債的示信動議

---

[1] 全國經濟會議秘書處編：《全國經濟會議專刊》（影印本），17頁，臺北，學海出版社，1972。

[2] 全國經濟會議秘書處編：《全國經濟會議專刊》（影印本），1、18頁，臺北，學海出版社，1972。

[3] 全國經濟會議秘書處編：《全國經濟會議專刊》（影印本），1頁，臺北，學海出版社，1972。

[4] 全國經濟會議秘書處編：《全國經濟會議專刊》（影印本），41頁，臺北，學海出版社，1972。

在全國經濟會議上，與會委員分股議事，他們明確提出維持信用是政府解決國債問題的重要原則，而這一原則的落實又在於政府必須對舊有債務切實履行還本付息義務，舉借新債必須指定確實的償債擔保，即設立有可靠資金來源保證的償債基金，尤其是政府舉債應該接受人民監督，具體監督則由專設公債基金監督委員會實施[1]。無疑，整理舊債，承認償付，明定擔保，樹立債信，有利於政府舉借新債，而所謂人民監督政府借債，其實是因為人民為了維護自身的利益，他們必定會驗證政府的債信，進而判斷、選擇是否購債、持債及購債多少、持債多久。這表明，那些關心人民的利益（其實也就是關心自己的利益），同時有機會在政府給定的時空中發表自己的意見，並且其意見在一定條件下還有可能會被政府予以採納的與會委員，他們在20世紀中就已經能夠基於憲法的限制政府權力、保障人民權利的憲政理念進行思考，並開始設想憑藉這一憲政理念，去構造對政府舉債能夠有效地實施激勵、約束的信用機制，即激勵政府守信用、約束政府反信用的信用機制。

值得強調的是，在全國經濟會議上，與會委員倡言確立維持信用的公債原則，謀劃有無確實擔保公債處理辦法，把整理舊債提到事關國際信用、影響資金融通的高度，提出整理舊債、籌集新債、設立公債基金委員會等議決案、提議案、建議案[2]。這足以表明，其時，秉持"立國之本，以信為主"的判斷，與會代表作為政府這一債務主體的債權人代表，他們在督促政府整理內債以示信於公眾這一問題上，在謀劃設立由國人自己管理的公債基金委員會以監督政府把整理內債的

---

[1] 全國經濟會議秘書處編：《全國經濟會議專刊》（影印本），144、145頁，臺北，學海出版社，1972。

[2] 全國經濟會議秘書處編：《全國經濟會議專刊》（影印本），272頁，臺北，學海出版社，1972。

示信承諾付諸實施這一問題上,均已經達成共識[1]。尤爲重要的是,在這次全國經濟會議上,與會委員對於關係到中國利權的供作舉債擔保基金的關稅關餘的管理問題的思考,否定了晚清政府、北洋政府將所有基金"委任總稅務司管理,因之悉數存放於在華外國銀行,以客卿掌管基金成案"的安排,主張建立由國人自己(基金控管權掌握在由全國經濟、金融界與政府相關部門派員組織的委員會之手)行使管理權的保管基金委員會以集中管理所有基金的構想[2]。倘不慮及基金繳集能否到位、基金是否會被挪作他用,該項動議的確昭示國人,政府舉債所遭遇的信用激勵、約束,在公債基金委員會能夠有效地行使其權力的條件下,即在公債基金委員會可以對舉債政府實施有效的信用激勵、約束的條件下,政府凡以基金作爲擔保的對內舉債,債信無虞,公衆對這樣的政府信用可予以置信。

至於政府應該如何整理公債,與會委員提出的主張是,要求政府在具體操作公債整理中,第一要做到財政公開、第二要做到化兵爲工。爲建設而發行新債可,爲戰爭而發行新債則應予反對[3]。不言而喻,財政公開有助於作爲債權主體的公衆在一定條件下識別政府償債承諾的可信度,化兵爲工有助於經濟建設的良性迴圈進而政府財政稅基的不斷鞏固,而賦予公衆以反對政府舉借內債用於戰爭(內戰)的

---

[1] 全國經濟會議秘書處編:《全國經濟會議專刊》(影印本),148頁,臺北,學海出版社,1972。

[2] 全國經濟會議秘書處編:《全國經濟會議專刊》(影印本),235頁,臺北,學海出版社,1972。

[3] 在公債股討論會議上,與會委員對新舊債界定、公債基金設立、公債與金融的關係、公債整理安排諸問題各陳意見。以公債整理而言,有的委員明確提出政府公債整理要點應是:第一要財政公開,第二要化兵爲工。爲建設而發行新債可,爲戰爭而發行新債則應予反對。參見全國經濟會議秘書處編:《全國經濟會議專刊》(影印本),553~557頁,臺北,學海出版社,1972。

權力則屬於保障公眾債權的一個切實條件。從政府舉債信用激勵、約束機制視角分析這一具體構想，這的確是一種在給定歷史條件下，國人所尋求的希望藉以實現對國民政府實施信用激勵、約束，即促使國民政府鞏固債信、昭示信實的制度安排。

總之，其時，從社會經濟、金融這一直接影響國民政府舉借內債操作的重要層面，不斷有集中、統一的要求政府切實整理內債以昭信實的動議發出，這在極大程度上對政府舉債形成了一種不能忽視的輿論約束。

3.整理內債的示信壓力

客觀而論，國民政府成立不久所舉行的全國經濟會議，與會委員基於政府必須整理內債以昭信實才能重建信用的判斷，影響及於國民政府執政者。而與會委員之所以有如此判斷、如此影響，皆因國民政府事實上面臨著整理內債的巨大示信壓力，是一種來自於公眾債權人首先表現為在輿論上對政府舉債行為所實施的守信用激勵、反信用約束的壓力。

例如，在一份由全國各省商聯會總事務所提出的《請整理二次公債還本付息案》中，提案人指陳前政府的反信用行為，厚望現政府的守信用行為，向國民政府發出了整理舊債、切實保障公眾債權人利益的迫切呼籲[1]。即便僅就輿論而言，這也的確向作為舊債繼承者與新債發行者的國民政府傳達了一種壓力、約束資訊，即公眾債權人對政府信用可否置信予以識別的信用激勵、約束資訊。但是，由於這一舊債所涉及的債權主體多屬於銀行、富人之外的中小投資者[2]，即使他們是

---

[1] 全國經濟會議秘書處編：《全國經濟會議專刊》（影印本），239頁，臺北，學海出版社，1972。

[2] 全國經濟會議秘書處編：《全國經濟會議專刊》（影印本），239頁，臺北，學海出版社，1972。

以一種集合團體（弱勢的集合團體）的形式向政府發出整理內債的呼籲[1]，也無疑在很大程度上決定了他們通過呼籲所傳達的上述信用激勵、約束資訊的影響力，很可能會被大大弱化。

那麼，那些由強勢的集合團體所發出的信用激勵、約束資訊的影響力又如何呢？

在北洋政府時期，政府在內債發行中常常依賴各家商業銀行給予的墊款作為支撐，在這類不斷累積的墊款中，有大量墊款一直未能清償。所以，國民政府成立不久，在要求政府儘快整理內債的呼籲聲中，就有許多商業銀行甚至商會提出要求政府歸還舊欠借款的相關提案。在這些提案中，各商業銀行從政府清理舊欠借款以改善銀行資產質量、樹立銀行的公眾信任、保證銀行有融通資金的能力角度，要求國民政府落實內債整理[2]。在各商業銀行的上述要求中，有一種十分明顯的對政府舉債信用激勵、約束的資訊，即政府如果不能及時清理舊有欠款，銀行的資產業務就會繼續惡化，在這一情形下，不獨政府不再可能經常、大量地從銀行獲得借款，社會經濟也會因為公眾對銀行的不信任而運行呆滯，最終，政府的公眾認同感即政府的公信力也會因此而大大扣減。無疑，這一來自於強勢集合團體即商業銀行的對債務人政府的信用激勵、約束資訊，其內含的激勵、約束力可謂牽一髮而動全身。

至於各商會要求政府履行整理內債職責的提案，有的把政府整理舊欠銀行借款放在事關國家建設的重要地位而予以強調[3]，有的則是基

---

[1] 全國經濟會議秘書處編：《全國經濟會議專刊》（影印本），240頁，臺北，學海出版社，1972。

[2] 參見中國第二歷史檔案館編：《中華民國史檔案資料彙編》，第五輯，第一編財政經濟（三），309、310頁，南京，江蘇古籍出版社，1990。

[3] 全國經濟會議秘書處編：《全國經濟會議專刊》（影印本），242頁，臺北，學海出版社，1972。

於地方債權人利益維護及地方經濟發展保障的考慮而要求政府兌現承諾[1]。前一種情形無疑具有強化銀行集合團體對政府的信用激勵、約束力的作用，而商會何以願意支持銀行向政府提出的討債要求（是否是因為政府的債務來自於銀行的債權，而銀行的債務最終來自於公眾例如商會的債權？），這一判斷自然還需要驗證。後一種情形看似僅僅局限於遠離中央政府，因而其對政府的信用激勵、約束的影響力存在地域分散、傳遞遲緩若干缺陷的全國各地，但是，作為一種空間範圍效應，它的確具有使政府執政者懼怕得罪天下的警示作用，這樣，它在一定條件下也會對舉債政府形成一定的信用激勵、約束。

僅舉數例，以窺全貌。源於各經濟行為主體的整理內債壓力，國民政府必有感受，且不能不對此做出相關示信回應。

二、從整理內債的若干操作看國民政府的信用激勵、約束

1.將整理內債列入政府債務整理事項

前曾述及，國民政府在1929年1月4日即專設整理內外債委員會從事債務整理工作。其後，該委員會即按照兼顧內債外債的債務整理原則，具體從事內債整理的規劃、安排事宜[2]。而國民政府行政院也曾在相關工作中指令財政部具體規劃、安排內債的清償工作[3]。從這一歷史

---

[1] 全國經濟會議秘書處編：《全國經濟會議專刊》（影印本），236、241頁，臺北，學海出版社，1972。

[2] 例如，在該委員會所開的歷次會議中，它多次強調"整理債務，應以內外債兼顧為原則"，並著手調查內債擔保確實與否，統計內債基金結存數目，具體審查各項內債。參見中國第二歷史檔案館編：《中華民國史檔案資料彙編》，第五輯，第一編財政經濟（三），310頁，南京，江蘇古籍出版社，1999。

[3] 參見中國第二歷史檔案館編：《中華民國史檔案資料彙編》，第五輯，第一編財政經濟（三），21、22頁，889頁，南京，江蘇古籍出版社，1999。

事實中，我們的確可以看到，國民政府對於來自於公眾債權主體要求政府整理內債以昭示信用的壓力，即對於公眾債權主體給予政府債務主體的信用激勵、約束，至少在表面程式上曾以政府已經開始致力於落實內債整理工作的具體規劃安排而做出示信回應。換言之，其時，急於舉借內債的國民政府還不敢公然無視公眾債權人的償債要求，而公眾債權人在這一特定條件下在特定層面上對政府行爲的影響，無疑是限制政府權力、保障公眾權利這一憲政理念在政府舉債信用激勵、約束機制問題上的有限凸顯。

2.具體操作內債整理

國民政府對有確實擔保內債的整理，曾如學界所關注者，在1932年2月、1936年2月兩次整理，而這也正是國民政府對此類內債整理情形介紹總結之時所涉及的內容。以下分別論述。

其一，1932年2月的內債整理：

(1)關於整理的緣由：國民政府認爲，導致此次整理的直接原因是1931年9月的瀋陽事變（"9·18事變"）與1932年1月的上海事變（"1·28事變"）的相繼爆發，使國債市場與償債基金大受影響，而政府財政也因此而變得愈加困難，在公眾債權人認可的情形下，此次整理得以啓動[1]。

(2)關於整理的債項：對於這次內債整理所涉及的債券種類，國民政府統計爲公債項下有15種，庫券項下有13種[2]。

(3)關於整理操作：從國民政府當時的操作來看，納入整理的各種債項，大多被推遲了利息支付與本金償還的期限，或者對舊定利息進

---

[1] 參見中國第二歷史檔案館編：《中華民國史檔案資料彙編》，第五輯，第一編財政經濟（三），411～414頁，南京，江蘇古籍出版社，1999。

[2] 參見中國第二歷史檔案館編：《中華民國史檔案資料彙編》，第五輯，第一編財政經濟（三），411～414頁，南京，江蘇古籍出版社，1999。

行調整以減輕政府利息支付負擔,同時,重新確定還本付息基金,改組基金保管機構,把若干舊債票換爲新債票,對若干債項加給息票[1]。

分析此次內債整理,所宜注意者也許有以下幾端:

(1)整理內債操作辦法的具體提出者。如果僅僅從當時國民政府有關維持債信的宣言看,似乎整理內債操作辦法的提出者是作爲債權人的"持券人",且其動機唯在"愛護國家"[2]。但是,從國民政府有關變更債權還本付息的公文中,我們卻可以十分清晰地看出,整理內債操作辦法的真正提出者是作爲債務人的國民政府,且國民政府以債務人急於整理內債的利益激勵與債權人預期可由整理內債而獲得的利益激勵作爲"從長討論"的信用基礎[3]。這一判斷,證以其時公眾債權人(上海各團體救國聯合會的主張、持票人會的內債宣言)的一致呼籲[4],應屬可信。

(2)整理內債的示信承諾。在國民政府執政者看來,此次整理內債,既然債權人已經願意爲了國家利益而犧牲自己的權益,作爲債務人的政府因此也就必須選擇維持債信[5]。這似乎意味著,政府對債權人所做出的示信承諾其實僅僅是政府對國人的一種"告慰",殊非嚴謹的經濟信用操作。而國民政府在相關政令中提出落實整理內債基金,

---

[1] 參見中國第二歷史檔案館編:《中華民國史檔案資料彙編》,第五輯,第一編財政經濟(三),411~414頁,南京,江蘇古籍出版社,1999。

[2] 參見中國第二歷史檔案館編:《中華民國史檔案資料彙編》,第五輯,第一編財政經濟(三),107頁,南京,江蘇古籍出版社,1999。

[3] 參見中國第二歷史檔案館編:《中華民國史檔案資料彙編》,第五輯,第一編財政經濟(三),104頁,南京,江蘇古籍出版社,1999。

[4] 參見中國第二歷史檔案館編:《中華民國史檔案資料彙編》,第五輯,第一編財政經濟(三),102、107、108頁,南京,江蘇古籍出版社,1999。

[5] 在宋子文看來,此次整理內債,既然持券人"爲國難犧牲,則政府對於債信之維持,責無旁貸,自當尊重而履行之"。參見中國第二歷史檔案館編:《中華民國史檔案資料彙編》,第五輯,第一編財政經濟(三),104、105頁,南京,江蘇古籍出版社,1999。

並且向債權人保證，政府即便財政困難也一定會做到按期如數撥付基金[1]。無疑，國民政府因整理內債的變更而做出對業已變更償債安排的內債基金以後不再變更的示信承諾，其不確定性甚大，或者說，這一示信承諾的可置信度很低。所以，公眾債權人強烈要求國民政府不能任意改變既有信用約定，要求國民政府把內債整理操作通過立法而予以規範化[2]。這無疑是公眾債權人出於維護自身權益的考慮，對政府債務人必須兌現示信承諾即防範政府債務人可能有的反信用行為所希望預設的一種約束保證。

(3)整理內債中啟動監督財政。不言而喻，債權人基於自身的債權保障考慮，而希望察知債務人的借債安排、借債用途的資訊，這的確是債權人的理性選擇。在此次內債整理中，公眾債權人鑒於國民政府在其成立之後的幾年中就發行了大量國債，並且，通過發行國債所得資金常常被國民政府浪費掉，因此，他們強烈要求國民政府公開財政收支資訊，由公眾債權人選出財政專家或者特別會計甚至直接參與財政委員會，具體實行監督財政[3]。這的確說明，公眾債權人為了維護自身的債權而要求國民政府的財政必須接受他們的監督，這正是公眾債權人針對政府債務人所可能有的反信用行為，而爭取能夠合法地對政府債務人實施信用約束的權力的一種制度安排。引人深思的是，這種來自於民間的籲請，其實早在1928年6月召開的全國經濟會議上就已經有與會委員明確提出過。此時，數年遷移，前議重提，國民政府對於公眾債權人要求政府落實示信籲請的回應，其可置信性由此便可想

---

[1] 參見中國第二歷史檔案館編：《中華民國史檔案資料彙編》，第五輯，第一編財政經濟（三），104頁，南京，江蘇古籍出版社，1999。

[2] 參見中國第二歷史檔案館編：《中華民國史檔案資料彙編》，第五輯，第一編財政經濟（三），103、107頁，南京，江蘇古籍出版社，1999。

[3] 參見中國第二歷史檔案館編：《中華民國史檔案資料彙編》，第五輯，第一編財政經濟（三），102、103頁，109頁，南京，江蘇古籍出版社，1999。

第八章 中國近現代政府舉借內債：守信用的激勵、反信用的約束 　327

而知。

其二，1936年2月的內債整理：

(1)關於整理的緣由：據國民政府對公眾債權人所作的解釋，1933年至1935年間，由於各種原因導致政府財政收支失衡而不得不重新發行國債，這樣，一面是國債券種類繁多，一面是償債基金撥付短少且不穩定。考慮到維持國債信用的需要，政府於是採納公眾債權人的建議而準備整理國債[1]。

(2)關於整理辦法：國民政府規定，這次內債的整理，由政府發行統一公債調換舊有債券，對所有納入調換範圍的各種債券，政府均按照實欠債額、依其原定清償年限、分為統一公債五種債票（甲、乙、丙、丁、戊）分別調換[2]。

(3)關於整理安排：國民政府提出，政府核定統一公債發行總額與償還期限，確定統一公債本息基金，規定統一公債還本付息日期，告示統一公債利率，發行復興公債並把此項債款在規定用途之外的餘款撥付給平准債市基金[3]。

對國民政府1936年2月的內債整理進行分析，也許我們有必要關注這樣幾個問題：

(1)此次內債整理的目的。在國民政府財政部其時的有關布告中，國民政府把這次內債整理的目的定位為統一債券名稱與鞏固國債信用[4]。無疑，國民政府的這一說明，其表述十分模糊，頗有避實就虛之

1　參見中國第二歷史檔案館編：《中華民國史檔案資料彙編》，第五輯，第一編財政經濟（三），413～316頁，南京，江蘇古籍出版社，1999。
2　參見中國第二歷史檔案館編：《中華民國史檔案資料彙編》，第五輯，第一編財政經濟（三），413～316頁，南京，江蘇古籍出版社，1999。
3　參見中國第二歷史檔案館編：《中華民國史檔案資料彙編》，第五輯，第一編財政經濟（三），413～316頁，南京，江蘇古籍出版社，1999。
4　1936年2月16日，國民政府財政部有關布告自謂："為統一債券名稱，鞏固債信起見，發行統一公債。"參見中國第二歷史檔案館編：《中華民國史檔案

嫌。因爲，統一債券名稱主要關係到的只是政府債務償還中的技術操作效率問題，而這一問題的解決，我們很難說它對鞏固國債信用具有直接的作用，尤其是在特定表述中把這兩個方面並列，其向公眾債權人所傳達的資訊仿佛是內債整理的二元目的論，這在頗大程度上確有淡化鞏固國債信用的負面導向作用。儘管這樣，客觀而論，它畢竟觸及了債信問題。因爲，在此之前，國民政府曾經把這次內債整理的目的僅僅界定爲旨在統一債券的名稱[1]，而完全迴避國民政府此次內債整理的根本目的究竟是什麼的問題。這樣的界定所傳達給公眾債權人的資訊，仿佛是政府此次著手內債整理純粹是爲了解決政府內債償還中的技術操作問題。那麼，國民政府這一次對內債進行整理的目的或者說利益激勵到底是什麼呢？國民政府何以要這樣避實就虛呢？其實，證諸國民政府當時有關此次整理緣由的文獻史料，如財政困難、發債日增、基金不敷等，我們不難發現，國民政府之所以有這一次內債整理安排，它的根本目的其實就在於，政府希望借此次內債整理而削減政府的償債壓力[2]。富有深意的是，在公眾債權人要求政府實行監督財政即財政公開的背景下，國民政府確曾把有關這次內債整理的根本目的是什麼的資訊以文字形式公佈於眾，但是，作爲這些關鍵資訊載體的文字卻僅僅見諸若干不易獲取的政府文獻，這就使得作爲債權人的一般公眾事實上不能及時知曉關係自己切身權益的這些關鍵資訊[3]。也就是說在若干報刊中確曾有關於國民政府官員爲了穩定國債市場而與

資料彙編》，第五輯，第一編財政經濟（三），16頁，南京，江蘇古籍出版社，1999。

[1] 參見中國第二歷史檔案館編：《中華民國史檔案資料彙編》，第五輯，第一編財政經濟（三），205～207頁，南京，江蘇古籍出版社，1999。

[2] 參見中央党部國民經濟計劃委員會主編：《十年來之中國經濟建設》，南京，扶輪日報社，1937。

[3] 參見中央党部國民經濟計劃委員會主編：《十年來之中國經濟建設》，南京，扶輪日報社，1937。

公眾債權人的代表進行對話的報道[1]，但如果對這些報道所傳遞的資訊細加推敲，則與其說它是國民政府想以此表明整理內債的真實目的之所在的表態，毋寧說它是國民政府欲借此而向那些重要的債權人公開施加壓力的示意——無論如何，你們必須接受政府這次對內債進行整理所做出的各種安排。而面對公眾債權人，國民政府對於此次內債整理的真實目的之所以諱莫如深、避實就虛，例如，它以華麗的理由使自己的整理目的合理化，更以開放式的安排使自己的具體整理公開化，這似乎意味著，它不願或不敢公然否定自己對公眾債權人早已做出的恪守信用的償債承諾（1932年整理內債時，國民政府對公眾債權人曾有"永為定案"的示信承諾）。國民政府似乎至少在形式上想讓公眾債權人相信，它是恪守償債承諾即不會有反信用行為的誠信政府，公眾債權人勿慮其債權保證。換言之，急於舉債的國民政府，即便它仍然是在人治運作行政條件下的無限政府，但在公眾債權人維權意識日益增強進而對政府反信用行為日益警惕的大背景下，它在表面上似乎也不得不承認自己所遭遇到的來自於公眾債權人的信用激勵與約束。

(2)此次內債整理具體方案的提出者。從當時各種報道看，表面上，這一次內債整理具體方案的提出者仿佛是公眾債權人自身，並且，這些方案之所以能夠順利付諸實施，又是因為公眾債權人出於復興國家經濟與解決持券困難的考慮而主動與國民政府洽商所促成的[2]。但細予審視，1936年2月內債整理方案的提出者其實是國民政府財政部，而公眾債權人代表僅僅是介入討論、認同這個整理方案而已。至

---

[1] 參見千家駒：《舊中國公債史資料》，250頁，北京，中華書局，1984。
[2] 參見千家駒：《舊中國公債史資料》，251頁，北京，中華書局，1984；中國第二歷史檔案館編：《中華民國史檔案資料彙編》，第五輯，第一編財政經濟（三），204頁、210頁，南京，江蘇古籍出版社，1999。

於公眾債權人代表是出自自願抑或是承受壓力才選擇了認同政府的內債整理方案，尚需另案探討。不過，如果僅僅就公眾債權人代表接受國民政府的邀請而參與內債整理方案的相關討論而言，這似乎表明，其時，公眾債權人——民間各經濟行為主體，至少在形式上已經開始履行自己監督政府財政的權力了，或者說，政府財政已經開始實現哪怕僅僅是有限的資訊公開了。而如果從國民政府舉債的信用激勵與約束視角分析，這不能不說是信用激勵、約束機制在特定層面的一種表現形式。

(3)整理方案的利益歸宿。提出這次內債整理方案的利益歸宿問題，旨在借此而進一步判斷國民政府這次內債整理的真實目的。從當時的文獻記載來看，國民政府此次整理內債，在利益歸宿上似乎是利國福民的：所謂國民即公眾債權人，借此既可以盡到愛國的天職，而作為債權人個人，他們的利益借此又可以得到長久的穩固[1]。詳言之，有關文獻談到，其時，作為公眾債權人的代表組織（持票人會）曾經公開發表宣言，勸導國民即公眾債權人應該與政府進行合作，也就是告誡公眾債權人不要在政府運作行政已經極為困難的條件下，還仍然要求政府必須對尚未清償的內債應該按照先前約定的期限還本付息，而接受統一公債，對於公眾債權人來說，最終卻可以使自身的利益因為國家經濟發展、生存效率提高而得到長久穩固[2]。換言之，此次整理方案的利益歸宿，是先使國家得利進而保證國民即公眾債權人長久得利，作為國民的公眾債權人，還有什麼理由不接受政府的這一整理安

---

[1] 參見千家駒：《舊中國公債史資料》，251頁，北京，中華書局，1984；中國第二歷史檔案館編：《中華民國史檔案資料彙編》，第五輯，第一編財政經濟（三），208～210頁，南京，江蘇古籍出版社，1999。

[2] 參見千家駒：《舊中國公債史資料》，251頁，北京，中華書局，1984；中國第二歷史檔案館編：《中華民國史檔案資料彙編》，第五輯，第一編財政經濟（三），208～210頁，南京，江蘇古籍出版社，1999。

排呢？不過，這些文獻中所隱含的資訊——政府財政如此困窘，公眾債權人只能接受政府作為債務人所提出的內債整理方案，卻也是不言而喻的。耐人尋味的是，12年後，即1948年4月，國民政府《財政部經管內債說明書》有關此次內債整理方案的利益歸宿（類同利益分配）資訊卻向人們表明，1936年內債整理方案給予國民政府的利益遠遠大於公眾債權人所得到的（他們本應擁有的）利益[1]，且前者之所得多源自於後者之所失。換言之，此次整理，國民政府作為債務人而主動提出整理內債即重新安排自己的還本付息，並且，它極力想讓公眾債權人代表相信政府整理內債的目的是為了國家的利益而最終更是為了公眾債權人的利益。但是，事實上，這次整理方案的具體實施，由於政府債務的大大減少同時也是公眾債權人的權益大大減少，內債整理的利益因此而主要被作為債務人的政府所收穫。具有諷刺意味的是，國民政府假守信用之名而行反信用之實，公眾債權人並非不察且並非不想防止政府損害自己的債權，唯在無限政府人治運作行政的制度條件下，公眾債權人自然不可能對國民政府有效地實施守信用的激勵、反信用的約束。承諾可以不予兌現，前約可以不斷改易，是否恪守信用唯由債務人單方面權衡定奪，國民政府時期的內債整理竟至於此。

三、從內債舉借中的基金保證看國民政府的信用激勵、約束

1.關於基金管理機構

國民政府成立不久，即於1927年5月13日發行江海關二五附稅國庫券。與此同時，國民政府公佈《江海關二五附稅國庫券基金保管委

---

[1] 參見中國第二歷史檔案館編：《中華民國史檔案資料彙編》，890頁，南京，江蘇古籍出版社，1999。

員會條例》,成立江海關二五附稅國庫券基金保管委員會(以下簡稱江海關基金會),對用作江海關二五附稅國庫券(以下簡稱二五庫券)償還本息基金的江海關所收二五附稅予以專職管理[1]。

客觀而論,江海關基金會無疑是國民政府在內債舉借中成立最早且最重要的內債基金管理機構。就其重要性而言,它的設立由於直接影響到國民政府作為債務人的債信與公眾債權人的權益,因而在其職能履行中具有較大的獨立性[2],而國民政府為了使自己在內債舉借中能夠得到現實及潛在的公眾債權人的信任,也時常把各種債券與償債基金委託給該機構保管[3]。尤值一提的是,國民政府為了向海外華人顯示它的信用可靠,還通過聘請華僑作為該機構的委員來密切與海外華人的聯繫[4]。對該機構設立的意義與履職成績的評價,該機構中的人均認為,設立這一機構是中國人自己管理內債基金的開始,這對政府改善財政、發展經濟具有重要作用,而由於做到了資訊公開,該機構在職能履行中因此而"深得社會信任"[5]。

一般而論,債務的舉借,債務人必須對債權人承諾還本付息,更必須對債權人保證兌現還本付息承諾,而這種兌現承諾的貨幣化保證

---

[1] 參見中國第二歷史檔案館編:《中華民國史檔案資料彙編》,第五輯,第一編財政經濟(三),25頁,南京,江蘇古籍出版社,1999。

[2] 其設立因"關係國家債信及持票人利益既重且巨"而具有"獨立性質"。參見中國第二歷史檔案館編:《中華民國史檔案資料彙編》,第五輯,第一編財政經濟(三),498、520~525頁,南京,江蘇古籍出版社,1999。該機構更在與國民政府欲挪用基金企圖的據理力爭中凸顯其獨立性。

[3] 參見中國第二歷史檔案館編:《中華民國史檔案資料彙編》,第五輯,第一編財政經濟(三),490頁,南京,江蘇古籍出版社,1999。

[4] 國民政府為使各埠華僑瞭解"政府發行各項公債、庫券基金鞏固,以期益堅信用"而加聘華僑委員加入該機構。參見中國第二歷史檔案館編:《中華民國史檔案資料彙編》,第五輯,第一編財政經濟(三),496頁,南京,江蘇古籍出版社,1999。

[5] 參見中國第二歷史檔案館編:《中華民國史檔案資料彙編》,第五輯,第一編財政經濟(三),477頁,南京,江蘇古籍出版社,1999。

也正是債務人可據以對債權人進行有效示信的經濟保證。國民政府從內債舉借剛始，即指撥償債基金，專設基金管理機構，其謀劃率皆緣此（即便只是為了借此而給予公眾債權人以形式債信）。值得注意的是，在江海關二五附稅國庫券基金保管委員會的成員構成中，除了政府派員外，金融界、商界成員亦得選其中，而由於後者多屬持有政府債務的債權人（公眾債權人中的強勢的債權人），這便使得該機構由債務人與債權人共同管理償債基金的格局得以設定，也正由於這樣的基金保管格局，該機構在其履職中才可望獲得公眾一定程度的信任——即便國民政府為應付財政急需而欲扭曲基金管理（如挪用基金），公眾債權人的代表為了捍衛自身的債權利益，也不會輕易屈從附會。這似乎意味著，即便是在無限政府人治運作行政的特定制度條件下，公眾債權人為了對政府債務人可能的反信用的行為盡可能予以約束，他們著眼於自身的權益維護，也會積極尋求一種哪怕僅僅是權宜之計的制度安排。而政府作為頗為特殊的債務人（擁有政權、軍權的債務人），當它把博取公眾債權人對政府信用的信任視為可以較低成本舉借債款的捷徑的時候，它也會主動設計一種讓那些正在尋找權宜之計的制度安排的債權人願意認同的制度，即一種貌似可信示信而實為形式示信的制度安排。這樣，在一定條件下，有關信用構造的制度設計，即便主要是由債務人（為了自己的利益）所完成的，它也能夠被付諸實施，但它同時也正是因為這個緣故而很容易在實施過程中被作為債務人的政府所扭曲。

　　1932年4月5日，江海關基金會第51次會議因得知國民政府財政部通知國債基金管理委員會業已設立，即決議結束江海關基金會，將其事權移交國債基金管理委員會。次日，江海關基金會即將其所經管的餘存基金等悉數移交國債基金管理委員會[1]。

　　有關國債基金管理委員會的職權、組織、履職定位，在國民政府所頒布的《國債基金管理委員會條例》中作了明確規定[2]。如果僅僅就國債基金管理委員會條例有關其職權、履職的界定而論，其與江海關基金會幾乎沒有什麼差異，而准許它在國民政府所確定的管理範圍內行使職權的獨立性規定，似乎又使它具有了排他性維護債權人利益的履職定位。在其組織安排中，這一由國民政府所設立的機構，債務人政府的代表約占委員總數的25.32%、占常務委員總數的20%，明確的債權人即國債持票人代表約占委員總數的25.32%（屬於不能確定的常務委員人選），雖未點明但多屬債權人的地方金融界強勢代表約占委員總數的15.79%、弱勢代表約占委員總數的10.53%（均屬最可能當選常務委員的人選），而同樣多屬債權人的地方商界與全國商界代表卻僅各約占委員總數的5.3%（可能的常務委員人選），至於約占委員總數10.53%的華僑委員預定數則恐多屬虛設之位（可能的常務委員人選）[3]。表面看，國債基金管理委員會履職表決中債權人多於債務人，債權人想要在事關自身權益的各種表決中維護自己的權益似乎毫無問題，但其真實情形顯然並不是如此簡單。例如，1936年2月，當國民政府對內債再次進行整理而發行統一公債的時候，就連國債持票人這一明確的債權人，也因為持票人會、上海地方協會、上海市商會、銀錢業公會與金融界領袖（國債基金管理委員會相關派選代表的基礎）

---

[1] 中國第二歷史檔案館編：《中華民國史檔案資料彙編》，第五輯，第一編財政經濟（三），118頁，南京，江蘇古籍出版社，1999。

[2] 中國第二歷史檔案館編：《中華民國史檔案資料彙編》，第五輯，第一編財政經濟（三），110、117頁，南京，江蘇古籍出版社，1999。

[3] 在江海關基金會履職中，其第27次會議（1929年11月8日）曾談到國民政府財政部雖聘定4位華僑委員，但他們並未親自或指定代表到會議事。參見中國第二歷史檔案館編：《中華民國史檔案資料彙編》，第五輯，第一編財政經濟（三），496頁，南京，江蘇古籍出版社，1999。

與政府"商定"內債整理，最終也不得不發表了贊同政府操作內債整理安排的宣言。但就是此次內債整理，使國民政府國庫所負擔的償債本息每年減少了8,500萬元，並使得國民政府能夠騰出（挪用原已指定用於償還舊債的基金）基金用於發行復興公債，最終卻使公眾債權人的利益因此而受到巨大損失。這已經是不爭的事實。在這一事實中，我們可以清楚地看到，由國民政府以條例形式賦予國債基金管理委員會的履職獨立權，已經因為基金保證被政府挪用變動而難以實現維護公眾債權人利益宗旨的事件的發生，被證明只是一種很難付諸實施的形式獨立權（也許，這正是國民政府對這一機構職權的真實定位）。從這一意義上說，在實際履行職權中，國債基金管理委員會自然不能真正發揮所謂的有效約束債務人政府迹近反信用的行為，即不能對國民政府舉借內債實施有效的信用激勵、約束了。

2.關於內債基金的用途之爭

內債基金，專用於償付內債本息準備，似屬不言而喻。但在國民政府內債基金使用安排中，卻因為截留、挪用內債基金問題而曾引發基金管理機構、債權人與政府間的內債基金之爭。

1930年5月5日，江海關基金會第34次會議曾就津海關稅款可能被政府截留問題與國民政府財政部理論[1]。在這次爭議中，江海關基金會基於恪盡職守維持基金"以保債權，而昭國信"的立場，明確表示，國民政府如果截留津海關稅款，其行為是對內債基金制度的破壞，是對公眾債權人利益的磨損，此舉會使政府失信於公眾債權人，甚至失去國際聲譽，會使國內經濟出現恐慌[2]。值得注意的是，江海關基金會

---

[1] 參見中國第二歷史檔案館編：《中華民國史檔案資料彙編》，第五輯，第一編財政經濟（三），503、504頁，南京，江蘇古籍出版社，1999。
[2] 參見中國第二歷史檔案館編：《中華民國史檔案資料彙編》，第五輯，第一編財政經濟（三），503、504頁，南京，江蘇古籍出版社，1999。

指出，國民政府在具體操作中，對這一稅收來源中指定用於償還外債的那部分並不打算予以截留，政府準備截留的僅僅是原已向公眾債權人承諾用於償還內債的那部分基金[1]。從這一案例中，我們可以看到，①國民政府可以任意改變其對公眾債權人所做出的承諾；②當國民政府準備對公眾債權人實施反信用計劃的時候，它會遭遇到來自於公眾債權人代表在輿論上的抗議與反對；③國民政府對於所借的內外債，它把外債債權人的權益保障放在前面，甚至為了保障外債債權人的權益而不惜犧牲內債債權人的權益。這意味著，國民政府在內債舉借中，雖然公眾債權人代表可以憑藉輿論而對它進行守信用的激勵、反信用的約束的勸導甚至威脅，但是，這種勸導甚至威脅事實上均十分乏力，因為，對處於人治條件下的無限政府來說，並沒有一種可以有效實施從而可予以置信的信用激勵、約束機制能夠對其信用行為進行激勵、約束。

1932年1月13日，江海關基金會針對國民政府執政者準備挪用內債基金的提議，再次強調自己的職責，再次對國民政府發出勸導甚至威脅的資訊[2]。而江海關基金會的這一立場，立即得到了公眾債權人集合團體的堅決支持[3]。值得注意的是，公眾債權人集合團體把國民政府擬議中的這一舉措，直接指斥為背棄國信、蔑視民生與自害害民、自殺殺民，並且明確表示不怕國民政府採用任何暴力手段鎮壓[4]。反對國

---

[1] 參見中國第二歷史檔案館編：《中華民國史檔案資料彙編》，第五輯，第一編財政經濟（三），503、504頁，南京，江蘇古籍出版社，1999。

[2] 參見中國第二歷史檔案館編：《中華民國史檔案資料彙編》，第五輯，第一編財政經濟（三），97、515、516頁，南京，江蘇古籍出版社，1999；亦見千家駒：《舊中國公債史資料》，210～211頁，北京，中華書局，1984。

[3] 參見中國第二歷史檔案館編：《中華民國史檔案資料彙編》，第五輯，第一編財政經濟（三），97、515、516頁，南京，江蘇古籍出版社，1999；亦見千家駒：《舊中國公債史資料》，210～211頁，北京，中華書局，1984。

[4] 參見中國第二歷史檔案館編：《中華民國史檔案資料彙編》，第五輯，第一

民政府挪用內債基金豈止是據理力爭，簡直是誓作拼死一搏了。這也再一次說明，無限政府在人治條件下的債務舉借，每當政府的反信用行為直接損害公眾債權人的利益的時候，它首先肯定會受到公眾債權人訴諸輿論的強烈抗議。

不管是因為江海關基金會的陳請，還是迫於債權人團體齊聲支持江海關基金會宣言的輿論壓力，對此次顯非空穴來風的挪用內債基金風波，國民政府行政院不得不在1932年1月17日作出回應：①致電公眾債權人，要他們不要聽信謠言，而要相信政府會維持國債信用；②給各職能部門發出訓令，要求它們絕對遵照定案與條例按期如數撥付各債本息基金以"昭示國信"[1]。而各職能部門在得到政府訓令後，更對作為公眾債權人集合團體代表的江海關基金會做出了肯定執行政府訓令的保證[2]。

分析這一案例，不難發現，在1932年反對國民政府挪用內債基金提議的風波中，江海關基金會再次發揮了核心作用，其所作所為旨在保障公眾債權人的利益，並且得到了來自於國內各個公眾債權人團體的合力聲援、堅決支持，而國民政府面對公眾債權人堅決反對挪用基金的一致呼聲，也不得不向公眾債權人做出恪守約定、昭示國信的償債承諾。這一事實似乎已然表明，在公眾債權人與政府債務人的信用激勵、約束博弈中，公眾債權人至少在通過輿論對政府債務人實施信用激勵、約束上已經勝出。但是，引人深思的是，即使我們承認這一

編財政經濟（三），97、515、516頁，南京，江蘇古籍出版社，1999；亦見千家駒：《舊中國公債史資料》，210～211頁，北京，中華書局，1984。

[1] 參見中國第二歷史檔案館編：《中華民國史檔案資料彙編》，第五輯，第一編財政經濟（三），98、99、100、101、102頁，南京，江蘇古籍出版社，1999。

[2] 參見中國第二歷史檔案館編：《中華民國史檔案資料彙編》，第五輯，第一編財政經濟（三），98、99、100、101、102頁，南京，江蘇古籍出版社，1999。

勝出事實，除了說明在人治運作行政條件下的無限政府舉借內債也不能公然踐踏公眾債權人的權益外，或者說，它也會遭遇到來自於公眾債權人常常以輿論作爲載體的信用激勵、約束外，也並不能說明在這一制度條件下仍然存在能夠對一國政府舉債實施有效的激勵、約束的信用機制。尤其是在這樣一制度條件下，公眾債權人訴諸輿論壓力的勝出，這肯定不是依據法治或者受到法治護衛的勝出，而僅僅是訴諸民意請願的人治式勝出。從這一意義上說，具有這一定位的勝出因此而必然具有極強的結果偶然特性，更因此而必然具有難以根絕債務人政府故伎重演的必然特性。更爲重要的是，在這一制度條件下，公眾債權人團體雖然在輿論上表現爲勝出，但債務人政府是否會真正落實、兌現自己因迫於輿論壓力而做出的償債承諾，在這樣一個以人治（弱的輿論）對人治（強的專制）的信用角力中，答案似乎是不言而喻的，即公眾債權人團體最終會因爲缺乏一個可以提供穩定預期的對債務人實施有效的監督約束的法治機制——信用激勵、約束機制，而使自身的債權遭受政府債務人或明或暗的、經濟的或超經濟的磨損[1]。

總之，在一個無限政府人治運作行政的轉型經濟制度條件下，對於債務人政府來說，信用構造常常會被它扭曲爲利益激勵的人治信用運行。在這一信用關係中，作爲債務人的政府對公眾債權人做出守信用的承諾的確不難，難在債務人政府能夠兌現其對公眾債權人所做出的守信用的承諾，因爲，公眾債權人很難對操作反信用行爲的政府債務人——具有無限政府定位的一國政府實施有效的信用激勵、約束。

---

[1] 例如，1932年2月，國民政府在啓動內債整理之時，雖然仍一再強調"確定基金"，但它單方面對各種債券延長期限、減輕利息、換發新票的整理操作，已經屬於推遲、減少償債基金撥付的較爲隱蔽的反信用的行爲。而與此同時，它下令改組基金保管機關，結束江海關基金會這一屢爲維護公眾債權人利益而與國民政府抗爭的似乎非正式的機構，而代之以國債基金管理委員會這一似乎更爲正式同時也更易爲政府所操控的機構，也許事非偶然。

四、從內債舉借中的強制、利誘操作看國民政府的信用激勵、約束

1.關於內債舉借的強制操作

國民政府內債舉借的強制操作，突出地表現在國民政府立國之初的內債舉高築。早在北伐興軍之時，廣州國民政府就因為財政金融極端困難而發行國債，又因為國債發行中公眾應募者少而採用強制分配國債的發行辦法，且其分配計劃按照公債涉及的財產被分解到了城市與鄉村的最基層[1]。南京國民政府成立的初期，國民政府在國債發售上所採用的強制手段主要表現在，每次國債發行，政府均強制各個金融機構以墊款形式買下全部國債[2]，而國民政府對於那些不願屈從政府強制力的金融機構、企業主，便以取消它們的營業資格、沒收他們的財產甚至剝奪他們的人身自由的威脅實施極端的強制[3]，而國債發行中促使公眾購債踴躍的所謂政府勸募，其實是國民政府強制攤銷國債的另類說明[4]。至於地方官員在國債發行中對基層商民開出無法換領國債票券的臨時收據，甚至在收款之後連收據也不給予商民，對於公眾債權

---

[1] 參見中國第二歷史檔案館編：《中華民國史檔案資料彙編》，第五輯，第一編財政經濟（三），100~102頁，南京，江蘇古籍出版社，1999。

[2] 參見中國銀行總行、中國第二歷史檔案館合編：《中國銀行行史資料彙編》，上編（一），374頁，北京，中國檔案出版社，1991。尚其亮：《浙江興業銀行興衰》，見全國政協文史資料委員會：《中華文史資料文庫》，卷14經濟工商編，6頁，北京，中國文史出版社，1996。參見中國銀行總行、中國第二歷史檔案館合編：《中國銀行行史資料彙編》，上編（一），372、373頁，北京，中國檔案出版社，1991。

[3] 尚其亮：《浙江興業銀行興衰》，見全國政協文史資料委員會：《中華文史資料文庫》，卷14經濟工商編，6頁，北京，中國文史出版社，1996。類似記載也見於小科布林著，楊希孟譯：《上海資本家與國民政府（1927－1937）》，36~53頁，北京，中國社會科學出版社，1988。

[4] 參見中國第二歷史檔案館編：《中華民國史檔案資料彙編》，第五輯，第一編財政經濟（三），27、29、30、31、61頁，南京，江蘇古籍出版社，1999。

人來說,其情形顯然已經變成政府強制之中的強掠了[1]。

　　無疑,國民政府以強制手段向現實與潛在的公眾債權人分配國債,常常會引起公眾債權人的反對甚至抗議,但是,由公眾債權人針對國民政府強制發售國債所提出的被動反對或者抗議的理由,大多是立足於本業經營艱難,希望政府格外體恤的近乎哀告的陳請[2],這就使公眾債權人所提出的反對或抗議因此而顯得十分軟弱。

　　總括而言,國民政府立國之初,憑藉軍政施壓而對公眾債權人強制操作內債舉借。這一由強債務主體與弱債權主體在後者非自願選擇條件下所構造的信用關係,由於公眾債權主體對政府債務主體缺乏可靠、有效的信用激勵、約束,常常必然會導致公眾債權主體的利益在不對稱的權利與義務的博弈中遭遇磨損。公眾債權主體基於產權保全憂慮而不願將產權鎖定為債權,政府債務主體由於超經濟威權而能逕將公眾產權主體挾持為公眾債權主體,於是,這就有了政府債務主體內債舉借的強制操作、弱債權主體對強債務主體的長短陳請。但是,這一信用關係格局無疑並不是僅僅限於國民政府立國之初,因為,當我們探討國民政府在內債整理操作中以債務壓債權甚至損債權的歷史事實的時候,在國民政府對公眾債權人所做的虛假的公開協商後面、重複的示信承諾中,我們的確可以觸及國民政府——在無限政府這一特定歷史條件下的債務主體所具有的對公眾債權人的強制威權。儘管如此,國民政府在強制操作內債舉借的同時,它對於公眾債權人也確實採用過利誘操作的手段。

---

[1] 全國經濟會議秘書處編:《全國經濟會議專刊》(影印本),375、395頁,臺北,學海出版社,1972。

[2] 參見中國第二歷史檔案館編:《中華民國史檔案資料彙編》,第五輯,第一編財政經濟(三),32~35、61、66頁,南京,江蘇古籍出版社,1999;全國經濟會議秘書處編:《全國經濟會議專刊》(影印本),372、395頁,臺北,學海出版社,1972。

2.關於內債舉借中的利誘操作

國民政府在內債舉借中的利誘操作，主要表現在政府根據國債購買數量的多少而對公眾債權人給予不同等級的褒獎、准許公眾債權人在經濟活動中使用國債券作爲擔保或者抵押品、在國債券發行中加大折扣等各個方面。

以國民政府對公眾債權人的褒獎而言，政府先確定一套褒獎標準，然後在國債認募、勸募中根據公眾債權人認購或者勸募人以勸募方式推銷國債數量的多少，依照褒獎標準分等級予以褒獎[1]。不言而喻，國民政府在內債舉借中所設計出的褒獎辦法，與晚清政府、北洋政府在內債舉借中曾經的所作所爲十分相似，而此舉在展示國民政府作爲債務人尚未能獲得公眾債權人完全信賴這一事實的同時，也表明國民政府欲以激勵公眾債權人榮譽感的利誘操作形式使舉債計劃能夠迅速完成。不過，在這一利誘操作中，由於國民政府事實上仍然嵌入了強制因素，例如，政府指定國債勸募人，再由勸募人去實施勸募，這就表明政府所設計的褒獎利誘還不可能在公眾債權人的自主自願的選擇下被順利實施。換言之，國民政府舉借內債的這一褒獎利誘，其實只是政府強制募債手段外的"絲絨手套"。

所謂准許公眾債權人即政府債券募購、持有者在經濟活動中使用國債券作爲擔保或者抵押品，這表現在國民政府在每次發行國債券的時候都要向公眾債權人做出承諾：政府債券在各銀行的業務開展中可以用作保證准備金，在必須交納保證金的公務活動中可以用作擔保品，在涉及借貸的經濟活動中可以自由用作抵押品[2]。分析國民政府內

---

[1] 中國第二歷史檔案館編：《中華民國史檔案資料彙編》，第五輯，第一編財政經濟（三），1、2、474頁，南京，江蘇古籍出版社，1999。

[2] 例如，從國民政府立國之初《江海關二五附稅國庫券條例》（1927年5月13日）"此項庫券得爲銀行之保證準備金，及其他公務上須交納保證金時，得作爲擔保品"的規定、《民國二十二年愛國庫券條例》"本庫券得自由抵

債舉借的這一利誘操作：

(1)對各銀行而言，國民政府准許它們使用政府債券充作保證準備金，在各銀行保證準備金的構成與規模上，現金與政府債券這一種類構成的結構安排與保證準備金總量一定的條件，顯然，政府債券在銀行保證準備金結構中占比的增大，自然會使各銀行現金保證準備占比減小，並使各銀行因此而能挪出更多現金用於從事貸款等資產業務甚至投機業務。值得注意的是，從國民政府成立到國民政府在1935年11月操作法幣改革之前，其間雖有1933年11月的廢兩改元，但就貨幣本位制度而言，其時一直屬於銀本位制，而中央銀行、中國銀行、交通銀行、中國農民銀行各銀行的兌換券自然統統屬於銀本位制下的代用貨幣。正是在這一貨幣本位制度背景下，對於那些必須向銀行券發行行領用銀行券的各銀行來說，它們獲准可以使用政府債券充作（替代）保證準備金，這無疑有助於它們對銀兩、銀元現金的"節約"。這樣，給定其他條件，在各銀行開展的資產負債業務中：在各銀行作為債權人的時候，它就有可能在其資產業務的增大中使自己由此而獲得的盈利得以增大；而在各銀行作為債務人的時候，它就有可能因為其保證準備金構成的政府債券化而使各銀行的債權人——作為銀行存款購買人的社會公眾的利益受到損害。從這一意義上說，國民政府在內債舉借中對各銀行的這一利誘操作，同時很可能潛伏著公眾債權人（當其購買銀行存款而成為銀行債權人的時候）的利益損失。在1935年11月國民政府進行法幣改革之後，尤其是在抗日戰爭中及抗日戰爭

押"的承諾，到《民國二十四年水災工賑公債條例》、《民國二十七年國防公債條例》、《民國二十九年軍需公債條例》、《民國三十年軍需公債條例》、《民國三十一年同盟勝利公債條例》、《民國三十二年整理省債公債條例》、《民國三十三年同盟勝利公債條例》、《民國三十六年短期庫券條例》、《民國三十七年整理公債條例》、《民國三十八年黃金短期公債條例》等皆有類似規定與承諾。

勝利後，法幣由於日趨嚴重的通貨膨脹而購買力不斷萎縮的時候，給定其他條件，一般而論，各銀行此時縱然是以理論上流動性極強的法幣現金充作保證準備，也已經是實際準備不足而使保證準備形同虛設。而如果仍然以比現金流動性更弱的政府債券替代法幣現金充作保證準備，則幾乎可以說是沒有準備了。

(2)至於允許作為公眾債權人的各行為主體在公務活動中使用政府債券交納保證金或作為保證金的替代品、在經濟活動中使用政府債券作為抵押品，這其實表明，政府之所以要做出這樣的承諾安排，旨在以政府債券具有准貨幣的功能許諾，誘致作為公眾債權人的各行為主體大膽接受、方便使用政府債券，拓展政府債券接受、使用範圍——以此服務於完成政府既有的甚至將有的國債舉借計劃。以此而論，對於公眾債權人來說，國民政府在內債舉借中的這一利誘操作，事實上仍然隱含著一種來自於債務人政府的強制選擇力。

國民政府在內債舉借中所採用的利誘操作辦法，最為典型的也許要數它常常對金融機構（主要是商業銀行）採用大折扣方式發行政府債券了[1]。給定通貨穩定條件，國民政府採用這樣的利誘方式操作內債發行，的確可以在一定程度上使作為政府債券主要認購物件的金融機構具有承購政府債券的利益激勵：在缺乏公眾債權人能夠對政府債務人實施有效的信用激勵、約束的人治制度條件下，那些具有很大資金實力的金融機構，雖然不會奢望並選擇持有購入的政府債券到期以賺足優厚利息，事實上卻一直奢望並選擇能夠在政府債券的投機經營中

---

[1] 參見戴銘禮：《孔祥熙任財政部長期間的財政與金融》，見全國政協文史資料委員會：《中華文史資料文庫》，卷14經濟工商編，356、459頁，北京，中國文史出版社，1996；中國第二歷史檔案館編：《中華民國史檔案資料彙編》，第五輯，第一編財政經濟（三），5、6頁，南京，江蘇古籍出版社，1999。

迅速斬獲巨大收益[1]。誠如馬寅初對此現象所作出的判斷，當時，各金融機構進行公債投機，並不是因為政府的信用提高了，而主要是因為它們想以此來求取公債厚利[2]。所以，從這一歷史事實中我們可以得出這樣的判斷，即各金融機構因為國債厚利而投機認購國債，而各金融機構的這一產生於國民政府利誘操作的利益激勵，同時也就為國民政府能夠銷售國債提供了一種投機的即不穩定的制度保證。換言之，其時，各金融機構在國債市場上趨同的短進短出的投機判斷、選擇，正表明它們已經認識到，在無限政府人治運作行政的制度條件下購買國債，由於這裡並不存在那種能夠對作為債務人的政府實施有效的激勵、約束進而為債權人的權益提供可靠保障的信用機制，因而，它們只能理性地放棄對政府的執政信任，進而只能在國債的購買中理性地選擇以樂觀的投機信心替代悲觀的投資信心。但是，當通貨膨脹替代通貨穩定，尤其是已然嚴重膨脹的通貨肯定還將惡性膨脹的預期已經成為公眾債權人的共識性判斷的時候，國民政府在內債舉借中的這種連同前面所述的各種利誘操作辦法，就很難再對公眾債權人如各金融機構形成有效的利誘激勵了，也就是說，國民政府就很難再以這類利誘操作辦法從公眾債權人那裡獲得授信了，並且，即使作為債務人的政府謀劃使用實際上更能夠取信於國內公眾債權人的以他國（強國）本位貨幣計值甚至直接用貴金屬作為償債標的的利誘操作辦法，它也很難指望公眾債權人會盡棄狐疑而大膽購債，因為，公眾債權人在這

---

[1] 參見中國人民銀行上海分行金融研究室編：《金城銀行史料》，530、531、544頁，上海，上海人民出版社，1983。吳經硯：《上海商業儲蓄銀行歷史概述》，見全國政協文史資料委員會：《中華文史資料文庫》，卷14經濟工商編，77頁，北京，中國文史出版社，1996；參見中國銀行總行、中國第二歷史檔案館合編：《中國銀行行史資料彙編》，1999、2036、2066、2102、2176、2187、2188、2215頁，北京，中國檔案出版社，1991。

[2] 參見中國銀行總行、中國第二歷史檔案館合編：《中國銀行行史資料彙編》，2215頁，北京，中國檔案出版社，1991。

一經濟金融背景下，出於維護自身權益的利益激勵，他們肯定會在可能的條件下對其持有的金融資產進行——但卻是十分謹慎甚至十分惶恐地進行尋求保值增值有效途徑的替代選擇[1]。尤其是發生在無限政府人治運作行政條件下的惡性通貨膨脹，較之作為債務人的政府不斷改變對公眾債權人業已做出的還本付息承諾這一反信用的行為，由於它對公眾債權人的權益造成了更為廣泛、更為深入、更為持久的損害，它因此而肯定是政府對公眾債權人所實施的一種更為嚴重的反信用行為。所以，一般而論，無限政府人治運作行政的經濟制度條件必然導致恣意作為債務人的政府敢於隨意扭曲信用激勵、約束機制，而公眾債權人在這一信用格局下，除了偶爾選擇信用投機操作之外，更多的時候就只能是選擇蟄伏、觀望、逃避，這樣，政府債務人因為自身不守信用即反信用行為而必然會失去它為獲得公眾債權人授信所必不可少的債信，公眾債權人因為沒有能夠有效地激勵、約束政府債務人信用行為的信用機制而不願對政府授信，信用參與主體的權利與義務博弈至此，舉債政府不管是採用強制派募抑或是利誘操作辦法刺激公眾債權人，最終的情形，國債市場的規模萎縮甚至行市消失，肯定是在這一給定制度條件下很難逆轉的必然結局。

五、從內債舉借中的自利操作看國民政府的信用激勵、約束

　　國民政府在內債舉借中除了採用前面所提到的針對公眾債權人的強制、利誘操作辦法外，還有由那些在國民政府中位高權重的官員利

---

[1] 參見馬寅初：《中國經濟改造》，412頁，上海，商務印書館，1935。參見全國政協文史資料委員會：《中華文史資料文庫》，卷14經濟工商編，282、465頁，北京，中國文史出版社，1996；千家駒：《舊中國公債史資料》，338～340頁，北京，中華書局，1984。

用自身的權力與資訊優勢，採用欺詐性手段損害公眾債權人權益的不法自利操作。這裡，切於論題，依據有關文獻史料，主要對所謂"三不公司"與"同盟勝利美金公債"發行這兩個案例進行簡要分析。

1. "三不公司"的欺詐性自利操作

國民政府執政時期，政府官員利用其權力及資訊優勢，或直接或間接地介入或明或暗的市場從事經商活動，這一情形並不鮮見。以金融市場而論，其時，有一個被民間譏稱為"三不公司"的投機公司，它在國債市場上從事損害公眾債權人權益的欺詐性自利操作之所以能夠屢屢得手，其重要原因就在於這家公司具有深厚的政府高官背景[1]。

就"三不公司"損害公眾債權人權益的欺詐性自利操作的典型事件來說，無疑要數它在1934年掀起的民國二十三年關稅庫券（簡稱"二三關庫券"）風潮[2]以及在1936年國民政府內債整理前惡意散佈擾亂市場信息的欺詐性操作[3]。分析這兩個典型事件，我們不難發現，它們都具有這樣一個共同特徵，即該公司利用自己所具有的政府高官背景，在政府執政者對其所謂經營行為近乎默許甚至庇護的條件下，公然散佈各種誤導公眾債權人判斷、選擇的虛假資訊，欺詐公眾債權人，擾亂國債市場，在利用不法手段所獲得的絕對資訊優勢中，操控國債市場行情並瘋狂損害公眾債權人利益，通過人棄我取、買賤賣貴，最終斬獲暴利。換言之，該公司利用官權，散佈足以惑人視聽的虛假資訊，亦官亦商，在操縱債市行情中攫取暴利。國民政府官員或

---

[1] 參見全國政協文史資料委員會：《中華文史資料文庫》，卷14經濟工商編，282頁，北京，中國文史出版社，1996。

[2] 參見全國政協文史資料委員會：《中華文史資料文庫》，卷14經濟工商編，349、460～462頁，北京，中國文史出版社，1996。千家駒：《舊中國公債史資料》，231、232頁，北京，中華書局，1984。

[3] 參見全國政協文史資料委員會：《中華文史資料文庫》，卷14經濟工商編，349、460～462頁，北京，中國文史出版社，1996。

公開或隱蔽地介入國債市場，在反信用的利益激勵下採用不法手段斂財，而國民政府作爲債務人的債信必然會在公眾債權人權益遭受違法者損害之後卻十分無助的悲憤中急劇耗散。

　　無疑，剖析這兩個案例，我們從中可以獲得這樣的啓示，即對於服務於一國政府舉債的國債市場而言，在有限政府法治運作行政的條件下即規範有序的市場運行中，那種本來應該受到司法懲處的採用欺行霸市的違法手段損害公眾債權人的權益以追逐暴利的行爲，但在無限政府人治運作行政的特定歷史條件下即混亂無序的市場運行中，卻常常不會受到司法懲處，或者說，反而常常會得到司法庇護。這樣，在這一制度背景下，該國雖然有立足於憲法的限制政府權力、保障公眾權利這一憲政理念的諸多具體法律規定，但由於司法無視公眾債權人的權益遭受亦官亦商者侵害的違法行爲事實，該國是否真正存在對於民間層面來自於官商債務人的反信用行爲實施有效的激勵、約束的信用機制尚且可疑，遑論真正存在對於政府層面來自於政府債務人的反信用行爲實施有效的激勵、約束的信用機制了。

2."同盟勝利美金公債"發行中的自利操作

　　如果說"三不公司"損害公眾債權人權益的欺詐性自利操作的典型事件（它在1934年掀起的民國二十三年關稅庫券風潮、在1936年國民政府內債整理前惡意散佈擾亂市場信息的欺詐性操作）還僅僅是在國債二級市場上的違法操作的話，那麼，國民政府的若干高官在"同盟勝利美金公債"發行中，其損害公眾債權人權益的欺詐性自利操作，卻突出地表現爲他們利用職務之便在國債一級市場上假公濟私，在國債二級市場上損公肥私[1]。具體而論，在這一案例中，涉足其間的

---

[1] 參見全國政協文史資料委員會：《中華文史資料文庫》，卷14經濟工商編，349、350頁，381頁，382～384頁，北京，中國文史出版社，1996。千家駒：《舊中國公債史資料》，308、309頁，北京，中華書局，1984。

國民政府高官,其欺詐性自利操作因爲覬覦由特種償債標的所引起的國債券行市巨大價差而產生,由於公然截留以回收國庫之名獲得的國債票券並旋即在國債二級市場上脫手變現以逐厚利而完成。

對這一案例進行分析,不難發現,當一國政府在一定條件下對內舉債時,對一國公眾債權人來說,給定其他選擇,在通貨膨脹劇烈的現實或者預期的條件下,如果該國政府在內債舉借中設計發行以購買力相對穩定的某種外幣標價並承諾以該種外幣還本付息的政府債券,那麼,在該國公眾對本國本位貨幣的幣信很快失去信任的條件下,該種國債券必然有可能迅速成爲急於捍衛自己的購買力的該國公眾趨同的保值工具選擇,而該國國債流通市場上該種存量一定的政府債券的市價,又必然會在該國公眾對其趨同的選擇需求的張力作用下迅速上漲,這樣,那些專做價差的投機者即那些不穩定的公眾債權人,他們逐利的機會將因此而不斷增加,最終,這又將誘致更多的投機者逐利其間。對於該國政府而言,儘管它不可能因爲該種政府債券在嚴重通貨膨脹條件下的高熱行情就樂觀判斷本政府債信確實,但它如果在此時斷然中止原已曉諭公眾的該種政府債券的額定發行計劃,這一行爲卻肯定會使該政府的債信遭受雙重削弱:此時已經擅自改變對公眾債權人所做出的發行債額約定,彼時很有可能不會謹依約定對公眾債權人履行還本付息承諾;該國在通貨劇烈膨脹情形下的本位貨幣幣信重塑,給定其他條件,倚重該國政府通過公開市場操作回籠本位貨幣處甚多,而該國政府如果僅僅是爲了減輕自身還本付息的壓力,而隨意決定停發在該國公眾債權人看來尚屬有利可圖的該種政府債券,則形同隨意停止實施對鞏固本位貨幣幣信具有重要影響的貨幣政策選擇。從這一意義上說,在人治條件下作爲債務人的無限政府,在它與公眾債權人所構造的信用關係中,常常會因爲公眾債權人對於它不能實施有效的信用激勵與約束,即不能對其濫用權力實施有效的限制,因而具有十分強烈的"賴債"的機會主義傾向。尤其令人驚異的是，在這一案例中，那些負責國債發行與對業已發行的國債所募資金上交國庫管理工作的國民政府高層官員，竟然借政府國庫之名以原定官價（低價）購入該種國債，再以大大超過官定價位的市場高價拋賣該種國債，視政府債信如兒戲（政府濫用權力的另類表現），玩弄公眾債權人於股掌之間（公眾權利缺乏保障的必然表現），斂私人之利，待事發問責，便辭職而已[1]。

本章小結

在中國近代經濟被動地啟動開放的條件下，中國近現代政府在外債舉借中，常常遭遇到列強超經濟的要挾，即常常遭遇到列強在特定經濟制度條件下所施與的極強的信用激勵、約束。但是，在這同一種經濟制度條件下，同樣是作爲債務主體，中國近現代政府在對內舉債中卻並未面臨過來自於國內公眾所施與的極強的信用激勵、約束。

1.從舉借內債的示信承諾看晚清政府的信用激勵、約束。晚清政府在內債舉借中常常向公眾作出示信承諾，期望能借此而誘致公眾授信予政府。但在晚清政府的潛意識中，基於既有的封建視角，它仍然把國內民眾視爲其臣民，並因此而仍然看輕這些所謂臣民的財產權益，因此，這裡所涉及的信用構造，其實在晚清政府的視野中並不是一種真正意義上的債權債務關係的建立。

審視中國近代晚清政府在內債舉借中的示信承諾，在中國近代經濟被動開放而人治運作行政一仍其舊的制度條件下，作爲債務主體的

---

[1] 參見全國政協文史資料委員會：《中華文史資料文庫》，卷14經濟工商編，205頁，北京，中國文史出版社，1996。

晚清政府，儘管在守信用的利益激勵下欲以其對債權主體做出的示信承諾啟動信用構造，但由於該示信承諾形成於信用激勵、約束機制殘缺、功能阻塞的脆弱基礎上，其給出的程式隨機、偶然，其傳遞的資訊不實、可疑，對其實施監督軟弱、難為，晚清政府自然因此而難以充分啟動公眾債權主體自主自願授信，而不得不憑藉其運作行政特權以非經濟的手段強行構造信用。

從內債舉借中的示信扭曲看晚清政府的信用激勵、約束。近代，晚清政府在內債舉借中給予商民悉心的示信承諾。但人們不難發現，晚清政府在內債舉借中（息借商款、發售昭信股票）因具體操作有違示信承諾而致示信扭曲。

晚清政府對內舉債，由於在給定制度條件下，它對公眾債權人所做出的示信承諾形成於信用激勵、約束機制殘缺、功能阻塞的脆弱基礎，承諾約定沒有標準化程式、承諾傳遞的資訊不能真實可靠、承諾實施缺乏有效的監督，從而決定了其不屬於可予以置信的示信承諾，或者說，晚清政府對其商民給出的示信承諾僅僅是一種機會主義的示信承諾。當晚清政府憑借其運作行政特權而以非經濟手段強制構造信用的時候，它的示信承諾的不可置信即已經被它自己扭曲操作信用構造即扭曲示信所證實。當一國政府運作行政已是時日不多之時，其變態的有恃無恐，即會表現為濫用權力，此所謂"強制構造信用於當前，無慮官逼民反於將來"。20世紀之初，晚清政府已開始在立法中對民眾的產權保障問題予以關注，這也許是一種可據以開啟民眾對於政府舉債示信承諾予以置信的制度化的、更為根本的示信承諾。

2.從內債舉借的示信承諾看南京臨時政府的信用激勵、約束。南京臨時政府在被動開放條件下謀劃對內舉債，人治雖然依舊，但法治意識已然開始覺醒，我們可以看出該政府的立法努力及其在立法中強調國民產權保障的示信承諾，可以看到該政府期望以此而引致國民購買國債的示信承諾的具體安排。南京臨時政府在舉借內債之時，同時也在舉借外債，這樣，它對內給出的示信承諾還直接涉及它對外的示信承諾，或者說，其對內的示信承諾即便僅僅是作秀之舉，也的確不乏這樣的廣告效果，即在人治條件下能夠示信於內的政府，在列強挾制下自然更能夠示信於外。

對內舉債，南京臨時政府仍然面臨公眾可能不予認同的選擇約束。南京臨時政府向民眾作出的示信承諾，旨在以外在制度安排示信於民眾。給定以上基礎、根本性示信承諾及其安排的南京臨時政府，其在內債舉借中的示信承諾乃具體而微。南京臨時政府於公債發行具體而微的示信承諾設計中，很想以借款用途重在謀求公眾根本福利的安排來啟動公眾放心購債意願並期望能由此而引致外國人對新政府的信任。

從內債舉借操作看南京臨時政府的信用激勵、約束。南京臨時政府內債舉借操作，以募債方式而論，屬於攤派、勸募分層操作方式。在非市場經濟條件下，產權保障的示信承諾，由於一國政府人治運作行政而使得這一承諾具有偶然性、應時性——不確定性，因此而很難使該國公眾置信，該國政府設想據此操作內債舉借，也因此而很難有可以使該國公眾予以置信的信用激勵、約束機制。這樣，該國政府即便渴望對內舉債，它也很難憑藉利益去啟動該國公眾自主自願選擇購買國債，該國政府募債也因此而常常難以足額，並且，即便該國政府啟用超經濟的強制手段派募內債，也很難得遂所願。對於在被動開放條件下替代晚清政府運作行政的南京臨時政府來說，其在內債舉借中，之所以不得不繼續晚清政府息借商款、昭信股票的強制攤派、勸募操作，其原因蓋在於此。

3.從整理內債的示信安排緣起看北洋政府的信用激勵、約束。北洋政府整理內債的示信安排緣起，無論是北洋政府財政部民國初年的謀劃，抑或是其時銀行家倡行而為執政者所採行的主張，均關係到守信用的激勵與反信用的約束這一真實信用的運行問題。整理內債成為服務於整理外債的手段，避免失信於國民的內債整理有助於避免外生交涉的外債糾紛。內債整理中政府所面臨的信用激勵、約束，看似來自於國內公眾的壓力，實則來自於強權國家的要挾。這不能不說是中國近現代政府舉債中時常存在的一種現象。

　　從整理內債的示信安排操作看北洋政府的信用激勵、約束。北洋政府整理內債的示信安排操作，主要見於相關機構與規則的設定、償債基金與償債辦法的規定諸方面。

　　從內債舉借操作的強制與利誘手法看北洋政府的信用激勵、約束。北洋政府在內債舉借操作中對於債權主體兼施強制與利誘手法。以北洋政府動蕩不寧的軍事政局、產權保障缺乏司法信任的國情，要想使一般公眾購買國債，政府的確是舍強制攤派而別無他法；而政府採用利誘手法，只可能局限於那些略有消費剩餘且偏好獲得厚利因而具有一定投機性的少數平民。

　　北洋政府在內債舉借中除對各銀行施行強制手法外，也常常採用給予厚利預期的利誘手法。這樣的厚利預期在北洋政府動蕩時局條件下自然不可能給予投資者以可予置信的兌現激勵，卻的確極大地刺激了投機者的偏好選擇，並因此而促使其時的公債投機大行其道，甚至因為投機公債而使許多專為此目的而設立的銀行不斷出現。這實足以表明：一個在被動開放中趨向經濟制度轉型的國家，其政府在動蕩時局條件下的內債舉借，給定執政者採用強制派募手法所可籌措到的債款數額，由於該國仍不乏具有投機偏好、投機實力的利益主體，故該國執政者似乎仍然可以使用較之強制手法更具效率的利誘手法，去引致各投機者逐利購債，並因此而在該國營造出陣陣交易甚熱的國債行市；投機性債權主體對政府債務主體很可能有的反信用行為如何實施約束問題的關注，多已在當時投機的現實利益激勵中被大大弱化了。也許，這正是那些國情雖然常有波動的國度，其政府債市卻仍然不至於完全蕭條的重要原因之所在。

4.從整理內債的示信謀劃（全國經濟會議的相關動議）看國民政府的信用激勵、約束。激勵國民政府致力於整理財政的直接動因，乃在於國民政府立國之初，財政未穩，政府如果不對其實施強力整理即不可能有效地維繫政府運作行政。

全國經濟會議上與會委員整理內債的示信動議表明：

(1)與會委員在20世紀中就已經能夠基於憲法的限制政府權力、保障人民權利的憲政理念進行思考，並開始設想憑藉這一憲政理念，去構造對政府舉債能夠有效地實施激勵、約束的信用機制。

(2)與會委員秉持"立國之本，以信為主"的判斷，作為政府這一債務主體的債權人代表，他們在督促政府整理內債以示信於公眾這一問題上，在謀劃設立由國人自己管理的公債基金委員會以監督政府把整理內債的示信承諾付諸實施這一問題上，均已經達成共識。

(3)財政公開有助於作為債權主體的公眾在一定條件下識別政府償債承諾的可信度，化兵為工有助於經濟建設的良性迴圈進而政府財政稅基的不斷鞏固，而賦予公眾以反對政府舉借內債用於內戰戰爭的權力則屬於保障公眾債權的一個切實條件。

整理內債的示信壓力。國民政府成立不久所舉行的全國經濟會議，與會委員基於政府必須整理內債以昭信實才能重建信用的判斷，影響及於國民政府執政者。而與會委員之所以有如此判斷、如此影響，皆因國民政府事實上面臨著整理內債的巨大示信壓力，是一種來自於公眾債權人首先表現為在輿論上對政府舉債行為所實施的守信用激勵、反信用約束的壓力。

從整理內債的若干操作看國民政府的信用激勵、約束。國民政府整理內債這一歷史事實表明，國民政府對於來自於公眾債權主體要求政府整理內債以昭示信用的壓力，即對於公眾債權主體給予政府債務主體的信用激勵、約束，至少在表面程式上曾以政府已經開始致力於落實內債整理工作的具體規劃安排而做出示信回應。其時，急於舉借內債的國民政府還不敢公然無視公眾債權人的償債要求，而公眾債權人在這一特定條件下在特定層面上對政府行為的影響，無疑是限制政府權力、保障公眾權利這一憲政理念在政府舉債信用激勵、約束機制問題上的有限凸顯。

從內債舉借中的基金保證看國民政府的信用激勵、約束：

(1)江海關二五附稅國庫券基金保管委員會在其履職中獲得了公眾一定程度的信任，這似乎意味著，即使是在無限政府人治運作行政的特定制度條件下，公眾債權人為了對政府債務人可能的反信用的行為盡可能予以約束，他們著眼於自身的權益維護，也會積極尋求一種哪怕僅僅是權宜之計的制度安排；而政府作為頗為特殊的債務人，當它把博取公眾債權人對政府信用的信任視為可以較低成本舉借債款的捷徑的時候，也會主動設計一種讓那些正在尋找權宜之計的制度安排的債權人願意認同的制度，即一種貌似可信示信而實為形式示信的制度安排。這樣，在一定條件下，有關信用構造的制度設計，即便主要是由債務人所完成的，它也能夠被付諸實施，但它同時也正是因為這個緣故而很容易在實施過程中被作為債務人的政府所扭曲。

(2)國債基金管理委員會因為基金保證被政府挪用變動而難以實現維護公眾債權人利益宗旨的事件的發生，在實際履行職權中，它自然不能真正發揮所謂的有效約束債務人政府幾近反信用的行為，即不能對國民政府舉借內債實施有效的信用激勵、約束了。

在國民政府內債基金使用安排中，因為截留、挪用內債基金問題曾引發基金管理機構、債權人與政府間的內債基金之爭。案例表明：

國民政府在內債舉借中，雖然公眾債權人代表可以憑藉輿論而對它進行守信用的激勵、反信用的約束的勸導甚至威脅，但是，這種勸導甚至威脅事實上均十分乏力，因為，對處於人治條件下的無限政府來說，並沒有一種可以有效實施從而可予以置信的信用激勵、約束機制能夠對其信用行為進行激勵、約束。

在無限政府人治運作行政的轉型經濟制度條件下，對於債務人政府來說，信用構造常常會被它扭曲為利益激勵的人治信用運行。在這一信用關係中，作為債務人的政府對公眾債權人做出守信用的承諾的確不難，難在債務人政府能夠兌現其對公眾債權人所做出的守信用的承諾，因為，公眾債權人很難對操作反信用行為的政府債務人——具有無限政府定位的一國政府實施有效的信用激勵、約束。

從內債舉借中的強制、利誘操作看國民政府的信用激勵、約束：

(1)國民政府立國之初，憑藉軍政施壓而對公眾債權人強制操作內債舉借。探討國民政府在內債整理操作中以債務壓債權甚至損債權的歷史事實，在國民政府對公眾債權人所做的虛假的公開協商後面、重複的示信承諾中，我們仍然可以觸及國民政府——在無限政府這一特定歷史條件下的債務主體所具有的對公眾債權人的強制威權。

(2)關於內債舉借中的利誘操作。國民政府在內債舉借中所設計出的褒獎辦法，由於國民政府事實上仍然嵌入了強制因素，這表明政府所設計的褒獎利誘還不可能在公眾債權人的自主自願的選擇下被順利實施。

給定通貨穩定條件，各金融機構因為國債厚利而投機認購國債，而各金融機構的這一產生於國民政府利誘操作的利益激勵，同時也就為國民政府能夠銷售國債提供了一種投機的即不穩定的制度保證。其時，各金融機構在國債市場上趨同的短進短出的投機判斷、選擇，正表明它們已經認識到，在無限政府人治運作行政的制度條件下購買國債，由於這裡並不存在那種能夠對作爲債務人的政府實施有效的激勵、約束進而爲債權人的權益提供可靠保障的信用機制，因而，它們只能理性地放棄對政府的執政信任，進而只能在國債的購買中理性地選擇以樂觀的投機信心替代悲觀的投資信心。

從內債舉借中的自利操作看國民政府的信用激勵、約束：①國民政府在內債舉借中，那些在國民政府中位高權重的官員利用自身的權力與資訊優勢，採用欺詐性手段損害公眾債權人權益，進行不法自利操作。②"同盟勝利美金公債"發行中的自利操作。對這一案例進行分析，不難發現，在人治條件下作爲債務人的無限政府，在它與公眾債權人所構造的信用關係中，常常會因爲公眾債權人對於它不能實施有效的信用激勵與約束，即不能對其濫用權力實施有效的限制，因而具有十分強烈的"賴債"的機會主義傾向。

本章所引文獻資料補述

第一節：

（第228頁註解①）晚清政府委託各銀號墊彙京餉而出具借帖，承諾"收有餉課，陸續給還"；向票號挪借款項以助國用，承諾"俟軍務既畢，仍分年按數賞還"；募借於士紳商民，"令其自行呈明成本多寡，每家認借若干，無論數萬兩以至數十萬兩，均由戶部發給堂印官票，並准酌量加給息銀。一俟軍務完竣，即行照數發還"；諭令推行捐借，對捐借者中願請獎者"分別等差，逾格施恩，或賞給鹽運使銜，或賞給副將銜，或加銜之外，另賞花翎，或賞給舉人"、不願請賞者給予印照分年發還[1]。

---

[1] 所引史料皆轉引自周育民：《晚清財政與社會變遷》，157、158頁，上海，

第八章　中國近現代政府舉借內債：守信用的激勵、反信用的約束　　357

（第229頁註解①）在戶部《酌擬息借商款章程折》中給出的具體辦法乃是：①預定還期，所定限期，先於銀票內標明，不得稍違時日；②酌給利息，以示體恤；③頒發印票，填寫商鋪字型大小、本息數目、交兌日期，鈐用戶部堂印，注明每期還本付利情況；④定準平色，以庫平足色紋銀交納歸還；⑤撥抵款項，減少周折，不使票號有分毫賠累；⑥嚴防弊端，禁收規費、禁擾商人，知情商人可赴部控呈違規吏役，政府將對此吏役飭拿嚴究；⑦各省督撫可比照京城辦法，議定行息，填給鈐有藩司關道印信、寫明歸還本利期限的印票，准於地丁關稅內照數按期歸還，不得絲毫掛欠；對集款過萬兩者給以虛銜封典，以示鼓勵。而光緒帝對此折的諭示在複述折中要項的同時，更強調"尤須各督撫力矢公忠，督率屬僚，示人以信，收發之際，務須嚴禁需索、留難、抑勒諸弊，有犯立予嚴懲。各商民具有天良，但使本息無虧，當無不踴躍從事"[1]。晚清政府啟動息借商款的那一年，即光緒二十年八月初九日（1894年9月8日），正是甲午中日戰爭中中國陸海軍在平壤戰役、黃海海戰中一併戰敗的那一年[2]。

（第230頁註解②）在黃思永看來，晚清政府存在籌借華款的基礎條件（受恩甚深的眾多中國臣民可激發其天良、華人官商多以款依傍洋人買票借款或將私產存放外國銀行、中國票莊），政府發售可以輾轉交易、約期還本付息的"股票"，只要能認識到"自強乃自立，自主乃自強，足食足兵為自強之本，民信又為兵食之本；借華款股票謂之自強，為借資民力，政府須格外核實、格外認真、有言必踐、無弊不除；中國集股之舉，慣於失信，人皆望而畏之，即

　　上海人民出版社，2000。
[1]　千家駒：《舊中國公債史資料》，1～3頁、6頁，北京，中華書局，1984。
[2]　《辭海·歷史分冊·中國近代史》，58頁，上海，上海辭書出版社，1979。

鐵路開礦諸大端，獲利亦無把握，收效未蕆何時，故信從者少；若因國計自強派股，皇上昭示大信，一年見利，既速且准"，必能使"股票"盛行中國[1]。

（第232頁註解②）這表現在，他們"從中舞弊，致令平色折耗，限期逾遲"[2]。不法官吏募債無債票私吞債款，或者准人債票即領即用以抵償關稅厘金；不設償債準備而以徵稅籌還本息；單方面將債款改為報效、捐輸，"捐借不分"[3]，或者移為開辦商務局廠的資本[4]。

（第232頁註解③）股票辦理雖諭旨嚴禁勒索，而督撫下其事於州縣，州縣授其權於吏役，力僅足買一票，則以十勒之；商民懼為所害，唯有賄囑以求減免，以至買票之人所費數倍於股票，而未買票之人所費亦等於買票。這種絕"非上司一紙空文所能杜絕"的勒派，由於"地方官希圖獎敘"的苛刻操作，甚至逼使"中國富厚良民"爭相選擇投身洋教以為護身符。對此有違示信承諾的弊端，晚清政府初時尚心存僥倖，以為只要"慎選廉正人員，上籌國計，下順民情，行之以寬，守之以信，庶人心悅服，勸辦亦不至為難"，實情卻常常是"官吏確有挾官長之勢，強令商人承辦，致法甫立而弊又生"[5]。

---

[1] 千家駒：《舊中國公債史資料》，6～8頁，北京，中華書局，1984。

[2] 《息借商款已有成數請停續借折》，見千家駒：《舊中國公債史資料》，5、6頁，北京，中華書局，1984。

[3] 《地方官借機苛派勒索折》，見千家駒：《舊中國公債史資料》，5頁，北京，中華書局，1984。

[4] 《光緒財政通纂》，卷2；《德宗實錄》，卷356、卷387；《光緒朝東華錄》，總3944頁；《康南海自編年譜·戊戌》，均參見周育民：《晚清財政與社會變遷》，351、352頁，上海，上海人民出版社，2000。

[5] 《議覆昭信股票流弊甚多疏》、《論民間現辦昭信股票著即停止》，見千家駒《舊中國公債史資料》，18～24頁，北京，中華書局，1984。

（第233頁註解④）昭信股票苛派擾民而"收數無多"，最終迫使晚清政府連下《諭民間現辦昭信股票著即停止》（光緒二十四年七月癸酉日，即1898年9月7日）、《諭紳民零星認定昭信股票如有無力措款者即著一律停收以示體恤而杜擾累》（光緒二十四年十一月己卯日，即1898年12月30日）諭旨停募此債，有政府按約期還本付息示信承諾的昭信股票由此而終結，而晚清政府諭示商民停止募債的原因乃是："朝廷軫念民艱，原期因時制宜，與民休息，豈容不肖官吏任意苛派，擾害閭閻，其民間現辦昭信股票，著即停止，以示體恤，而順民情。"[1]

第二節：

（第239頁註解①）如在民國元年1月所發行的中華民國軍需公債，南京臨時政府並不諱言其募債將用於補充臨時政費與維持社會治安，政府承諾以國家所收錢糧等作為募債擔保，6年償債期中用抽籤辦法決定還本且在廣告中公佈中簽"俾眾周知"，蓋有中央財政部圖章且由民國臨時大總統署名並不記名的債票，不論由何人持有，"政府均認為債主"，那些在償還安排中凡由政府抽中的債票，可由持票人選擇到指定地點換現或用以抵充錢糧稅款，政府對熱心於應募、勸募公債者，將按照公債獎勵章程給予獎勵。[2]

（第240頁註解②）募借地域分為內借（在本國募借）、外借（在外洋募借）的公債，由財政部確定公債總數，並酌定內借、外借額"由各省都督分任勸募"、"由部簡派妥實人員前赴各埠勸募"；內借操作，由"各省都督與該省財政長酌量各府之貧富，分定債額之多寡，令各處分府委任各該處公正紳商募集"，各省都

---

[1] 《議覆昭信股票流弊甚多疏》、《諭民間現辦昭信股票著即停止》，見千家駒：《舊中國公債史資料》，18～24頁，北京，中華書局，1984。

[2] 參見千家駒：《舊中國公債史資料》，33、34頁，北京，中華書局，1984。

督、各處分府可邀請本地商董廣為勸募，即"由該商董勸各業中及各國行店並工商等分任購買"[1]。

（第241頁註解①）如在1912年12月19日，因商人催索債款，孫中山致函北洋政府財政部總長周學熙："今春南京政府因急需向上海廣肇公所、潮州會館商人所借之款，前經貴部擔任償還。現值年終，商人需款甚急，尚望尊處速行設法了結此款。"[2]但所得電告乃是"此款早應歸還，只以部庫如洗，收入全無"，"俟有的款，即行如數歸還"[3]。

第三節：

（第242頁註解②）據姚崧齡回憶，民國成立後，北洋政府年年財政困難，多依賴中國銀行、交通銀行兩銀行墊款與發行公債以資彌補；延至1920年底，政府所發公債累計已有39,900餘萬元，未償還餘額為31,700餘萬元；此中，除民國七年長短期六厘公債、民國九年整理金融短期六厘公債屬於為收兌京鈔所發，民國元年八厘軍需公債、六厘愛國公債、元年六厘公債、三年六厘公債、四年六厘公債、五年六厘公債、八年短期七厘公債均用於彌補政府預算之不足，且僅有三四年六厘公債（指定常關稅與停付德俄賠款作抵）、七年短期六厘公債（指定延期賠款作抵）本息償付基金確實，其餘諸債還本付息時常逾期而致票價日折（如民元六厘公債曾跌至一五折，民五六厘公債、民八七厘公債市價多在二折到四折間波動）、

---

[1] 中國第二歷史檔案館編：《中華民國史檔案資料彙編》，第二輯，312、313頁，南京，江蘇人民出版社，1981。

[2] 《孫中山等關於償還南京臨時政府所借廣潮幫借款文電》，見中國第二歷史檔案館編：《中華民國史檔案資料彙編》，第二輯，334頁，南京，江蘇人民出版社，1981。

[3] 《北洋政府財政部電稿》（1912年12月23日），見中國第二歷史檔案館編：《中華民國史檔案資料彙編》，第二輯，335頁，南京，江蘇人民出版社，1981。

持有者利益受損，"怨聲載道，引起對於政府之反感"；政府常靠銀行借款應對公債還本付息，而銀行則常因政府借款不能如約清還而拒絕再借，這使"政府信用日墮"；此時，列強新銀行團派出代表來華考察中國財政狀況（新借款擔保財源、政府整理財政能力如何），"似認為中國財政已瀕破產，設有借款，必須由銀團派員監督用途"，且傳聞政府著力於鐵道統一與幣制整理"將指定地丁為借款擔保"。"深恐政府急不暇擇，將使鐵道與幣制行政管理，繼關鹽兩稅之後，再落入外人之手"的中國銀行副總裁張嘉璈乃提出政府應從速整理公債，並於1921年初撰寫《國民對於財政改革應早覺悟》一文，明確主張"整理財政之責任應由全體國民起而負之，先自整理內債開始"，更對公債整理原則、整理方法、基金來源諸要件一一列示。其後，張嘉璈的獲得北京銀行公會認同的上述主張被當時北洋政府財政總長周自齊所採納[1]。

（第243頁註解①）北洋政府財政部在《設立內國公債局擬具章程勘定地點》中說明，內國公債局，①設立目的：使內國公債籌募的"指揮應付"有一個"綜持一切討論執行之機關"，專司職責，統一事權，暢通"金融之消息"，彰顯"國家之信用"，保證募債績效；②組織構架：內國公債局組織董事會，採用華洋人員，並於董事會中推選出主持局務的總理一名、協理四名；③業務管理：為提高公債票發行效率而採用包賣方法，酌獎公債經售人員；為"昭示信用，俾吾國內債風氣大開，銷行日廣，裨益財政"，內國公債局稽查一切帳目、檢核還本付息存款；④人選安排：公債局董事提議，推定公債局協理總稅務司安格聯作為經理專員——名為會計協理，其事權在負責經理公債局收存款項、預備償本付息、支付存

---

[1] 轉見中國銀行總行、中國第二歷史檔案館合編：《中國銀行行史資料彙編》，上編，543～545頁，北京，中國檔案出版社，1991。

款、副署業經總理簽字的公債款項出納事務。作此人選安排的理由是財政部查證"公債局協理總稅務司安格聯，辦理全國海關收入及償還各國款項事務，措置鹹宜，久為中外紳商所信仰。此次被推舉為公債局會計協理，專司出納債款，於公債信用裨益自多"[1]。1917年5月，北洋政府財政部曾為統一事權、節省經費而提出暫行裁並內國公債局，將其事權移交財政部辦理[2]。但到1920年3月，財政部又因政府籌資運作行政壓力而提出"援照成案設立內國公債局"，約示"從前已發行之公債償本付息等事，仍由本部公債司循例辦理外，嗣後舊公債之如何整理，新公債之如何進行，及與公債相關之金融計劃"均由內國公債局謀劃[3]。同年4月，北洋政府頒行的《內國公債局章程》已將內國公債局的職能設定為"整理舊債，推行新債，並籌募關於補救金融之公債"[4]。涉足內債整理，內國公債局因此而成為北洋政府整理內債示信安排操作的重要一環。

（第243頁註解①）北洋政府頒行的《妨害內債信用懲罰令》，談到要依照內國公債法規定，對公債經辦中經辦人用抽籤法而舞弊者、有浮收侵吞壓扣情事者，對到期還本付息的公債經辦人有意遷延或不付者、以銀數或錢數折合不公者，或對到期償本付息票用以完納一切租稅與代他種現款之用而推拒不納者，均課以相關刑律[5]。

（第243頁註解③）北洋政府財政部在《設立內國公債局擬具章程勘定地點》中說明，在組織構架上：內國公債局組織董事會，採用華洋人員，並於董事會中推選出主持局務的總理一名、協理四名；在人選安排上：公債局董事提議，推定公債局協理總稅務司安

---

[1] 千家駒：《舊中國公債史資料》，39、40頁，北京，中華書局，1984。
[2] 千家駒：《舊中國公債史資料》，44、45頁，北京，中華書局，1984。
[3] 千家駒：《舊中國公債史資料》，52頁，北京，中華書局，1984。
[4] 千家駒：《舊中國公債史資料》，58頁，北京，中華書局，1984。
[5] 千家駒：《舊中國公債史資料》，39、40頁，北京，中華書局，1984。

格聯作為經理專員——名為會計協理,其事權為負責經理公債局收存款項、預備還本付息、支付存款、副署業經總理簽字的公債款項出納事務。作此人選安排的理由是財政部查證"公債局協理總稅務司安格聯,辦理全國海關收入及償還各國款項事務,措置得宜,久為中外紳商所信仰。此次被推舉為公債局會計協理,專司出納債款,於公債信用裨益自多"[1]。

（第244頁註解②）1921年3月3日,北洋政府財政部《整理內國公債確定本息基金呈大總統》文談及當年償債壓力,3970萬元的本息以當時政府財政狀況無力按期償付,"但若任意延擱,不為速籌辦法,一旦措手不及,必致停付本息,直接喪失國家之信用,間接牽動社會之金融",這無異於"政府對國民宣告破產",逼使政府必須速籌內債整理辦法,"以維持國家之信用,社會之金融"[2]。而政府於"政變紛乘"中入不敷出的財政運作總是"仰給予內國公債",政府如不"確樹信用"即難以真正使內債成為"國家救濟緩急之資",且"公債一途,為現今東西各國立國之命脈,致富之根基,我國萌芽方始,風氣初開,果能整理得宜,則人民重視債票,樂於投資,利源既闢,何事不舉？否則,凡有設施皆須仰給予外資,損失利權,何可勝計？"由於"基金不能確定影響內債信用",或者說政府如果不能對諸內債"指定確實基金,與以永遠之保障"即難切實樹立國家信用,所以,政府採用償債基金辦法,首先落實償債基金來源：指定在鹽餘項下每年提撥銀元1,400萬元,在煙酒稅項下每年提撥銀元1,000萬元（如不足額,可咨商交通部先於交通事業餘利項下每月借撥50萬元足額）,關餘（常關收入與海關稅餘款除償付民國三年、民國四年公債與民國七年短期公債外的所

---

[1] 千家駒：《舊中國公債史資料》,39、40頁,北京,中華書局,1984。
[2] 千家駒：《舊中國公債史資料》,40頁,北京,中華書局,1984。

有餘款）。是項償債基金，統由各相關機構"直接撥交總稅務司安格聯，會同銀行專款存儲"，該基金要求"所有鹽關各款及鹽、酒稅費各項中央直接收入，均應悉數報解"，各省"不得再請截留挪用"[1]。10天後，北洋政府財政部在有關整理內國公債詳細辦法呈給總統的公文中再予強調："公債整理之有無成效，全視此次指撥基金辦法是否確實為依歸"，"內國公債為國家命脈，社會金融之所托，關係至巨，自應督飭中國銀行、交通銀行兩銀行與主管撥款各機關商定逐期撥款辦法，切實照行，無論如何為難，此次所定辦法，不得有所變更，免隳國家之信用，而貽外人以口實"[2]。

（第245頁註解①）在具體規定採用償債基金辦法整理內債並對償債基金來源詳為確定的同時，1921年3月13日，北洋政府財政部擬具整理內國公債詳細辦法並付諸實施：八厘軍需公債實發7,371,150元，已抽還4,000,000元，餘款改為分4年、4次抽完（原定自發行後第二年起，每年償還1/5，至發行後第六年還清）；愛國公債實發1,646,790元，已抽還1,320,000元，餘款改以七成現洋計算並於1921年內還清（原以京鈔計算，償期止於1920年）；民國元年公債，實發135,980,570元（有的按面額發行，有的低於四折發行），其市價已低到三折、二折以內，由政府另發六厘新債票調換（新債票40元調換舊元年債票100元），不願調換者從當年開始抽籤還本，分10年償清（原定償期30年）；民國五年公債，債額20,000,000元，已抽還1,242,410元，餘款自1926年後分3年、6期抽籤（原定自1917年起分3年、6期抽完），將1925年三、四年公債清還後所涉及的款轉充五年公債還本付息基金；民國七年長期公債，原已定從1929年起抽籤還本，可以五年公債抽完後原三、四年公債的款作為其抽籤還本基

---

[1] 千家駒：《舊中國公債史資料》，65～68頁，北京，中華書局，1984。
[2] 千家駒：《舊中國公債史資料》，68、69頁，北京，中華書局，1984。

金；民國八年七厘公債，實發34,000,000元，市價僅有二三折，政府另發七厘新債票調換（新債票40元調換舊八年公債100元），不願調換者從當年開始抽籤還本，分10年償清（原定償期20年）[1]。

（第245頁註解②③④）由於以上整理內債辦法僅是針對"歷次實在售出債票"而未涉為數甚巨的"抵押各銀行暨各機關之票"如民國元年公債64,019,430元、民國八年公債22,000,000元，北洋政府財政部為貫徹其"整理公債宗旨"，"全國信而資流通"，擬定旨在"保全押品信用"的抵押債票續籌整理辦法：10年以內比照整理公債利率按期付息（應付息款另由財政部按期籌撥備付），10年以後即整理公債辦理完畢後始為還本[2]。關於續籌抵押債票付息基金與確定還本年限一事，北洋政府財政部尚具體規定：上述抵押債票應付息款，由全國煙酒事務署在煙酒稅款項下除每年提撥發行債票基金10,000,000元外，再另提2,250,000元作為付息的款，所有原抵押債票均一律收回，按四成換發新票，其債本年限自第11年（1922年）起分5年償清。對這樣的償債安排規定，北洋政府財政部以為可使"抵押債票與發行債票同收整理之效，不獨公債信用得以鞏固，即市面金融亦賴以周轉"[3]。

（第245頁註解⑥）北洋政府在《財政部經管無確實擔保內債總說明書》中談到，作為無確實擔保的公債，尚有民國元年、八年兩年第二次整理債券、償還內外短債八厘債券銀元部分、賑災公債，政府對其還本付息所需基金"竟無辦法"[4]：截至1925年底，民國元年、八年兩年第二次整理債券共欠本息16,073,800元，償還短期八厘

---

[1] 千家駒：《舊中國公債史資料》，69頁，北京，中華書局，1984。
[2] 千家駒：《舊中國公債史資料》，69～71頁，北京，中華書局，1984。
[3] 千家駒：《舊中國公債史資料》，72頁，北京，中華書局，1984。
[4] 千家駒：《舊中國公債史資料》，83頁，北京，中華書局，1984。

債券銀元部分共欠本息71,271,249.6元,賑災公債共欠本息1835650.8元[1]。至於無確實擔保、性質同於公債的國庫證券(特種庫券、支付券)所欠本息也有數千萬元[2]。

(第246頁註解①)值得注意的是,即以此處所言償還內外短期八厘債券而論(是券因發行債額為9,600萬元,故又稱九六公債),它雖被北洋政府財政部歸類為無確實擔保的公債,發行之時確曾指定以切實值百抽五增加之關餘作抵,但操作中僅有其償還外債部分的本息基金已由鹽餘按月撥扣保證,而其償還內債部分,政府除支付其第一期半年利息外,餘皆懸空,誠所謂"同一種類之公債,而內外懸殊若此,亦非事理之平"[3]。

(第246頁註解③)1923年9月19日,北洋政府財政部在"已奉指令"的呈文中對此情形有詳盡說明:政府所定整理內國公債基金,由於指定在鹽餘、煙酒稅與交通事業餘利項下所應撥付的各款不能按期照數撥解,使得整理案內的公債本息基金即便變通由關餘撥付亦形不足,"而政府迄未明白宣佈,以致持票人疑慮紛紛,金融因之搖動"[4]。

(第246頁註解⑥)1926年3月31日,北京花旗銀行經理林奇寫給上海花旗銀行經理馬歇爾的信中所言之事及所作判斷,恐怕不乏啟示:幾天前,外交團授權總稅務司撥付50萬銀元給中國政府用於維護北京軍隊與警察;這一筆錢出自關稅,因此而使用於償還內債的錢相應減少50萬元,盡管數額不大,但作為一個先例,它表明即

---

[1] 千家駒:《舊中國公債史資料》,126~131頁,北京,中華書局,1984。
[2] 千家駒:《舊中國公債史資料》,127、130頁,北京,中華書局,1984。
[3] 千家駒:《舊中國公債史資料》,103、131頁,北京,中華書局,1984。
[4] 參見《財政部呈大總統撥付整理內國公債暨九六債券基金籌擬變通辦法請鑒文》(1923年)。轉見千家駒:《舊中國公債史資料》,82、83頁,北京,中華書局,1984。

第八章　中國近現代政府舉借內債：守信用的激勵、反信用的約束

使作為償還內債的基金也可以撥出來作為急需之用，更表明中國政府可以各種理由挪用償還內債基金。由此可以得出結論：①如果這一款項可以挪作別用，則這些內債實際上等於沒有健全的擔保；②如果關稅可以不顧內債的償還而挪作防止北京騷亂之用，則這些基金同樣可以不顧內債的償還而挪作償付外債之用[1]。

（第247頁註解①）袁世凱逆謀帝制，濫發公債，已使貧民受禍不小[2]；廣東一地公債票攤銷發行（如分攤及於貧農等），更為一般貪官汙吏、土豪劣紳所利用，農民備受其勒索和壓迫[3]。

（第248頁註解①）例如，由晚清政府戶部銀行（1905年）易名"大清銀行"（1908年）再經過整理而於民國元年創設的中國銀行（1912年），儘管其有關則例明定"中國銀行受政府之委託經理國庫及募集或償還公債事務"[4]，但其銀元6,000萬元股本總額分由政府、人民認購的股份有限公司定位，無疑使中國銀行本不應成為北洋政府財政的取款機。不過，"本不應"事實上常為"已如此"所替代。從公債發行償還角度探討，北洋政府於財政困難中常常向公眾發行債券，但公債發行需設定公債基金及所籌之款未入國庫時，政府即要求中國銀行給予墊款，由此而形成的政府借款又常因政府財政困難而成為政府欠款以致催還無期[5]；或者直接使用所發公債券

---

[1] 千家駒：《舊中國公債史資料》，83頁，北京，中華書局，1984。
[2] 中國人民銀行金融研究所編：《美國花旗銀行在華史料》，369、370頁，北京，中國金融出版社，1990。
[3] 《向導周報》第22期：《北京政府之財政破產與軍閥之陰謀》，轉見章有義編：《中國近代農業史資料》，第二輯，588頁，北京，生活・讀書・新知三聯書店，1957。
[4] 馬士對晚清政府"司法行政上的腐敗和偏執"的判斷對此也許有啟示。見馬士著，張彙文等譯：《中華帝國對外關係史》，第3卷，402頁，北京，商務印書館，1960。
[5] 《中國銀行則例》，轉見中國銀行總行、中國第二歷史檔案館合編：《中國銀行行史資料彙編》，上編一，111、112頁，北京，中國檔案出版社，

向中國銀行操作抵押借款，但所借之款仍因財政困難而償還懸空[1]；而北洋政府要求中國銀行採行包銷辦法推銷公債[2]，在增加政府籌資可靠便捷之時，卻將中國銀行置於資產業務被動操作境地；不僅於此，每當業已發行的公債屆期需償付本息之時，財政困難的北洋政府又常要求中國銀行墊付應償本息。對北洋政府強制要求墊款帶給中國銀行的影響，中國銀行董事會將其視為"頻年以來，為我行信用之累"。北洋政府於公債發行償還中的上述操作，實屬逼壓中國銀行募購公債的強制手法。這種針對中國銀行的強制手法，肯定並非僅止於中國銀行而已。千家駒在《舊中國公債史資料》一書中統計，北洋政府時期，政府向國內各銀行辦理墊款，所涉銀行有20家之多[3]。儘管這20家銀行對北洋政府的墊款除中國銀行、交通銀行肯定涉及公債發行償還操作外，餘皆暫未得墊款詳細用途史料，但查諸實際，其中涉及公債的墊款同樣可以肯定為數必多[4]。

（第248頁註解②）研究者以為，其時經由銀行代理、抵押承受的北洋政府公債發行，折扣常達6、7折，利息在8厘以上，"年利8厘6折發行時，實際利息為4分3，7折發行亦達3分多"[5]；更有甚者，有時票面額為100元的債票只售20元或30元[6]。

1991。

[1] 中國銀行總行、中國第二歷史檔案館合編：《中國銀行行史資料彙編》，上編三，190頁，北京，中國檔案出版社，1991。

[2] 參見千家駒：《舊中國公債史資料》，72頁，北京，中華書局，1984。

[3] 中國銀行總行、中國第二歷史檔案館合編：《中國銀行行史資料彙編》，上編三，1887、1903、2409、2413頁，北京，中國檔案出版社，1991。

[4] 參見千家駒：《舊中國公債史資料》，118、119頁，《內國各銀行墊款欠數表》，北京，中華書局，1984。

[5] 參見陳志讓：《軍紳政權》，119頁，北京，生活·讀書·新知三聯書店，1980；中國人民銀行上海分行金融研究室編：《金城銀行史料》，187頁，上海，上海人民出版社，1983。

[6] 陳真、姚洛合編：《中國近代工業史資料》，第1輯，756頁，北京，生活·

（第248頁註解⑤）以金城銀行為例，該行1917年末公債、庫券為主的帳列"有價證券"不足3萬元，到1927年末該科目帳列708萬元中，公債、庫券計為545萬元，較前上升了197.3倍，而此中屬於北洋政府的各項債券占到74.56%。但即便是視公債等證券買賣為"妥實營業之一種"的金城銀行，對手中所持公債，亦多是根據證券漲跌行市從事賣出買進的投機經營[1]。

第四節：

（第249頁註解②）1928年7月，時任國民政府主席的譚延闓在為《全國經濟會議專刊》所作序言中指出："整理財政為立國之要。由於民國以來，軍閥竊據，捐稅收入，類充軍費，禍亂相尋，靡所底止，物力消耗，民生憔悴，國家政治與建設事業均敗壞而無從措手。北伐勝利，國民政府擬撫綏流亡，休養生息，而當務之急除裁兵外即在理財。"[2]

（第250頁註解①）時任中國銀行總行副總裁、作為全國經濟會議委員代表的張嘉璈對其時中國經濟狀況的判斷，則可謂對國民政府財政何以不穩進而如何穩定財政問題的更為具體的評說："十餘年來，軍閥把持政柄，戰亂不息"，北伐雖然完成，"但民眾於此所受的損失，與歐洲大戰後各國情形相似。全國之人力、財力、物力皆消耗於不生產之途，全國資產之減損固不可數計，固有產業亦幾無以圖存，農產則因交通阻滯而貨棄於地，人民則因遍地戰區而流離失所，加以幣值紊亂，物價騰貴，一言以蔽之，全國經濟組織

讀書・新知三聯書店，1957。

[1] 中國人民銀行上海分行金融研究室編：《金城銀行史料》，38、39、202頁，上海，上海人民出版社，1983。

[2] 全國經濟會議秘書處編：《全國經濟會議專刊》（影印本），1頁，臺北，學海出版社，1972。

幾於崩潰"[1]。

（第250頁註解②）張嘉璈認為，國民政府財政稅基毀於戰亂，重建必賴整理，而整理財政的步驟乃在於落實"提高農工商各階級的人格"與"解除經濟勢力的壓迫"的"民生"開啟"經濟的財政時期"，為此，必須遵循"經濟複新的根本原則"，即：確實保障社會秩序、人民權利，使人民敢於進行投資、農工商各業得以發達；縮減軍費、確立健全的財政金融制度，使國家有實力輔助生產發展；"庶政百端，非財莫辦"[2]。

（第250頁註解③）談及此次全國經濟會議的主旨，其時國民政府財政部部長宋子文認為是："鑒於軍事甫定，訓政開始，欲謀建議，得對全國經濟有徹底計劃。所以提出與國人共商大計，特設經濟會議，徵集賢豪，互相討論，借定應時設施方略，以為國民會議先聲"[3]。

（第250頁註解⑤）其時，全國經濟會議秘書處所述，謂財政部部長宋子文謀劃建設事業，"為預備全國財政會議與訓政施行時期的施政方案，特將原定政策與施政方針在上海召集經濟會議，諮詢公眾，公開討論"，其主旨在因經濟為財政基礎、示政府與國民合作[4]。

（第250頁註解①）全國經濟會議分股議事，公債股主任李銘在說明公債股提案內容與審查經過時以為，維持信用是解決國債問題

---

[1] 全國經濟會議秘書處編《全國經濟會議專刊》（影印本），17頁，臺北，學海出版社，1972。

[2] 全國經濟會議秘書處編：《全國經濟會議專刊》（影印本），1、18頁，臺北，學海出版社，1972。

[3] 全國經濟會議秘書處編：《全國經濟會議專刊》（影印本），1頁，臺北，學海出版社，1972。

[4] 全國經濟會議秘書處編：《全國經濟會議專刊》（影印本），41頁，臺北，學海出版社，1972。

的原則，政府對已有確實擔保正在還本付息的國債應按照原規定辦理，其餘的可嚴格審查，重定辦法；軍事結束，訓政開始，政府從事建設必然要募債，而整理舊債是政府籌募新債的第一步，所以政府必須解決承認舊借國債問題；歐戰中的戰敗國德國致力於重建，在民國之初即宣佈承認一切舊債，這使它在世界市場上大獲信用，從事重建所需之款多得調劑，這實足以表明政府整理舊債乃是目前當務之急；政府以後在募債方法選擇上，應當國內外同時並進，所借之債要指定確實擔保；關稅收入是最可靠穩固的償債基金擔保；政府借債要由人民嚴加監督，具體監督可由設立公債基金監督委員會實施[1]。

（第251頁註解①）在全國經濟會議上，公債股倡言確立維持信用的公債原則，謀劃有無確實擔保公債處理辦法，提出整理舊債、籌集新債、設立公債基金委員會等7個屬於決議類的提案。決議案而外，全國經濟會議公債股尚有關於整理公債、維持公債基金以固國家信用的提議案、呼籲矯治內債發行弊端的建議案[2]。

（第251頁註解②）在公債股決議類提案各案綱要性引言中，公債股詳述整理公債的必要緊迫，直言"立國之本，以信為主"，"前軍閥擅權時代，專事籌款，縻諸戰費，舉凡立國樹信之道喪失殆盡，外傷國體，內禍民生，以致演成今日財政上滿目瘡痍之現狀。方今統一完成，建設伊始，舉凡裁減兵額、發展生產各項善後計劃，胥賴經費充裕，方能盡力推行。顧全國收入在秩序安寧之日時虞不給，近年歷經兵革，創痍未複，縱令切實整頓，收效亦在數

---

[1] 全國經濟會議秘書處編：《全國經濟會議專刊》（影印本），144、145頁，臺北，學海出版社，1972。
[2] 全國經濟會議秘書處編：《全國經濟會議專刊》（影印本），272頁，臺北，學海出版社，1972。

年以後。目前需款孔極，不容緩圖，勢非發行新債，不足以資挹注。唯發行新債，必先鞏固基金，樹立信用，乃能濟事"，基金"只求保管公開，即臻鞏固"，而"樹立新債信用，則非從整理入手，難期實效"，且"我國經濟事業未經發達，生計窮困"，如對舊欠債負"任令久懸，不加整理，國際信用有虧，社會資金呆滯，間接影響於民生者頗巨。況值籌發新債，從事建設之際，對於舊債有確實擔保者，應照原案維持，無確實擔保者應設法整理，均亟須確實明白表示，以昭大信而樹風聲"[1]。此中所言，足見其時整理內債以示信於公眾已成共識。

（第251頁註解③）公債股在《組織公同保管公債基金委員會案》中指出，晚清政府、北洋政府將所有基金"委任總稅務司管理，因之悉數存放於在華外國銀行，以客卿掌管基金成案"的安排屬權宜之計，國民政府成立時在內債發行中已對若干內債基金另設委員會保管，"成績昭著，國信大增"，為謀建設、發新債，有必要組織公同保管基金委員會集中管理所有基金[2]。

（第252頁註解②、第253頁註解①②）由全國各省商聯會總事務所提出的《請整理二次公債還本付息案》談及，所謂"二次整理公債"，即北洋政府為維持信用而對民國元年公債於民國十年三月議發新票調換舊票（先後二次）以資整理所形成的公債，是項公債還本付息辦法曾承諾還本期確定、付息有指定收入，這使得"各公共團體、各學校、醫院、輪埠、海塘、義莊均將微細所得及為公益籌募慈善集合之款悉數移購此二次公債，以充各項基金。不料自該

---

[1] 全國經濟會議秘書處編：《全國經濟會議專刊》（影印本），148頁，臺北，學海出版社，1972。

[2] 全國經濟會議秘書處編：《全國經濟會議專刊》（影印本），235頁，臺北，學海出版社，1972。

第八章　中國近現代政府舉借內債：守信用的激勵、反信用的約束　　373

債發行後，除一期利息按期照付外，第二期起以至於今，迄未照付。市價一落千丈，債票幾同廢紙。所恃為日常經費之學校、醫院、輪埠、海塘、義莊等均岌岌不可終日，而抵作商業保證金與子弟留學、老年贍養者皆翹首側目，無以為生"，雖多次由上海總商會、全國工商協會呼請解決亦未有結果[1]。該提案認為，依二次公債成立前後情形，以下諸點必須注意：①元年公債由孫中山提出經國會通過，其成立程式最為完全，為整理元年公債所發二次公債成立原因正當；②而此國債發行時因按原債票面額每百元以四成換給已使商民受一次損失，絕不能使該公債受再度整理而使人民受兩次損失；③二次公債的執票人或集合微款或節衣縮食而購此公債，絕不同於購買他種公債的各銀行、富室，此公債本息多年無著，人民損失難以忍受，政府應補發欠息以減民困；④二次公債乃繼承第一次整理而來，業經前政府承諾有確實還本付息擔保；總之，二次公債原因正當、擔保確實、還本付息不容再緩，"固以為天下所共悉"，致力於整理財政的國民政府所召開的全國經濟會議，應將此案"迅予提出大會議決，依照原案歸入整理案內。俟整理案內公債辦理完竣，騰出款項，即將二次公債還本，並請指定的款為付息基金，籌集現款以補發欠息。庶國家信用、小民生計，兩有裨益"。而該提案的提出者是"關係既切，利害較深"的"執有二次公債票者之集合團體"[2]。

　　（第253頁註解③）例如，中國銀行、交通銀行認為，兩行自民國創立以來為支撐政府債信等原因而向政府墊借款項，"日積月

---

[1] 全國經濟會議秘書處編：《全國經濟會議專刊》（影印本），239頁，臺北，學海出版社，1972。
[2] 全國經濟會議秘書處編：《全國經濟會議專刊》（影印本），239、240頁，臺北，學海出版社，1972。

累，致成巨數"，兩行因此而"陷於困境，自顧不暇"，無力融通資金，"維持實業，振興國貨"，以助社會經濟發展；如今國民政府成立，"際此財政刷新，與民更始，社會期望甚殷。若政府對於兩行無整理欠款之表示"，會使金融界"因失望而生疑慮"，使人民由"疑及兩行"而疑及政府；政府如能整理舊欠，可使"受創者且能恢復，健全者益增信用"，人民會因政府盡責維持舊有機關而更加信賴新設機關[1]。

（第253頁註解④）例如，天津總商會在《政府宜維持各銀行之公家借款以維實業案》中提出，國民政府"宜統籌全局，對於各銀行之舊欠借款宜先表示承認，徐圖籌還"，並通告全國此後不論軍政各費如何緊張，政府均不向銀行借款，這是"目前建設中之整理要圖"[2]。

（第253頁註解⑤）例如，湖北全省商聯會提交《為中央、中、交國庫券停兌及軍閥發行之官錢票迄無辦法損害匪淺請提交大會議決案》，指明湖北經濟因"中央、中、交國庫券停兌後，損害綜在八千萬元以上，商業停頓，債務糾紛，迄今毫無辦法。若不亟令各該行即日兌現，勢必民窮商困，永無昭蘇之日"。全國經濟會議委員王孝齋在《擬請政府對於湖北金融公債原案予以維持以全威信案》中，針對"國民政府由粵遷鄂，發行金融公債，一以應政府之急需，一以整理鄂省之債務；查原案之中尚有數端未照原定條例施行"情形，提請"政府予以維持，以全國信而紓民困"[3]。

---

[1] 參見中國第二歷史檔案館編：《中華民國史檔案資料彙編》，第五輯，第一編財政經濟（三），309、310頁，南京，江蘇古籍出版社，1999。

[2] 參見全國經濟會議秘書處編：《全國經濟會議專刊》（影印本），242頁，臺北，學海出版社，1972。

[3] 參見全國經濟會議秘書處編：《全國經濟會議專刊》（影印本），236、241頁，臺北，學海出版社，1972。

（第254頁註解②）國民政府行政院曾在相關工作中指令財政部將無擔保與擔保不足的內債款額開單送核，財政部則將此項工作具體細分為由各經管部門辦理（財政部、交通部、鐵道部）[1]。國民政府財政部也曾談到"國民政府成立，對於北京政府所發行有確實擔保債券仍承認繼續償付，其無確實擔保者，亦經確定整理原則，指撥整理基金"[2]。

（第255頁註解①）國民政府曾經指出，導致此次整理的直接原因是1931年9月"瀋陽事變突發，債市大受影響"、1932年"滬變繼起，基金亦虞動搖"，政府財政愈加困難，在"全國持票人激於愛國熱忱，均願犧牲私利，以紓國難，遂與政府妥協"的條件下，此次整理得以啟動[3]。

（第255頁註解②）此次整理的債項，據國民政府統計，公債項下有15種（屬於北洋政府所發者有七年六厘公債、整理公債六厘債票、整理公債七厘債票、十四年公債4種，屬於國民政府所發者有軍需公債、善後短期公債、十七年金融長期公債、十八年賑災公債、十八年裁兵公債、十九年關稅公債、二十年賑災公債、二十年金融短期公債、疏浚河海公債、二十年江浙絲業公債11種），庫券項下有13種（屬於北洋政府所發者有春節特種庫券、治安債券、粵國賠款擔保二四庫券3種，屬於國民政府所發者有續發江海關二五附稅國庫券、十八年關稅庫券、十八年編遣庫券、十九年捲煙稅庫券、十九年關稅短期庫券、十九年善後短期庫券、二十年捲煙稅庫券、二

---

[1] 參見中國第二歷史檔案館編：《中華民國史檔案資料彙編》，第五輯，第一編財政經濟（三），21、22頁，南京，江蘇古籍出版社，1999。
[2] 參見中國第二歷史檔案館編：《中華民國史檔案資料彙編》，889頁，南京，江蘇人民出版社，1979。
[3] 參見中國第二歷史檔案館編：《中華民國史檔案資料彙編》，第五輯，第一編財政經濟（三），411～414頁，南京，江蘇古籍出版社，1999。

十年關稅短期庫券、二十年統稅短期庫券、二十年鹽稅短期庫券10種）[1]。

（第255頁註解③）國民政府在整理操作中，把納入整理的各個債項，多延長利息支付與還本償期（如對整六整七公債、治安公債、十五年春節庫券改為4年內只付利息，第5年開始還本，其餘各債從1932年2月起分別延長償還期），減輕利息（對整六整七兩公債、十七年金融長期公債外的其餘各債利息，從1932年2月起均改定為年息6厘或月息5厘），確定還本付息基金（除海河公債、二十年江浙絲業公債外，各債本息基金均由關稅項下每月劃撥860萬元分配），改組基金保管機構（改江海關二五附稅國庫券基金保管委員會為國債基金管理委員會，集中管理海河公債、江浙絲業公債外各債券基金），換發行票（整六整七兩債換發新票，二四庫券外其餘庫券亦換發新票），加給息票（海河公債與十七年金融長短期公債外各債、二四庫券均加給息票）[2]。

（第255頁註解④）其時，國民政府財政部部長宋子文在有關維持債信的宣言中說明，"持券人慟於外侮之侵凌，國勢之顛危，願損個人之利益，以紓國家之危難，提出減輕利息、延長還期、保障基金各項辦法，與政府互相妥協，業經明令公佈，不獨於政府財力及持券人利益面面顧到，尤足以表現我民眾愛護國家一致團結之精神，本人深表贊同"[3]。

（第255頁註解⑤）在國民政府有關變更債權還本付息令（1932

---

[1] 參見中國第二歷史檔案館編：《中華民國史檔案資料彙編》，第五輯，第一編財政經濟（三），411～414頁，南京，江蘇古籍出版社，1999。

[2] 參見中國第二歷史檔案館編：《中華民國史檔案資料彙編》，第五輯，第一編財政經濟（三），411～414頁，南京，江蘇古籍出版社，1999。

[3] 參見中國第二歷史檔案館編：《中華民國史檔案資料彙編》，第五輯，第一編財政經濟（三），107頁，南京，江蘇古籍出版社，1999。

年2月24日）中，則謂"政府與民眾本是一體，休戚相關，安危與共，際茲國難當前，財政奇絀，與其使債市飄搖，毋寧略減利息，稍延償還日期，俾社會之金融得免枯竭，禦侮之財力藉可稍紓。疊飭財政部與各團體從長討論"[1]。

（第255頁註解⑥）其時，上海各團體救國聯合會曾言"近聞政府因暴日侵掠，金融停滯，各項稅收大為短絀，而抗日軍費急於星火，不能不設法支應，於是提出減付公債本息之議，以便把彼注此，應付困難"、持票人會內債宣言所謂按常理"公債條例皆由立法院議決，票面有財政長官署名蓋印，若在平日，無論國家財政如何困難，萬不容稍有變更。唯當此存亡危急之秋，百業停頓，稅收奇絀，默觀大勢，恐將來政府雖欲暫維債信，或為事實所不許。為今之計，唯有由持票人與政府共同協商，將各種公債、庫券還本期限酌量延長，並酌減利率，俾政府財力得以稍紓"，"而國家之債務易於履行，即人民之債權較為鞏固"[2]。

（第256頁註解②）國民政府在相關政令中落實整理內債基金，規定"由行政院飭部轉令撥發基金之徵收官吏及總稅務司，每月按期將各項債券本息如數撥付，至本息還清之日為止，不得稍有延誤"，且承諾"此乃政府與民眾維持債信調劑金融之最後決定，一經令行，永為定案，以後無論財政如何困難，不得將前項基金稍有搖動，並不得再有變更，以示大信"[3]。

（第256頁註解③）例如，上海各團體救國聯合會要求國民政府

---

[1] 參見中國第二歷史檔案館編：《中華民國史檔案資料彙編》，第五輯，第一編財政經濟（三），104頁，南京，江蘇古籍出版社，1999。
[2] 參見中國第二歷史檔案館編：《中華民國史檔案資料彙編》，第五輯，第一編財政經濟（三），102、107、108頁，南京，江蘇古籍出版社，1999。
[3] 參見中國第二歷史檔案館編：《中華民國史檔案資料彙編》，第五輯，第一編財政經濟（三），104頁，南京，江蘇古籍出版社，1999。

"公債本息只能展期緩付一部分,應付困難,事後補償,不能由政府任意變更原案,等於賴欠",持票人會要求國民政府將此次整理內債辦法"由國民政府命令公佈,並分飭行政院永遠遵守,並交立法院立案"[1]。

(第256頁註解④)例如,在此次整理內債中,上海各團體救國聯合會鑒於"國民政府成立五年,先後發行公債已達十萬萬元,凡此收入,胥為我四萬萬人民之血汗,乃政府將此十萬萬金錢,非用於爭權奪利之國內戰爭即耗於毫無效用之黨政機關"這一"以前政府浪費情形",對國民政府能否將此次所減公債本息移充抗日軍費表示"實不能使我今日之民眾加以徹底的信任",所以,該會再次申述《中華民國國難救濟會維持公債宣言》主張:實行監督財政,政府應將財政收支實況公告國人,由各公團推舉財政專家詳細審查,通盤籌劃;緩付本息專款另儲專供抵抗外侮之用,由各公團組織所設特別會計管理,不得由政府靡費於各不事抵抗的軍隊與無效用機關的黨部經費等;政府以後未得正式民意機關同意即不得再發公債以加重國民負擔,凡屬為政府濫發公債的金融機構眾共棄之[2]。持票人會對實行監督財政的類似界定則是要求國民政府"將財政徹底整理,完全公開,財政委員會由各團體參加,取節縮主義,現在收入範圍內確定概算,不得稍有逾越",政府不再為內戰與政費開支而向各商業團體舉債[3]。

(第257頁註解①)國民政府自述,1933年至1935年,政府因收

---

[1] 參見中國第二歷史檔案館編:《中華民國史檔案資料彙編》,第五輯,第一編財政經濟(三),103、107頁,南京,江蘇古籍出版社,1999。

[2] 參見中國第二歷史檔案館編:《中華民國史檔案資料彙編》,第五輯,第一編財政經濟(三),102、103頁,南京,江蘇古籍出版社,1999。

[3] 參見中國第二歷史檔案館編:《中華民國史檔案資料彙編》,第五輯,第一編財政經濟(三),109頁,南京,江蘇古籍出版社,1999。

第八章　中國近現代政府舉借內債：守信用的激勵、反信用的約束 | 379

入短絀、預算不敷、戰事不斷、救災壓力、實施建設而"不得不再發公債，以資挹注"，承繼既有各種債券，到1936年2月債券種類已有33種之多，名目繁多，償期參差，計算繁難；原定撥付各債的基金，自1935年7月以後即因關稅短收而每月所撥短少約400萬元（應撥數為860萬元），且均由政府臨時墊撥；政府"為維持公債信用起見，爰徇各界之請，核定整理辦法"[1]。

（第257頁註解②）國民政府提出的整理辦法是，發行統一公債調換舊有債券，對以下各債按實欠債額、依其原定清償年限，分為統一公債五種債票（甲、乙、丙、丁、戊）分別調換，即甲種債票（調換二十二年愛國庫券、短期國庫券、十八年關稅庫券、二十二年華北戰區公債、治安公債、十九年關稅庫券6種債券），乙種債票（調換十九年善後庫券、二十三年關稅庫券、二十年捲煙稅庫券5種債券），丙種債票（調換十八年編遣庫券、二十年統稅庫券、二十年金融短期公債、二十年鹽稅庫券、二十年江浙絲業公債、十八年賑災公債、軍需公債、十八年裁兵公債、二十年關稅庫券9種債券），丁種債票（調換十九年關稅公債、七年六厘公債、二十年賑災公債、意庚款憑證、二十四年金融公債、二十三年關稅公債、俄款憑證、統稅憑證8種債券），戊種債票（調換二十二年關稅庫券、二十四年水災工賑公債、整理七厘公債、整理六厘公債、十五年春節庫券5種債券）[2]。

（第257頁註解③）國民政府所作出的整理安排是，核定統一公債發行總額與償還期限（總額為1,460,000,000元，其中，甲種債票

---

[1] 參見中國第二歷史檔案館編：《中華民國史檔案資料彙編》，第五輯，第一編財政經濟（三），316～413頁，南京，江蘇古籍出版社，1999。
[2] 參見中國第二歷史檔案館編：《中華民國史檔案資料彙編》，第五輯，第一編財政經濟（三），316～413頁，南京，江蘇古籍出版社，1999。

150,000,000元，償期12年；乙種債票150,000,000元，償期15年；丙種債票350,000,000元，償期18年；丁種債票550,000,000元，償期21年；戊種債票260,000,000元，24年償清），確定統一公債本息基金（關稅項下除撥付賠款外所餘稅款，由總稅務司依照5種債票還本付息表所列應還本息數目，按月平均撥交中央銀行，收入國債基金管理委員會帳戶，專款存儲備付），規定統一公債還本付息日期（每年1月31日與7月31日各還本付息一次；確定各債票還本抽籤日期），告示統一公債利率（年息6厘），發行復興公債340,000,000元（在完成法幣政策、健全金融組織、扶助生產建設、平衡國庫收支之外用於撥存平准債市基金）[1]。

（第258頁註解①）1936年2月8日公佈的《民國二十五年統一公債條例》中僅稱"國民政府為統一債券名稱，換償舊有各種債券"[2]。仿佛此次整理純屬技術操作，債權人不足掛慮，完全迴避了國民政府此次整理的根本目的何在問題。

（第258頁註解④）《申報年鑒》曾經報道國民政府財政部長孔祥熙由於公債市場謠言盛行，曾於1936年2月1日在中央銀行接待金融界、商界、持券人公眾代表，發表政府"稅收短絀，財政益感困難，各債券基金亦將受影響。為復興經濟，調劑金融，維持債券信用起見，極應籌議妥善辦法，以資救濟"談話[3]。

（第259頁註解①）據《申報年鑒》前所述報道，正是在孔祥熙接待各界代表的那次談話會後，"經到會諸人共同研究，擁護政府整個復興經濟政策，及鞏固債權信用兼籌並顧辦法，議決發行統一

---

[1] 參見中國第二歷史檔案館編：《中華民國史檔案資料彙編》，第五輯，第一編財政經濟（三），316～413頁，南京，江蘇古籍出版社，1999。
[2] 參見中國第二歷史檔案館編：《中華民國史檔案資料彙編》，第五輯，第一編財政經濟（三），205～207頁，南京，江蘇古籍出版社，1999。
[3] 轉見千家駒：《舊中國公債史資料》，250頁，北京，中華書局，1984。

公債、復興公債"，"並由持券人公會發表宣言"以示號召[1]。而在國民政府財政部所頒佈告中則稱內債持票人常感舊有各債券諸多不便，"據持票人會、上海地方協會、上海市商會、銀錢業公會暨金融界領袖等，共同商定發行新債償還舊債辦法"，又在公函中言："本部為統一債券名稱，換償舊有各種債券，與持票人會、地方協會、銀錢業公會暨金融界領袖等共同商定辦法六條，經部認為辦法穩妥，且與統一名稱、鞏固債信之旨相符"[2]。

（第259頁註解②、第260頁註解①）例如，在由業界組織、個人因介入討論、認同此整理方案而發表的《持票人會宣言》中談及[3]，止於1936年1月底，國民政府歷年所發各種內債尚有1,460,000,000元未償，每月應付本息基金多達15,000,000餘元，但國民政府因諸種影響而使各種稅收減少，內債本息基金不足。即便如此，政府仍採用臨時籌墊辦法"按期償付本息，從未逾誤，以固國債信用"；其間，政府為復興經濟而實施法幣政策；鑒於政府財政萬分困難、金融建設尚未健全、加以國難十分嚴重情形，國民有責任"竭力扶助政府，政府多有一分之力量，即人民減少一分之負擔，加強一分國計生存之效率"；經持票人會與政府共同研究，從關稅收入撥足基金，發行統一公債，"使持有債票者長久保持穩固之利益，而政府整個復興經濟之政策，得以完成"，此所謂利國福民：國民借此既可盡愛國天職，個人利益又可得長久穩固[4]。

---

[1] 轉見千家駒：《舊中國公債史資料》，251頁，北京，中華書局，1984。
[2] 參見中國第二歷史檔案館編：《中華民國史檔案資料彙編》，第五輯，第一編財政經濟（三），204頁、210頁，南京，江蘇古籍出版社，1999。
[3] 參見中國第二歷史檔案館編：《中華民國史檔案資料彙編》，第五輯，第一編財政經濟（三），208頁稱《持票人會宣言》，南京，江蘇古籍出版社，1999；《申報年鑒》（1936年，525頁）稱《國債持券人會宣言》，見千家駒：《舊中國公債史資料》，251頁，北京，中華書局，1984。
[4] 中國第二歷史檔案館編：《中華民國史檔案資料彙編》，第五輯，第一編財

（第260頁註解②）1948年4月，國民政府《財政部經管內債說明書》在述及此次整理方案的利益歸宿（類似於利益分配）時，直言1936年政府為調劑金融市場、配合法幣政策實施而統一整理既有公債、庫券，此舉在整齊劃一各種債券中，①帶給持票人的利益是：票額劃一，兌領本息便利；基金鞏固，獲得更確實保證，債信提高；債票市價上漲，利益優厚；②給予政府的利益是：債券化零為整，償付便利，債期延長，利率平均，減輕國庫負擔（每年國庫負擔的本息約可省8,500萬元）；騰出基金發行復興公債，完成法幣政策[1]。於此可見，1936年內債整理方案給予國民政府的利益遠遠大於持票人所得（本應擁有的）利益。

（第261頁註解①）1927年5月13日，國民政府公佈《江海關二五附稅國庫券基金保管委員會條例》，成立江海關二五附稅國庫券基金保管委員會，對用作江海關二五附稅國庫券（以下簡稱二五庫券）償還本息基金的江海關所收二五附稅予以專職管理。並規定：在二五庫券本息償清前，其保管許可權不得變更；江海關基金會委員代表由江蘇兼上海財政委員會會同中央特派員、銀錢兩業與商會推舉代表充任[2]。該機構存續期時近5年（1927年5月13日至1932年4月5日）。

（第261頁註解③）國民政府為使其內債舉借能"邀社會之信任"而屢屢委託該機構保管各種庫券、公債基金。該機構在其履職中所管理的內債基金除二五庫券外止於1930年尚有14種之多（續發二五庫券、捲煙庫券、善後短期公債、十七年金融短期公債、十七

政經濟（三），208~210頁，南京，江蘇古籍出版社，1999。

[1] 中國第二歷史檔案館編：《中華民國史檔案資料彙編》，890頁，南京，江蘇古籍出版社，1979。

[2] 中國第二歷史檔案館編：《中華民國史檔案資料彙編》，第五輯，第一編財政經濟（三），25頁，南京，江蘇古籍出版社，1999。

年金融長期公債、十八年賑災公債、十八年裁兵公債、續發捲煙庫券、十八年關稅庫券、十八年編遣庫券、十九年關稅公債、十九年捲煙庫券、十九年關稅短期庫券、十九年善後短期庫券）[1]。

（第261頁註解⑤）對該機構履職成績及其意義的評價，該機構中人稱謂"保管基金事事公開，深得社會信任"、"從前內國公債基金，完全由外人保管，國人於基金內容，難得明瞭，曾有由國人組織團體，會同保管之議，事未果行。今本會辦理甚佳，足資模範，將來前議不難發現。實現以後，於國家財政，社會經濟，均有裨益"[2]。

（第262頁註解①）1932年4月5日，江海關基金會第51次會議因得知國民政府財政部通知國債基金管理委員會業已設立，即決議結束江海關基金會，將其事權移交國債基金管理委員會。次日，江海關基金會即將其所經管的餘存基金等悉數移交國債基金管理委員會[3]。

（第262頁註解②）國債基金管理委員會的職權、組織、履職，在國民政府所頒《國債基金管理委員會條例》中作了明確規定：①其職權在管理國債基金事宜；②其組織由國民政府設立，以19位委員組成，其中，政府代表5人（在任公債司長、關務署長、總稅務司為當然委員，另由監察院、財政部各派1人），上海銀行業同業公會代表3人，上海錢業同業公會代表2人，上海市商會代表1人，全國商會聯合會代表1人，華僑代表2人，國債持票人代表5人；所設常務委

---

[1] 中國第二歷史檔案館編：《中華民國史檔案資料彙編》，第五輯，第一編財政經濟（三），520～525頁、490頁，南京，江蘇古籍出版社，1999。
[2] 中國第二歷史檔案館編：《中華民國史檔案資料彙編》，第五輯，第一編財政經濟（三），477頁，南京，江蘇古籍出版社，1999。
[3] 中國第二歷史檔案館編：《中華民國史檔案資料彙編》，第五輯，第一編財政經濟（三），118、519頁，南京，江蘇古籍出版社，1999。

員5人中，須有政府委員1人；③其履職在其職權管理範圍內，可以獨立行使其職權，且其管理許可權在各種公債、庫券本息未清償以前不得變更；公債、庫券基金由國債基金管理委員會指定存放機關，屆期由國債基金管理委員會撥交代理還本付息的銀行具體辦理還本付息[1]。

（第263頁註解②、第264頁註解①②）1930年5月5日，江海關基金會第34次會議曾就津海關稅款被截留問題與國民政府財政部理論。在此次會議中，江海關基金會主席李馥蓀於報告中明確表示，津海關稅款截留不論為數多少都會損及內債基金，"破壞基金制度"，惡例不可開行；為維持國家債信、民眾債權，基金會當發表意見，設法挽回。在議決的江海關基金會致國民政府財政部的意見書中，基金會直言：鑒於報載津海關稅收除抵償外債之數外餘數悉由津截留，這違背了此款優先撥充基金會所保管的各種內債基金的規定；由於以此稅款作為本息基金的債券"數額至巨、流通甚廣"，持票人眾多，而基金穩固與否事關國民經濟、國際聲譽，基金會為維持基金"以保債權，而昭國信"，一直恪盡職守，"若截留之惡例一開，勢必引起全國經濟之恐慌，此後政府設施，更何以取信於中外。且同一國債，而內債基金不能與外債受同等之待遇，獲同等之安全，尤為國人所隱痛"，呼籲國民政府"鼎力維護，以安人心"[2]。

（第264頁註解③④⑤）1932年1月13日，江海關基金會第47次會議上，基金會主席李馥蓀於報告中談到時局變化，政府執政者有

---

[1] 中國第二歷史檔案館編：《中華民國史檔案資料彙編》，第五輯，第一編財政經濟（三），110、117頁，南京，江蘇古籍出版社，1999。

[2] 中國第二歷史檔案館編：《中華民國史檔案資料彙編》，第五輯，第一編財政經濟（三），503、504頁，南京，江蘇古籍出版社，1999。

挪用公債、庫券基金的提議，持票人曾函請基金會"代表人民利益，將各項指抵債券本息基金之國稅，直接保管"；與會委員王曉籟言詞激烈："本會之設立，由社團公推，受人民付託之重，債券命脈所關，無論任何犧牲，基金務求鞏固"，且表示"頭可斷，基金絕不可動搖"；另有與會委員提出，基金會"應致電政府，請即打消挪用債券基金之提議，否則，本會當採取種種辦法，維持債券信用"。此次會議決議，將基金會的意見致電國民政府，要政府打消挪用基金提議，"明白宣示，以安人心"；函請總稅務司、統稅署、鹽務稽核總所、中央銀行等保留備抵債券基金稅款不作他用；派出基金委員調查統稅、鹽稅情形。在江海關基金會發給國民政府的相關電文中，基金會陳述：聞說政府有挪用公債、庫券基金的提議而使"群情惶惑"、市面動搖，而"國民政府成立以來，財政入不敷出，端賴募集內債，以資挹注。歷年所發公債、庫券，已達九萬萬餘元"，諸多債券如果"停付本息，立成廢紙，政府之信用掃地，經濟之恐慌立生，在人民將演成國民經濟破產之慘禍，在政府亦失卻救濟財政之財源。此種殺雞求卵政策，於國於民，為害均烈，以政府諸公之明達，當不出此下策"，希望執政者恪守維護償債基金以維持信用的承諾，而基金會亦因受政府、人民重托，必為保持政府信用、維持人民權利，盡其所能，設法使"債券條例不失其效力"。江海關基金會的上述意見宣言及電文曾登報布告，這引發了銀行同業公會、持票人會等向江海關基金會致電表示支持，願作後盾。如1932年1月15日，中華民國內國公債、庫券持票人會在給江海關基金會的電文中聲言：報上"誦讀貴會宣言及致國府電，上保國信，下顧民生，義正辭嚴，語忠言切。竊思自稱以救國救民為責任之國民黨，其指導下之政府，當能從善如流，打消此種自害害民、自殺殺民之妄舉。萬一政府背棄國信，蔑視民生，務請貴會同人均抱王委員曉籟'頭可斷、公債基金之用途絕不能移動'之決心，任何暴力必無所施其技。敝會同人誓作後盾，甘同生死"[1]。

（第265頁註解①②）國民政府行政院於1932來1月17日致電江海關基金會、全國商會聯合會、上海市商會、上海市錢業同業公會、中華民國內國公債庫券持票人會，聲稱"現政府決定維持公債庫券信用，並無停付本息之事，希即轉知各業行會，切勿聽信謠言，自相驚擾……政府歷年以來，咸與人民合作，當此國難日極，尤賴互相維繫，共濟時艱"；1月21日再致電稱"鞏固債信，政府深具同情，已令財部即飭關鹽統署及總稅務司切實辦理"，表示政府所需軍政各費甚巨，希望人民與政府合作，"每月勉任一千元，以安大局"。與此同時，國民政府財政部分別給海關總稅務司、公署、鹽務稽核總所、統稅署發出訓令，要求其絕對遵照定案與條例按期如數撥付各債本息基金以"昭示國信"，而這若干機構在得訓令後即致函江海關基金會表示其自應遵照財政部訓令辦理，按期如數撥付各債基金[2]。

（第266頁註解①）例如，1932年2月，國民政府在啟動內債整理之時，雖然仍一再強調"確定基金"，但它單方面對各種債券延長期限、減輕利息、換發新票的整理操作，已經屬於推遲、減少償債基金撥付的較為隱蔽的反信用的行為，而與此同時，它下令改組基金保管機關，結束江海關基金會這一屢為維護公眾債權人利益而與國民政府抗爭的似乎非正式的機構，而代之以國債基金管理委員

---

[1] 參見中國第二歷史檔案館編：《中華民國史檔案資料彙編》，第五輯，第一編財政經濟（三），97、515、516頁，南京，江蘇古籍出版社，1999；亦見千家駒：《舊中國公債史資料》，210～211頁，北京，中華書局，1984。

[2] 參見中國第二歷史檔案館編：《中華民國史檔案資料彙編》，第五輯，第一編財政經濟（三），98、99、100、101、102頁，南京，江蘇古籍出版社，1999。

會這一似乎更為正式同時也更易為政府所操控的機構，也許事非偶然。

（第266頁註解②）北伐興軍之時，廣州國民政府即因財政金融極端困難而發行1,000萬元公債，鑒於此前公債發行公眾應募者少的情形，政府於是採行強制分配辦法發售公債，其具體操作乃是"依照鋪屋租價分配。凡省外城鎮，商埠、墟市、村落之商店住戶，依照一個月租額，分三個月勻繳，認購債票。先由租客墊支，在租金內扣除，即以此項債票交還業主抵租。如屬自居產業，應照產價1%認購。其租金不及5元，產價不及500元者，准予豁免"[1]。

（第266頁註解③）南京國民政府成立，從1927年4月到1928年6月間所發"國庫券與公債一億三千六百萬元，均由金融界承受。先行墊款，陸續發售。其中以中國銀行所占成分最大"[2]。1927年5月，國民政府發行江海關二五附加稅國庫券3,000萬元，中國銀行、交通銀行被國民政府所強迫而為二五庫券墊款並承購該項庫券[3]。擔心中國銀行被國民政府當作籌款源泉的張嘉璈（公權），曾在1927年6月15日國民政府財政部會議上因"估計當時主要收入不足500萬元，每月銀行界可吸收公債或國庫券之數，不過七八百萬元為度"而"盼望中央支出，每月以1,400萬元為度"，但這一預算支出額無疑難敷國民政府運作行政所需[4]，且國民政府任何突破預算支出的款額連同預算額本身在稅收、發鈔給定條件下，端賴庫券、公債發行

---

[1] 參見中國第二歷史檔案館編：《中華民國史檔案資料彙編》，第五輯，第一編財政經濟（三），100～102頁，南京，江蘇古籍出版社，1999。

[2] 參見中國銀行總行、中國第二歷史檔案館合編：《中國銀行行史資料彙編》，上編（一），374頁，北京，中國檔案出版社，1991。

[3] 尚其亮：《浙江興業銀行興衰》，見全國政協文史資料委員會：《中華文史資料文庫》，卷14經濟工商編，6頁，北京，中國文史出版社，1996。

[4] 參見中國銀行總行、中國第二歷史檔案館合編：《中國銀行行史資料彙編》，上編（一），372、373頁，北京，中國檔案出版社，1991。

以廣來源，而強迫銀錢業等募購各債自是國民政府確保內債舉借的不二法門。

（第267頁註解①）例如，1927年5月，國民政府發行江海關二五附加稅國庫券3,000萬元，即強行攤派給銀行、錢莊兩業認購，拒絕認購100萬元派購數的浙江興業銀行曾為執政者以"它不幫我，我叫它關門"所壓[1]。諸多實業經營者因為拒購庫券而被國民政府沒收、查封其財產，甚至遭到通緝[2]。

（第267頁註解②）國民政府財政部所謂"各界人士抱愛國之熱忱，知大信之昭著，踴躍爭購，竟逾定額"之說並未切實[3]。1927年10月29日，國民政府財政部為發行續發江海關二五庫券2400萬元而布告公眾"踴躍認購，毋得稍存觀望"；11月24日，國民政府財政部在《請勸募續發二五庫券委員會委員親往勸募函》中談到對"各商戶分配承銷庫券"應"按照分配各戶，即日親往勸導，庶期踴躍，而免久延"；1928年1月12日，國民政府財政部在《關於勸募續發二五庫券》布告中宣佈是項庫券加募1,600萬元，要國民"勉盡義務，踴躍應募"。1929年7月，國民政府財政部自稱十八年關稅庫券的發行"全賴各商業團體鼎力贊助，一致分別勸募"；而在1929年9月，當國民政府業已操作7,000萬元編遣庫券發行時，財政部勸募債券委員會所設計的勸募方法乃是：查照前定勸募關稅庫券額定底冊，除去已繳款各戶得暫免續募編遣庫券外，其餘未繳款各戶，均

---

[1] 蔣介石在此次會議上，在張嘉璈所提出的支出額上追加了200萬元，計1600萬元。參見中國銀行總行、中國第二歷史檔案館合編：《中國銀行行史資料彙編》，上編（一），372頁，北京，中國檔案出版社，1991。

[2] 尚其亮：《浙江興業銀行興衰》，見全國政協文史資料委員會：《中華文史資料文庫》，卷14經濟工商編，6頁，北京，中國文史出版社，1996。

[3] 馮耿光：《我在中國銀行的一些回憶》，見中國銀行總行、中國第二歷史檔案館合編：《中國銀行行史資料彙編》，上編（一），231、232頁，北京，中國檔案出版社，1991。

照關稅庫券原募額,發函勸募,以昭公允;對勸募各戶仍由各委員分隊登門勸募;由勸募委員會函致銀錢公會、商會,請其分別召集各該業領袖,廣為切實勸導,以利進行;在勸募各戶中擇其重要者,由財政部長、次長再行定期柬邀,開一茶話會,面請概認[1]。

(第267頁註解③)例如,鎮江商會提及收稅各關要商人迫認庫券而繳款時並無正式庫券,僅發給恐無從換領正券的各關暫行收據,各關及分卡"頗可通融,如不取收據,即減折認繳",實屬"病商而不裕國";在1928年4月19日江海關基金會第八次會議上有委員指出:"二五庫券發行已將一年,頗聞內地處購券人尚有僅持收據未曾換取庫券者,或者竟有僅付券價並收據而未得者,諒有承辦官吏隱匿侵吞情事。此事與國家信用大有關係,亟應徹究,以重廉潔而崇國信。應由本會致函財部酌定辦法,登報通告,以免購券人損失,且全本會保管職責。"[2]

(第267頁註解④)續發二五庫券的發行,國民政府名為勸募,實屬派募。1928年2月13日,針對財政部要求勸募委員會轉商上海銀錢兩業與各商業團體各勸募400萬元的函告,上海錢業公會堅稱"同業對於前兩次籌募庫券,業已盡力購受,多有資本較少之莊家,其購受庫券已超過資本之半數,以致營業上發生種種困難"而百業凋敝更使遭受影響的同業有苦難言,懇請勸募委員會"格外鑒諒,免於加募,俾得稍延殘喘"[3]。上海銀行公會亦因不願加募續發二五庫

---

[1] 參見中國第二歷史檔案館編:《中華民國史檔案資料彙編》,第五輯,第一編財政經濟(三),27、29、30、31、61頁,南京,江蘇古籍出版社,1999。

[2] 全國經濟會議秘書處編:《全國經濟會議專刊》(影印本),375、395頁,臺北,學海出版社,1972。

[3] 參見中國第二歷史檔案館編:《中華民國史檔案資料彙編》,第五輯,第一編財政經濟(三),66頁,南京,江蘇古籍出版社,1999。

券而致函勸募委員會："自政府發行二五庫券以來，銀錢兩業擔任數目，幾及全額之半，活動資金已盡呆擱，長此籌募，實有不能周轉之勢"；銀行公會各銀行之所以不能加募庫券，主要是因為"每值政府募發債券，我金融同業必首當其衝，數目特巨。長此以往，不獨實力盡喪，難以為繼，深恐外界不明真相，群滋疑慮"、"各銀行舊欠雖經抵還，唯收回者皆系庫券，而新借者純屬現金"致"續募續墊之款業已超出收回之現金，故庫儲債券日多而現金日枯。無論庫券擔保如何確實、利息如何優厚，實已力不從心，無資可投"，請求勸募委員會豁免加募"而維金融"。在1928年6月召開的全國經濟會議上，由各與會委員提交的諸建議案中，對國民政府強制派募二五庫券的操作頗多怨詞：鎮江商會《二五庫券重疊迫認病商案》指出，在當地由縣政府因省財廳派募而承募的二五庫券中，十之七八由商界擔負，常關徵稅者"忽異想天開，創為貨稅百元需認募庫券五十元，呈經財部，大為獎許，通令海、常關仿照辦理"，而商人在一常關及其不同口卡均須按稅重複迫認二五庫券，多出自商人的二五庫券"既攤有定額，又令再行認繳，試問奄奄一息之商人，更有何餘力擔當此重疊之庫券"[1]；鎮江雜貨商在《廢除苛征雜稅意見書》中談到，由於調查當地工廠、巨商數者"捕風捉影之空文"（工廠200餘家、巨商400餘戶），使"政府遽據為事實"，此次續募"吾鎮攤認至三十萬之多"，而全市商民資本總計僅有一二百萬，"庫券續續發行，則血本全數歸於政府，勢非各業商人破產而不止"。至1929年7月，上海市茶業分會尚致函國民政府財政部勸募債券委員會，自述"歷年來店方認購債券確已不在少數，時至今日，已成強弩之末。因此店家成為外強中乾狀態，間有

---

[1] 參見中國第二歷史檔案館編：《中華民國史檔案資料彙編》，第五輯，第一編財政經濟（三），32～35頁、61頁，南京，江蘇古籍出版社，1999。

營業不能維持者甚多。為此，敝會對於此次債券實在無能為力，敢請貴會體念商艱，曲予見諒"[1]。

（第268頁註解①）1928年3月1日，國民政府財政部長宋子文函告勸募續發二五庫券委員會，用於軍政需費總計4,000萬元的此項庫券，或由"各地方紳商富民等分別認募足額"，或已"派定募額，分頭勸銷"，政府為褒獎"認募鉅額迅速繳款及勸募出力者""以昭激勸而資感奮"，特製定《財政部債券褒獎條例》：對財政部所發公債或庫券踴躍認募鉅額或幫助財政部勸募鉅額且繳款迅速的各機關、團體、商民，政府將按照條例發給分為3個等級的金銀質獎章或外加匾額"以示優異"。在1929年1月30日公佈的《財政部債券褒獎條例實施細則》中，所謂褒獎安排被細化為：五千元、一萬元、二萬元、三萬元、五萬元、十萬元以上各認募者分給銀獎章（3、2、1等）、金獎章（3、2、1等）；認募二十萬元以上者，獎章加匾額；勸募一萬元、三萬元、五萬元、十萬元、二十萬元、五十萬元以上者分給銀、金獎章（各3、2、1等）；勸募一百萬元以上者獎章加匾額[2]。

（第270頁註解①）國民政府財政部錢幣司司長戴銘禮曾言，發行債券作為政府籌款的重要途徑，最初是政府向銀行、錢莊攤派發行，由於收效甚微，後即改為將所發債券向銀行、錢莊先做押款，再由財政部命令上海華商證券交易所將政府所押債券開出價錢（叫"上市"），使其可在市面流通；至押款到期，政府即照到期日交易所開出政府所押債券的行市，和押款行莊結清本息；政府為討好

---

[1] 全國經濟會議秘書處編：《全國經濟會議專刊》（影印本），372、395頁，臺北，學海出版社，1972。
[2] 中國第二歷史檔案館編：《中華民國史檔案資料彙編》，第五輯，第一編財政經濟（三），1、2、474頁，南京，江蘇古籍出版社，1999。

行莊以便續做交易，對行莊的結價常比交易所開的行市低半元或一元，這使得承做政府債券押款的行莊除照市價折扣外尚可得政府"讓利"，實際所得利息優厚：當時公債庫券利息一般8厘，證券交易所新開的市價為票面的七折或八折，即票面100元，市價只需70元或80元即可買進[1]，本息照票面價值十足還本付息[2]。

（第270頁註解②）例如，北四行之一的金城銀行，其1937年6月決算表記載，該行所購政府債券23種、總計34,061,112元[3]；金城銀行1937年上半年公債成交數129,455,000元，佔上海證券交易所總成交數1,475,180,000元的8.78%，其中自營82,455,000元，佔比5.59%；代理47,000,000元，佔3.19%。《金城銀行創立20年紀念刊》直言，鑒於中央政府所發公債券、庫券是市場流通性最大的國內有價證券，"故本行對於此種債券之投資，商儲兩部歷年平均達相當之數額。先就商業部而言，最近三年來，此項投資，與本行抵押信用兩項放款總額比較，約等其六分之一"。在上海商業儲蓄銀行的有價證券投資中，1935年前佔半、1935年後過半的都是公債，1937年6月公債額達3,185萬元[4]。據中國銀行檔案：中國銀行1930年度有價證券65,085,113.84元，比1929年度增加31,874,523.81元，其中

---

[1] 參見戴銘禮：《孔祥熙任財政部長期間的財政與金融》，載全國政協文史資料委員會：《中華文史資料文庫》，卷14經濟工商編，356頁，北京，中國文史出版社，1996。另有所謂國民政府內債發行雖然規定為九六折，但實際上多為對折到六折不等者。見戴銘禮：《孔祥熙任財政部長期間的財政與金融》，載全國政協文史資料委員會：《中華文史資料文庫》，卷14經濟工商編，459頁，北京，中國文史出版社，1996。

[2] 中國第二歷史檔案館編：《中華民國史檔案資料彙編》，第五輯，第一編財政經濟（三），5、6頁，南京，江蘇古籍出版社，1999。

[3] 中國第二歷史檔案館編：《中華民國史檔案資料彙編》，第五輯，第一編財政經濟（三），282頁，南京，江蘇古籍出版社，1999。

[4] 參見中國人民銀行上海分行金融研究室編：《金城銀行史料》，530、531、544頁，上海，上海人民出版社，1983。

銀幣公債即內債占62.5%，而有價證券數目增加較巨"良以存款增加，為運用分散起見，同時為增加金貨投資，力圖資產確實起見"[1]；1931年度有價證券72,024,497.88元（占中國銀行全部資產的8.5%），增加6,939,384.04元，其中銀幣公債占55.3%；1932年度有價證券64,544,446.21元（占中國銀行全部資產的8%），減少7,480,051.67元，其中銀幣公債占56.1%；1933年度有價證券總額為81,847,045.91元（占中國銀行全部資產的8.9%），增加17,302,599.70元，其中銀幣公債占77.1%；1934年度有價證券86,981,599.06元（占中國銀行全部資產的8.8%），增加5,134,553.15元，其中銀幣公債占79.2%；1935年度有價證券103,246,780.89元（占中國銀行全部資產的7.70%），增加16,265,181.83元；1936年度有價證券總額161,823,453.11元（占中國銀行全部資產的9.41%），增加58,576,672.22元[2]。

（第271頁註解①）抗戰勝利後，失控的通貨膨脹已使國民政府的公債乏人過問，而投機者所關注的悉為黃金、美鈔、現大洋與紗布等可鎖定風險的投機標的[3]。

1947年3月，出任國民政府中央銀行總裁不久的張公權為利誘公眾認募公債，於該月29日同時公佈《民國三十六年短期庫券條例》、《民國三十六年美金公債條例》。是項庫券、公債票面均以美金標價，庫券還本付息依支付日中央銀行美金牌價折算付給國

---

[1] 吳經硯：《上海商業儲蓄銀行歷史概述》，見全國政協文史資料委員會：《中華文史資料文庫》，卷14經濟工商編，77頁，北京，中國文史出版社，1996。

[2] 參見中國銀行總行、中國第二歷史檔案館合編：《中國銀行行史資料彙編》，1999、2036、2066、2102、2176、2187、2188、2215頁，北京，中國檔案出版社，1991。

[3] 參見馬寅初：《中國經濟改造》，412頁，上海，商務印書館，1935。

幣，公債還本付息由國民政府特定一律以美金外匯給付[1]，看似給予庫券、公債的認購者、持有者以保本保值利益保障的發行安排[2]，實則頗多使債權人利益現實與預期受損的確定與不確定因素：美金公債須以美金存款或美金現幣、其他外幣存款或現幣、黃金繳購，美金庫券雖以國幣折合美金發售但其未來償本付息卻是以美金折算給付國幣[3]，在時局動蕩、通貨惡性膨脹條件下，債務人的承諾缺乏必兌現約束，債權人的利益缺乏可置信保證。史載，張公權曾在庫券、公債基金監理委員會上稱"此次發行公債實為一大試金石，由此可以測驗人民對國家債券是否信任"[4]。測驗結果自是不言而喻的：在內債舉借中多次失信的國民政府即便以美金標價庫券、公債，即便允許各銀行以庫券、公債充作準備金且在基金監理會與募銷委員會中設有占代表總數30%多的銀錢業代表，對政府債券失去信心的公眾也已無意於認購、持有庫券、公債，這使得庫券、公債在1年（1947年4月1日至1948年3月底）的發售中，短期庫券實銷僅2,710萬美元（額定3億美元），美金公債實銷僅2,355萬美元（額定1億美元）；且實銷美金公債中有1,900萬美元為國民政府所控所有的中國銀行、交通銀行、中國農民銀行、郵政儲金彙業局所購，形同內部轉帳（如中國銀行認購1,000萬美元，其與國民政府中央銀行約定：中國銀行外匯頭寸緊張時可以美金公債按七折向中央銀行作抵、透支；各地推銷美金公債所收外匯資金均須存入分設於紐約、

---

[1] 參見全國政協文史資料委員會：《中華文史資料文庫》，卷14經濟工商編，465頁，北京，中國文史出版社，1996。
[2] 千家駒：《舊中國公債史資料》，338～340頁，北京，中華書局，1984。
[3] 參見全國政協文史資料委員會：《中華文史資料文庫》，卷14經濟工商編，282頁，北京，中國文史出版社，1996。
[4] 千家駒：《舊中國公債史資料》，338～340頁，北京，中華書局，1984。

（第272頁註解①）"三不公司"之得名，乃因國民政府執政時期，曾任財政部次長的徐堪、曾任中央銀行副總裁的陳行、曾任國貨銀行董事長的宋子良，為進行投機活動而秘密組織了一個專門公司，在證券市場上從事欺詐性自利操作，時人遂將該投機公司譏稱為"三不公司"，隱喻徐堪的"不堪"、陳行的"不行"、宋子良的"不良"[2]。

（第272頁註解②）"三不公司"欺詐性的自利操作突出地表現在民國二十三年關稅庫券（以下簡稱"二三關庫券"）風潮中。1934年1月13日，國民政府頒行《民國二十三年關稅庫券條例》，債額1億元，98折扣發行，償期7年，月息5厘[3]。通常，國民政府在內債舉借中為促銷庫券、公債強制操作外，多以利誘操作（如前所述先將庫券、公債向銀行折扣抵押，再送交易所折扣開拍，最後以低於行情的價格與銀行結價）誘使銀行等認購、持有。"三不公司"利用銀行界對國民政府在內債舉借中利誘操作折扣比例（如交易所開拍行情一般在六折左右）的常規判斷，暗中拉抬，使"二三關庫券"交易所折扣開拍價位在70元以上，而將此行情視作高估的各銀行即多選擇賣出，"三不公司"卻選擇趕在政府尚未與銀行結價前大量買進，致使"二三關庫券"行情不斷走高；各銀行迫於須與政府結價的約定而不得不選擇補進；且"三不公司"利用其所控制各證券字型大小散佈"政府準備收回二三關庫券"改發新債這一虛實

---

[1] 參見全國政協文史資料委員會：《中華文史資料文庫》，卷14經濟工商編，282頁，北京，中國文史出版社，1996。

[2] 參見全國政協文史資料委員會：《中華文史資料文庫》，卷14經濟工商編，282頁，北京，中國文史出版社，1996。

[3] 參見全國政協文史資料委員會：《中華文史資料文庫》，卷14經濟工商編，349頁，北京，中國文史出版社，1996。

難辨的資訊，促使"二三關庫券"行情繼續高企，各銀行不得不選擇繼續補進；"三不公司"選擇在"二三關庫券"行情的高位拋售庫券，大賺了一筆，而各銀行與"跟批頭"者卻是大虧了一筆[1]。值得注意的是，在此次風潮中，銀行界曾有要人就政府擬收回二三關庫券是否可信往詢財政部長孔祥熙。所得答復語意兩可，而國民政府最終利用各銀行的被動地位，壓各銀行按照九八發行結價[2]，類似於政府財政增加了一筆收入。

（第272頁註解③）除二三關庫券風潮中欺詐性自利操作外，"三不公司"尚在國民政府1936年整理公債前，在債市上一會兒放出政府將以新債換舊債、重新規定債息資訊，一會兒又傳稱因財政困難而行公債整理的政府將停付舊債債息，此舉使那些處於資訊絕對劣勢的政府債券持有者於恐慌中紛作拋售，"三不公司"則大量購進，旋即哄抬，並在公債行情暴漲中操作賣出，斬獲暴利。令人深思的是，抗日戰爭勝利後，出任國民政府財政部長的俞鴻鈞竟也有類同於"三不公司"的欺詐性自利操作：任投機者在上海市場散佈政府將對戰前統一公債"優惠還本"資訊而財政部對此資訊卻不予評說，由此而拉動統一公債行情上漲，到1946年4月票面100元的統一公債曾上漲至8,400元，而俞鴻鈞秘密組織的投機公司則以高價拋出大量現貨。不久，財政部始向公眾發佈統一公債概依票面價值償還本息資訊，統一公債行情驟然掉頭直下，致使介入投機的證券字型大小破產倒閉達十數家，而公債持有人的利益損失估計達1,500億元之巨[3]。

---

[1] 千家駒：《舊中國公債史資料》，231、232頁，北京，中華書局，1984。

[2] 參見全國政協文史資料委員會：《中華文史資料文庫》，卷14經濟工商編，460～462頁，北京，中國文史出版社，1996。

[3] 參見全國政協文史資料委員會：《中華文史資料文庫》，卷14經濟工商編，349頁、460～462頁，北京，中國文史出版社，1996。

（第273頁註解①）1942年4月25日，國民政府頒佈《民國三十一年同盟勝利美金公債條例》，債額1億美元，按票面十足發行，年息4厘，償期10年，在美國貸款5億美元項內將公債本息撥存中央銀行，約期依照票面額支付美元[1]。該項債券發行之初，國民政府雖向公眾宣傳"公債以美金為基金，本固息厚，穩如泰山；國人踴躍認購，功在國家，利在自己"，但認購者不多（至1943年秋末全國後方各省實售僅5,000萬美元），且業已認購者由於對國民政府債券並無信心，遂多不願持有而作"折本脫售"選擇，這便使此美金公債市價跌破官價（由票面20美元跌至17～18美元）。其後，由於惡性通貨膨脹，美金公債券市價回漲，票面20美元的債券漲到30美元[2]。鑒於此，國民政府財政部即於1943年10月15日密令中央銀行國庫局停售此項美金公債，未售5,000萬美元債券悉由中央銀行業務局購回。在具體操作中，中央銀行國庫局於1944年1月先呈報中央銀行總裁稱"查該項美券銷售餘額，為數不貲，擬請特准所屬職員，按照官價購進，用副政府吸收遊資原旨，並以調劑同人戰時生活"，得到認可批示後，即依官價（1美元兌20元法幣）分批購進1,1500,000美元美金公債券餘額：第一批3,504,260美元（折合法幣7,008.526萬元），第二批7,995,740美元（折合法幣159,914,800元）。此時（1944年1月16日至20日），美金公債券市價已在1美元合法幣273～250元之間，以官價購進的美金公債券法幣市值約為4,157,967,021元，約合美金207,898,351美元；而由中央銀行國庫局局長以中央銀行名義操作購進的這兩批美金公債券餘額並未如數上繳國庫。對此，其時有國民參政會參政員欲於1945年7月國民參政會上以提案形

---

[1] 參見全國政協文史資料委員會：《中華文史資料文庫》，卷14經濟工商編，349、350頁，北京，中國文史出版社，1996。
[2] 千家駒：《舊中國公債史資料》，308、309頁，北京，中華書局，1984。

式議決並請國民政府嚴辦，後經人以免使友邦失望與不滿為由的說項而將提案改為"不走明路走暗路"的書面檢舉；就在國民參政會閉幕不久，國民政府《中央日報》即有"中央銀行總裁孔祥熙及國庫局長呂咸辭職獲准"消息發佈。無獨有偶，國民政府中央銀行國庫局針對美金公債券的自利操作，亦為時任四川省銀行董事長的潘昌猷所效尤——挪用省行資金，將省行各分支機構餘存美金公債倒填年月，悉由省行購入，為數達一百多萬美元[1]。

（第274頁註解①）在此案例中，國民政府對於涉案的政府高官所給予的問責處罰，回應國民參政會三屆三次會議（1944年9月）決議通過的《請刷新政治案》、《嚴懲貪污案》，僅僅是促其辭職而已[2]。

---

[1] 參見全國政協文史資料委員會：《中華文史資料文庫》，卷14經濟工商編，381、382~384頁，北京，中國文史出版社，1996。

[2] 參見全國政協文史資料委員會：《中華文史資料文庫》，卷14經濟工商編，205頁，北京，中國文史出版社，1996。

結　語

1.一般而論，經濟學視角資源的稀缺屬性、產權屬性即資源的物理屬性、社會屬性決定了資源配置的有償屬性即信用屬性——基於償付本息而做出承諾與兌現承諾，而資源配置信用屬性的凸顯本身又是一個信用功能釋放過程，且資源配置中信用功能的釋放，乃以對相關行為主體的信用激勵、約束作為信用功能啟動、續動所不可或缺的前提條件。換言之，給定資源稀缺這一經濟學所判斷、設定並可驗證的條件，當我們將資源的產權屬性與資源的稀缺屬性予以整合時，資源配置的有償性——信用屬性的存在，即成為參與資源配置的經濟行為主體啟動、續動相關經濟活動時所必須認同、恪守的事實，而經濟行為主體對該種事實的認同、恪守即會使信用功能釋放在秩序狀態下進入並維繫資源配置良性迴圈——資源效率配置。

2.古希臘、古羅馬經典作家對信用激勵、約束機制問題的相關思考，均強調對信用主體中的債務主體實施守信譽的激勵、反信用的約束以保障債權主體的產權，而信用機制功能的有效釋放乃以一國有效制定與實施的法律作為外設制度保證。儘管這些經典作家並未直接論述政府舉債信用機制問題，但他們對自己所持有的反對執政者隨意沒收財產、廢除債務觀點的表述，倡導以立法界定約束執政者權力的主張的提出，這之中無疑隱含著對政府舉債守信用的激勵、反信用的約束的豐富資訊。但更為重要的是，這些經典作家提出了一個人們至今仍在不斷思索、求解的問題：如果說民間層面的信用激勵、約束機制由於可以憑藉一國政府強制實施相關法律而使該機制的功能釋放獲得有效保障的話，那麼，政府層面的信用激勵、約束機制，它的功能釋放又應當由誰提供？怎樣提供有效保障呢？換言之，後者很難僅由政府自身來對自己的信用行為提供有效的保障。

歐洲近現代經典作家對政府舉債信用機制問題的相關思考，已不再僅僅是泛論信用的激勵、約束，而是將一國政府作為債務主體置於信用激勵、約束機制中，具體剖析其所面臨的守信用的激勵、反信用的約束。尤具啓示意義的是，歐洲近現代經典作家們思考所及，在承襲古希臘、古羅馬經典作家強調國家對其公民給予產權保障的傳統下，已嘗試對舉債政府信用度的估測問題、舉債政府如何向其債權主體示信守信問題、舉債政府如有反信用行爲時怎樣才能對其實施有效的約束等問題進行更爲深入的剖析。

中國近現代思想家已於其所處特定歷史條件下慮及信用機制問題，且在他們對信用激勵、約束機制問題的相關思考中高度關注在外債舉借中因不平等條約條件而可能引致的外國債權主體對舉債政府實施超經濟的信用約束——主權約束問題，十分強調舉債政府應給予債權主體（國內、國外債權主體）以可置信債權保障——反信用約束的示信，極爲重視在舉債目的經濟化、舉債程式制度化、舉債途徑多樣化條件下信用機制對重複信用的維繫作用。而正是在這樣的相關思考中，他們雖未系統闡釋，但的確已經從信用激勵、約束視角觸及政府信用度評價、政府信用怎樣承諾兌現、政府信用立法怎樣有效實施的問題。

3.一般而論，一國政府的主要職能就是爲其國民福利提供勞務化與物質化的公共產品——資源配置的保障。唯其如此，該國政府的履職能力才能獲得該國公眾的認同，其履職的地位即作爲執政者的地位也才能由此而得以確立並得以鞏固。

一國政府履行其職能的經濟基礎即資金支撐，所要解決的問題乃是該政府履行其職能的資金來源問題。給定稅收、貨幣發行的政府籌資途徑，切於本書論題，我們可以判斷，政府舉債的必要性乃在於政府由此而可以籌措到它履行職能所需要的資金。

當一國政府爲了履行其職能而謀劃舉債籌資的時候，它所遭遇到的是否能夠由此而籌措到它所需要的資金這一問題，究其實，直接涉及政府舉債的可能性問題。而政府舉債的可能性問題，其實就是政府必須在一定條件下才能夠有效操作舉債，或者說，政府舉債必須滿足一定條件的問題。概略而論，謀求舉債籌資的一國政府，它所必須滿足的條件主要有：恪守信用、尊重民願、操作適度。

作爲一種現代意義上的制度安排的政府舉債，即政府舉債制度化的最終確立與長期發展，不僅表明政府在其職能履行中已經把向公衆舉債作爲籌措其所需運作行政資金的經常化途徑，更表明政府的這一籌資方式已經獲得了公衆債權人的穩定甚至持續的認同。

4.明定財政赤字，一國政府爲有效運作政治而選擇舉債籌資；有效運作政治既是一國政府舉債籌資的直接目的，亦是一國政府舉債籌資的利益激勵。從政府產生、存在的公共選擇基礎分析，一國政府產生、存在及持續存在的基礎條件乃是在於公衆對政府職能供給具有不可或缺的需求，而政府職能的供給當以政府的收支營運作爲經濟保證。一個爲收不抵支的財政虧空所困擾的政府，當它擇定舉債籌資以濟不敷時，它的目的即利益激勵表像於確保政府職能供給正常應對公衆的政府職能需求，根源於政府維持自身行政的存在及持續存在。一個願意並選擇舉債籌資的政府，唯有計之於持續存在、因獲得公衆信任而能夠持續存在的政府才有望舉債籌資畢功。而一國政府舉債欲獲得非偶然際遇、屬穩定預期的公衆信任，則唯有依賴於公衆信任得以立足的適宜制度——經濟制度基礎。

經濟制度是有關經濟行爲主體參與經濟運行並影響經濟運行中經濟主體行爲、兼具激勵約束功能的規則系統；它是具有漸進、持續、承啓變遷特徵的、以產權界定爲基礎、整合經濟行爲主體經濟關係的規則。經濟制度的具體存在形式可以區分爲：非市場經濟制度與市場經濟制度。作爲以產權界定爲基礎，對經濟行爲主體行爲兼具激勵、約束功能規則的經濟制度，其以非市場經濟制度或市場經濟制度具體存在形式構成一國政府（無限政府或有限政府）舉債信用機制的經濟制度基礎，亦即一國政府舉債時能否獲得公眾信任的經濟制度基礎。一般而言，一國經濟制度究竟屬於何種形式乃由一國經濟增長進而經濟發展程度所決定。給定一國經濟增長進而發展所決定的經濟制度，一國政府所處經濟制度基礎將對其舉債產生極大的影響。

5.給定一舉債政府所處經濟制度基礎條件，無論是在非市場經濟條件下人治運作行政的無限政府舉債，抑或是在市場經濟條件下法治運作行政的有限政府舉債，它們均有支撐信用激勵、約束機制的外在制度安排以保護債權人利益的立法。換言之，政府舉債信用機制尚受制於一定的法理基礎。

一國政府舉債信用激勵、約束機制為一定的法理基礎所支撐，而一定的法理基礎之所以能夠支撐一國政府舉債信用激勵、約束機制，乃因其具有特定的功能。當我們將具有普適性的法律功能定位置於舉債信用機制框架中時，所謂舉債信用機制的法理基礎即法律基礎功能，無疑即是以對各信用主體（尤其是債務主體）信用行為具有約束（激勵）導向力的信用規則為各信用主體利益（尤其是債權主體的利益）提供秩序保證。

由明晰政府舉債信用機制法理基礎構成而認知政府舉債信用機制法理基礎是什麼的問題，我們在此將政府舉債信用機制法理基礎構成具體而微地界定為公法中的憲法。思考憲法規定特定行為主體權力（權利）問題，由憲法定義把握憲法的功能定位應不失為一種頗具效率的思考路徑選擇。近代、現代憲法所確立的諸種具有承繼性的原則使我們確信：憲法具有授予權力並限制權力的雙重功能，其具體表現乃是限制國家（以政府為代表）權力、保障公民權利。尤為重要的是，給定其他條件，一般而論，憲法對國家（政府）權力的限制，其本身即直接涉及甚至這本身即是對公民權利的保障。

在政府舉債信用激勵、約束機制功能釋放主題下思考憲法的功能問題，立足於限制國家權力、保障公民權利判斷，關注作為產權構成要件之一的公民財產權，關注一國公民作為個人其權利（如財產權）的憲法保障。換言之，在政府舉債信用激勵、約束機制論題下凸顯憲法功能，我們於此所著力強調的乃是：國家權力的行使旨在保障公民權利，限制國家於權力行使中損及公民權利。

　　如果說一國的憲法僅是在文本層面對特定行為主體的權力（權利）做出規定的話，那麼，這一憲法文本規定的有效實施則必須依賴於一國憲政——法治的切實運作來支撐。憲政即一國政府依憲運作行政。依憲運作行政的憲政乃是依法運作行政的法治的根本。被今人視為社會秩序與人類價值的法治，其據以構造的基本觀念乃在於主張一國政府政治權力的運用當以法律為基礎並處於法律約束之下，給予公民自由權免受權力機構任意干預的保護須有相關實體性與程式性制度安排。無法治即無可予置信的憲政，法治是憲政踐行的至上標誌，而限制政府權力構成憲政——法治的重要內容。

　　憲法是一國政府舉債信用機制的法理基礎構成，而具有限制政府權力以保障公民權利功能的憲法卻必須憑藉憲政在法治條件下才能夠證明其作為根本規則的定位。擇定政府舉債信用機制法理基礎的憲法構成視角，可以判斷，在法治條件下，一國政府舉債守信用的激勵、反信用的約束機制。總之，一國政府舉債信用機制的功能釋放狀況，其績效取決於該國憲政機制的功能釋放狀況。換言之，取決於該國政府能否並在多大程度上在憲法對其做出的權力規定邊界內依照法治運作行政。

　　6.在經濟活動中，各行為主體相互間以利益激發鼓勵並期待利益實現的行為即利益激勵，其實質乃是利益激勵的參與主體在相互間以利益為標的、動力的激發鼓勵中啟動對方的利益潛質，使其在利益預期及其兌現動機導向下為或不為一定行為。利益激勵具有互動屬性，或言利益激勵即互動的利益激勵。互利是互動利益激勵啟動、續動的引擎，互利也是互動利益激勵參與主體相互間的利益交換行為。當互利將互動利益激勵參與主體於利益博弈中導向一可能的利益均衡點時，這一互動的利益激勵即可望成為有效的利益激勵。當利益激勵參與主體均為追求有效的利益激勵甚至強效的利益激勵而不斷調整自己的行為以求得相互間的認同時，對利益激勵參與主體而言，利益激勵亦即利益約束，有效的利益激勵亦即有效的利益約束。利益激勵即利益約束（懲罰），互動的利益激勵即互動的利益約束（懲罰），有效的利益激勵即有效的利益約束（懲罰）。

在經濟活動中，具有自利潛質的各行為主體，其行為均會受互動的利益激勵與利益約束所左右。信用，作為經濟行為主體基於還本付息承諾及兌現這一承諾的債權債務關係建立結清的經濟活動，其產生、維繫同樣受制於信用參與主體間互動的利益激勵與利益約束。換言之，利益激勵、利益約束構成信用產生、維繫的利益基礎。倚重於利益基礎而產生的信用，其存續與維繫依然倚重於利益基礎。持續維繫的利益基礎保障信用的存續與維繫。

明定利益假說，經濟活動中各行為主體為或不為一定行為的選擇，皆會以利益作為其進行判斷、操作選擇的尺規。經濟行為主體的利益一般難以隔離由他們相互間恪守承諾或者違背承諾所帶來的正負面影響。而經濟行為主體相互間基於利益的承諾及其兌現乃是信用本於社會行為規範的一般屬性，這樣的承諾及其兌現本質上即屬於經濟學意義上的信用，且這樣的承諾能否或能否完全兌現問題同時即屬於遵守或是違反信用的問題。

一般而言，經濟行為主體守信用與反信用的行為構成信用的一體兩面：

(1)守信用的激勵,即對經濟行為主體恪守並兌現承諾行為所給予的基於利益獎勵的激發鼓勵。守信用的激勵亦即守信用的利益激勵。守信用的利益激勵與守信用的行為進而與由此所引致的信用獲得量正相關。

(2)反信用的約束,乃指對經濟行為主體違背或不兌現承諾行為基於利益懲罰的控管限制。反信用的約束即反信用的利益懲罰(約束)。反信用的利益約束(懲罰)與反信用的行為進而與由此所引致的信用失去量負相關。

在真實經濟生活中,信用關係無論是擬設的或者是實有的,其債權主體準備或已經借出的信用均具有對可能的債務主體反信用行為的高度敏感性、易受事實上的債務主體反信用行為損毀的脆弱性、一經遭受反信用行為損毀即很難迅速修復的阻滯性,這將使得那些被債權主體預期為具有反信用傾向或察知具有反信用案底的債務主體徹底失去借入信用的可能,而那些事實上的反信用的債務主體更將受到強制實施的法律懲罰。當反信用的利益懲罰即反信用的約束對稱於反信用行為時,由債務主體公行於反信用的利益懲罰與反信用行為失衡條件下的反信用行為,在守信用的激勵與反信用的約束博弈中將被有效地約束。在每一持續亦即重複的信用關係中,一個債務主體由守信用所獲得的利益長遠因而巨大,由反信用所獲得的利益短暫因而微小。

剖析政府舉債的信用激勵、約束機制問題,有必要依據職能定位將舉債政府具體界定為無限政府與有限政府。給定非市場經濟制度條件,一般而論,無限政府常於封閉的經濟運行中憑藉人治的強制命令來對資源進行漠視公眾產權的強制配置。因此,在非市場經濟制度條件下的無限政府舉債,一般並不存在對無限政府履行債約具有守信用的激勵與反信用的約束功能、可給予債權人穩定償債預期的外在制度安排。明定市場經濟制度條件,一般而論,有限政府常於開放的經濟運行中憑藉法治捍衛的市場競爭來對資源進行尊重公眾產權的自願配置。因此，在市場經濟制度條件下的有限政府舉債，一般存在對有限政府履行債約具有守信用的激勵與反信用的約束功能、可給予債權人穩定償債預期的外在制度安排。至於其職能定位不論由於何種原因而由無限政府漸變爲有限政府時的政府舉債，一般而論，其守信用的激勵與反信用的約束，則可簡單地概括爲：在非市場經濟制度逐漸轉型爲市場經濟制度條件下的轉職政府舉債，一般即漸漸形成對轉職政府履行債約漸漸具有守信用的激勵與反信用的約束功能、漸漸可給予債權人穩定償債預期的外在制度安排。

7.中國古代的封建經濟制度，從根本上說，實際上屬於自給自足的、封閉的、由封建國家憑藉強制手段操作資源配置（專制的）的非交換經濟——非市場經濟制度。中國古代封建專制經濟制度——封閉的非交換經濟，在近代，由於列強"強迫中國人民接受鴉片"而被動開放，這一被動開放在破壞、解體既有封閉的非交換經濟基礎的同時，也啓動、促進了中國古代經濟制度向中國近現代經濟制度的被動轉型。中國近現代經濟制度乃是在被動選擇條件下也就是在半殖民地半封建化條件下，逐漸由封閉的非交換經濟向開放的交換經濟——市場經濟轉型的經濟制度，它構成中國近現代政府舉債信用機制的經濟制度基礎。

中國近現代的經濟制度，作爲一種由封閉的非交換經濟——非市場經濟制度，逐漸轉變爲開放的交換經濟——市場經濟制度，即作爲一種轉型經濟制度，其轉型的啓動、推進、深化，完全是由於列強的施壓；其轉型的取向，使中國近現代政府在被動選擇條件下付出了巨大的主權代價，並因此而使政府在國人捍衛主權的民族自救中，日益失去國人對它所做出的諸種承諾的信任。

近代以後，迄於現代，中國內憂外患，利權散落，戰事頻仍，時局動蕩,預期無序。正是在這一背景下,始於清末,政府立法者、執法者由於重建秩序以振國威的利益激勵,在他們的政治(行政)運作中日益重視立法,而他們的立法趨向則主要表現爲逐漸構建起近代意義上的法律體系。正是在這一過程中,中國近現代政府舉債信用機制的法理基礎(法律文本層面的基礎)——憲法,也由此而逐漸得以奠定。近代,在國破兵敗的創痛中與國人探索變法圖強的背景下,中國法律近代化這一立法取向得以確立。在中國近現代法律立法趨向近代化的過程中,那些致力於立法革故鼎新的國人在被動或主動的判斷下,選擇了引入西方法律、移植西方法律並藉以生成本土法律的路徑。

憲法構成中國近現代政府舉債信用機制的法理基礎。中國近現代的憲法,作爲在中國近現代經濟被動轉型條件下所啓動的法律層面的一項根本性制度構造,雖然曾經是時有曲折、推進艱難,但僅以憲法文本而論,它所具有的限制政府權力、保障公民權利的憲法理念,至少已經在形式上或隱蔽或明顯地滲透、展露於各法條的表述與界定之中。

在中國近現代的真實經濟運行中,就保障公民的權利而言,業已界定的產權難以順利地有序實施、穩定地有效維繫,無限政府運作行政的人治遠未被有限政府運作行政的法治所替代。而法律文本層面的產權界定在中國近現代正式經濟運行中雖然有助於公眾產權保障的制度構建設想術語化,其難以順利、有序實施的事實卻使它最終滯留紙上、形同虛設。中國近現代政府在具有這種特質的中國近現代轉型經濟制度及法理基礎上操作舉債,無疑將受到源自於該種經濟制度與法理基礎的巨大影響。

8.明定中國近代被動開放轉型的特定經濟制度條件,晚清政府這一看似宜歸類於不可置信者的債務人,卻是列強通過苛刻條件的授信並因此而最能博取其所覬覦利權的可操控的債務人。但是，當晚清政府的運作行政因辛亥革命的衝擊而倍增不確定預期時，那些爭奪對晚清政府授信權利的列強，其憂慮即複歸於本能的債權保全。頗具啓示意義的是，當此之時，在被動開放條件下失去自主自願地選擇信用構造的債務主體，由於陷入生存危機，反而因此而具有了針對對其實施超經濟強制與要挾約束的債權主體的反強制與要挾約束的能力。

在一國經濟發展中，不論由於何種原因，其政府執政的更替變遷，都會使後起的替代者面臨業已被替代的前任政府所留下的債務及如何處置這類債務的棘手問題。在這之中尤以外債爲甚。對於後起的替代者而言，前任政府有外債留下屬於一個無可迴避的客觀事實。一般而論，後任政府處置前任政府遺留的外債時，均遭遇到守信用的激勵與反信用的約束。在被動開放條件下替代晚清政府執政的南京臨時政府及其後的北洋政府和國民政府均曾遭遇到必須以承認償付前任政府所未及清償的債務作爲條件，借以換取列強債權主體對其執政的認可或者對其執政的資金扶持，並因此而遭遇了來自於列強債權主體的信用激勵、約束。

在中國近代經濟被動地啓動開放的條件下，中國近現代政府在外債舉借中，常常遭遇到列強超經濟的要挾，即常常遭遇到列強在特定經濟制度條件下所施與的極強的信用激勵、約束。但是，在這同一種經濟制度條件下，同樣是作爲債務主體，中國近現代政府在對內舉債中卻並未面臨過來自於國內公眾所施與的極強的信用激勵、約束。

9.概略而論，中國近現代政府於財政艱難中時常舉借外債、內債。在被動開放條件下的外債舉借中，中國近現代政府以其極強的守信用的利益激勵、反信用的利益約束而對列強作出並兌現示信承諾：爲能借取外債以維繫運作行政、爲能獲得列強對其運作行政的承認而示信、守信，因懼怕列強的要挾而不敢違信；列強債權主體被授予了一種超乎債權保證的債務國主權控管權，中國近現代政府作爲債務主體必須在主權遭受要挾條件下接受確保外債本息償付的他律安排。在時局動盪中無限政府人治運作行政下的內債舉借中，中國近現代政府以其極弱的守信用的利益激勵、反信用的利益約束對公衆屢作示信承諾而鮮將承諾兌現：爲能借取內債以維繫運作行政而向公衆示信承諾，因恃超經濟軍政威權而敢違信棄約；公衆債權主體因對政府債務主體反信用行爲缺乏可靠、有效的約束而不願將產權鎖定爲債權，政府債務主體以超經濟威權而能徑將公衆產權挾持爲債權，承諾可以不予兌現，前約可以單方面不斷改易，信用唯由債務主體權衡，公衆債權主體企望政府債務主體公開財政、政府舉債接受公衆監督以驗證約束政府債信的籲請幾近無的放矢，政府債務主體縱有內債舉借示信承諾的兌現亦多屬不忘內債得償、外債得借的盤算；政府債務主體於內債舉借中強制招募而外的利誘操作甚至欺詐性利誘操作，啓動了兼具投機偏好、投機實力的公衆中投機者的逐利動機並引致其購債逐利，大量借取的內債並非政府債務主體債信確實的物證，適足以昭示在政府債信預期可慮條件下唯有趨進速退的投機牟利才是流動債權主體的可行選擇，投機的利益激勵亦因此而常使流動債權主體——政府債券投機者對政府債務主體反信用行爲予以約束問題的關注被弱化。換言之，中國近現代政府於中國近現代的特定經濟制度條件下舉借外債、內債，在不平等條約壓力下的被動開放迫使其對外具有極強的守信用激勵、反信用約束，而無限政府於時局動盪中的人治運作行政助長了其對內生成極弱的守信用激勵、反信用約束。證諸史實，力戒鑿空，也許，唯有高度關注、切實引入一國經濟制度條件，我們才可望對真實經濟生活中經濟行爲主體基於利益的守信用激勵、反信用約束於相關論述和分析中作出切近事實的解釋。

附　錄

中國近現代政府舉債史實

這裡擬對中國近現代政府舉債史實問題予以列述。政府舉債即政府信用，但這僅涉及政府充作債務人這一方面（尤爲重要的一個方面）。儘管中國現代意義上的政府信用始於中國近代，但對中國古代政府信用（政府既充作債務人亦充作債權人）的史實略予列述，也許於我們審視中國近現代政府舉債事實不無裨益。緣此，我們在對所標示的問題予以列述前，即擬先對中國古代政府信用史實作一描述與分析。

一、中國古代政府信用史實

描述與分析中國古代政府信用史實，命題的擇定已然隱含中國古代存在政府信用事實這一判斷。儘管中國近現代學人有"我國古時以負債爲病，周赧之台，良史垂誡"[1]、"我國歷朝向無公債之制"[2]的思考，今人又有"普天之下，莫非王土"的中國古代封建專制政府靠雜稅、榷酤、算緡等法而"無須借貸"或"無向民間舉債之必要"[3]的定詞，但是，中國古代政府或以債務人或以債權人身份介入信用的史實卻是我們所難以漠視的。

(一)先秦時期的政府信用

1.泉府信用

---

[1] 賈士毅：《民國財政史》，第四編，1頁，見《民國叢書》（影印），第二編，第39冊（經濟類），上海，上海書店，1990。

[2] 陳炳章：《五十年來之中國公債》，見《中國金融經濟史料叢編》（影印），第一輯：中國通商銀行編：《五十年來之中國經濟》，117頁，臺北，文海出版社，1985。

[3] 潘國琪：《國民政府1927－1949年的國內公債研究》，24、25頁，北京，經濟科學出版社，2003。

泉府，官名[1]，職在國家稅收、收購市上滯銷貨物及借貸收息[2]。泉府信用即泉府充作債權人，憑借貸相關規定而對債務人放貸收息的活動。《周禮·地官·泉府》對泉府信用的種類、時限、取息等均作了規定："凡賒者，祭祀無過旬日，喪紀無過三月"；"凡民之貸者，與其有司辨而授之，以國服爲之息"；"凡國之財用取具焉。歲終，則會其出入而納其餘"。由此足見，政府以債權人身份介入信用活動，其業務物件是"民"。其業務種類有祭祀貸款、喪事貸款，授信前須對受信者進行相關審查，由授信獲取的利息收入上繳財政成爲政府運作財政的一項重要收入來源。儘管迄今尚未發現泉府信用中對那些不守債約的債務人將如何處置的史料，但可以置信的乃是，政府爲維護自身的債權將會並能夠對那些不守債約的債務人強制實施懲罰。

2.周赧王舉債

中國封建社會，"普天之下，莫非王土"，天子、皇帝的行爲即構成一朝政府的行爲。從這一意義上說，周赧王舉債確可置於政府信用框架中予以論述及分析。

《史記·周本紀》後引《帝王世紀》說周赧王"雖居天子位號，爲諸侯之所役逼，與家人無異"，而"負責（通'債'，下同）於民，無以得歸，乃上臺避之，故周人名其台曰'逃責台'"[3]。《漢書·諸侯王表第二序》在"分爲二周，有逃債之台"後引顏師古注："服虔

---

[1] 胡寄窗先生將其稱爲"西周主管官府高利貸的機構"，見胡寄窗著：《中國經濟思想史大綱》，上冊，41、53頁，上海，上海人民出版社，1984；彭信威先生將其視爲"相當於近代財政部與國家的混合體"，見彭信威：《中國貨幣史》，65頁，上海，上海人民出版社，1958。

[2] 參見《辭海》，1771頁，《辭源》，0957頁的相關詮釋，上海，上海辭書出版社，1979。

[3] 司馬遷：《史記》，卷四。

曰：周赧王負責，無以歸之，主迫責急，乃逃於此台，後人因以名之。"[1] 兩處所記雖然均寥寥數語，但已足可啓人思考：周赧王爲什麼要舉債、向誰借債、所借之債爲何不能償還、爲何要逃債、借台逃債真的可以成功嗎？

　　史稱，周平王東遷號東周（西元前770－西元前256年）。終東周，王室因天子之令諸侯不從而衰微。以東周王室運作財政的重要貢納收入而論，由於諸侯拖欠、拒貢，周天子又無力對拖欠、拒貢者予以懲戒，由此而形成的政府收入必然極不穩定且日形短少。生存煎迫，唯有借債。周赧王在位（西元前314－西元前256年）時的東周自不例外：周天子、周王室爲財政窘境所迫而成爲政府信用中的債務主體。而政府信用中的債權主體乃是"民"（大商人抑或其他？這屬於尙需求證的另一問題），是"迫責急"而使周天子懼怕的債主。

　　因衰微而借債，亦因衰微而無力償債，更因懼怕債主而逃債。失勢者失富，失富則更加失勢[2]。周赧王作爲債務主體而未能兌現其對債權主體的償債承諾，於是他選擇了逃債，選擇了以躲避於高台的方式逃債。周赧王借台逃債是否成功，其答案已不言而喻。尤爲重要的是，這一迄今可以名爲最古老的反信用的案例已告訴人們：對周天子反信用行爲存在周天子所懼怕的（怕被債主逮住而不怕失信於債主？）債主懲罰約束，但這債主的懲罰約束卻因債務人預設的物理障礙約束而在事實上難以實施，而這似乎亦成爲周天子之所以選擇反信用的利益（因反信用所獲收益大於所付成本而得利）激勵。

(二)漢至於唐的政府信用

　　西漢吳楚七國之亂時，漢政府爲平定吳楚而用兵，長安城中出發

---

[1] 班固：《漢書》，卷十四。
[2] 《春秋左傳》有"以富取勢"之說。

從軍的"列侯封君"們均向民間"子錢家"告貸,由於關東成敗未決,"子錢家"多不肯借,唯有一毋鹽氏精於投機,以十倍於本錢的高利貸出千金並收回本息而暴富[1]。儘管這並非嚴格意義上的政府信用,但從軍者為國事而告貸民間、債主因政局而權衡貸放,這似乎又多少與政府信用有關。因高風險、供給嚴重不足的貸款市況,才使毋鹽氏得以高利放貸;而政局只三月乃定,所以毋鹽氏才有可能順利地收回貸款本息。

漢武帝時有對不能謀生者的救濟放款[2],漢元帝時有"赦天下所貸貧民勿收責"的詔令[3]。這裡所涉及的政府貸放,後者可視為政府信用(政府充作債權人)操作的債務豁免,前者恐多類似於無須償還的財政撥款。

王莽朝複行賒貸而供給政府信用:"民欲祭祀喪紀而無用者"可向"錢府"分別以十天、三月為期"賒之"[4];缺乏"治產業"資金者可向"錢府"申請貸款,其利息支付"除其費,計所得受息,毋過歲什一"[5]。姑不論政府將如何約束債務人行為而使其恪守償債承諾,政

---

[1] 《漢書》,卷九十一,《貨殖傳》;卷六,《武帝紀》;卷九,《元帝紀》;卷二十四,《食貨志》。亦參見彭信威:《中國貨幣史》,121～123頁,上海,上海人民出版社,1958。

[2] 《漢書》,卷九十一,《貨殖傳》;卷六,《武帝紀》;卷九,《元帝紀》;卷二十四,《食貨志》。亦參見彭信威:《中國貨幣史》,121～123頁,上海,上海人民出版社,1958。

[3] 《漢書》,卷九十一,《貨殖傳》;卷六,《武帝紀》;卷九,《元帝紀》;卷二十四,《食貨志》。亦參見彭信威:《中國貨幣史》,121～123頁,上海,上海人民出版社,1958。

[4] 《漢書》,卷九十一,《貨殖傳》;卷六,《武帝紀》;卷九,《元帝紀》;卷二十四,《食貨志》。亦參見彭信威:《中國貨幣史》,121～123頁,上海,上海人民出版社,1958。

[5] 《漢書》卷九十一,《貨殖傳》;卷六,《武帝紀》;卷九,《元帝紀》;卷二十四,《食貨志》。亦參見彭信威:《中國貨幣史》,121～123頁,上海,上海人民出版社,1958。

府充作債權人而與高利貸者爭利，不僅使政府由此而可得鑄幣、徵稅收入之外的利息收入，亦使政府由此而可得收民心、定社會、強政權的政治收入。

東漢，安帝時與羌人作戰，"官負人責數十億萬"[1]；順帝時曾"詔假民有貲者戶錢一千"[2]；桓帝時曾向"王侯吏民有積穀者"貸取十分之三"以助稟貸"[3]。政府向公眾借債以支撐軍事或救濟災民，"王侯須新租乃償"[4]的還本付息承諾頗有政府以租稅作為舉債抵押的意思。至於向有錢財者每戶借錢一千，足令人慮及：政府之所以以強制攤派方式向公眾借債，乃因公眾不願意主動借出，而之所以如此，乃因公眾擔心政府可能會或事實上有借無還。但這樣由債務人政府向債權人公眾缺少履約償還約束的強制舉債又能執行多久呢？

隋代，政府因財政困難而允許百官貸放公廨錢物取利以籌薪俸補足，由於"官民爭利"[5]"煩擾百姓"的非議而曾禁止此舉，後又復行，"唯禁出舉收利"[6]。作為債權人代表的政府百官由於其特殊的政治地位，其向公眾放債的經營活動自不僅是與民爭利而實屬奪民之

---

[1] 《後漢書》，卷五十一，《龐參傳》；卷六，《順沖質帝紀》；卷七，《桓帝紀》。參見彭信威：《中國貨幣史》，121～123頁，上海，上海人民出版社，1958。

[2] 《後漢書》，卷五十一，《龐參傳》；卷六，《順沖質帝紀》；卷七，《桓帝紀》。參見彭信威：《中國貨幣史》，121～123頁，上海，上海人民出版社，1958。

[3] 《後漢書》，卷五十一，《龐參傳》；卷六，《順沖質帝紀》；卷七，《桓帝紀》。參見彭信威：《中國貨幣史》，121～123頁，上海，上海人民出版社，1958。

[4] 《隋書》，卷四十六，《蘇孝慈傳》；卷二十四，《食貨志》。參見彭信威：《中國貨幣史》，172～175頁，上海，上海人民出版社，1958。

[5] 《隋書》，卷四十六，《蘇孝慈傳》；卷二十四，《食貨志》。參見彭信威：《中國貨幣史》，172～175頁，上海，上海人民出版社，1958。

[6] 《隋書》，卷四十六，《蘇孝慈傳》；卷二十四，《食貨志》。參見彭信威：《中國貨幣史》，172～175頁，上海，上海人民出版社，1958。

利,這無疑會於擾民中損及民信,禁之有理。但"給地以營農"[1]的替代辦法必受產出豐歉、耗時甚長影響而使百官供費保證變得難以確定、緩不濟急,所以公廨錢禁而復行,唯因營運公廨錢禁止"出舉生利"的規定必會減損百官經營此道的利益激勵。"出舉生利"之禁可賺民信,但真的可信可行嗎?

唐代,政府信用即由政府充作債權人以營公廨本錢的情形表現為:政府委派"捉錢令使"專營"公廨本錢",業績佳者及達標者(五萬錢以下而能每月收利四千、一年輸利五萬)年滿有政府給予官職的獎勵[2];常有官吏、商人搭乘公廨本錢"便車"假公濟私、損公肥私[3];公廨本錢債息常成為債戶之累,債戶欠債,政府株連追索,必欲保全債權[4]。唐政府是否曾以債務人身份而向公眾舉債姑不論矣,但唐政府為保全公廨本息債權的強力追索,實可對作為債務人的公眾履約行為形成極強的反信用約束。

(三)宋至於清(西元1840年以前)的政府信用

宋代,政府信用即政府充作債權人放款尤可道者,當是神宗朝王

---

[1] 《唐會要》,卷九十三,《諸司諸色本錢上》;卷九十一,《內外官料錢上》。參見彭信威:《中國貨幣史》,237~243頁,上海,上海人民出版社,1958。

[2] 《唐會要》,卷九十三,《諸司諸色本錢上》;卷九十一,《內外官料錢上》。參見彭信威:《中國貨幣史》,237~243頁,上海,上海人民出版社,1958。

[3] 《唐會要》,卷九十三,《諸司諸色本錢上》;卷九十一,《內外官料錢上》。參見彭信威:《中國貨幣史》,237~243頁,上海,上海人民出版社,1958。

[4] 參見彭信威:《中國貨幣史》,363頁,上海,上海人民出版社,1958;《宋史》,卷三二七,《王安石傳》;卷一八六,《食貨志下》;卷三五五,《呂嘉問傳》;卷一五,《神宗紀》;卷一七六,《食貨志上》;《通考·市糴考》;《東軒筆錄》,卷四。

安石制定並實施的市易法、青苗法。作為一種抵押信用的市易，操作中要求凡以田宅金帛作為抵當者、雖無抵當但有三人作保者，均可向地方政府申請賒貸，所收債息為周息二分，"過期不輸，息外每月更罰錢百分之二"[1]。

春貸秋還的青苗錢作為政府發放的農業貸款，"以錢貸民使出息二分"[2]，而青苗所隱含的秋收即為債務人據以獲得貸款的抵押。其時，朝臣以諸種理由反對市易法、青苗法者甚多。論原因，這之中的關鍵之處也許在於：政府作為債權人在獲取相應財政收益時，卻將專事兼併的高利貸者（包括富商甚至可能搭夥其中的官吏）逐取高利的機會給擠掉了。

金朝，政府曾專設叫做"流泉"的質典庫（公典）辦理質典業務，其目的旨在平抑民間過高的質典利息（高到五分、七分，且時用複利計息，而政府質典取息月僅一分，且不用複利），押款數目為質物估價的七成[3]。金政府所行公典，縱是保本微利，而規模累積，收益亦必可觀；而收質之時只要質物評估恰當（姑不論是否存在有意低估情形），以估價數的七成押款，風險自然很小。

元代，因官吏百姓多有向"西北賈人"以羊羔息借銀解急者，由於息重難償，債務人"牛馬財產"甚至家人常被債權人占奪[4]。元政府

---

[1] 參見彭信威：《中國貨幣史》，363頁，上海，上海人民出版社，1958；《宋史》，卷三二七，《王安石傳》；卷一八六，《食貨志下》；卷三五五，《呂嘉問傳》；卷一五，《神宗紀》；卷一七六，《食貨志上》；《通考·市糴考》；《東軒筆錄》，卷四。

[2] 《金史》，卷五十七，《百官志》；參見彭信威：《中國貨幣史》，422頁，上海，上海人民出版社，1958。

[3] 《元史》，卷一五，《刑法志》；卷二，《太宗》；卷一五五，《史天澤傳》；卷八九，《百官志》；參見彭信威：《中國貨幣史》，423、425頁，上海，上海人民出版社，1958。

[4] 《元史》，卷一五，《刑法志》；卷二，《太宗》；卷一五五，《史天澤傳》；卷八九，《百官志》；參見彭信威：《中國貨幣史》，423、425頁，

一面禁行複利之貸，一面又代無力還債的官民以官款向債權人了結債務[1]。元政府何以不憑其權威而將官民所借高利貸斷爲非法或單向廢止而解除？因政府代償欠負才得以了結債務的官民是否會因此而成爲政府的債務人呢？但在此，我們暫且僅關注：元政府這一看似費解的信用操作，確不乏以財政注資償債換取民信、穩定時政的利益激勵。此外，元政府也曾專設廣惠庫質典取息[2]，承接政府代官民償清高利貸安排，此舉或可使官民於告貸應急時有一成本能夠承受的途徑選擇。一禁一爲，政府信用似可安民。

明代，政府信用情形如何？彭信威曾據《崇禎長編》卷一"軍需浩繁，兌會一事，奉行得宜，亦足濟目前急需"、鼓勵兌會、"照數支給，務使國用商資，兩得便通"記載，判斷這是明政府擬以此法收入一筆現款，亦屬借債的另一方式[3]。依彭先生意，明政府專辦匯兌，收進現款，開出匯票，以當時中長距離匯兌囿於交通不便而耗時甚多的事實，政府確可在相對較穩定時間內獲得該筆現款的使用權，這的確類同於政府借債了；如果明政府真能如約嚴格兌付現款，每筆"借債"時間、金額雖然有限，但這一操作由於取信於商民，則又將吸引商民更多更常地通過政府匯兌現款，政府即可因此而更多更常地獲得"借債"。

清代（止於西元1840年），乾隆朝設於雲南開化的"生息當鋪二處"曾因質錢付銀市場風險使"兵民不樂赴當，逐致生息不敷"而改

上海，上海人民出版社，1958。

[1] 《元史》，卷一五，《刑法志》；卷二，《太宗》；卷一五五，《史天澤傳》；卷八九，《百官志》；參見彭信威：《中國貨幣史》，423、425頁，上海，上海人民出版社，1958。

[2] 彭信威：《中國貨幣史》，518、640、648、649頁，上海，上海人民出版社，1958。

[3] 《清高宗純皇帝實錄》，卷三九九。參見彭信威：《中國貨幣史》，645頁，上海，上海人民出版社，1958。

以"銀出銀入，錢當錢贖"[1]，當鋪出資者似屬政府[2]。其時，政府還曾以財政結餘開設官錢局，用銀兩"依照市價公平易出""各當鋪存貯錢文"以調節銀錢比價[3]。在道光朝，政府尚有發行錢票的官錢鋪設立於京城、有官銀號設立於各通商口岸[4]。政府設當放債，以債權人身份謀利，前例可援，並不費解。但官錢局調節比價的操作，似乎旨在希望由穩定銀錢兌換比價、穩定貨幣而穩定市場交易，這似乎表明官錢局具有調控貨幣供求的非營利性定位。不過，官錢局尚從事錢票發行業務，而錢票實為可以兌換製錢的代用貨幣，商民若接受錢票，即表示商民相信這錢票可以按官錢局（政府）發行當時做出的不折扣兌現製錢的承諾，當錢票發行過多以至於商民所得兌現承諾難以實施時，錢票發行即存在違約情事，違約的官錢局（政府）負欠商民，恰如借債不還了。隨之，官錢局（政府）所發行錢票必遭商民擠兌、拒用——一種對違約者反信用行為的約束。證以咸豐朝錢票衝突事實，這一判斷當屬無疑。

二、中國近現代政府舉債史實

這裡擬據相關史料、學人相關研究，對中國近現代政府舉債史實

---

[1] 彭信威：《中國貨幣史》，518、640、648、649頁，上海，上海人民出版社，1958。

[2] 《皇朝經世文編》，卷五三，《戶政二十八錢幣下》。參見彭信威：《中國貨幣史》，655頁，上海，上海人民出版社，1958。

[3] 彭信威：《中國貨幣史》，518、640、648、649頁，上海，上海人民出版社，1958。

[4] 賈士毅：《民國財政史》（影印本），第四編國債，17頁，上海，上海書店，1990；劉秉麟將此列為"一般的看法"，見劉秉麟：《近代中國外債史稿》，4、5頁，北京，生活・讀書・新知三聯書店，1962。

首要列示，藉以為本書諸章基於信用激勵、約束視角探討中國近現代政府舉債問題奠定史實基礎。本節對中國近現代政府舉債史實的撮要列示，政府時序為晚清政府（西元1840年後）、南京臨時政府、北洋政府、國民政府，舉債類別為外債、內債，且鑒於中國近現代被動開放史實而將外債類先予列示。

(一)中國近現代政府舉借外債史實

1.晚清政府

近代，晚清政府因財政艱窘而作為債務人向作為債權人的洋商、洋行、外國銀行舉借外債，藉以籌措購置軍械、發放軍餉、興辦路礦甚至支付賠款等所需款額。而晚清政府舉借外債之始，學人多採"始於前清季年，同治四年"[1]（即1865年）之說。茲據賈士毅《民國財政史》、徐義生《中國近代外債史統計資料》[2]、劉秉麟《近代中國外債史稿》，將晚清政府外債舉借史實撮要列述。

1865年，向英國倫敦銀行借得英金1,431,664.2英鎊（折合銀元16,464,137元），利息未詳，借期兩年，用於償俄賒借，以海關稅與稅票作為借款擔保[3]。1867年4月、1868年1月、1875年4月、1877年6月、1878年9月、1881年5月的西征借款，貸款者分別為上海洋商（前兩次）、怡和洋行與麗如銀行、滙豐銀行（第4、5、6次），款額分別為庫平銀1,200,000兩、1,000,000兩、3,000,000兩、5,000,000兩、

---

[1] 徐義生：《中國近代外債史統計資料》，北京，中華書局，1962。
[2] 賈士毅：《民國財政史》（影印本），第四編國債，17、18頁，上海，上海書店，1990；劉秉麟：《近代中國外債史稿》，5、6頁，北京，生活‧讀書‧新知三聯書店，1962。
[3] 徐義生：《中國近代外債史統計資料》，6、7頁，北京，中華書局，1962；下引款額除另作說明外，均為庫平銀兩；以下所引中國近代外債統計資料（止於1927年），除另作說明外，均見徐義生《中國近代外債史統計資料》一書。

1,750,000兩、4,000,000兩,利率分別爲月息1.5%（第1、2次）、年息10.5%、月息1.25%（第4、5次）、年息9.75%,借期分別爲6個月、10個月、3年、7年、6年（第5、6次）,用於鎮壓金、回軍餉及槍炮軍需等款,以閩海、粵海、浙海、江漢、江海各關洋稅（前5次）、陝甘藩庫收入作爲擔保[1]。

1882－1884年,向新疆俄商借款,款額120,000兩,用於補發新疆塔城兵餉,餘未詳。

1883年9月、1884年4月、1884年10月、1885年2月,向滙豐銀行作廣東海防借款,款額分別爲1,000,000兩（前3次）、2,012,500.293兩,利率爲月息0.75%（前兩次）、年息9%（最後一次）,借期3年（前兩次）,用作中法戰爭時的廣東經費,以粵海關稅與洋藥厘金爲擔保（第4次,餘未詳）。

1884年1月、1886年,向天祥與怡和等洋行、滙豐銀行作輪船招商局借款,款額分別爲678,000兩、300,000兩,利率爲年息7%（第2次）、借期10年（第2次）,用於償還所欠錢莊、銀號等債款,向旗昌洋行贖還輪船招商局用款,以輪船招商局所有碼頭、倉棧等局產作擔保。

1885年3月,向怡和洋行作神機營借款,款額5,000,000兩、年息7.5%、借期10年,實用於支付船炮款、修築頤和園,以各關洋稅爲擔保。

1886年7～10月,向滙豐銀行作南海工程借款,款額300,000兩（借期10年）、700,000兩（借期30年）,年息8.5%,用於奉宸苑修繕南海工程,以粵海關洋稅作爲擔保。

1887年,向怡和洋行、華泰銀行作津沽鐵路借款,款額分別爲

---

[1] 徐義生:《中國近代外債史統計資料》,4～53頁,北京,中華書局,1962。

637,000兩、439,000兩，餘未詳。

　　1887年10月、1888年5月，向滙豐銀行作鄭工借款，款額分別爲968,992兩、1,000,000兩，年息均爲7%，借期分別爲1年、4年，用以防堵黃河鄭工決口工程與購置挖泥用具，均以津海關等洋稅作爲擔保。

　　1890年4月，向德國泰來洋行作嵩武軍借款，款額182,481.75兩、年息6.5%、借期4年，用於山東嵩武軍費用、墊還華商借款，以戶部在津、豫、魯、直各省收入作爲償還擔保。

　　1894年11月9日，向滙豐銀行借得滙豐銀款，款額10,000,000兩、年息7%、借期20年，用於中日戰爭沿海防務費，以關稅擔保。

　　1895年6月20日，向德國國家銀行作瑞記借款（由瑞記洋行經手），款額6,217,987.26兩、年息6%、折扣率96%、借期20年，用於軍餉炮價、南洋紡織局撥借、鐵路總公司撥款，以江蘇省鹽釐收入作爲擔保。

　　1895年6月28日，向倫敦克薩銀行借克薩鎊款（由麥加利銀行經手），款額6,217,987.26兩、年息6%、折扣率95.5%、借期20年，用於支付江防費用，以鹽課、釐金作擔保。

　　1895年7月6日，向俄法財團作俄法借款，款額98,968,369.82兩、年息4%、折扣率94.125%、借期36年，用於支付甲午賠款首付款、歸遼費與扣撥華俄道勝銀行中國股份，以關稅作擔保。

　　1896年3月14日、1898年2月19日，向滙豐銀行、德華銀行作英德借款、英德續借款，款額分別爲97,622,400兩、112776779.78兩，利率分別爲年息5%、4.5%，折扣率分別爲94%、83%，借期分別爲36年、45年，擔保上，前者用關稅，後者爲蘇州、松滬、九江、浙東等處貨釐、宜昌鄂岸鹽釐，主要用於支付第二次、第三次甲午賠款與威海衛軍費。

1898年3月24日（兩次）、1898年10月10日，分別向中英公司、華俄道勝銀行、滙豐銀行作關內外鐵路借款，款額分別為1,842,817.52兩、387,521.8兩、162,111,662.09兩，第三次借款年息為5%、折扣率90%、借期45年，用於歸還津蘆怡和借款與盛宣預墊料款（第2次借款）、建築由大淩河至新民廳並由營口至廣寧等處鐵路等項（第3次借款），以該路財產與進款作擔保（第3次借款）。

1898年6月26日，向比國鐵路公司作蘆漢鐵路借款，款額30,425,864.36兩、年息5%、折扣率90%、借期30年，用於蘆漢鐵路工程建築與提付本路借款利息，以蘆漢鐵路財產與進款擔保。

1900年7月13日，向美商合興公司作粵漢鐵路借款，款額9,455,816.46兩、年息5%、折扣率90%、借期50年，用於粵漢鐵路建築與提付本借款利息，以該鐵路財產與進款擔保。

1900年8月4日、1900年12月26日，向英商大東公司、丹商大北公司作滬沽新水線與滬沽副水線借款，款額分別為1,375,886.17兩、314,488.27兩，年息5%，借期分別為30年、29年，用於大沽至上海、大沽至煙臺海底電纜敷設，以中國電報局收入擔保。

1901年9月7日，向德、奧、比、西、美、法、意、日、荷、俄等國作庚子賠款借款，款額457,605,000兩、年息4%、借期39年，以關稅、常關稅、鹽稅擔保。

1903年7月9日，向中英公司作滬寧鐵路借款，款額22,350,391.58兩、年息5%、折扣率90%、借期60年，用於滬寧鐵路建築、收贖淞滬鐵路費用等，以滬寧鐵路財產與進款擔保。

1904年1月，向滙豐銀行作兩廣滙豐借款，款額918,490.32兩，用於採辦那拉氏萬壽節禮與改組省內軍隊，餘未詳。

1905年4月26日，向滙豐銀行作鎊虧借款，款額6,760,554.02兩、年息5%、借期20年，用於支付庚款前5年賠款按外幣作價因銀價下落而生的差額，以關稅與山西省鹽釐、煙酒稅擔保。

1907年3月7日，向中英公司作廣九鐵路借款，款額9,386,769.22兩、年息5%、折扣率94%、借期30年，用於建造廣東省城至九龍鐵路與造路時提付該借款利息，以廣九鐵路財產與進款擔保。

1908年1月13日，向德華銀行、英商華中鐵路有限公司作津浦鐵路借款，款額各為24,024,262.5兩、14,104,487.5兩，年息5%，折扣率分別為93%、94.5%，借期30年，用於津浦鐵路建築與造路時提付借款利息，以直隸、山東、江蘇等省釐金年額380萬兩擔保。

1908年3月9日、6月28日、1910年7月15日，分別向英公司梁格思、滙豐銀行、日本橫濱正金銀行作郵傳部借款，款額分別為968,804.5兩、912,408.76兩、456,204.38兩，年息分別為6%、7%、7%，借期分別為14個月、3年、6個月，分別用於官辦鐵路不敷費用、擴充電報陸線、郵傳部償還日本鐵路借款利息，餘未詳。

1908年6月至10月，向日本橫濱正金銀行作第一次漢冶萍借款，款額1,552,519.08兩、年息7.5%、借期10年，用於漢陽鐵廠、大冶鐵礦設備費，以漢冶萍所屬九江鐵礦山擔保。同年，向麥加利銀行作第二次漢冶萍借款，款額147,300.06兩，用於漢陽大冶購機，以漢陽鐵廠棧存鋼軌、夾片擔保；向東方彙理銀行作第三次漢冶萍借款，款額洋例銀250,000兩，用於漢冶萍公司購機，以漢冶萍公司地契、棧存鋼軌、嶽州存煤等擔保。此後，在1910年間尚有7次、1911年有2次漢冶萍借款。

1908年10月3日，向滙豐銀行、東方彙理銀行作京漢贖路借款，款額3,813,3750兩、年息5%、折扣率94%、借期30年，用於贖回京漢鐵路、收買電報局商股，以鹽釐、貨稅擔保。

1910年8月4日，向滙豐、麥加利、德華、華俄道勝、橫濱正金、東方彙理、花旗、荷蘭、華比諸銀行作維持上海市面借款，款額

3,193,430.66兩、年息4%、借期6年，用於扣還正元、謙余、兆康三倒閉錢莊欠各銀行債款，交付大清、交通等銀行轉貸上海各錢莊。類似借款尚有：1910年12月11日，向滙豐、彙理、德華三銀行作維持江南市面借款，款額2,737,226.28兩、年息7%、借期6年，用於償還源豐潤等票號所欠外國銀行款項、轉貸上海各華商，以江蘇省鹽釐擔保；1911年6月9日，向日本銀行、臺灣銀行作周轉廣東市面借款，款額1,232,606.06兩、年息6%，借期分別為2年、3年，用作廣東官銀錢局兌付紙幣，以廣東小餉押與硝磺捐每年45萬兩擔保；1911年10月25日，向東方彙理銀行作天津市面救濟借款，款額行平銀1,050,000兩，月息約0.73%。

1911年4月15日，向滙豐、德華、彙理、花旗四國銀行團作幣制實業借款，款額3,027,051.16兩、年息5%、折扣率95%、借期45年，此系墊款用作東三省防疫經費、開辦實業行政費（原定借款用作統一幣制、東三省實業費），以東三省煙酒稅、出產稅、銷場稅、各省鹽斤加價擔保。

1911年5月20日，向滙豐、德華、彙理、花旗四國銀行團作粵漢、川漢鐵路借款，款額45,405,767.44兩、年息5%、折扣率95%、借期40年，用於提付贖回粵漢鐵路前美國合興公司發售的金元債票、建造粵川漢鐵路與該借款利息，以湘鄂釐金、各項鹽釐、稅捐等年額關平銀520萬兩擔保。以上列示，僅可見晚清政府從1865－1911年所借外債之大概。據徐義生統計，甲午中日戰爭前，晚清政府所借外債共43筆（始於1853－1854年的上海洋商借款），共計折合庫平銀45,922,968.844兩；甲午中日戰爭至辛亥革命時期，晚清政府所借外債計111筆，共計折合庫平銀1,203,825,452.94兩。前後共計庫平銀

1,249,748,421.784兩[1]。

2.南京臨時政府

辛亥革命時期，缺乏確實財政基礎的南京臨時政府時常對外舉債，且其始於成立時止於1912年4月底由對外舉債所得款項約占其總收入的68.81%[2]。南京臨時政府所借外債主要有：

1912年1月24日、3月18日，兩次向日本三井洋行作三井洋行借款，款額分別為庫平銀302,013.42兩、2,118,056.60兩，年息各為8.5%、8%，借期各為半年、一年，用於南京臨時政府軍政費，購買軍械、被服、軍裝等，未詳擔保。

1912年2月26日，向日本三井洋行作漢冶萍抵押借款，借款額2,013,422.82兩、年息7%、折扣率90%、借期半年，用作南京臨時政府軍政費，以漢冶萍股票擔保。

1912年2月28日，向英、美、法、德四國銀行團作善後借款第一次墊款，款額2,679,169.45兩、年息7.5%，用於南京臨時政府軍政費。

1912年2月，向日本大倉洋行作蘇路借款，款額3,020,134.23兩、年息8%、折扣率93%、借期10年，用於江蘇軍政府、滬軍都督、南京臨時政府軍政費。

1912年3月18日，向日本壽屋洋行作壽屋洋行借款，款額銀元13,016元、年息8%、借期1年，用於購買被服、軍裝。

1912年4月27日，向德商捷成洋行作捷成洋行借款（由上海總商會經手），款額2,403,846.15兩、月息8%、折扣率93%、借期半年，

---

[1] 徐義生：《中國近代外債史統計資料》，95～99頁，北京，中華書局，1962；下引款額除另作說明外，均為庫平銀兩；以下所引中國近代外債統計資料（止於1927年），除另作說明外，均見徐義生《中國近代外債史統計資料》一書。

[2] 徐義生：《中國近代外債史統計資料》，96～99頁，北京，中華書局，1962。

用於付還上海總商會對軍政府墊款[1]。

3.北洋政府

徐義生以爲，可細分爲袁世凱統治時期（1912－1916年）、皖直奉派軍閥統治時期（1916－1927年）的北洋軍閥政府舉債外借，前者68筆，後者319筆，共計387筆，爲數甚巨[2]。茲撮要列述如下：

1912年1月29日，向德商瑞記洋行作瑞記第一次借款，款額英金300,000英鎊、年息6%、折扣率95%、借期5年，以崇文門商稅擔保，用於訂購軍火、度支部開銷、北洋保商銀行紙幣發行準備金。後又有瑞記第二次借款，款額英金450,000英鎊、借期10年，餘同前。1913年3月1日有瑞記第三次借款，款額英金30,0000英鎊、年息6%、折扣率92%、借期5年，以契稅收入擔保，用於軍政費、軍火訂購。

1912年3月9日，向英、美、德、法四國銀行團作善後借款第二次墊款，款額庫平銀1,467,645.09兩、年息7.5%，用於駐外使館費用、軍費等。同年5月27日、6月12日、6月18日，向英、美、德、法、日、俄六國銀行團作善後借款第三次、第四次、第五次墊款，款額分別爲庫平銀3,989,361.70兩、4,032,258.06兩、4,026,845.63兩，年息均爲7.5%，悉用於袁政府軍政費、南京留守政府費。

1912年3月14日、4月6日，向英、比、俄財團作華比借款第一次、第二次墊款，款額分別爲英金1,000,000英鎊、250,000英鎊，年息均爲6%，折扣率爲97%，借期均爲1年，均以國庫券、京張鐵路財產與餘利擔保，用於扣還外債本息、袁政府政費。

1912年8月30日，向克利斯浦公司作克利斯浦借款，款額

---

[1] 徐義生：《中國近代外債史統計資料》，108～197頁，北京，中華書局，1962。

[2] 徐義生：《中國近代外債史統計資料》，196、197頁，北京，中華書局，1962。

5,000,000英鎊、年息5%、折扣率89%、借期40年，以鹽課羨利餘額擔保，用於償付外債本息、袁政府軍政費。

1912年11月13日，向華俄道勝銀行作外交部道勝借款，款額庫平銀18,309.86兩、月息8%、借期半年，用於政費。1913年1月16日，向美國摩根公司是作外交部摩根借款，款額200,000美元、年息6%、借期1年，以退還庚子賠款擔保，用於留美學費墊款。

1913年3月10日，向德商捷成洋行作陸軍部捷成借款，款額庫平銀288,560.96兩、年息6%、借期1年，由中國銀行擔保，用於訂購軍械、棧租。

1913年4月，向奧證券公司作奧國第一次、第二次借款，款額分別為1,200,000英鎊、2,000,000英鎊，年息均6%，折扣率均92%，借期同為5年，均以契稅擔保，用於訂購炮艦。1914年4月27日為第三次借款，款額500,000英鎊，餘同前。

1913年4月26日，向英、法、德、俄、日五國銀行團作善後大借款，款額庫平銀248,275,862.08兩、年息5%、折扣率84%、借期47年，以鹽稅全部與關稅餘額擔保，用於扣除該借款第一次利息、各項到期外債本息、辛亥革命賠償費、袁政府軍政費等項。

1913年5月1日，向日本橫濱正金銀行作內務部正金借款，款額80,000銀元、月息0.6%，用於政費。

1913年7月25日，向法比鐵道公司作同成鐵路借款墊款，款額庫平銀9,931,034.48兩、年息6%、折扣率94.5%，以同成鐵路全部財產及收入擔保，後為財政部挪用於政費。

1913年10月5日，向中法實業銀行作中法實業借款，款額庫平銀39,370,078.74兩、年息5%、折扣率84%、借期50年，以借款所辦浦口實業收入輔以長江以北各省酒稅擔保，後為財政部、浦口商埠督辦、北京市政公所提用。

1913年12月31日，向比證券銀行作比證券銀行借款，款額625,000英鎊、年息8%，以代售民元軍需公債券6,944,400元每百元作9英鎊為擔保，用於政費。

1914年1月21日，向中法實業銀行作欽渝鐵路借款墊款，款額庫平銀13,963,260.87兩、年息5%、折扣率89.5%、借期50年，以本路全部財產及收入與煙草稅收入擔保，實用於袁世凱帝制活動費。

1914年2月2日，向華比銀行作國務院華比借款，款額80,000銀元、年息6%、借期5年，以國庫券擔保，用於歸還遠東信用社墊款等。

1914年8月7日，向比證券銀行作財政部比證券銀行借款，款額400,000英鎊、年息5%、借期4年，以田賦與關稅餘額擔保，用於政費。

1915年2月，向華俄道勝銀行作教育部道勝借款，款額庫平銀428,265.53兩、年息8.5%、借期5年，用於政費。

1916年2月8日，向三妙爾公司作建築漢口商場墊款，款額30,000英鎊、年息8%、借期10年，以漢口商場產業及收入擔保，被移用於袁世凱帝制費用。

1916年3月，向中法實業銀行作農商部中法實業銀行借款，款額120,000元、年息7.5%、借期4年，用於政費。

1916年4月8日，向華俄道勝銀行作濱黑鐵路借款墊款，款額892,857.14兩、年息7%，以濱黑鐵路財產與收入擔保，實用於行政費。

1916年5月，向日本大倉洋行作華寧公司庫券借款，款額庫平銀974,025.97兩、年息8%、折扣率99%、借期一年，後以國庫券擔保，用於歸還中國銀行所墊借政費。

1916年8月1日，向滙豐、麥加利、華俄道勝、橫濱正金、東方匯理、花旗、荷蘭、華比、有利、臺灣諸銀行作上海中國銀行兌換準備借款，款額2,000,000銀元、年息7%、借期2年，用作中國銀行所發鈔票兌換準備金。

1916年8月4日，向德華銀行作交通部德華借款，款額950,000銀元、月息0.8%、借期4個月，以京漢鐵路餘利擔保，用於撥付德華銀行短期借款本息。

1916年8月9日，向花旗銀行、美國精煉公司作財政部白銀借款，款額庫平銀1,804,945.05兩、年息6%，以國庫券擔保，用於天津、廣州造幣廠鑄幣。

1916年9月9日，向日本興亞公司作興亞實業借款，款額庫平銀4,870,129.87兩、年息6%、折扣率94%、借期3年，以直隸等7省印花稅與國庫券擔保，實挪作財政部政費。

1916年10月31日，向滙豐、彙理、道勝、正金四銀行作北京中國銀行墊款，款額800,000銀元、年息7%，以鹽稅餘款擔保，用作中國銀行所發鈔票兌換準備金。

1916年10月，向日本橫濱正金銀行作教育部正金借款，款額庫平銀97,402.60兩、年息8%、借期4年，用作留日學費。

1917年5月1日，向中法實業銀行作財政部中法資金庫券借款，款額庫平銀2,840,909.09兩、年息7%、借期4年，以欽渝鐵路庫券擔保，用於支付中法實業銀行第2、3、4次官股資金。

1917年8月2日，向日本銀團代表、橫濱正金銀行作善後續借款第一次墊款，款額庫平銀7,575,757.58兩、年息7%、折扣率93%、借期1年，以鹽稅、國庫券擔保，用作軍政費。1918年1月6日作第二次墊款，款額6,329,113.92兩，用於撥還中國銀行所墊支軍政費等，餘同前。1918年7月5日作第3次墊款，款額同前，餘同前。

1918年1月5日，向日本三井洋行作三井印刷局借款，款額庫平銀

1,265,822.78兩、年息8%、折扣率98%、借期3年,以財政部印刷局所有財產擔保,用於收回開灤股票、償還積欠經費。

1918年4月30日,向中華彙業銀行作電信借款,款額庫平銀12,658,227.85兩、年息8%、借期5年,以全國有線電報一切財產、收入等擔保,實用於撥還外債本息、內債本息、海陸軍政費、一般行政費等。

1918年6月18日,向日本興業銀行作吉會路借款墊款,款額庫平銀6,329,113.92兩、年息7.5%,以國庫券擔保,用於撥還中國銀行、交通銀行所積墊軍政費、內債本利、海陸軍費。

1918年8月15日,向中法實業銀行作中法實業利息墊款,款額庫平銀540,611.81兩、年息7%、借期3年,以期票三紙擔保,用於撥付中法實業借款第9期利息、手續費。

1918年9月18日,向日本興業銀行、臺灣銀行、朝鮮銀行三銀行作參戰借款,款額庫平銀12,658,227.85兩、年息7%、借期1年,以國庫券擔保,用於段祺瑞編練軍隊費、安福俱樂部經費、收買舊國會議員費。

1919年3月18日,向中法實業銀行、中華彙業銀行作財政部中法實業中華彙業借款,款額1,300,000銀元、月息1.4%、借期半年,以民國七年八厘公債票、鹽餘、煙酒稅等擔保,用作財政費用。

1919年4月~8月,向日本銀團代表、橫濱正金銀行作媾和使節借款,款額400,000銀元、年息8%,以關稅餘款擔保,用作媾和使節巴黎差費、外交部調查費、行政費。

1919年9月26日,向中華彙業銀行作邊防區借款或參戰追加借款,款額庫平銀882,352.94兩、年息8%、借期1年,以鹽稅、關稅餘款擔保,用於邊防軍維持費。

1919年11月26日,向美國太平洋拓業公司作煙酒借款,款額

5,500,000美元、年息6%、折扣率91%、借期2年，以煙酒稅署全部稅收擔保，用於軍餉。

　　1920年3月18日，向中華彙業銀行作中華彙業息款借款，款額庫平銀504,201.68兩、月息1.2%、借期半年，以民國五年公債票、元年公債票、鹽餘或關餘擔保，用於償付林礦、電信與福建省實業借款利息。

　　1920年6月11日，向醴陵美國教會作醴陵教會借款，款額83,000銀元、年息5%、借期1年，用於1918年5月醴陵教案賠償費。

　　1920年6月，向華俄道勝銀行作法律館道勝借款，款額36,000英鎊，以鹽稅餘款擔保，用作修訂法律館經費。

　　1920年11月，向華俄道勝銀行作審計院財政部道勝借款，款額600,000銀元、年息12%、借期半年，以鹽稅餘款擔保，用作審計院經費。

　　1920年12月6日，向中華彙業銀行作京師警察廳中華彙業欠款借款，款額25,000銀元、月息1.6%、借期半年，以民國八年公債票擔保，用於購置警察服裝。

　　1921年2月，向中法實業銀行作林礦電信借款利息墊款，款額239600法國法郎，以中法實業銀行官股紅利擔保，用於墊付赴法專員旅費。

　　1922年2月25日，向英商安利洋行作財政部安利洋行借款，款額400,000銀元、月息1.8%、借期2個月，以鹽餘、八厘公債票擔保，用於撥付奉軍餉項、內務部經費、大中銀行墊款等。

　　1923年9月1日，向華比銀行作交財華比借款，款額1,700,000銀元、月息1.35%，以正太鐵路餘利三分之一擔保，用於撥還中國銀行、交通銀行等銀行借款本利、財政部緊急用款。

　　1924年5月25日，向中華彙業銀行作財政部中華彙業借款，款額庫平銀538,461.54兩、月息1.2%，以鹽稅餘款擔保，用於發放參眾兩院、教育部等經費、軍餉。

1925年9月23日，向日本泰平公司作購械借款利息墊款，款額庫平銀12,110,377.89兩、年息8%、期限2年，以國庫券擔保，用於支付購械借款利息。

1926年3月～12月，向日本橫濱正金銀行作駐日公使正金借款，款額庫平銀137,658.23兩，以鹽稅餘款擔保，用於使館經費[1]。

以上首要所舉，悉爲北洋政府中央各部所借外債。從中不難看出：發軍餉舉債之眾多，足見時局不定，戰事頻繁；籌政費舉債之瑣細，顯示財政虧空，收支斷裂。而以借外債償付舊欠外內債本息、充實代用貨幣兌換準備，苟延殘喘的選擇仿佛是爲了運作行政的將來。

4.國民政府

國民政府建立之始即面臨嚴重的財政困難。而在"9‧18事變"後，國民政府財政困難益形嚴重。國民政府囿於諸種原因，在其運作行政的最初五年並未舉借任何外債[2]。但事實是，1931年9月以後，國民政府重啓外債舉借計53筆[3]，主要者有：

1931年9月，向美國糧食平價委員會作美麥借款，借款以所購45萬噸美麥起運簽單日市價折算，共計9,212,826.56美元，年息4%，約定分1934年底、1935年底、1936年底三期償付，以水災附加稅擔保，是項借款起因於救濟水災[4]。

---

[1] 中國通商銀行編：《五十年來之中國經濟》，85頁，賈士毅言，上海，六聯印刷公司，1947。

[2] 劉秉麟：《近代中國外債史稿》，237～292頁，北京，生活‧讀書‧新知三聯書店，1962。

[3] 中國第二歷史檔案館編：《中華民國史檔案資料彙編》，第五輯，第一編財政經濟，262頁，南京，江蘇古籍出版社，1999。

[4] 中國第二歷史檔案館編：《中華民國史檔案資料彙編》，第五輯，第一編財政經濟，267～270頁，南京，江蘇古籍出版社，1999。

1933年5月，向美國金融復興公司作美棉麥借款，款額50,000,000美元、年息5%、5年償清，用於購買美國棉麥，本息以統稅爲第一擔保、水災五厘附加稅爲第二擔保[1]。

1937年、1938年、1939年，向蘇聯作三次中蘇易貨借款，款額共計250,000,000元、利息3%，以中國茶葉等售價償還[2]。

1937－1944年向英國所作借款：1937年的中英借款，款額20,000,000英鎊、年息5%，以關稅收入擔保，用於整理內債；廣梅鐵路借款，款額3,000,000英鎊、年息5%，以鹽稅、該路收入擔保；1938年的中英滇緬鐵路借款，款額10,000,000英鎊，由英國商務部出口信用局保證；1939年的中英金融借款，款額5,000,000英鎊，借期暫爲一年，由英國政府擔保，用於維持法幣、穩定匯價；1944年的中英財政協助協定借款，款額50,000,000英鎊，抗戰結束後，其動用款項期限止於1946年3月15日，用於防止通貨膨脹、內債擔保、購備戰爭物資等[3]。

1938－1946年，向美國所作借款主要有：1938年的中美桐油借款，款額25,000,000美元、年息4.5%、5年內用桐油售價償清，由中國銀行保證，用於購買美貨；1939年的美國飛機公司借款，款額15,000,000美元，用於購買飛機；1940年的中美滇錫借款，款額20,000,000美元、年息4%、7年內用售錫之價償還，由中國銀行保證，用於購買美國農產品、工業品；中美鎢砂借款，款額25,000,000美元，用鎢砂售款償還，由中國銀行保證，用作外匯基金；中美平准基

---

[1] 劉秉麟：《近代中國外債史稿》，242、243頁，北京，生活・讀書・新知三聯書店，1962。

[2] 劉秉麟：《近代中國外債史稿》，244、249頁，北京，生活・讀書・新知三聯書店，1962。

[3] 劉秉麟：《近代中國外債史稿》，245～248頁，北京，生活・讀書・新知三聯書店，1962。

金借款，款額50,000,000美元；1942年的中美財政借款，款額500,000,000美元[1]；1946年的中美棉借款，由中國銀行與華盛頓進出口銀行簽訂合約，款額33,000,000美元，款項動用手續依雙方約定由中國銀行承兌華盛頓進出口銀行所開匯票，承兌匯票為期2年、年息2⅝%，由國民政府出具保證書並提供擔保，用於向美國棉商洽購棉花[2]；中美鐵路購料借款，款額16,650,000美元，款項動用以國民政府隨時發行期票（可在市面出售的一般債券，其面額一般為500,000美元或其加倍數）予華盛頓進出口銀行方式進行，每張期票以發行日起計算，其本金分50個半年期償還，1951年10月1日為第一期還本期，期票年利3%，每半年付息一次，用於購料修復國內鐵路[3]；中美購買發電機借款，款額8,800,000美元，用於購買發電機10台及附件設備，餘同前[4]；中美購船借款，款額2,600,000美元、年息3.5%、本金於5年後分20期償清，餘同前[5]；中美採煤設備借款，款額1,500,000美元、年利3%、本金於5年後分30期償清，餘同前[6]。

1946年2月7日，向加拿大作中加信用借款，款額60,000,000加元、借期30年、年利3%，用於向加拿大購買互助物資、工業設備、各種建設器材、支付服務費。在1947年底，國民政府即應結總加拿大所

---

[1] 中國第二歷史檔案館編：《中華民國史檔案資料彙編》，第五輯，第一編財政經濟，995、996頁，南京，江蘇古籍出版社，1999。

[2] 中國第二歷史檔案館編：《中華民國史檔案資料彙編》，第五輯，第一編財政經濟，1014、1015頁，南京，江蘇古籍出版社，1999。

[3] 中國第二歷史檔案館編：《中華民國史檔案資料彙編》，第五輯，第一編財政經濟，1042、1043頁，南京，江蘇古籍出版社，1999。

[4] 中國第二歷史檔案館編：《中華民國史檔案資料彙編》，第五輯，第一編財政經濟，984頁，南京，江蘇古籍出版社，1999。

[5] 中國第二歷史檔案館編：《中華民國史檔案資料彙編》，第五輯，第一編財政經濟，1042、1043頁，南京，江蘇古籍出版社，1999。

[6] 中國第二歷史檔案館編：《中華民國史檔案資料彙編》，第五輯，第一編財政經濟，1042、1043頁，南京，江蘇古籍出版社，1999。

付本息，將同額國民政府債票交予加拿大以為絕對償還借款本息之用（分30年攤還）[1]。

(二)中國近現代政府舉借內債史實

1.晚清政府

近代，晚清政府舉借內債，其重要史實當在向山西票號借貸、息借商款、發行昭信股票。

(1)向山西票號借貸。關於晚清政府向山西票號借貸的史實，張之洞曾於1882年談及："自咸豐軍興以來，各省被擾，而晉省驟貧。然30年來徵兵轉餉，率以晉為大宗……藩司印券，借貸票商，以供協餉。"[2]而在咸豐三年（1853年），晚清政府採納朝臣建議，下令向山西票商借款，史載可稽[3]。其後，為彙解京餉、協餉、內務府經費、各種專項經費而向票號墊彙、挪借，更成各省慣例[4]。周育民曾據中國人民銀行山西省分行、山西財經學院所編《山西票號史料》有關統計資料，編成《1862－1893年票號財政匯款及墊彙統計表》，由是表可以窺見晚清政府借款之巨大、票號墊借之重要[5]。

(2)息借商款。近代，晚清政府在向山西票號借貸的同時即已向士

---

[1] 《張文襄公奏編》，卷4，5頁，光緒八年。轉引自編寫組編：《中國近代金融史》，52頁，北京，中國金融出版社，1988。

[2] 周育民：《晚清財政與社會變遷》，157頁，上海，上海人民出版社，2000。

[3] 參見編寫組：《中國近代金融史》，52頁，北京，中國金融出版社，1985；周育民：《晚清財政與社會變遷》，278頁，上海，上海人民出版社，2000；中國人民銀行山西省分行、山西財經學院《山西票號史料》編寫組：《山西票號史料》，76頁，太原，山西人民出版社，1990。

[4] 周育民：《晚清財政與社會變遷》，278、279頁，上海，上海人民出版社，2000。

[5] 周育民：《晚清財政與社會變遷》，157、158頁，上海，上海人民出版社，2000。

紳商民募借，且以捐借辦法籌措餉銀[1]，而1878年仿照外債成案向華商推出的乾泰公司借款辦法，似可視爲中國近現代政府發行國內公債的開始[2]。1894年，晚清政府有鑒於"倭氛不靖，購船募勇，需餉浩繁"而准戶部所上《酌擬息借商款章程折》，正式啓動"以息借洋款之法"向中國商人借款：款額1,000,000兩、年利7%、借期兩年半，以六個月爲一期，第一期還利不還本，自第二期起本利並還，約定五期還清[3]。

附表1　息借商款數額統計表[4]　　　單位：萬兩

省份	款額	資料來源	省份	款額	資料來源
廣東	500	(1)	湖北	14	(1)
江蘇	226	(2)	四川	12.8	(1)
山西	147.2	(3)	浙江	20.82	(7)
直隸	112.4	(1)、(4)	京城	100	(8)
陝西	38.44	(5)			
江西	31.86	(6)	合計	1203.52	(1)

〔資料來源〕周育民：《晚清財政與社會變遷》，335頁，上海，上海人民出版社，2000。

(1)千家駒編：《舊中國公債史資料》，5頁。
(2)《光緒朝東華錄》，總第3499頁。另據許同莘：《張文襄公年譜》，卷五，江蘇息借商款總數爲231萬兩。
(3)山西巡撫胡聘之光緒二十二年二月二十一日奏。
(4)戶部光緒二十四年京餉清單。
(5)陝西巡撫魏光燾光緒二十二年七月十三日奏。

---

[1] 徐義生：《中國近代外債史統計資料》，3頁，北京，中華書局，1962。
[2] 千家駒：《舊中國公債史資料》，1、2頁，北京，中華書局，1984；以下所用統計資料（止於1949年）除另作說明者外，均引自千家駒《舊中國公債史資料》一書。
[3] 周育民：《晚清財政與社會變遷》，335、347頁，上海，上海人民出版社，2000。
[4] 周育民：《晚清財政與社會變遷》，348頁，上海，上海人民出版社，2000。

(6)江西巡撫德壽光緒二十一年十一月初四日奏。
(7)四川總督鹿傳霖光緒二十一年七月十三日奏。
(8)浙江巡撫廖壽豐光緒二十二年六月二十日奏。

附表2　昭信股票發行情況統計表[1]

認購地區（者）	款額（兩）	資料來源	認購地區（者）	款額（兩）	資料來源
直隸	971700	(1)	江蘇	1157000	(11)
甘肅	222500	(2)	安徽	70000	(12)
雲南	216900	(3)	山東	1119800	(13)
新疆	30000	(4)	黑龍江	83800	(14)
山西	286300	(5)	河南	200000	(15)
福建	188500	(6)	外蒙	200000	(16)
四川	1378000	(7)	票號	480000	(17)
湖北	115000	(8)	兩淮鹽商	1000000	(18)
江西	352600	(9)	個人	46000	(19)
陝西	70000	(10)	合計	8808100	

〔資料來源〕周育民：《晚清財政與社會變遷》，348頁，上海，上海人民出版社，2000。

(1) 《袁世凱奏議》，中冊，732頁。
(2) 甘肅總督陶模光緒二十四年五月二十二日奏。
(3) 雲南巡撫林紹年光緒二十九年八月二十一日奏。
(4) 新疆巡撫饒應祺光緒二十五年六月二十二日奏。
(5) 山西巡撫胡聘之光緒二十五年二月初二日奏。
(6) 閩浙總督許應騤光緒二十六年五月二十八日奏。
(7) 四川總督奎俊光緒二十六年正月十二日奏。
(8) 《張文襄公全集》，奏稿，卷30，40～41頁。
(9) 江西巡撫李興銳奏片，光緒二十八年六月初七日朱批。
(10)陝西巡撫魏光燾光緒二十四年三月二十七日奏。
(11)兩江總督劉坤一光緒二十四年六月二十二日奏。

---

[1] 陸仰淵、方慶秋：《民國社會經濟史》，56、57頁，北京，中國經濟出版社，1991。

(12)兩江總督劉坤一光緒二十四年六月二十二日奏。
(13)山東巡撫張汝梅光緒二十四年十二月初六日奏。
(14)黑龍江將軍薩保光緒二十九年十一月二十五日奏。
(15)光緒二十四年戶部銀庫大進黃冊。
(16)《德宗實錄》，卷419，9頁。
(17)《山西票號史料》，282頁。
(18)光緒二十五年戶部銀庫大進黃冊；理藩院光緒二十四年二月初五日奏；《德宗實錄》，卷414，19～20頁，《德宗實錄》，卷415，6頁。
(19)光緒二十五年戶部銀庫大進黃冊；理藩院光緒二十四年二月初五日奏；《德宗實錄》，卷414，19～20頁，《德宗實錄》，卷415，6頁。

(3)發行昭信股票。1898年1月，右中允黃思永慮及是年5月8日還清甲午戰爭賠款止限事[1]，向晚清政府上《奏請特造股票籌借華款疏》；同年2月，戶部又上《奏准自造股票籌借華款疏》並得諭示獲准。晚清政府發行昭信股票以借內債的操作由此而開始：款額銀100,000,000兩、借期20年、年息5%、前10年還息、後10年本息並還[2]。

2.南京臨時政府

南京臨時政府存在僅三月餘，但其嚴峻的財政形勢卻逼使它在採用謀求私人借款捐款、發行軍用券等直接或間接方式借款的同時[3]，還於1912年1月8日頒行《中華民國軍需公債章程》，發行公債：債額1億元、借期6年、年息8%，以國家所收錢糧作抵（將來免釐加稅實行

---

[1] 千家駒：《舊中國公債史資料》，1、2、13、14、33、36頁，北京，中華書局，1984；以下所用統計資料（止於1949年）除另作說明者外，均引自千家駒《舊中國公債史資料》一書。
[2] 周育民：《晚清財政與社會變遷》，348頁，上海，上海人民出版社，2000。
[3] 千家駒：《舊中國公債史資料》，33頁，北京，中華書局，1984；以下所用統計資料（止於1949年）除另作說明者外，均引自千家駒《舊中國公債史資料》一書。

時即改以所加之稅作抵），用於臨時政費、保衛治安費[1]。

3.北洋政府

北洋政府時期，其外債舉借之頻繁、債額之巨大，已如前述。不僅於此，北洋政府亦常事內債舉借，且即便不論其向銀行借款、鹽餘借款，僅就其以公債、庫券籌資而言，在其執政的15年中，亦有25筆之多、745,183,528元之巨[2]。茲對北洋政府以公債票券、庫券舉借內債史實撮要列示於下：

1912年5月31日，北洋政府頒行《愛國公債條例》，額定公債30,000,000元、債期9年、年利6%，由部庫擔保償還[3]。

1913年2月20日，頒行《民國元年六厘公債條例》，額定公債200,000,000元、年利6%，根據財政需要分期募集，5年以內僅付利息，5年以後30年以內抽籤還本，以全國契稅、印花稅擔保，用於撥充中國銀行資本、整理短期借款與各省所發紙幣。

1914年8月3日，頒行《民國三年內國公債條例》，額定公債16,000,000元、年利6%、債期12年，預撥債息960,000元存儲銀行作為保息，本銀指定以京漢鐵路第四次抵押餘款支付，用於整理金融、補助國庫。

1915年2月9日，頒行《四年內國公債條例》，額定公債24,000,000

---

[1] 參見潘國琪：《國民政府國內公債研究》，44～47頁，北京，經濟科學出版社，2003。但筆數、款額均應減去計入南京臨時政府的《中華民國軍需公債》一項。陸仰淵、方慶秋以為有28筆、620100000元，見陸仰淵、方慶秋：《民國社會經濟史》，115頁，北京，中國經濟出版社，1991。

[2] 千家駒：《舊中國公債史資料》，13、14頁，北京，中華書局，1984；以下所用統計資料（止於1949年）除另作說明者外，均引自千家駒《舊中國公債史資料》一書。

[3] 千家駒：《舊中國公債史資料》，36頁，北京，中華書局，1984；以下所用統計資料（止於1949年）除另作說明者外，均引自千家駒《舊中國公債史資料》一書。

元、年利6%、債期8年，本息償付由政府完全擔保（具體爲全國未經抵押債款的常關稅款、張家口徵收局收入、山西全省釐金），用於整理舊債、補助國庫。

1916年3月10日，頒行《五年公債條例》，額定公債20,000,000元、年利6%、債期3年，以全國煙酒公賣歲入11,680,000元專款作爲償還本利的擔保，用於政府履行預算。

1918年4月27日，頒行《民國七年六釐短期公債條例》，額定公債48,000,000元、年利6%、債期5年，由財政部預作本息償還安排保證，用於歸還對中國銀行、交通銀行兩銀行的欠款與補助兩行整備金。同時，尚頒行《民國七年六釐公債條例》，額定公債45,000,000元、年利6%、債期20年，應付利息由財政部預撥的款專款存儲，債本由各常關收入作第二次擔保，仍用於續還中國銀行、交通銀行兩銀行積欠。

1919年2月20日，頒行《民國八年公債條例》，額定公債56,000,000元、年利7%、債期20年，以全國未經抵押的貨物稅等擔保，用於補助預算之不足。

1920年9月19日，頒行《整理金融短期公債條例》，額定公債60,000,000元、年利6%、債期6年，由財政部商請總稅務司在關稅餘款項下撥款保證本息償付，用於整理金融。

1920年11月12日，頒行《賑災公債條例》，額定公債4000000元、年利7%、債期2年，還本付息的款爲各省貨物稅、常關稅加征一成賑捐年約4,000,000元，用於北方五省賑災。

1921年3月30日，頒行《整理公債六釐債票辦法》，債額54,392,228元、年利6%、債期10年，由《整理內國公債辦法》所定本息基金保證償付；同時，尚有《整理公債七釐債票辦法》頒行，債額1,3600,000元、年利7%、債期10年，本息償付保證同前。同年6月2

日，還頒行《原定元年公債整理債票辦法》、《原定八年公債整理債票辦法》，債額各為25,600,000元、8,800,000元，年利各為6%、7%，債期均為15年，俱以煙酒收入項下計提的整理內債基金等作為本息償付保證。

1922年2月11日，頒行《償還內外短債八厘債券條例》，額定公債96,000,000元、年利8%、債期7年，主要以抵押善後借款所余鹽稅作為本息償付保證，用於償還內外短期債。

1922年2月20日，頒行《財政部發行特種庫券條例》，額定庫券為現銀14,000,000元、月息1.5分、償期19個月，以銀行團放回可撥鹽稅餘款項下所提現銀元作為還本保證（利息於庫券發行時預先扣付）。以庫券發行而論，還有：1923年12月1日，頒行《民國十二年八厘特種庫券條例》，額定庫券銀元5,000,000元、年利8%、償期9年，以庚子賠款展緩期滿停付俄國賠款餘款作還本付息基金；1924年6月1日，頒行《民國十三年八厘特種庫券條例》，額定庫券銀元1,000,000元、年利8%、償期8年又6個月，還本付息基金來源同前；1924年10月7日，頒行《德國庚子賠款餘額擔保庫券條例》，額定庫券銀元4,200,000元、年息8%、九四折發行、償期3年，以德國庚子賠款撥還餘款作還本付息擔保；1926年2月6日，頒行《民國十五年春節特種庫券條例》，額定庫券銀元8,000,000元、年息8厘、八二折發行、償期6年，主要由關稅餘款可指撥的整理內債基金餘款作為還本付息保證；1926年4月17日，頒行《民國十五年秋節庫券規則》，額定庫券銀元3,000,000元、年息8厘、八八折發行、償期五年，主要以關稅餘款可指撥的整理內債基金餘款作為本息償付保證；1926年12月，頒行《奧國賠款擔保二四庫券規則》，庫券額定銀元2,400,000元、年息8厘、八二折發行、償期10年半，以所停付奧國賠款為擔保。

1922年9月25日，頒行《民國十一年八厘短期公債條例》，額定公債10,000,000元、年利8%、償期5年，以庚子賠款展緩期滿停付俄國部分賠款項下所得之款撥付還本付息基金，用於支付中央政府緊急政費。

1925年3月16日，頒行《民國十四年八厘公債條例》，額定公債15,000,000元、年息8厘、償期爲19期（每期半年），主要以停付德國賠款項下所有可用餘款作爲擔保，用於支付中央政府緊急政費、使領經費。

1925年6月29日，頒行《交通部借換券條例》，債額銀元8,000,000元、年利8%、償期10年，由路、電、郵餘利內撥款充作本息償付基金，交通部負完全責任。

1926年5月11日，頒行《北京銀行公會臨時治安借款債券條例》，債額2,000,000元、年息8%、償期10年，以德國賠款可用餘款作爲還本付息基金[1]。

4.國民政府

1927年，國民政府於南京成立後，政費軍費，所需甚大，而"政府經常收入，不敷支出"，遂賴舉債維持，而此中倚重舉借內債者尤甚[2]。綜合計算國民政府所借內債（僅以債票、庫券籌資論），1927－1937年有55筆，1937－1945年有22筆，1946－1949年有10筆[3]。茲撮要

---

[1] 千家駒：《舊中國公債史資料》，100頁，北京，中華書局，1984；以下所用統計資料（止於1949年）除另作說明者外，均引自千家駒《舊中國公債史資料》一書。

[2] 千家駒：《舊中國公債史資料》，17～37頁，北京，中華書局，1984；以下所用統計資料（止於1949年）除另作說明者外，均引自千家駒《舊中國公債史資料》一書。

[3] 千家駒：《舊中國公債史資料》，17～37頁，北京，中華書局，1984；以下所用統計資料（止於1949年）除另作說明者外，均引自千家駒《舊中國公債史資料》一書。

列述於下：1927年5月13日，國民政府頒行《江海關二五附稅國庫券條例》，額定庫券30,000,000元、月息7厘、償期2年又6個月，以江海關二五附稅全部作抵，用於政府臨時軍需。1928年1月11日，頒行《國民政府續發江海關二五附稅國庫券條例》，額定庫券40,000,000元、月息8厘、九八折發行、償期5年，主要以江海關二五附稅的奢侈稅、出口稅、江蘇郵包稅等充作本息償付基金，用於當年政府軍政預算之不足與歸還短期借款。1928年6月27日，頒行《國民政府財政部津海關二五附稅國庫券條例》，額定庫券9,000,000元、月息8厘、九八折扣交款、償期2年又6個月，用於補預算之不足、籌付臨時之需要。

1928年4月21日，頒行《捲煙稅國庫券條例》，額定庫券16,000,000元、月息8厘、償期20個月，以財政部應收捲煙統稅全數為擔保品，用於政府預算之不敷。1929年3月27日，頒行《續發捲煙稅國庫券條例》，額定庫券24,000,000元、九八折實收、月息8厘，以捲煙統稅可用款擔保，用於補政府預算之不敷。1930年3月30日，頒行《民國十九年捲煙稅庫券條例》，額定庫券24,000,000元、月息8厘、償期36個月，以捲煙統稅可用款擔保，用於國庫周轉；1930年12月30日，頒行《民國二十年捲煙稅庫券條例》，額定庫券60,000,000元、月息7厘、償期78個月，以捲煙統稅可用款擔保，用於辦理善後、周轉國庫。

1928年4月28日，頒行《軍需公債條例》，額定公債10,000,000元、年息8厘、九八折扣發行、償期10年，以全國印花稅收入為擔保，用於補軍需之不足。是年6月7日，頒行《財政部發行第二期軍需公債通知》，額定公債4,000,000元、年利8%、九八折扣發行、償期10年，仍以全國印花稅擔保。

1928年6月9日，頒行《國民政府財政部善後短期公債條例》，額定公債40,000,000元，年利8%，分九二、九三、九四折扣發行，償期5年，以財政部煤油特稅收入全部為還本付息基金，用於完成統一全國所費。

1928年7月，頒行《國民政府財政部建設公債條例》，額定公債500,000,000元、年利8%、償期20年，以關稅、中央各種特稅、交通收入作本息擔保，用於裁遣安置軍隊、擴充全國教育、建築鐵路、疏浚河道、墾荒開礦、築堤辟埠、維持金融等。

1928年10月5日，頒行《民國十七年金融短期公債條例》，額定公債30,000,000元、年息8%、償期7年，以關稅內德國退還賠款可用餘款為擔保，用於建設金融事業。是年11月31日，頒行《民國十七年金融長期公債條例》，額定公債45,000,000元、年息2.5厘、償期跨25年，以關稅餘款撥付本息基金，用於整理漢口中央銀行鈔票、財政部在漢所借中國銀行、交通銀行兩銀行鈔票。1931年10月16日，頒行《民國二十年金融短期公債條例》，債額80,000,000元、年利8厘、償期7年半、九八折扣發行，由財政部指定在庚子賠款德國部分項下可用款充作擔保基金，用於調劑金融。1935年3月18日，頒佈《民國二十四年金融公債條例》，債額100,000,000元、年利6%、償期10年，指定新增關稅為擔保基金，用於充實銀行資金、撥還墊款、鞏固金融、便利救濟工商業。

1929年1月8日，頒行《國民政府民國十八年賑災公債條例》，額定公債10,000,000元、年利8%、償期跨9年、九八折扣發行，應付本息在關稅增加收入項下照撥，用於救濟各省災民。

1929年2月28日，頒行《國民政府民國十八年裁兵公債條例》，額定公債50,000,000元、年利8%、償期10年，在關稅增加收入項下撥付應償本息，用於裁兵與抵補編遣期內預算之不敷。

1929年5月30日，頒行《民國十八年關稅庫券條例》，額定庫券

40,000,000元、月息7厘、九八實收、償期5年，以關稅增加收入撥付本息基金，用於整理稅款、抵補整理稅款期內不敷之費。1930年1月20日，頒行《民國十九年關稅公債條例》，額定公債20,000,000元、年利8%、償期9年，以關稅收入擔保，用於換回國民政府十六年整理湖北金融債票。1930年8月4日，頒行《民國十九年關稅短期庫券條例》，額定庫券80,000,000元、月息8厘、償期58個月，以關稅增加收入撥付本息，用於調劑金融財政。1931年3月18日，頒行《民國二十年關稅短期庫券條例》，額定庫券80,000,000元、月息8厘、償期100個月，以關稅增加收入撥付應償本息，用於周轉國庫。1933年11月4日，頒行《民國二十二年關稅庫券條例》，額定庫券國幣100,000,000元、九八折扣發行、月息5厘、償期150個月，以關稅增加收入撥付應付本息，用於周轉國庫。1934年1月13日，頒行《民國二十三年關稅庫券條例》，額定庫券100,000,000元、九八折扣發行、月息5厘、償期7年，以關稅增加收入撥付應償本息，用於償還銀行積欠、安定金融。1934年6月29日，頒行《民國二十三年關稅公債條例》，額定公債國幣100,000,000元、九八折扣發行、年息6%、償期跨11年，主要以換回銷毀的民國二十三年關稅庫券票面50,000,000元原有基金、新增關稅作應還本息基金，用於應付預算收支之不敷。

　　1929年11月18日，頒行《鐵道部收回廣東粵漢鐵路公債條例》，額定公債國幣20,000,000元、年利2%、償期不定，以廣東粵漢鐵路餘利為償付本息基金，用於收換廣東粵漢鐵路民有股票。1934年4月30日，頒行《民國二十三年第一期鐵路建設公債條例》，債額12,000,000元、年利6%、九八折扣發行、償期跨8年，以鐵道部直轄國有鐵路餘利作還本付息基金，專充玉萍鐵路之用。同年5月25日，頒行《民國二十三年玉萍鐵路公債條例》，債額12,000,000元、年利6%、九八折扣發行、償期跨8年，以中央撥交江西地方鹽附捐項下每年1,930,000元為還本付息基金，用於修築江西省玉山至萍鄉鐵路。1936年1月30日，頒行《第二期鐵路建設公債條例》，債額27,000,000元、年利6%、九八折扣發行、償期10年又6個月，以鐵道部直轄國有鐵路餘利為還本付息基金，用於玉萍鐵路南萍段。1936年2月25日，頒行《第三期鐵路建設公債條例》，債額120,000,000元、年利6%、九八折扣發行、償期跨22年，以所定興築展長鐵路餘利、國有其他鐵路可用餘利作償付本息基金，用於興築湘黔川桂等乾路、展長平綏、正太、隴海、膠濟等鐵路。1936年12月22日，頒行《民國二十六年京贛鐵路建設公債條例》，債額14,000,000元、年利6%、償期10年，以中英庚子歸還款、京贛鐵路開始營業後的收入作還本付息基金，用於展築宣城至貴溪鐵路。1941年5月18日，頒行《民國三十年滇緬鐵路金公債條例》，債額10,000,000美元、年息5%、九八折扣發行、償期25年，以滇緬鐵路餘利、國庫收入保證還本付息，用於修築滇緬鐵路。

1929年12月23日，頒行《民國十九年電氣事業長期公債條例》，債額國幣1,500,000元、年利6%、償期14年，以首都、戚墅堰兩電廠所有地基、房屋、機器、兩廠營業盈餘為擔保，用於收辦戚墅堰電廠。與此同時，頒行《民國十九年電氣事業短期公債條例》，債額國幣2,500,000元、年息8%、償期8年，擔保同前，用於擴充首都、戚墅堰兩電廠。1933年9月26日，頒行《民國二十二年續發電氣事業公債條例》，債額國幣6,000,000元、年利6%、償期15年，以房產、地產、設備、借英庚款作應付本息擔保，用於擴充首都、戚墅堰電廠及建設淮南電廠。

1930年3月17日，頒行《民國十九年交通部電政公債條例》，債額國幣10,000,000元、年息8%、九八折扣發行、償期10年，以交通部國際電報費收入全部作還本付息基金，用於擴充電報、電話、無線電臺。1935年9月30日，頒行《民國二十四年電政公債條例》，債額國幣10,000,000元、年息6%、償期7年又6個月，以交通部國際電報費及其他電政收入項下可用款作還本付息基金。

1930年10月31日，頒行《民國十九年善後短期庫券條例》，額定庫券50,000,000元、年息8%、九八折扣發行、償期66個月，在關稅增加收入項下撥付本息，用於善後。1935年6月30日，頒行《民國二十四年四川善後公債條例》，債額國幣70,000,000元、年息6%、償期9年，以中央政府徵收四川部分鹽稅項下撥給補助金為應償本息基金，用於督促四川"剿匪"、辦理善後建設事業、整理債務。1936年3月31日，頒行《民國二十五年四川善後公債條例》，債額國幣15,000,000元、年利6%、償期15年，擔保與用途同前。

1931年6月6日，頒行《民國二十年統稅短期庫券條例》，庫券額定80,000,000元、月息8厘、償期78個月，以財政部統稅署徵收捲煙稅款、棉紗、麥粉等稅為應付本息基金，用於補助國庫。同年7月29日，頒佈《民國二十年鹽稅短期庫券條例》，額定庫券80,000,000元、月息8厘、償期78個月，以國庫徵收的鹽稅為基金，用於補助國庫。

1931年9月11日，頒佈《民國二十年賑災公債條例》，債額80,000,000元、年利8厘、償期10年，由財政部在國稅項下撥備本息基金，專用於急賑、工賑、購買賑糧。1935年11月1日，頒佈《民國二十四年水災工賑公債條例》，公債額定國幣20,000,000元、年利6%、償期12年，用於救濟水災、辦理工賑。

1933年3月，頒佈《民國二十二年愛國庫券條例》，額定庫券20,000,000元、月息5厘、九八折扣發行、償期45個月，由財政部在捲煙稅款項下可用款撥備應付本息基金。

1934年5月28日，頒佈《民國二十三年六厘英金庚款公債條例》，公債定額1,500,000英鎊、年息6%、九六折扣發行、償期12年，指定鐵道部借得英國退還庚子賠款爲基金，用於完成粵漢鐵路。1935年1月，頒行《民國二十四年俄退庚款憑證》，憑證額定120,000,000元、月息6厘、以俄退庚款爲擔保、償期12年，餘未詳。

1936年2月8日，頒佈《民國二十五年統一公債條例》，公債額定國幣1,460,000,000元，用於換償舊有各種債券，公債票分爲甲、乙、丙、丁、戊五種：甲種債票定額國幣150,000,000元，用於換償民國二十二年愛國庫券、短期國庫券、民國十八年關稅庫券、民國二十二年華北戰區公債、治安債券、民國十九年關稅庫券等債券，償期12年；乙種債票定額國幣150,000,000元，用於換償民國十九年善後庫券、二四庫券、民國二十四年整理四川金融庫券、民國二十三年關稅庫券、民國二十年捲煙稅庫券等債券，償期15年；丙種債票定額國幣350,000,000元，用於換償民國十八年編遣庫券、民國二十年統稅庫券、民國二十年金融短期公債、民國二十年鹽稅庫券、民國二十年浙江絲業公債、民國十八年賑災公債、軍需公債、民國十八年裁兵公債、民國二十年關稅庫券等債券，償期18年；丁種債票定額國幣550,000,000元，用於換償民國十九年關稅公債、民國七年六厘公債、民國二十年賑災公債、意庚款憑證、民國二十四年金融公債、民國二十三年關稅公債、俄款憑證等債券，償期21年；戊種債票定額國幣260,000,000元，用於換償民國二十二年關稅庫券、民國二十四年水災工賑公債、整理七厘公債、整理六厘公債、民國十五年春節庫券等債券，償期24年；年利均爲6%，其本息基金均以在關稅項下除撥付賠款外債外所餘稅款支付。

1936年2月14日，頒佈《民國二十五年復興公債條例》，公債定額國幣340,000,000元、年利6%、九八折扣發行、償期24年，指定在關稅項下可用款爲償付本息基金，用於完成法幣政策、健全金融組織、扶助生產建設、平衡國庫收支、撥存平准債市基金。

1937年8月18日，頒佈《救國公債條例》，公債定額500,000,000元、年息4%、償期30年，由財政部在國庫稅收項下撥備還本付息基金，充作救國費用。1938年4月21日，頒佈《民國二十七年國防公債條例》，公債定額國幣500,000,000元、年息6%、償期30年，以所得稅全部收入擔保，用於抗戰軍需。與此同時（1938年4月21日），頒佈《民國二十七年金融公債條例》，債票及債額為：關金債票100,000,000關金，英金債票10,000,000英鎊，美金債票50,000,000美元；年息5%，償期止於1954年4月30日，以鹽稅收入項下可用款為償付本息擔保，用於救國費用。1939年4月14日，頒佈《民國二十八年軍需公債條例》，公債額定國幣600,000,000元、年息6%、分兩期發行、償期止於1966年9月30日，以統稅、煙酒稅收入充作還本付息基金，用作抗戰費用。1940年3月1日，頒佈《民國二十九年軍需公債條例》，公債定額國幣1,200,000,000元、年息6%、分兩期發行、九四折扣發行，本息償期各分25年還清，在國庫收入項下撥付應償本息，用於充實軍需。1941年2月28日，頒佈《民國三十年軍需公債條例》，公債定額國幣1,200,000,000元、年息6%、分三期發行、本息各分25年還清，在國庫收入項下撥付應償本息，用於充實該年軍需。

1939年4月13日，頒佈《民國二十八年建設公債條例》，公債額定國幣600,000,000元、年息6%、分兩期發行、償期止於1966年7月31日，指定已辦、新辦的各項國營事業、其他建設事業的餘利、鹽稅項下加征的建設事業專款為還本付息基金，用作建設事業經費。1940年3月1日，頒布《民國二十九年建設金公債條例》，分為英金公債10,000,000英鎊、美金公債50,000,000美元，年息5%，本息各分25年還清，由財政部在國庫收入項下還本付息，充作建設事業經費。1941年2月28日，頒佈《民國三十年建設公債條例》，公債定額國幣1,200,000,000元、年息6%、分三期發行、本息各分25年還清，在國庫收入項下撥付應償本息，用於籌集該年建設事業經費。

1941年9月22日，頒佈《民國三十年糧食庫券條例》，由發行機關依實際需要收購糧食數量分別省區發行，年利5%、分5年平均償還，以田賦徵收實物、征得糧食為擔保，用於收購糧食支付之代價。此後，尚有：1942年8月10日，頒行《民國三十一年糧食庫券條例》；1943年8月12日，頒行《民國三十二年糧食庫券條例》、《民國三十三年四川省征借糧食臨時收據》。

1942年3月26日，頒佈《中國農民銀行土地債券法》，旋據此法發行民國三十一年土地債券第一期100,000,000元、年利6%、償期15年；1946年9月發行第二期300,000,000元、年利6%、償期7年；悉以中國農民銀行兼辦土地金融處的全部資產與其放款取得的土地抵押權為擔保，為中國農民銀行業務之用。

1942年4月25日，頒佈《民國三十一年同盟勝利美金公債條例》，債額100,000,000美元、年息4%、償期10年，在美國貸款美金500,000,000美元內撥備應付本息，用於平衡預算、穩定物價、健全金融、吸收遊資。同年6月27日，頒佈《民國三十一年同盟勝利公債條例》，債額國幣1,000,000,000元、年利6%、償期10年，在英國貸款50,000,000英鎊項內撥備應償本息，用途同前。1943年6月3日，頒佈《民國三十二年同盟勝利公債條例》，公債額定國幣33,000,000,000元、年利6%、償期20年，在國庫收入項下撥備應償本息，用途同前。1944年7月5日，頒佈《民國三十三年同盟勝利公債條例》，公債額定國幣5,000,000,000元、年利6%、償期30年，在國庫收入項下撥備應償本息，用途同前。

1947年3月29日，頒佈《民國三十六年短期庫券條例》，額定庫券300,000,000美元、年息2分、償期3年，以政府於國營生產事業、接收敵偽產業中指定若干單位作為擔保，用於穩定金融、鼓勵儲蓄。

1947年3月29日，頒佈《民國三十六年美金公債條例》，債額100,000,000美元、分兩期發行、年利6%，償期10年，在中央銀行外匯基金項下預撥應付本息作為保證，用於充實外匯基金、調劑對外貿易。

　　1948年12月5日，頒佈《民國三十七年短期國庫券條例》，庫券總額不限，月息1.5分，以國庫稅收擔保，用於調節金融、吸收遊資。

　　1948年12月10日，頒佈《民國三十七年整理公債條例》，公債額定金元券523,000,000元，分為：甲種債票137,000,000元，調換民國三十六年第一、二期短期庫券；乙種債票325,000,000元，調換民國二十七年金公債英美金債票與民國三十一年同盟勝利美金公債；丙種債票61,000,000元，調換民國二十九年建設金公債第一期英美金債票；年息5%；償期：甲種債票5年，乙種債票10年，丙種債票20年；以國庫收入作為擔保；用於整理調換舊有各種外幣債券。1949年4月18日，頒佈《民國三十八年整理美金公債發行辦法草案》，公債額定136,000,000美元，分為：甲種債票37,200,000美元，調換民國三十六年第一、二兩期短期庫券；乙種債票83,000,000美元，調換民國二十七年金公債和英金、美金公債票與民國三十一年同盟勝利美金公債；丙種債票1,5800,000美元，調換民國二十九年建設金公債第一期英金、美金債票；其償期分別為10年、15年、25年；專為整理收回政府以前所發的各種外幣公債。

　　1949年1月16日，頒佈《民國三十八年黃金短期公債條例》，公債額定黃金2,000,000市兩、月息4厘、償期2年，其本息基金半數由政府在庫存黃金項下撥存、半數由美援運用委員會撥款購足，用於鼓勵儲蓄、吸收遊資、穩定金融、平衡預算。

參考文獻

1. 馬克思：《資本論》，北京，人民出版社，1978。
2. 馬克思：《德謨克里特的自然哲學與伊壁鳩魯的自然哲學的差別》，北京，人民出版社，1973。
3. 《馬克思恩格斯選集》，北京，人民出版社，1978。
4. 曾康霖：《金融理論與實際問題探討》，北京，經濟科學出版社，1997。
5. 曾康霖：《資產階級古典學派貨幣銀行學說》，北京，中國金融出版社，1986。
6. 曾康霖、王長庚：《信用論》，北京，中國金融出版社，1993。
7. 柯武剛、史漫飛著，韓朝華譯：《制度經濟學》，北京，商務印書館，2000。
8. 約瑟夫・熊彼特著，朱泱等譯：《經濟分析史》，北京，商務印書館，1996。

9.陶文樓：《辯證邏輯的思維方法論》，北京，中國社會科學出版社，1981。

10.陳建遠：《社會科學方法辭典》，瀋陽，遼寧人民出版社，1990。

11.馬爾科姆·盧瑟福著，陳建波等譯：《經濟學中的制度》，北京，中國社會科學出版社，1999。

12.W.阿瑟·劉易斯著，梁小民譯：《經濟增長理論》，上海，上海人民出版社，1995。

13.埃德蒙·惠特克著，徐宗士譯：《經濟思想流派》，上海，上海人民出版社，1974。

14.埃瑞克·G.菲呂博頓等編，孫經緯譯：《新制度經濟學》，上海，上海財經大學出版社，2002。

15.皮特·紐曼主編：《新帕爾格雷夫法經濟學大辭典》，北京，法律出版社，2003。

16.張五常著，易憲容等譯：《經濟解釋》，北京，商務印書館，2002。

17.科斯、諾思等著，劉剛等譯：《制度、契約與組織》，北京，經濟科學出版社，2003。

18.約翰·N.德勒巴克等著，張宇燕等譯：《新制度經濟學前沿》，北京，經濟科學出版社，2002。

19.奧利弗·E.威廉姆森著，段毅才等譯：《資本主義經濟制度》，北京，商務印書館，2002。

20.《簡明不列顛百科全書》，北京，中國大百科全書出版社，1985。

21.柏拉圖著，嚴群譯：《遊敘弗倫·蘇格拉底的申辯·克力同》，北京，商務印書館，1983。

22.柏拉圖著，郭斌和譯：《理想國》，北京，商務印書館，1995。

23.王曉朝譯：《柏拉圖全集》，北京，人民出版社，2003。

24.羅素著，何兆武譯：《西方哲學史》，北京，商務印書館，1976。

25.色諾芬著，吳詠泉譯：《回憶蘇格拉底》，北京，商務印書館，1986。

26.苗力田主編：《亞里斯多德全集》，北京，中國人民大學出版社，1992。

27.亞里斯多德著，吳壽彭譯：《政治學》，北京，商務印書館，1983。

28.西塞羅著，徐奕春譯：《論老年・論友誼・論責任》，北京，商務印書館，2003。

29.孟德斯鳩著，張雁深譯：《論法的精神》，北京，商務印書館，1978。

30.亞當・斯密著，郭大力、王亞南譯：《國民財富的性質和原因的研究》，北京，商務印書館，1996。

31.大衛・李嘉圖著，郭大力、王亞南譯：《政治經濟學及賦稅原理》，北京，商務印書館，1972。

32.斯拉法主編，經文正譯：《李嘉圖著作和通信集》，卷4，北京，商務印書館，1980。

33.阿爾弗雷德・馬歇爾著，梁小民譯：《經濟學原理》，北京，商務印書館，1964、1997。

34.阿爾弗雷德・馬歇爾著，葉元龍等譯：《貨幣、信用與商業》，北京，商務印書館，1996。

35.約翰・梅納德・凱因斯著，何瑞英譯：《貨幣論》，北京，商務印書館，1986。

36.約翰・梅納德・凱因斯著，高鴻業譯：《就業、利息和貨幣通論》，北京，商務印書館，2002。

37.DavidM.Walker著，李雙元等譯：《牛津法律大辭典》，北京，法律出版社，2003。

38.北京大學歷史系：《簡明世界史》（近代部分），北京，人民出版社，1979。

39.楊伯峻編著：《春秋左傳注》，北京，中華書局，1981。

40.《論語》。

41.《孟子》。

42.《莊子》。

43.《荀子》。

44.《韓非子》。

45.《墨子》。

46.《呂氏春秋》。

47.《商子》。

48.《管子》。

49.許慎：《說文解字》，北京，中華書局，1979。

50.吳則虞：《晏子春秋集釋》，北京，中華書局，1982。

51.胡寄窗：《中國近代經濟思想史大綱》，北京，中國社會科學出版社，1984。

52.胡寄窗：《中國經濟思想史》，上海，上海人民出版社，1983。

53.馬建中：《適可齋記言》，卷一，《鐵道論》、《富民說》。《適可齋記言記行》，卷一，《借外債以開鐵道說》。

54.薛福成：《庸盦文續編》，卷上，《籌洋芻議・利器》、

《代李伯相議請試辦鐵路疏》。

55.夏東元主編：《鄭觀應集》，上冊，上海，上海人民出版社，1982。

56.張謇研究中心、南通市圖書館編：《張謇全集》，南京，江蘇古籍出版社，1994。

57.梁啟超：《飲冰室合集・文集》，《利用外資與消費外資之辯》；《飲冰室合集・文集》，《外資輸入問題》；《飲冰室合集・文集》，《外債平議》；《飲冰室叢著》，第10種，《政聞時言・論直隸安徽湖北之地方公債》；《飲冰室文集》，卷7，《國民籌還公債問題》。

58.《孫中山選集》，北京，人民出版社，1956。

59.《孫中山全集》，北京，中華書局，1982。

60.馬寅初：《經濟學概論》，上海，商務印書館，1948。

61.馬寅初：《中國經濟改造》，上海，商務印書館，1934。

62.馬寅初：《中國之新金融政策》，上海，商務印書館，1937。

63.賈士毅：《民國財政史》，見《民國叢書》（影印本），第二編，第39冊（經濟類），上海，上海書店，1990。

64.陳炳章：《五十年來之中國公債》，見《中國金融經濟史料叢編》第一輯：《五十年來之中國經濟》（影印本），臺北，文海出版社，1985。

65.潘國琪：《國民政府1927－1949年的國內公債研究》，北京，經濟科學出版社，2003。

66.彭信威：《中國貨幣史》，上海，上海人民出版社，1958。

67.《辭海》、《辭源》。

68.劉秉麟：《近代中國外債史稿》，北京，生活・讀書・新知三聯書店，1962。

69.徐義生：《中國近代外債史統計資料》，北京，中華書局，1962。

70.中國第二歷史檔案館編：《中華民國史檔案資料彙編》，第五輯，第一編財政經濟，南京，江蘇古籍出版社，1999。

71.周育民：《晚清財政與社會變遷》，上海，上海人民出版社，2000。

72.千家駒：《舊中國公債史資料》，北京，中華書局，1984。

73.陸仰淵、方慶秋：《民國社會經濟史》，北京，中國經濟出版社，1991。

74.全國政協文史資料委員會：《中華文史資料文庫》，卷14經濟工商編，北京，中國文史出版社，1996。

75.全國經濟會議秘書處編：《全國經濟會議專刊》（影印本），臺北，學海出版社，1972。

76.馬士著，張彙文等譯：《中華帝國對外關係史》，北京，商務印書館，1960。

77.中國銀行總行、中國第二歷史檔案館合編：《中國銀行行史資料彙編》，北京，中國檔案出版社，1991。

78.章有義：《中國近代農業史資料》，第二輯，北京，生活・讀書・新知三聯書店，1957。

79.中國人民銀行金融研究所編：《美國花旗銀行在華史料》，北京，中國金融出版社，1990。

80.陳紹聞主編：《經濟大辭典・中國經濟史卷》，上海，上海辭書出版社，1993。

81.嚴中平：《中國近代經濟史》，北京，人民出版社，1989。

82.馬士・宓亨利著，姚曾廙等譯：《遠東國際關係史》，北京，商務印書館，1975。

83.阿馬蒂亞·森著，任賾等譯：《以自由看待發展》，北京，中國人民大學出版社，2003。

84.費正清著，中國社會科學院歷史研究編譯室譯：《康橋中國晚清史》，北京，中國社會科學出版社，1993。

85.王世傑、錢端升：《比較憲法學》，北京，中國政法大學出版社，1997。

86.中國第二歷史檔案館編：《中華民國史檔案資料彙編》，第二輯，南京，江蘇人民出版社，1981。

87.張晉藩總主編：《中國法制通史》，卷9，北京，法律出版社，1999。

88.謝維雁：《從憲法到憲政》，濟南，山東人民出版社，2004。

89.編委會：《法學詞典》（第三版），上海，上海辭書出版社，1990。

90.查士丁尼著，張企泰譯：《法學總論》，北京，商務印書館，1997。

91.李步雲：《憲法比較研究》，北京，法律出版社，1998。

92.張千帆：《西方憲政體系》，北京，中國政法大學出版社，2000。

93.詹姆斯·M.布坎南著，韓旭譯：《財產與自由》，北京，中國社會科學出版社，2002。

94.斯科特·戈登著，應奇等譯：《控制國家——西方憲政的歷史》，南京，江蘇人民出版社，2001。

95.路易斯·亨金等著，鄭戈等譯：《憲政與權利》，北京，生活·讀書·新知三聯書店，1997。

96.鄧子基等編:《公債經濟學》,北京,中國財政經濟出版社,1990。

97.M.羅斯托夫采夫著,馬雍、厲以寧譯:《羅馬帝國社會經濟史》,北京,商務印書館,1986。

98.湯普遜著,耿淡如譯:《中世紀經濟社會史》,北京,商務印書館,1997。

99.M. M.波斯坦著,郎立華等譯:《康橋歐洲經濟史》,卷三,北京,經濟科學出版社,2002。

後 記

　　日月光華，教誨恒新。銘記吾師，尊敬的曾康霖教授，博大開啟，洞徹天人之機；精微導引，豁然學問之門。江河浩浩，山嶽巍巍，俯仰乾坤，卓然吾師。學積於此，思釀於此，心系於此。

　　畢業經年，學訓縈懷。不忘當日答辯，袁遠福、陳野華、劉錫良、邱兆祥、王愛儉諸教授為後學拓展視野，搏擊古今，標度經緯，激揚智慧。目明於此，耳聰於此，心系於此。

　　不惑已久，細事盈窗。常憶父、母養育，憂近慮遠，悉心呵護；每念妻、兒扶持，噓寒問暖，關愛備至。行始於此，業鑄於此，心系於此。

　　無涯學海，高遠思想。積銖累寸，問道民生。揖別歷史，從沈積事實中提煉貫古通今的睿智；擁抱現實，在流動時光間蒸餾鑒往知來的博識。

　　此書付梓，感謝給予我幫助的所有老師、同學、同事，感謝為此而付出辛勤勞作的出版社同仁。

繆明楊

謹記于蓉西德學居

2007年11月16日夜

中國近現代政府舉債的信用激勵，約束機制

作　　者：	繆明楊 等 著
發 行 人：	黃振庭
出 版 者：	崧博出版事業有限公司
發 行 者：	崧博出版事業有限公司
E-mail：	sonbookservice@gmail.com
粉 絲 頁：	https://www.facebook.com/sonbookss/
網　　址：	https://sonbook.net/
地　　址：	台北市中正區重慶南路一段六十一號八樓 815 室

Rm. 815, 8F., No.61, Sec. 1, Chongqing S. Rd., Zhongzheng Dist., Taipei City 100, Taiwan (R.O.C)

電　　話：	(02)2370-3310
傳　　真：	(02) 2388-1990
總 經 銷：	紅螞蟻圖書有限公司
地　　址：	台北市內湖區舊宗路二段 121 巷 19 號
電　　話：	02-2795-3656
傳　　真：	02-2795-4100
印　　刷：	京峯彩色印刷有限公司（京峰數位）

國家圖書館出版品預行編目資料

中國近現代政府舉債的信用激勵、約束機制 / 繆明楊著. -- 初版. -- 新北市：崧博，2013.03
　面；　公分
ISBN 978-986-5989-06-4(平裝)
1. 國債 2. 近代史 3. 中國
564.592　102000847

官網

臉書

- 版權聲明 -

本書版權為西南財經出版社所有授權崧博出版事業有限公司獨家發行電子書及繁體書繁體字版。若有其他相關權利及授權需求請與本公司聯繫。

定　　價：550 元
發行日期：2013 年 3 月第一版
◎本書以 POD 印製